Niewerth/Rybarz

Kauf und Verkauf von Gewerbeimmobilien

RWS-Skript 367

Kauf und Verkauf von Gewerbeimmobilien

3. neu bearbeitete Auflage

von

Rechtsanwalt Dr. Johannes Niewerth, Hamburg

Rechtsanwalt Dr. Jonas Rybarz, Berlin

RWS Verlag Kommunikationsforum GmbH & Co. KG · Köln

Die Deutsche Nationalbibliothek verzeichnet diese Publikation in der Deutschen Nationalbibliografie; detaillierte bibliografische Daten sind im Internet über http://dnb.d-nb.de abrufbar.

Postfach 27 01 25, 50508 Köln
E-Mail: info@rws-verlag.de, Internet: http://www.rws-verlag.de

Satz und Datenverarbeitung: SEUME Publishing Services GmbH, Erfurt
Druck und Verarbeitung: Hundt Druck GmbH, Köln

Vorwort zur 3. Auflage

Bei Erscheinen der ersten Auflage dieses Buchs im Jahr 2012 war der deutsche Immobilienmarkt noch stark von der Finanzkrise geprägt, von der er sich gerade erholte. Ziel war es damals, den Lesern angesichts der steigenden Zahl von Immobilientransaktionen das nötige Handwerkszeug für die rechtliche Begleitung des Kaufs und Verkaufs von Gewerbeimmobilien mit auf den Weg zu geben. Vier Jahre später, bei Erscheinen der zweiten Auflage im Jahr 2016, war die Zahl großer Immobilientransaktionen, unter anderem durch die „Flucht in die Immobilie“ infolge der Niedrigzinsen, noch einmal deutlich angestiegen. Auch heute, gut ein Jahr nach Beginn der Corona-Pandemie, ist die Zahl der Immobilientransaktionen trotz der Auswirkungen der Pandemie, insbesondere auf die Bereiche Einzelhandel und Büro, weiterhin hoch. Die Zielsetzung der ersten (und zweiten) Auflage ist damit nach wie vor aktuell.

Allerdings haben sich Rechtsprechung und Rechtspraxis in den letzten vier Jahren (wie auch schon 2016 gegenüber 2012) in verschiedenen Bereichen so weiterentwickelt, dass eine weitere Überarbeitung des Buchs angezeigt war. Dies gilt insbesondere für Änderungen im Bereich des Grundstücksrechts, des Mietrechts, des Kaufrechts und des privaten Baurechts. Für die dritte Auflage haben die Autoren das Buch deshalb insgesamt anhand von Gesetzgebung, Rechtsprechung und Literatur überarbeitet und aktualisiert.

Die Neuauflage befindet sich auf dem Stand vom 1. Februar 2021. Ein ganz besonderer Dank gilt Detlef Schmidt, der als Autor für die dritte Auflage leider nicht mehr zur Verfügung stand, die erste und zweite Auflage (und damit auch diese Auflage) des Buchs aber entscheidend mitgeprägt hat. Zu danken haben die Autoren zudem Hendrik Marchal, Josefa Hamann und Claudia Grummt für kritische Hinweise, Anregungen und Verbesserungsvorschläge bei der Überarbeitung.

Hamburg/Berlin, im März 2021

Johannes Niewerth
Jonas Rybarz

Inhaltsverzeichnis

Literaturverzeichnis

Kommentare, Handbücher, Monographien

Altmeppen
GmbHG, Kommentar, 10. Aufl., 2021

Andres/Leithaus
InsO, Kommentar zur Insolvenzordnung, 4. Aufl., 2018
(zit.: Andres/Leithaus/*Bearbeiter*, InsO)

Basty
Der Bauträgervertrag, 10. Aufl., 2020

Battis/Krautzberger/Löhr
BauGB, Kommentar zum Baugesetzbuch, 14. Aufl., 2019
(zit.: Battis/Krautzberger/Löhr/*Bearbeiter*, BauGB)

Baumbach/Hueck
GmbHG, Kommentar, 22. Aufl., 2019
(zit.: Baumbach/Hueck/*Bearbeiter*, GmbHG)

Baumbach/Hopt
HGB, Kommentar, 39. Aufl., 2020
(zit.: Baumbach/Hopt/*Bearbeiter*, HGB)

Beck'scher Online-Kommentar BGB
hrsg. von Hau/Poseck, 56. Edition, Stand 1.11.2020
(zit.: *Bearbeiter*, in: BeckOK BGB)

Beck'scher Online-Kommentar GBO
hrsg. von Hügel, 40. Edition, Stand 1.10.2020
(zit.: *Bearbeiter*, in: BeckOK GBO)

Beck'scher Online-Kommentar GmbHG
hrsg. von Ziemons/Jaeger/Pöschke, 46. Edition, Stand 1.11.2020
(zit.: *Bearbeiter*, in: BeckOK GmbHG)

Beck'sches Notar-Handbuch
hrsg. von Heckschen/Herrler/Münch, 7. Aufl., 2019
(zit.: *Bearbeiter*, in: Beck'sches Notar-Handbuch)

Blank
Der Bauträgervertrag, 5. Aufl., 2015

Blank/Börstinghaus
Miete, Kommentar, 6. Aufl., 2020

Blümich
EStG, KStG, GewStG, Kommentar, 152. EL., Mai 2020, Loseblatt
(zit.: Blümich/*Bearbeiter*, EStG/KStG/GewStG)

Bork/Schäfer
GmbHG, Kommentar, 4. Aufl., 2019
(zit.: Bork/Schäfer/*Bearbeiter*, GmbHG)

Boruttau
GrEStG, Kommentar, 19. Aufl., 2019
(zit.: Boruttau/*Bearbeiter*, GrEStG)

Böttcher
ZVG, Kommentar, 6. Aufl., 2016

Bub/Treier
Handbuch der Geschäfts- und Wohnraummiete, 5. Aufl., 2019

Dammert/Lenkeit/Oberhauser/Pause/Stretz
Das neue Bauvertragsrecht, 2017

Demharter
GBO, Kommentar, 32. Aufl., 2021

Erman
BGB, Kommentar, 16. Aufl., 2020
(zit.: Erman/*Bearbeiter*, BGB)

Ernst/Zinkahn/Bielenberg/Krautzberger
BauGB, Kommentar, 138. EL, Mai 2020
(zit.: Ernst/Zinkahn/Bielenberg/Krautzberger/*Bearbeiter*, BauGB)

Frenz/Miermeister
BNotO, Kommentar, 5. Aufl., 2020
(zit.: Frenz/Miermeister/*Bearbeiter*, BNotO/BeurkG)

Fritz
Gewerberaummietrecht, 4. Aufl., 2005

Grziwotz/Everts/Heinemann/Koller
Grundstückskaufverträge, 2005

Habersack/Casper/Löbbe
GmbHG, Kommentar, Band 1, Einleitung, §§ 1–28, 3. Aufl., 2019

Hirte/Mülbert/Roth
Großkommentar zum AktG, Band 4/2, §§ 92–94, 5. Aufl., 2015
(zit.: *Bearbeiter*, in: GroßKomm AktG)

Hofmann
GrEStG, Kommentar, 11. Aufl., 2016

Hüffer/Koch
AktG, Kommentar, 14. Aufl., 2020

Jauernig
BGB, Kommentar, 18. Aufl., 2020
(zit.: Jauernig/*Bearbeiter*, BGB)

Johlen/Oerder
Münchener Anwaltshandbuch Verwaltungsrecht, 4. Aufl., 2017

van Kann
Immobilientransaktionen, 2. Aufl., 2014

Kayser/Thole
Insolvenzordnung, Heidelberger Kommentar zur Insolvenzordnung, 10. Aufl., 2020

Kniffka
Bauvertragsrecht, 3. Aufl., 2018

Kniffka/Koebele/Jurgeleit/Sacher
Kompendium des Baurechts, 5. Aufl., 2020
(zit.: *Bearbeiter*, in: Kompendium des Baurechts)

Krauß
Immobilienkaufverträge in der Praxis, 9. Aufl., 2020

Krüger/Hertel
Der Grundstückskauf, 12. Aufl., 2020

Larenz
Lehrbuch des Schuldrechts, Band II, Halbband. 1, 13. Aufl., 1986

Leesmeister
Materielles Liegenschaftsrecht im Grundbuchverfahren, 4. Aufl., 2016

Lemke
Immobilienrecht, Kommentar, 2. Aufl., 2016
(zit.: Lemke/*Bearbeiter*, Immobilienrecht)

Lerch
BeurkG, Kommentar, 5. Aufl., 2016

Lindner-Figura/Opreé/Stellmann
Geschäftsraummiete, 4. Aufl., 2017

Meikel
GBO, Kommentar, 11. Aufl., 2015
(zit.: Meikel/*Bearbeiter*, GBO)

Michalski/Heidinger/Leible/J. Schmidt
GmbHG, Kommentar, 3. Aufl., 2017
(zit.: Michalski/Heidinger/Leible/J. Schmidt/*Bearbeiter*, GmbHG)

Münchener Kommentar zum Bürgerlichen Gesetzbuch
hrsg. von Säcker/Rixecker/Oetker
Band 1: Einleitung und Allgemeiner Teil, §§ 1–240, AllgPersönlR, ProstG, AGG, 8. Aufl., 2018
Band 8: Sachenrecht, §§ 854–1296, WEG, ErbbauRG
8. Aufl., 2020
(zit.: *Bearbeiter*, in: MünchKomm-BGB)

Münchener Kommentar zum GmbHG
hrsg. von Fleischer/Goette
Band 1, §§ 1–34, 3. Aufl. 2018
(zit.: *Bearbeiter*, in: MünchKomm-GmbHG/)

Nerlich/Römermann
Insolvenzordnung, Kommentar, 41. EL, April 2020
(zit.: Nerlich/Römermann/*Bearbeiter*, InsO)

v. Oefele/Winkler/Schlögel
Handbuch Erbbaurecht, 6. Aufl., 2016

Pahlke
GrEStG, Kommentar, 6. Aufl., 2018

Palandt
BGB, Kommentar, 80. Aufl., 2021
(zit.: Palandt/*Bearbeiter*, BGB)

Pause
Bauträgerkauf und Baumodelle, 6. Aufl., 2018

Prölss/Dreher
Versicherungsaufsichtsgesetz, 13. Aufl., 2018

Prütting/Wegen/Weinreich
BGB, Kommentar, 15. Aufl., 2020
(zit.: PWW/*Bearbeiter*, BGB)

Reinicke/Tiedtke
Kaufrecht, 8. Aufl., 2009

Schmidt-Futterer
Mietrecht, 14. Aufl., 2019

Scholz
GmbHG, Kommentar, 12. Aufl., 2021
(zit.: *Scholz/Bearbeiter*, GmbHG)

Schöner/Stöber
Grundbuchrecht, 16. Aufl., 2020

Schrödter
BauGB, Kommentar, 9. Aufl., 2019
(zit.: Schrödter/*Bearbeiter*, BauGB)

Soergel
BGB, Kommentar, 13. Aufl., 1991
(zit.: Soergel/*Bearbeiter*, BGB)

Staudinger
BGB, Kommentar, 2014 f.
(zit.: Staudinger/*Bearbeiter*, BGB)

Steinke/Niewerth/Ludwig
Due Diligence bei Grundstücksgeschäften, 2009

Stöber
Zwangsvollstreckung in das unbewegliche Vermögen, 9. Aufl., 2010

Uhlenbruck
InsO, Kommentar, 15. Aufl., 2019
(zit.: Uhlenbruck/*Bearbeiter*, InsO)

Ulmer/Brandner/Hensen
AGB-Recht, Kommentar, 12. Aufl., 2016
(zit.: Ulmer/Brandner/Hensen/*Bearbeiter*, AGB-Recht)

Versteyl/Sondermann
BBodSchG, Kommentar, 2. Aufl., 2005

Winkler
BeurkG, Kommentar, 19. Aufl., 2019

Wolf/Eckert/Ball
Handbuch des gewerblichen Miet-, Pacht- und Leasingrechts, 10. Aufl., 2009

Wolf/Lindacher/Pfeiffer
AGB-Recht, Kommentar, 7. Aufl., 2020

Aufsätze

Ackermann
Die Nacherfüllungspflicht des Stückverkäufers, JZ 2002, 378

Aufderhaar/Jaeger
Reform des Rechts der Preisklauseln in der immobilienrechtlichen Praxis, ZfIR 2008, 121

Basty
Änderungen der Makler- und Bauträgerverordnung, DNotZ 1991, 18

Behrens/Waadt
Grunderwerbsteuer bei sog. Share Deals nach dem Referentenentwurf des BMF vom 8.5.2019 – Anmerkungen insb. zu den Übergangsregelungen, BB 2019, 1367

Bitter/Meidt
Nacherfüllungsrecht und Nacherfüllungspflicht des Verkäufers im neuen Schuldrecht, ZIP 2001, 2114

Bork
Die Schriftform im Gewerbemietrecht – Das Ende des Schreckens oder ein Schrecken ohne Ende?, BB 2020, 1481

Börstinghaus
Vermieterwechsel kraft Gesetzes - Fallstricke in wirtschaftlich schwerer Zeit, NZM 2004, 481

Böttcher
Die Entwicklung des Grundbuch- und Grundstücksrechts bis Ende 2019, NJW 2020, 819

Böttcher
Due Diligence beim Unternehmenskauf als Verkehrssitte, ZGS 2007, 20

Böttcher
Organpflichten beim Unternehmenskauf, NZG 2007, 481

Böttcher
Verpflichtung des Vorstands einer AG zur Durchführung einer Due Diligence, NZG 2005, 49

Brändle
Keine „Zäsur" durch notariellen Grundstückskaufvertrag, NJW 2019, 3344

Buchinger/Kirschner
Schicksal von Mietverhältnissen im Rahmen von Erwerbsvorgängen, ZfIR 2017, 377

Canaris
Die Behandlung nicht zu vertretender Leistungshindernisse nach § 275 Abs. 2 BGB beim Stückkauf, JZ 2004, 214

Cannivé
Die Legal Vendor Due Diligence – Marktstandard oder Modeerscheinung, ZIP 2009, 254

Dauner-Lieb/Thiessen
Garantiebeschränkungen in Unternehmenskaufverträgen nach der Schuldrechtsreform, ZIP 2002, 108

Demleitner
Kaufpreisermittlung bei Immobilien-Share Deals, ZfIR 2015, 317

Diller
Fallstricke in der Berufshaftpflichtversicherung der Anwälte, Hinweise aus der Praxis und Tipps zu den Versicherungsbedingungen, AnwBl. 2014, 2

Diller
Kein Versicherungsschutz des Anwalts für „Reliance Letter"?, AnwBl. 2010, 52

Döring
Vorkaufsrechte zur Verhinderung der Kapitalanlage Grund und Boden oder Hemmnis für den Grundstücksverkehr?, ZfIR 2020, 333

Drescher/Anker
Haftungsausschlüsse und Garantien in Immobilienkaufverträgen, NZBau 2017, 583

Emmerich
Starre Schönheitsreparaturfristen und kein Ende II, NZM 2009, 16

Emmert
Vereinbarte Beschaffenheit der Kaufsache und Haftungsausschluss des Verkäufers, NJW 2006, 1765

Faust
Garantie und Haftungsbeschränkung in § 444 BGB, ZGS 2002, 271

Feller
Sachmängel beim Kauf, MittBayNot 2003, 81

Fischinger/Lettmaier
Sachmangel bei Asbestverseuchung – Anwendbarkeit der c. i. c. neben den §§ 434 ff. BGB, NJW 2009, 2496

Flatow
Auswirkungen der EnEV 2007/2009 auf Miet-, Kauf- und Werkverträge, NJW 2008, 2886

Fleischer
Aktuelle Entwicklungen der Managerhaftung, NJW 2009, 2337

Fleischer
Aktienrechtliche Problemfelder bei M&A-Transaktionen, ZHR 172 (2008), 538

Fleischer/Körber
Due Diligence und Gewährleistung beim Unternehmenskauf, BB 2001, 841

Franck
Zwangsversteigerungsrecht – Probleme der Vertragsgestaltung (Teil 1 und 2), MittBayNot 2012, 345 und 439

Gante
Flächenermittlung und Flächenabweichung, WuM 2008, 525

Gerber
Überraschende Regelungen im neuen Preisklauselgesetz – Ein Zwischenruf anlässlich des „Bürokratieabbaus" in der gewerblichen Miete und zu den Implikationen der §§ 305 ff. BGB, NZM 2008, 152

v. Giercke/Paschen
Mängelgewährleistung beim Unternehmenskauf, GmbHR 2002, 457

Glöckner
Die Umsetzung der Verbrauchsgüterkaufrichtlinie in Deutschland und ihre Konkretisierung durch die Rechtsprechung, JZ 2007, 652

Grigoleit/Herresthal
Grundlagen der Sachmängelhaftung im Kaufrecht, JZ 2003, 118

Grigoleit/Herresthal
Die Beschaffenheitsvereinbarung und ihre Typisierungen in § 434 I BGB, JZ 2003, 233

Grotheer
Insolvenzrisiken bei Kaufverträgen über Gesellschaftsanteile und Gestaltungsmöglichkeiten zu ihrer Abmilderung, RNotZ 2012, 355

Grunewald
Der Verdacht als Mangel, in: Festschrift Konzen, 2006, S. 131

Grützner/Schmidl
Verjährungsbeginn bei Garantieansprüchen, NJW 2007, 3610

Grziwotz
Immobilienverträge, die in Rechte Dritter eingreifen – zivilrechtliche und öffentlich-rechtliche Problemfälle, ZfIR 2016, 1

Gutzeit
Der arglistig täuschende Verkäufer, NJW 2008, 1359

Gutzeit
Anmerkung zu BGH, 29.11.2006 – VIII ZR 92/06 (NJW 2006, 1346), NJW 2007, 1350

Haas/Ebel
„Kauf bricht nicht Miete“ – § 566 BGB im Fokus der aktuellen Rechtsprechung und Praxis, ZfIR 2020, 165

Häublein
Der Beschaffenheitsbegriff und seine Bedeutung für das Verhältnis der Haftung aus culpa in contrahendo zum Kaufrecht, NJW 2003, 388

Heil
Erwerberschutz bei Grundstücksveräußerung durch Testamentsvollstrecker, RNotZ 2001, 269

Heinemeyer
Gefahrübergang und Sachmangel, NJW 2019, 1025

Heinrichs
Umsetzung der EG-Richtlinie über mißbräuchliche Klauseln in Verbraucherverträgen durch Auslegung Erweiterung des Anwendungsbereichs der Inhaltskontrolle, NJW 1995, 153

Heinze
§ 899a BGB und die Vermutung der Existenz der eingetragenen Gesellschaft, ZfIR 2010, 713

Heix
Die Rechtsprechung des Bundesgerichtshofs im Labyrinth der Wohnfläche, WuM 2009, 706

Heller/Rousseau
Preisklauseln in der Legal Due Diligence, NZM 2009, 301

Hermann/Suppé
Anmerkungen zu BGH, 24.1.2020 - V ZR 155/18, ZfIR 2020, 383

Herz
Die Haftung für den Ausgleichsbetrag nach § 154 BauGB in der Immobilientransaktion, ZfBR 2014, 19

Hilgard
Bagatell- und Cap-Klauseln beim Unternehmenskauf, BB 2004, 1233

Huber
Haftung des Vertragshändlers gegenüber seinem Abnehmer, in: Festschrift Ulmer, 2003, S. 1165

Huber, P.
Der Nacherfüllungsanspruch im neuen Kaufrecht, NJW 2002, 1004

Huber, U.
Eigenschaftsirrtum und Kauf, AcP 209 (2009), 143

Hübner
Die Abschaffung des § 550 BGB als „Neuregelung" des Schriftformerfordernisses im Mietrecht, ZfIR 2020, 125

Huperz/Reichelt
Anmerkung zu BGH, 26.9.2012 - XII ZR 112/10 (NJW 2013, 41), ZfIR 2013, 55

Jaeger/Schulz
Reform der Schriftform im Gewerbemietraumrecht, ZfIR 2020, 232

Jurgeleit
Beschaffenheitsvereinbarungen beim Erwerb von Bauträgern. Ein Dissens in der Rechtsprechung des V. und VII. Zivilsenats des BGH?, NJW 2019, 2649

Jursnik
Veräußerung von Grundbesitz nach Anordnung der Zwangsversteigerung, MittBayNot 1999, 125

Kawany
„Kauf bricht nicht Miete" – auch bei Transaktionen mit Sprungauflassung?, ZfIR 2019, 824

Kiethe
Vorstandshaftung aufgrund fehlerhafter Due Diligence beim Unternehmenskauf, NZG 1999, 976

Kirchhoff
Das Verbot von Wertsicherungsklauseln im neuen Preisklauselgesetz, DNotZ 2007, 913

Klausch/Hartmann
Datenschutz im Rahmen von Immobilientransaktionen, BB 2019, 1030

Knott
Unternehmenskauf nach der Schuldrechtsreform, NZG 2002, 249

Koppmann
Die gesetzliche Aufklärungspflicht des Verkäufers und ihre Erfüllung beim Unternehmenskauf – ein Leitfaden, BB 2014, 1673

Krauß
Immobilienkaufvertrag – Aktuelle Entwicklungen, notar 2018, 315

Krauß
Immobilienkaufvertrag – Aktuelle Entwicklungen, notar 2017, 312

Krüger
Sachmängelhaftung und Formgebot beim Grundstückskauf, ZfIR 2018, 753

Krüger
Die Gesellschaft bürgerlichen Rechts und das Grundbuch – causa infinita, NZG 2010, 801

Lettau/Telyatnykov
Immobilien in der Krise aus Investorensicht, NJOZ 2009, 1573

Lindner-Figura/Reuter
Die Entwicklung des Gewerberaummietrechts 2019, NJW 2020, 1039

Lindner-Figura/Reuter
Die Entwicklung des Gewerberaummietrechts 2016, NJW 2017, 1071

Löffler/Tietjen
Veräußerung von Anteilen an Immobilien-Objektgesellschaften – schädlicher „Eigenhandel" i. S. v. § 8b Abs. 7 Satz 2 KStG?, DStR 2010, 586

Lögering
Verlust etwaiger Schadensersatzrechte durch die Minderung des Kaufpreises?, MDR 2009, 664

Looschelders
Leistungsverweigerungsrecht des Käufers bei Mängeln der Kaufsache, NJW 2020, 2074

Lorenz
Aus- und Wiedereinbaukosten bei der kaufrechtlichen Nacherfüllung zwischen Unternehmern – Zu den Grenzen „richtlinienorientierter" Auslegung, NJW 2013, 207

Lorenz
Arglist und Sachmangel – Zum Begriff der Pflichtverletzung in § 323 V 2 BGB, NJW 2006, 1925

Lorenz
Schuldrechtsreform 2002: Problemschwerpunkte drei Jahre danach, NJW 2005, 1889

Lorenz
Schadensersatz statt der Leistung, Rentabilitätsvermutung und Aufwendungsersatz im Gewährleistungsrecht, NJW 2004, 26

Maletz/Probst
Rechtsfragen im Umgang mit der öffentlich-rechtlichen Baulast, ZfIR 2007, 777

Mertens
Culpa in contrahendo beim zustande gekommenen Kaufvertrag nach der Schuldrechtsreform, AcP 203 (2003), 818

Meyer
Ausgewählte Probleme des Bauträgervertrags, RNotZ 2006, 497

Möller
Offenlegungen und Aufklärungspflichten beim Unternehmenskauf, NZG 2012, 841

Möller
Aktuelle Rechtsprechung zur Schriftform langfristiger Mietverträge, ZfIR 2008, 87

Müggenborg
Der Kauf von Altlastengrundstücken nach der Schuldrechtsmodernisierung, NJW 2005, 2810

Müller
Einfluss der Due Diligence auf die Gewährleistungsrechte des Käufers beim Unternehmenskauf, NJW 2004, 2196

Müller
Unternehmenskauf, Garantie und Schuldrechtsreform – ein Sturm im Wasserglas?, NJW 2002, 1026

Nieder
Anlieger- und Erschließungskosten im Grundstückskaufvertrag, NJW 1984, 2662

Niewerth
Kostenumlegung bei der Altlastensanierung – Zu § 24 Abs. 2 des neuen Bundes-Bodenschutzgesetzes, NuR 1999, 558

Oldenburg
Beschaffenheitsvereinbarungen beim Grundstückskauf, ZfIR 2016, 613

Paefgen/Wallisch
Die Schutzfunktion der Gesellschafterliste beim GmbH-Anteilserwerb, NZG 2016, 801

Pahlow
Der Rechtsmangel beim Sachkauf, JuS 2006, 289

Pause
Erwerb modernisierter, sanierter und ausgebauter Altbauten vom Bauträger, NZBau 2000, 234

Peters
Die Erfüllungsgehilfen des Verkäufers neu hergestellter Sachen, ZGS 2010, 24

Peters
Anmerkung zu BGH, 11.1.2006 – VIII ZR 268/04, JZ 2006, 979

v. Proff
Neue Vorgaben für Bauträgerverträge und Verbraucherbauverträge: Auswirkungen des Gesetzes zur Reform des Bauvertragsrechts, ZfIR 2017, 589

Rapp
Erbbaurecht und Dienstbarkeiten – sichere Vertragsgestaltung für Dienstbarkeitsberechtigte sowie Grundstückseigentümer, ZfIR 2017, 89

Redeker
Die Verkäuferhaftung beim Unternehmens- und Grundstückskauf – Die Grenzziehung zwischen Gewährleistungsrecht und Informationshaftung, NJW 2012, 2471

Reimann/Keller
Kunst am Bau – schützenswert oder Hindernis?, ZfIR 2019, 817

Reymann
Nachweismediatisierung durch § 47 Abs. 2 GBO beim Grundstückserwerb durch eine GbR, ZNotP 2011, 84

Roth
Anmerkung zu BGH, 24.3.2006 – V ZR 173/05, JZ 2006, 1026

Roth
Standzeit von Kraftfahrzeugen als Sachmangel, NJW 2004, 330

Schaub
Beratungsvertrag und Sachmängelgewährleistung nach der Schuldrechtsmodernisierung, AcP 202 (2002), 757

Schinkels
Zum Vorrang der nach dem Vertrag vorausgesetzten Verwendung (§ 434 Abs. 1 S. 2 Nr. 1 BGB) vor damit unvereinbaren Beschaffenheitsangaben – „Ausschlacht-“ und „Bastlerfahrzeuge“ nur auf besonderen Verbraucherwunsch, ZGS 2004, 226

Schmidt, D.
Beschaffenheitsvereinbarung, Garantie und Haftungsausschluss, in: Liber amicorum für Klaus Mock, 2009, S. 245

Schmidt, D.
Mängelrechte beim Verkauf und Kauf von Grundstücken, AnwBl. 2008, 484

Schmidt, D.
Die Beschaffenheit der Kaufsache, BB 2005, 2763

Schmidt, D.
Fallstricke der Baubeschreibung, ZfIR 2004, 405

Schmidt, H.
Zum Jahrestag eines „D-Day“ für Schönheitsreparatur-AGB – Hoffentlich nicht das letzte Wort aus Karlsruhe, NJW 2016, 1201

Schmidt, S.
Das Grundstück in der Zwangsversteigerung; die Auswirkungen auf bestehende Kaufverträge, Besonderheiten bei deren Gestaltung, BWNotZ 1992, 35

Schmidt-Räntsch
Aufklärungspflichten beim Verkauf von Immobilien, ZfIR 2004, 569

Schmitz
Mängelhaftung beim Unternehmenskauf nach der Schuldrechtsreform, RNotZ 2006, 561

Schröcker
Unternehmenskauf und Anteilskauf nach der Schuldrechtsreform, ZGR 2005, 63

Schroeter
Untersuchungspflichten und Vertretenmüssen des Händlers bei der Lieferung sachmangelhafter Ware, JZ 2010, 495

Schroeter
Das Recht zur zweiten Andienung im System des Schuldrechts, AcP 207 (2007), 28

Schubel/Koch
Nacherfüllung als Haftungsfalle: Das deutsche Kaufrecht auf dem Weg zum Garantiesystem?, DB 2004, 119

Schultz
Stolperstein Wertsicherung, NZM 2008, 425

Schultz
Die Annahmeerklärung als „casus belli“ der gesetzlichen Schriftform gewerblicher Mietverträge, NZM 2007, 509

Schweitzer
Die Mietvertragsänderung: Alarmstufe rot für das Wahren der Schriftform, NJW 2019, 198

Seeger
Die „einseitige Abhängigkeit“ – zum Umfang der Beurkundungsbedürftigkeit zusammengesetzter Grundstücksgeschäfte, MittBayNot 2003, 11

Singbartl/Zintl
Das Zusammenspiel von Rechtsanwalt und Notar beim Immobilienkaufvertrag, ZfIR 2017, 34

Singbartl/Zintl
Das Zusammenspiel von Rechtsanwalt und Notar beim Immobilienkaufvertrag Teil 2, ZfIR 2017, 213

Stadler
Garantien in IT-Verträgen nach der Schuldrechtsmodernisierung, CR 2006, 77

Steinkamp
Das Verhältnis von Baulast und Dienstbarkeit, MittRhNotK 1998, 117

Stöber
Rücktritt und großer Schadenersatz nach erklärter Minderung, NJW 2018, 2834

Stöber
Das Verhältnis der Minderung zu Rücktritt und Schadenersatz im Kaufgewährleistungsrecht, NJW 2017, 2785

Stoppel
Untersuchungspflichten auf Verkäuferseite im Zusammenspiel mit Untersuchungsobliegenheiten auf Käuferseite, ZGS 2006, 49

Teller
Gestaltung der Grenzen kaufrechtlicher Nacherfüllung aus Praktikersicht, NJW 2019, 2121

Thaler/Tachezy
Abgerissen, abgebrannt – Rechtsfolgen bei Zerstörung und Untergang der Mietsache und Wiederaufbauklauseln im Mietvertrag, NZM 2000, 748

Triebel/Hölzle
Bilanzierung von Internetauftritten nach Handels- und Steuerrecht, DB 2002, 521

Vaasen/Starke
Zur Reform des notariellen Berufsrechts, DNotZ 1998, 661

Vettermann
Die rechtliche Qualifikation und Behandlung von kaufvertraglichen Bauverpflichtungen in Immobilientransaktionen, ZfIR 2018, 477

Vogt
Die Due Diligence – ein zentrales Element bei der Durchführung von Mergers & Acquisitions, DStR 2001, 2027

Wagner
GrESt bei Share Deals, DB 2019, 1286

Wagner/Mayer
Der neue § 1 Abs. 3a GrEStG als „Super-Auffangtatbestand?" – Offene Fragen nach den gleichlautenden Erlassen der Länder vom 9.10.2013, BB 2014, 279

Wais
Form und Vorkaufsrecht, NJW 2017, 1569

Walter/Korves
Der merkantile Minderwert beim Immobilienkauf, NJW 2016, 1985

Weber
§ 899a BGB und der kondiktionsfeste Erwerb: Grenzen der Gesetzesauslegung und Möglichkeiten rechtssicherer Gestaltung, ZfIR 2018, 759

Weber
Die Auswirkungen des neuen Bauvertragsrechts auf des Bauträgerrecht, notar 2017, 379

Weiler
Culpa in contrahendo, Anfechtung und Kaufrecht – alte Konkurrenzfragen in neuem Licht, ZGS 2002, 249

Weiler
Haftung für Werbeangaben nach neuem Kaufrecht, WM 2002, 1784

Westermann, H. P.
Due diligence beim Unternehmenskauf, ZHR 169 (2005), 248

v. Westphalen
Immobilien-Leasing-Verträge – einige Aspekte zur notariellen Praxis, MittBayNot 2004, 13

Wolf/Kaiser
Die Mängelhaftung beim Unternehmenskauf nach neuem Recht, DB 2002, 411

Zander
Die Reform des Bauvertragsrechts und ihre Auswirkung auf die notarielle Praxis, BWNotZ 2017, 115

Zimmermann/Bischoff
Haftungsausschluss für zwischen Vertragsschluss und Gefahrübergang entstehende Mängel bei Gebrauchtimmobilien, NJW 2003, 2506

A. Einführung

Thema dieses Buchs ist der Verkauf und Kauf von Gewerbegrundstücken sowie Portfolios, der nach seinem wirtschaftlichen Wert und seiner Komplexität als „Immobilientransaktion“ bezeichnet wird. 1

Solche Immobilientransaktionen haben in Deutschland in den letzten Jahren zunehmend an Bedeutung gewonnen. Die League Tables oder Transaktionslisten der einschlägigen Zeitschriften weisen eine beachtliche Zahl von Transaktionen im Milliarden- und hohen Millionenbereich aus, die von der Bedeutung der Objekte wie von den gezahlten Kaufpreisen her mit M&A-Transaktionen vergleichbar sind. 2

Gerade die sehr großen Transaktionen haben in den letzten Jahren – nach einem zwischenzeitlichen Einbruch im Zuge der Finanzkrise – erheblich zugenommen. Die aktuelle Entwicklung deutet darauf hin, dass Immobilientransaktionen auf dem derzeitigen hohen Niveau weiterlaufen und auch die Transaktionswerte hoch bleiben werden. Abgesehen von einem kurzzeitigen Rückgang der Transaktionen in der Hochphase der Corona-Krise im Frühjahr 2020, scheint der Markt für Immobilientransaktionen durch die Corona-Krise im Übrigen weitestgehend unberührt zu bleiben. Mittel- und langfristig werden insbesondere die Entwicklungen im Bereich des E-Commerce und die Veränderungen im Bereich Büroarbeitsplätze/Homeoffice, die durch die Erfahrungen in der Corona-Krise noch beschleunigt werden dürften, aber wohl einen spürbaren Einfluss auf die Durchführung von Immobilientransaktionen haben. 3

Die wirtschaftliche Bedeutung von Immobilientransaktionen prägt die Anforderungen an deren Ablauf: Soll sie erfolgreich sein, sind zwei Welten zusammenzuführen. Das Verfahren unterliegt weitgehend den angloamerikanischen Standards einer M&A-Transaktion, für den Abschluss selbst gelten – jedenfalls wenn die Immobilientransaktion als sog. Asset Deal strukturiert wird – aber die notariellen und eher traditionellen Anforderungen an einen lege artis gefertigten Grundstückskaufvertrag. Vor allem aus steuerlichen Gründen werden Immobilientransaktionen häufig aber auch als sog. Share Deals strukturiert. In diesem Fall ist eine Immobilientransaktion noch stärker an eine klassische M&A-Transaktion angenähert. 4

Wie bei einer M&A-Transaktion hat der Verkäufer das Objekt aufzubereiten, marketingmäßig z. B. durch Teaser, Flyer oder Verkaufsprospekte darzustellen und ggf. eine Verkäufer-Due-Diligence vorzunehmen. Der Käufer hat umgekehrt Qualität und Risiken des Targets über die Käufer-Due-Diligence zu ermitteln. Verbunden ist dies mit verschiedenen Formen der Vertragsverhandlungen, Bieter- oder ähnlichen Verfahren sowie der Abgabe von indikativen Angeboten, auf deren Grundlage der Kreis der Interessenten bestimmt wird, die zu einem endgültigen Angebot zugelassen werden usw. 5

6 Schon die Verkäufer und noch mehr die Käufer-Due-Diligence haben sich aber an den Regeln zu orientieren, die für die Vorbereitung eines notariellen Grundstückskaufvertrags gelten. Im Kern entspricht die Due Diligence der notariellen oder anwaltlichen Aufarbeitung des Sachverhalts, z. B. der Belastungen in Abteilung II und III des Grundbuchs, der Nutzung, der sonst mit der Immobilie verbundenen Risiken wie Altlasten; der so festgestellte Sachverhalt ist rechtlich zu prüfen. Die Due Diligence gewährt also einen umfassenden Einblick in die für die Bewertung der Immobilie bedeutenden tatsächlichen und rechtlichen Faktoren.

7 Diese Anforderungen gelten unabhängig davon, ob die Transaktion als Asset oder Share Deal strukturiert wird. Auch bei Letzterem sind die immobilienbezogenen Fragestellungen gleichermaßen wie beim Asset Deal zu regeln, es treten nur noch die Anforderungen an die Gestaltung eines Beteiligungskaufvertrags hinzu. Festzustellen ist dabei, dass die Bedeutung des Share Deals im Vergleich zum Asset Deal in der Praxis in den letzten Jahren immer weiter zugenommen hat.

8 Gegenstand einer Immobilientransaktion können Gewerbeimmobilien aller Nutzungsformen sein: Büro- und Geschäftsgebäude, Fachhandels- und Einzelhandelsobjekte oder gar -zentren, Spezialimmobilien wie Hotels, Logistikzentren oder „halbe Stadtteile".

9 Die dargestellte Struktur des Ablaufs einer Immobilientransaktion wird von der Gliederung dieses Buchs nachgezeichnet.

10 In Kapitel B. (siehe Rn. 13 ff.) wird der Ablauf des Verkaufsprozesses dargestellt, sowohl aus Verkäufer- als auch aus Käufersicht, unter Berücksichtigung der verschiedenen Varianten.

11 Ein wesentlicher Schwerpunkt einer Immobilientransaktion ist die Due Diligence in Kapitel C. (siehe Rn. 95 ff.). Wir legen für die Darstellung vorrangig die Perspektive des Käufers zugrunde. Zwar muss theoretisch der Verkäufer, so er eine Due Diligence durchführt, zu denselben Ergebnissen wie der Käufer gelangen. In der Praxis wird der Verkäufer aber einen anderen Blickpunkt haben: er wird z. B. Risiken primär danach analysieren, ob sie offengelegt werden müssen, zu Preisreduktionen führen oder zu deren Vermeidung beim Verkäufer verbleiben. Die Käufer-Due-Diligence muss dagegen so durchgeführt werden, dass alle für den zukünftigen Eigentümer der Immobilie und damit für die Preisbildung wichtigen tatsächlichen und rechtlichen Faktoren in einem ersten Schritt ermittelt und in einem zweiten Schritt in ihrem positiven oder negativen Einfluss auf Nutzung und Wert des Grundstücks bewertet werden. Im dritten und abschließenden Schritt fließen die regelmäßig in einem Due-Diligence-Report zusammengefassten Ergebnisse in die Preisbildung und vertragliche Gestaltung ein. Daraus folgt die Anforderung an die Käufer-Due-Diligence, so präzise und vollständig durchgeführt zu werden, dass auf ihrer Grundlage der Kaufvertrag gestaltet werden kann. Dementsprechend behandeln wir in Kapitel C. (siehe Rn. 95 ff.) die für eine Immobi-

lientransaktion wesentlichen Themen aus dem Zivilrecht (z. B. Eintragungen im Grundbuch und Mietverträge) und dem Öffentlichen Recht, insbesondere des Bau-, Planungs- und Umweltrechts. Gleichfalls in einen Due-Diligence-Report gehören Erkenntnisse über die tatsächlichen Verhältnisse der Immobilien wie Emissionen aus der Nachbarschaft oder Altlasten.

In Kapitel D. (siehe Rn. 434 ff.) wird in die Gestaltung des Kaufvertrags auf der **12**
Grundlage der Ergebnisse der Käufer-Due-Diligence eingeführt. Es folgen die für Immobilientransaktionen besonders bedeutsame Arglisthaftung in Kapitel E. (siehe Rn. 466 ff.) sowie Asset und Share Deal als die beiden Vertragstypen in Kapitel F. (siehe Rn. 547 ff.) und in Kapitel G. (siehe Rn. 923 ff.). Wir schließen mit Beispielen für vertragliche Regelungen in Kapitel H. (siehe Rn. 964 ff.).

B. Durchführung des Verkaufsprozesses

In einem ersten Teil soll zunächst auf die Durchführung des Verkaufsprozesses eingegangen werden. Dabei werden der typische Ablauf einer Immobilientransaktion (siehe Rn. 14 ff.), mögliche Verfahrensarten und Gestaltungsoptionen (siehe Rn. 39 ff.) sowie allgemeine Fragen der Organisation einer Due Diligence (siehe Rn. 61 ff.) beschrieben. 13

I. Typischer Ablauf einer Immobilientransaktion

Gemeinhin wird der Transaktionsprozess in zwei Phasen, Vorbereitung und Durchführung der Transaktion, unterteilt. 14

In **Phase I**, der Vorbereitung der Transaktion, können folgende drei Stufen unterschieden werden: 15

Stufe 1: Strategische Planung der Transaktion

Stufe 2: Verkäufer-Due-Diligence

Stufe 3: Strukturierung der Transaktion

Phase II, die Durchführung der Transaktion, besteht aus folgenden Transaktionsstufen: 16

Stufe 4: Einholung von indikativen Angeboten potenzieller Interessenten

Stufe 5: Käufer-Due-Diligence

Stufe 6: Verhandlungen und Signing

Stufe 7: Closing

Zum besseren Verständnis des Ablaufs einer Immobilientransaktion soll auf diese Stufen jeweils kurz eingegangen werden. 17

Vgl. zu einer ähnlichen Untergliederung des Transaktionsablaufs *Schlüter*, in: van Kann, Immobilientransaktionen, S. 71 – 101, 82 ff.

1. Phase I: Vorbereitung der Transaktion

Stufe 1: Strategische Planung der Transaktion

Am Anfang einer Immobilientransaktion wird jeweils die Entscheidungsfindung des Verkäufers stehen, ob er eine Immobilie bzw. ein Immobilienportfolio verkaufen möchte oder nicht. Dafür wird er zunächst die Transaktionsziele definieren. Typische Transaktionsziele von Verkäufern sind etwa die Generierung von Liquidität oder die Konzentration auf das Kerngeschäft. 18

Nachdem sich der Verkäufer über die Transaktionsziele klargeworden ist, wird er in einem zweiten Schritt die Immobilien festlegen, die er potenziell mit der Transaktion veräußern möchte. 19

20 Weiter wird sich der Verkäufer über die internen und externen Berater Gedanken machen, die er mit der Durchführung der Transaktion beauftragen möchte. Dabei wird es ihm insbesondere um die Auswahl der Berater für die Transaktionssteuerung sowie die rechtliche und technische Prüfung gehen.

21 Schließlich wird er gemeinsam mit seinen Beratern den groben Zeitplan der geplanten Transaktion festlegen.

Vgl. auch *Schlüter*, in: van Kann, Immobilientransaktionen, S. 85 f.

Stufe 2: Verkäufer-Due-Diligence

22 In der zweiten Stufe wird der Verkäufer gemeinsam mit seinen Beratern zunächst die Daten der für die Veräußerung potenziell in Betracht kommenden Objekte aufbereiten und analysieren. Hierfür hat sich der Begriff der Verkäufer-Due-Diligence eingebürgert. Bei der Datenaufbereitung zeigt die Erfahrung, dass selbst professionelle Immobilienunternehmen oft Schwierigkeiten haben, die erforderlichen Informationen zusammenzutragen, sodass für diese Stufe genug Zeit einzuplanen ist. Auf der Grundlage des gesammelten Datenbestands ist sodann eine Analyse der betroffenen Immobilien in wirtschaftlicher, steuerlicher, rechtlicher und technischer Hinsicht durchzuführen.

23 Teil der Verkäufer-Due-Diligence kann die Erstellung eines rechtlichen Due-Diligence-Reports für den Verkäufer sein. Ein solcher rechtlicher **„Vendor-Due-Diligence-Report“** hat in jedem Fall den Vorteil, dass er die einzelnen Schwachpunkte der betroffenen Immobilien noch vor Beginn der Durchführung des Verkaufs aufzeigt. Sollten sich bei der Verkäufer-Due-Diligence rechtliche Probleme ergeben, können diese noch bis zum Beginn der Durchführung des Verkaufs beseitigt oder minimiert werden. Bei unter Zeitdruck durchgeführten Transaktionen kann der Vendor-Due-Diligence-Report zudem die Funktion haben, dass sich der Käufer auf Aussagen des Vendor-Due-Diligence-Reports verlassen können soll, ohne daneben noch eine eigene vertiefte Käufer-Due-Diligence durchführen zu müssen. Zugleich stellt eine Vendor-Due-Diligence sicher, dass dem Verkäufer zugerechnetes Wissen festgestellt wird und er es zur Vermeidung einer Arglisthaftung offenlegen kann (zur Arglisthaftung siehe Rn. 466 ff.).

Vgl. zur gesetzlichen Aufklärungspflicht des Verkäufers, *Koppmann*, BB 2014, 1673, 1674 ff.

Stufe 3: Strukturierung der Transaktion

24 Auf der Grundlage der durchgeführten Verkäufer-Due-Diligence kann sich der Verkäufer in der dritten Stufe Gedanken zur Transaktionsstruktur machen.

25 Hierzu ist bei Portfolioverkäufen insbesondere die Frage zu klären, wie eng die einzelnen Immobilien des Portfolios bei Veräußerung miteinander verknüpft sein sollen. Möglich ist einerseits, dass die einzelnen Objekte eines Portfolios im Wesentlichen eigenständig bleiben und letztlich nur durch den

einheitlichen Transaktionsrahmen miteinander verknüpft sind. Die jeweiligen Kaufpreisfälligkeiten treten aber voneinander unabhängig ein. Denkbar ist andererseits, dass die einzelnen Objekte der Transaktion miteinander stehen und fallen sollen. Kaufpreisfälligkeit tritt dann nur ein, wenn sämtliche Voraussetzungen für alle Objekte erfüllt sind. Ein Mittelweg wäre es, wenn die Fälligkeitsvoraussetzungen nur für ein bestimmtes Quorum von Objekten erfüllt sein müssten, bevor Fälligkeit eintritt.

Weiter ist typischerweise die Frage zu stellen, ob die betroffenen Immobilien im Wege des Asset oder des Share Deals veräußert werden sollen. Dies hängt letztlich von der Frage ab, ob mit der Transaktion auch die jeweils haltenden Gesellschaften (dann Share Deal) veräußert oder ob die Gesellschaften beim Verkäufer verbleiben und nur die Immobilien übertragen werden sollen (dann Asset Deal); siehe Rn. 547 ff. (Kapitel F.) und Rn. 923 ff. (Kapitel G.). 26

2. Phase II: Durchführung der Transaktion

Stufe 4: Einholung von indikativen Angeboten potenzieller Interessenten

Phase II der Immobilientransaktion, also die Durchführung der Transaktion, 27 beginnt mit der Ansprache von potenziellen Interessenten. Zunächst legen der Verkäufer und seine Berater endgültig fest, welche potenziellen Interessenten angesprochen werden sollen. Die ausgewählten Interessenten erhalten sodann anonymisierte Informationen zu den zur Veräußerung stehenden Immobilien. Bekunden sie grundsätzliches Interesse an einem Erwerb, wird der Verkäufer ihnen Vertraulichkeitsvereinbarungen zuschicken.

Nach Unterzeichnung der Vertraulichkeitsvereinbarungen wird der Verkäufer 28 den Interessenten zusätzliche ausführliche Informationen zu den angebotenen Immobilien zur Verfügung stellen, oft in Form eines sog. **„Information Memorandum“**, das eine ausführliche wirtschaftliche, rechtliche und technische Darstellung zu den Immobilien enthält.

Aufgrund der zur Verfügung gestellten Informationen werden die ausgewählten Interessenten dann entscheiden, ob sie sich an dem Prozess weiter 29 beteiligen möchten oder nicht. Wenn sie sich weiter beteiligen wollen, werden sie ein sog. **indikatives Angebot** („indicative bid“), also ein unverbindliches Angebot aufgrund bestimmter Annahmen, für den Erwerb der betroffenen Immobilien abgeben.

Stufe 4 endet mit der Auswertung der eingegangenen indikativen Angebote 30 durch den Verkäufer. In der Regel werden ein oder mehrere Interessenten als **präferierte Interessenten** („preferred bidder“) ausgewählt.

Vgl. zum Ganzen *Schlüter*, in: van Kann, Immobilientransaktionen, S. 91 f.

Stufe 5: Käufer-Due-Diligence

31 Die in Stufe 4 ausgewählten präferierten Interessenten können in Stufe 5 die angebotenen Immobilien sehr viel ausführlicher prüfen, als dies auf der Grundlage des „Information Memorandum“ möglich war.

32 Sie erhalten nun Zugang zu Datenräumen, in denen die vom Verkäufer zusammengetragenen und für die Käufer-Due-Diligence ausgewählten Daten zusammengestellt sind. Außerdem werden vom Verkäufer Vor-Ort-Besichtigungen und sog. Management-Präsentationen angeboten.

33 Am Ende von Stufe 5 steht die Abgabe **verbindlicher Angebote** („affirmative bid“) durch die verbleibenden Interessenten aufgrund der durchgeführten Due Diligence.

Stufe 6: Verhandlungen und Signing

34 Nachdem der Verkäufer die eingegangenen verbindlichen Angebote ausgewertet hat, wird er mit den Interessenten, die die attraktivsten Angebote abgegeben haben, in Verhandlungen über den Grundstückskaufvertrag bzw. den Anteilskaufvertrag einsteigen.

35 Eine häufig diskutierte Frage ist, ob der Verkäufer dem verbleibenden Interessenten in dieser Phase **Exklusivität** anbieten sollte. Dies hat aus der Sicht des verbleibenden Interessenten den Vorteil, dass er nicht Kosten für eine zeitaufwendige Vertragsverhandlung aufwendet, die sich anschließend als vergeblich herausstellen, wenn der Verkäufer an einen anderen Interessenten veräußert. Aus der Sicht des Verkäufers hat die Gewährung von Exklusivität demgegenüber den Nachteil, dass der Interessent, dem Exklusivität gewährt worden ist, sich seiner Sache relativ sicher sein kann, sodass er in der Verhandlungsphase tendenziell eher hart verhandeln wird.

36 Um diesem Nachteil zu entgehen, ist es durchaus denkbar, dass der Verkäufer auch in der Verhandlungsphase mit mehreren Interessenten gleichzeitig verhandelt. Diese Variante wird in der Praxis jedoch seltener gewählt; die Einräumung von Exklusivität ist eher die Regel. Letztendlich wird der Verkäufer die Entscheidung nach dem Interesse an der konkreten Immobilie treffen: Ist es sehr groß, wird er mit mehreren Interessenten verhandeln; ist es klein, wird er einem Interessenten Exklusivität geben. In diesem Fall empfiehlt es sich aber, den anderen Interessenten nicht endgültig abzusagen, um jederzeit wieder auf sie zugreifen zu können, wenn die Verhandlungen mit dem ausgewählten Interessenten nicht zum erfolgreichen Abschluss führen.

37 Am Ende des Verhandlungsprozesses steht dann das Signing des Anteilskaufvertrags bzw. die Beurkundung des Grundstückskaufvertrags.

Stufe 7: Closing

Krönender Abschluss der Immobilientransaktion ist das Closing, für das ab dem Signing noch eine Vielzahl von Fälligkeitsvoraussetzungen abgearbeitet werden müssen. Dies betrifft Fälligkeitsvoraussetzungen sowohl aus dem Anteils- bzw. dem Grundstückskaufvertrag als auch aus dem zwischen dem Erwerber und seiner finanzierenden Bank abgeschlossenen Finanzierungsvertrag. Deren Erfüllung nimmt den Käufer häufig zeitlich mindestens ebenso in Anspruch wie die Herbeiführung der Fälligkeitsvoraussetzungen des Anteils- bzw. Grundstückskaufvertrags. 38

II. Verfahrensarten und Gestaltungsoptionen

Nach der Darstellung des typischen Ablaufs einer Immobilientransaktion 39 sollen im Folgenden die verschiedenen Verfahrensarten (siehe Rn. 40 ff.) und Gestaltungsoptionen (siehe Rn. 45 ff.) im Einzelnen dargestellt und erläutert werden. Dabei wird auch ein kurzer Überblick zu den Stichworten „Datenraumregeln“ und „Exklusivitätsvereinbarung“ gegeben.

1. Verfahrensarten

Folgende **vier Verfahrensarten** sind bei Immobilientransaktionen immer 40 wieder anzutreffen:

- bilaterale Verhandlungen,
- Gespräche mit einem kleineren Interessentenkreis,
- beschränkte Bieterverfahren und
- offene Bieterverfahren.

Vgl. zu einer ähnlichen Unterscheidung *Schlüter*, in: van Kann, Immobilientransaktionen, S. 77 f.

Die Führung von **bilateralen Verhandlungen** zwischen dem Verkäufer und 41 einem potenziellen Kaufinteressenten hat den Vorteil der Sicherstellung hoher Vertraulichkeit im Transaktionsprozess sowie der Aussicht auf eine zügige Durchführung der Transaktion. Bilaterale Verhandlungen haben jedoch den Nachteil, dass beim Verkäufer eine Unsicherheit verbleibt, ob er bei Ansprache anderer potenzieller Kaufinteressenten nicht ggf. einen noch höheren Kaufpreis hätte erzielen können.

Auch **Gespräche mit einem kleineren Interessentenkreis** haben den Vorteil, 42 dass die Transaktion voraussichtlich zügig durchgeführt werden kann. Ein Nachteil dieser Verfahrensart kann demgegenüber darin liegen, dass potenzielle Kaufinteressenten möglicherweise nicht berücksichtigt werden, was negative Auswirkungen auf den Kaufpreis haben kann.

Um diesem Nachteil zu entgehen, werden Immobilientransaktionen häufig 43 als **beschränkte Bieterverfahren** durchgeführt. Dabei wird ein begrenzter

Kreis von Investoren, die als potenzielle Interessenten identifiziert worden sind, kontaktiert und zunächst um die Abgabe von indikativen Angeboten gebeten. Das beschränkte Bieterverfahren hat den Vorteil der Kaufpreisoptimierung durch Wettbewerb. Demgegenüber stehen als Nachteile die Länge des Verfahrens und die Gefahr der Abschreckung von potenziellen Interessenten, da nicht jeder Investor die Risiken eines Bieterverfahrens auf sich nehmen möchte, bei dem er jederzeit damit rechnen muss, aufgrund eines zu niedrig gebotenen Preises aus dem Verfahren zu fallen und dann auf seinen hohen Verfahrenskosten sitzen zu bleiben.

44 Gewissermaßen das Gegenteil zu den eingangs erwähnten bilateralen Verhandlungen ist schließlich das **offene Bieterverfahren**. Vertraulichkeit ist bei dieser Verfahrensart kaum noch zu gewährleisten. Weiterer Nachteil für die betroffenen Bieter ist die Länge des Verfahrens. Demgegenüber steht als Vorteil für den Verkäufer die hohe Wettbewerbsintensität, die sich wiederum positiv auf den Kaufpreis und die sonstigen Vertragsbedingungen auswirken kann.

2. Gestaltungsoptionen aus Sicht des Verkäufers

45 Entscheidet sich der Verkäufer für die **Durchführung** eines (beschränkten oder offenen) **Bieterverfahrens**, wird er sich Gedanken darüber machen müssen, zu welchem Zeitpunkt er den **Kaufvertrag** mit den verschiedenen Bietern verhandeln will.

46 Denkbar ist, entweder den Kaufvertrag **als Teil der Angebote mitzuverhandeln** oder die Verhandlungen zum Kaufvertrag mit einem ausgewählten Bieter erst nach Abgabe der Angebote zu führen. Die Verhandlung des Kaufvertrags als Teil der Angebote hat sicher den Vorteil der Vergleichbarkeit der Angebote. Die bloße Betrachtung des von einem Bieter gebotenen Kaufpreises kann den Blick darauf verstellen, dass ein Angebot letztlich aus verschiedenen Aspekten besteht, zu denen auch die Einzelheiten der Kaufvertragsgestaltung gehören. Der Nachteil der Verhandlung des Kaufvertrags als Teil der Angebote liegt demgegenüber darin, dass bei dieser Alternative ein relativ hoher Aufwand betrieben werden muss, ohne dass letztlich sicher ist, ob der jeweilige Bieter nachher überhaupt zum Zuge kommt.

47 Aus diesen Gründen wird der Kaufvertrag häufig **erst nach Abgabe der Angebote** mit einem oder mehreren ausgewählten Bietern verhandelt. Dies hat den Vorteil der Ressourcenoptimierung, gleichzeitig aber den Nachteil der mangelnden Wettbewerbssituation. Typischerweise wird ein Bieter, dem bewusst ist, dass sein Angebot als das Beste ausgewählt worden ist, bei den Einzelheiten der Kaufvertragsgestaltung nun hart verhandeln, weil er sich aus seiner Sicht nun in einer besseren Verhandlungsposition befindet.

48 Eine weitere Gestaltungsoption, mit der sich der Verkäufer zu befassen hat, ist die Frage des Zeitpunkts der **Gewährung von Exklusivität**. Dem Verkäufer muss klar sein, dass mit der Gewährung von Exklusivität der Vorteil der bisherigen Wettbewerbssituation, bei der die im Transaktionsprozess befindlichen

Bieter stets damit rechnen müssen, aus dem Transaktionsprozess zu fallen, weil andere Bieter ein besseres Paket bieten, vorbei ist. Umgekehrt haben die interessierten Bieter regelmäßig ein großes Interesse an Exklusivität. Dies liegt letztlich vor allem auch an Kostengesichtspunkten. Gerade die Führung von Vertragsverhandlungen ist für den Bieter sehr aufwendig, sodass es ihm oft nicht vermittelbar sein wird, dass er sich in dieser späten Phase der Transaktion noch in einer Situation befindet, in der der Verkäufer parallel mit mehreren Bietern verhandelt. Sofern der Kaufvertrag noch nicht als Teil der Angebote mitverhandelt worden ist, werden bei Abschluss einer Exklusivitätsvereinbarung häufig zumindest die aus Sicht des Verkäufers wichtigsten Eckpunkte für den Inhalt des noch zu verhandelnden Kaufvertrags mit dem Kaufinteressenten abgestimmt.

3. „Dont's" auf Verkäuferseite

Die Erfahrung bei der Durchführung von Immobilientransaktionen zeigt, dass auf der Verkäuferseite immer wieder eine Reihe von Fehlern vorkommen, die dazu führen können, dass der Transaktionsprozess gefährdet wird oder die Transaktion sogar scheitert. 49

Ein solcher Fehler ist etwa das **fehlende Bekenntnis des Verkäufers zur Transaktion**, was dazu führen kann, dass der Bieter im Verfahren den Eindruck gewinnt, der Verkäufer wolle durch das Verfahren lediglich den Marktwert der Immobilie ermitteln und habe an der eigentlichen Veräußerung gar kein ernsthaftes Interesse. 50

Problematisch ist auch **unzureichende Transparenz des Verfahrens**, z. B. wenn einzelnen Bietern zusätzliche Informationen gegeben werden, die anderen Bietern nicht zur Verfügung stehen. 51

Ein Kardinalfehler bei der Durchführung von Portfoliotransaktionen ist die **nachträgliche Veränderung des Portfolios**, etwa weil der Verkäufer festgestellt hat, dass einzelne Immobilien im Portfolio rechtliche Risiken aufweisen und deshalb noch nicht verkauft werden sollen. Der Bieter hat möglicherweise aber gerade aufgrund dieser nun aus dem Verfahren genommenen Immobilien Interesse an der Transaktion gehabt und wird infolge dieser Änderung verständlicherweise unzufrieden. Die Durchführung einer Verkäufer-Due-Diligence kann diesen Fehler vermeiden helfen. 52

Tunlichst vermieden werden sollten schließlich auch **zeitliche Verzögerungen des Verfahrens**, die den für die Bieter ohnehin aufwendigen Prozess zusätzlich verlängern. 53

4. Optionen aus Sicht des Käufers

Die Frage, wie sich ein Kaufinteressent am erfolgreichsten an einem Bieterverfahren beteiligt, lässt sich naturgemäß nicht verallgemeinernd beantworten. Auf jeden Fall ist es für einen Kaufinteressenten sinnvoll, **sich zu der Transaktion** zu **bekennen** und **zeitliche Vorgaben** der Verkäuferseite penibel ein- 54 zuhalten. Die Erfahrung zeigt zudem, dass im Bieterverfahren Kaufinteressenten tendenziell weniger harte Forderungen stellen, solange sie noch nicht einziger Bieter sind bzw. solange ihnen Exklusivität noch nicht gewährt worden ist. Dann aber fängt der Bieter oft an, „die Karten auf den Tisch zu legen". Dies gilt etwa für Forderungen im Bereich des Gewährleistungskatalogs oder nach Kaufpreisabschlägen aufgrund während der Due Diligence festgestellter Mängel.

55 Ob es für den potenziellen Kaufinteressenten tendenziell ratsamer ist, Kaufpreisabschläge oder Garantien zu fordern, lässt sich nicht verallgemeinernd beantworten. Hierbei kommt es stets auf den Einzelfall an. Garantien sind immer dann weniger attraktiv, wenn Zweifel bestehen, dass der Verkäufer sie langfristig wird erfüllen können, z. B. weil seine finanzielle Lage unsicher ist. Auf der anderen Seite helfen Garantien gerade, sicher bezifferbare Risiken abzudecken.

5. Datenraumregeln

56 In vielen Fällen greifen Verkäufer für die Organisation ihrer Datenräume auf die Hilfe professioneller Anbieter zurück. Dies gilt insbesondere für die mittlerweile dominierenden **elektronischen Datenräume**, in die sich die einzelnen Experten des Kaufinteressenten und seiner Berater über das Internet einwählen, sodass sie zur Durchführung der Due Diligence ihren Arbeitsplatz nicht verlassen müssen.

57 Nur noch in Ausnahmefällen werden dem potenziellen Bieter die Informationen – ganz oder zusätzlich, z. B. bei besonderem Geheimhaltungsinteresse oder für große Pläne und Schnitte sowie die Originalmietvertragsunterlagen – weiterhin am Sitz des Verkäufers in einem dafür eigens eingerichteten Datenraum zur Verfügung gestellt. Auch in diesen Fällen sollte der Verkäufer sicherstellen, dass für die Nutzung des Datenraums Regeln bestehen, an die sich der Bieter bzw. seine Berater zu halten haben.

> Vgl. dazu auch *Steinke/Niewerth/Ludwig*, Due Diligence bei Grundstücksgeschäften, S. 10 f., 15 f.

6. Exklusivitäts- und Vertraulichkeitsvereinbarungen

58 Wie vorstehend bereits erörtert, hat es Vor- und Nachteile, wenn ein Verkäufer einem Bieter Exklusivität gewährt. Für den Bieter liegt der Vorteil von Exklusivität vor allem darin, dass er sich nach deren Gewährung sicherer sein kann, die von ihm für die Transaktion aufgewendeten Kosten nicht vergeblich aufgewandt zu haben. Für den Verkäufer hat die Gewährung von Exklusivität den Nachteil, dass der durch das Bieterverfahren eigentlich angestrebte Wettbewerb wegfällt. Im Ergebnis sollte man als Verkäufer dem potenziellen Bieter deshalb möglichst spät Exklusivität gewähren. Die Gewährung von Exklusivität erfolgt durch Abschluss einer Exklusivitätsvereinbarung. Die Exklusivität wird in der Regel an die Einhaltung bestimmter Meilensteine geknüpft. Des Weiteren werden in einer Exklusivitätsvereinbarung häufig die aus Sicht des Verkäufers

wichtigsten Eckpunkte des mit dem Kaufinteressenten noch zu verhandelnden Kaufvertrags abgestimmt.

Der Verkäufer möchte zumeist bereits in einer relativ frühen Phase der Transaktion sicherstellen, dass die Bietern zur Verfügung gestellten Informationen vertraulich behandelt werden. Er sollte deshalb darauf bestehen, dass die einzelnen Bieter Vertraulichkeitsvereinbarungen mit ihm schließen oder eine entsprechende Klausel in die Exklusivitätsvereinbarung aufnehmen. Vertraulichkeitsvereinbarungen sind wegen des naturgemäß großen **Interesses des Verkäufers an Vertraulichkeit und Geheimhaltung** sehr wichtig. Ihr Gegenstand sind vertrauliche Informationen und Auswertungsmaterial, das der Verkäufer den potenziellen Bietern im Datenraum während der Transaktion zur Verfügung stellt. 59

> Vgl. auch dazu *Steinke/Niewerth/Ludwig*, Due Diligence bei Grundstücksgeschäften, S. 2 f.

Typische Verpflichtungen des Käufers in Vertraulichkeitsvereinbarungen/ -klauseln betreffen folgende Punkte: 60

- Vertrauliche Behandlung von Informationen und Unterlagen.
- Verwendung der Informationen und Unterlagen ausschließlich für die weiteren Verhandlungen der konkreten Transaktion.
- Weitergabe vertraulicher Informationen und Unterlagen nur an ausgewählte Mitarbeiter und/oder externe Berater/Weitergabe der Vertraulichkeitsverpflichtung an diese Personen.
- Keine Offenlegung der Transaktion gegenüber Kunden oder Wettbewerbern.
- Rückgabe bzw. Vernichtung von vertraulichen Informationen und Unterlagen auf Aufforderung bzw. im Fall des Nichtzustandekommens der Transaktion.
- Haftung des Käufers im Fall der Nichteinhaltung, ggf. unter Auferlegung einer Vertragsstrafe.

III. Organisation der Due Diligence

1. Einführung

Wichtiger Bestandteil einer Immobilientransaktion ist regelmäßig die Durchführung einer Immobilien-Due-Diligence, deren Ziel es ist, Chancen und Risiken im Zusammenhang mit den zu veräußernden Immobilien aufzudecken und eine fundierte Grundlage für die anstehenden Kaufvertragsverhandlungen zu schaffen. Zu unterscheiden ist dabei zwischen der rechtlichen, der finanziellen, der steuerlichen, der technischen und der Umwelt Due Diligence, 61

> vgl. dazu im Einzelnen *Steinke/Niewerth/Ludwig*, Due Diligence bei Grundstücksgeschäften, S. 7 ff.,

wobei die Ausführungen im Folgenden auf die rechtliche Due Diligence beschränkt werden sollen.

62 Sowohl aus Verkäufer- als auch aus Käufersicht kann die Durchführung einer Immobilien-Due-Diligence sinnvoll sein. Aus Verkäufersicht kann sie schon den Zweck haben, die Frage zu klären, ob die Immobilien tatsächlich veräußert werden sollen. Die **Verkäufer-Due-Diligence** hat für den Verkäufer zudem den Vorteil, ihm eine zuverlässige Grundlage für die Vertragsverhandlungen zu schaffen und aufgrund der erlangten Kenntnis von Problemen Haftungsrisiken zu vermeiden. Überdies hat die Verkäufer-Due-Diligence den Vorteil, dass aufgrund der damit verbundenen Sammlung und Aufbereitung von Dokumenten die spätere Käufer-Due-Diligence optimal vorbereitet wird.

Vgl. *Steinke/Niewerth/Ludwig*, Due Diligence bei Grundstücksgeschäften, S. 5 f.

63 Aus Käufersicht wird die Immobilien-Due-Diligence in aller Regel ohnehin durchgeführt, da sie eine Grundvoraussetzung für die Kaufentscheidung ist. Sie ist Grundlage für die Kaufpreisfindung und für die Risikoverteilung im Kaufvertrag. Sehr häufig ist darüber hinaus festzustellen, dass der aufgrund der **Käufer-Due-Diligence** vorbereitete Report anschließend noch für viele Jahre eine Hilfe bei der Verwaltung der Immobilie nach Transaktionsende oder für deren Weiterveräußerung darstellt.

Vgl. *Steinke/Niewerth/Ludwig*, Due Diligence bei Grundstücksgeschäften, S. 6.

64 Von besonderer Bedeutung für die Organisation der Immobilien-Due-Diligence ist sowohl auf Verkäufer- als auch auf Käuferseite die Zusammenstellung eines qualifizierten **Due-Diligence-Teams**. Die Qualität der Legal-Due-Diligence-Prüfung wird im Wesentlichen von der Besetzung des juristischen Teams aus internen Mitarbeitern, speziell Juristen, und externen Fachleuten abhängen. Auf Verkäuferseite sind Kenntnisse des Objekts und seiner Dokumentation von grundlegender Bedeutung. Erforderlich ist weiter, dass sich die Mitglieder des Verkäufer-Due-Diligence-Teams auf eine hohe zeitliche Belastung einstellen und während des gesamten Verkaufsprozesses verfügbar sind. In der Praxis kommt es immer wieder vor, dass interne Mitglieder des Verkäufer-Due-Diligence-Teams während des Verkaufsprozesses, aufgrund anderweitiger Aufgaben oder Urlaubs, nicht zur Verfügung stehen, was die Teamleitung aber in der Planung nicht berücksichtigt hat. Dies kann zu erheblichen Verzögerungen führen, die weitestgehend vermieden werden sollten.

65 Auf Käuferseite wird es vor allem darauf ankommen, dass die Mitglieder des Käufer-Due-Diligence-Teams erhebliche Erfahrung bei der Durchführung von Due-Diligence-Prüfungen haben.

Zur Koordinierung der Due Diligence als Aufgabe des Rechtsanwalts siehe *Singbartl/Zintl*, ZfIR 2017, 34, 37;
zur Haftung bei Due Diligence durch den Anwalt siehe
KG Berlin, AnwBl 2014, 449 sowie
LG Düsseldorf, AnwBl 2014, 450.

Dies gilt nicht zuletzt, weil die Due-Diligence-Prüfung in aller Regel mit enger zeitlicher Vorgabe fertig zu stellen ist. Geachtet werden sollte auch darauf, dass es an den **Schnittstellen** zwischen mehreren Due-Diligence-Teams auf Käuferseite (etwa technische und juristische Due Diligence) keine Graubereiche gibt, die weder von dem einen noch dem anderen Team erfasst werden. Hier ist es immer sinnvoll, wenn die Teams von vornherein darauf achten, die Zuständigkeiten an den Schnittstellen abzustimmen. 66

Vgl. zur Zusammenstellung des Teams insgesamt *Steinke/Niewerth/Ludwig*, Due Diligence bei Grundstücksgeschäften, S. 11 f.

Auftretende Probleme in den Graubereichen sollten dann von den Teams der betroffenen Fachrichtungen zusammen bearbeitet werden. 67

2. Verkäufer-Due-Diligence

Wie bereits erwähnt, ist die Verkäufer-Due-Diligence eine umfassende Bewertung der Situation der zu veräußernden Immobilie als Grundlage für die Verkaufsentscheidung bzw. für die Verkaufsverhandlungen. 68

Als neuer Trend ist daneben festzustellen, dass die Verkäufer-Due-Diligence in Transaktionen zunehmend die **Käufer-Due-Diligence ersetzen** kann. Etwa aufgrund eines engen Zeitfensters oder mangelnder Kenntnis der betroffenen Immobilie haben potenzielle Kaufinteressenten zunehmend ein Interesse daran, dass anstelle der eigenen Berater die Berater des Verkäufers einen Due-Diligence-Report erstellen, auf den sich der Käufer dann verlassen kann. Denkbar ist dann eine Haftung des Verkäufers gegenüber dem Käufer für die Angaben eines im Rahmen einer Verkäufer-Due-Diligence erstellten Reports. Allerdings kann der Anwalt, der den Verkäufer-Due-Diligence-Report erstellt hat, auch unmittelbar gegenüber dem Käufer haften. Dies ist eindeutig, wenn er im Rahmen eines **Reliance Letters** die Haftung unmittelbar gegenüber dem Käufer übernimmt. Aber auch ohne einen Reliance Letter ist eine Haftung nach den Grundsätzen der zivilrechtlichen Expertenhaftung (§ 311 Abs. 3 Satz 2 BGB) oder des Vertrags mit Schutzwirkung zugunsten Dritter nicht ausgeschlossen, wenn der beratende Anwalt weiß, dass sein Bericht potenziellen Käufern vom Verkäufer als Entscheidungsgrundlage zur Verfügung gestellt werden wird. Zur Vermeidung einer solchen Dritthaftung sollten Kaufinteressenten vor der Aushändigung des Reports einen sog. **„Non-Reliance-Letter“** unterschreiben, in dem sie Verkäufer und dessen Anwalt von einer Haftung für den Inhalt des Reports freistellen. 69

Vgl. zum Ganzen *Cannivé*, ZIP 2009, 254, 257 ff.
Im Einzelnen ist hier vieles noch ungeklärt, etwa die Frage, ob Reliance Letter durch den Versicherungsschutz der Berufshaftpflichtversicherung für Rechtsanwälte gedeckt sind (dies bejahend *Diller*, AnwBl. 2010, 52 ff.),
dazu auch *Diller*, AnwBl 2014, 2, 5.

Eine Sonderform der Verkäufer-Due-Diligence ist die Erstellung eines sog. 70
„Legal Fact Book“. Dabei handelt es sich um eine rein beschreibende Dar-

stellung der wesentlichen Tatsachen der Immobilie mit rechtlicher Relevanz, ohne eigene rechtliche Wertung und ohne Empfehlungen an den Adressaten. Das Haftungsrisiko für den Ersteller ist bei einem solchen Report etwas geringer; allerdings haftet er auch hier (sofern die Haftung nicht ausdrücklich ausgeschlossen ist) für die sorgfältige Zusammenstellung der relevanten Fakten. Ein gutes Legal Fact Book kann für den Erwerber gerade bei komplexen Grundstücken oder Immobilienportfolios den „Einstieg“ in die Due Diligence deutlich erleichtern und damit beschleunigen, wird aber in der Regel eine eigene Käufer-Due-Diligence nicht vollständig ersetzen können.

a) Organisation und Ablauf

71 Drei Phasen der Verkäufer-Due-Diligence sind zu unterscheiden:

- **Phase I:** Zusammenstellung der immobilienrelevanten Unterlagen und Informationen,
- **Phase II:** eigene Bewertung durch den Verkäufer und seine Berater und schließlich
- **Phase III:** Auswahl und Aufbereitung der Unterlagen für die Käufer-Due-Diligence.

aa) Phase I: Zusammenstellung der immobilienrelevanten Unterlagen

72 Die erste Phase der Zusammenstellung von Unterlagen ist besonders wichtig, da in ihr die Grundlage für die gesamte sich anschließende Verkäufer- und Käufer-Due-Diligence gelegt wird. Selbst hochprofessionelle Immobilienunternehmen haben oft erhebliche Mühe, die erforderlichen Unterlagen und Informationen zu beschaffen. Wie bereits erwähnt, ist es in dieser Phase wichtig, auf ein spezialisiertes Verkäuferteam aus internen Fachleuten und externen Beratern zugreifen zu können, die mit der Immobilie gut vertraut und vollzeitig verfügbar sind.

73 Die erforderlichen Unterlagen sollten auf der Grundlage einer auf die Immobilie zugeschnittenen **Checkliste** unter Berücksichtigung der geplanten Struktur der Transaktion zusammengestellt werden. Die solchermaßen zusammengetragenen Unterlagen sollten gerade bei größeren Transaktionen zunächst in einem sog. **„Master-Datenraum“** gesammelt werden, der von einem erfahrenen Teammitglied gemanagt wird und professionell ausgestattet ist. Auf dieser Grundlage werden später benötigte weitere Datenräume erstellt, z. B. der Datenraum bzw. die Datenräume für die Käufer-Due-Diligence.

bb) Phase II: Eigene Bewertung durch den Verkäufer

74 Zentrale Aufgabe der zweiten Phase der Due Diligence ist eine eigene Bewertung der eingestellten Unterlagen durch das Verkäufer-Due-Diligence-Team. Ergebnis dieser Bewertung kann etwa sein, bestimmte erkannte rechtliche Probleme noch vor Beginn des eigentlichen Verkaufsprozesses einer Lösung

zuzuführen. Wenn eine Problemlösung nicht möglich ist, so führt die eigene Bewertung jedenfalls dazu, dass der Verkäufer das Thema kennt und damit auf die Argumente des Käufers in den Kaufvertragsverhandlungen vorbereitet ist.

cc) Phase III: Auswahl und Aufbereitung der Unterlagen für die Käufer-Due-Diligence

In der sich anschließenden dritten Phase werden die Unterlagen für die Käufer- 75
Due-Diligence ausgewählt. Als Kriterien für die Auswahl sollte auf Folgendes geachtet werden: Dem Kaufinteressenten sollten Informationen über alle für den Abschluss des Geschäftes relevanten Umstände zur Verfügung gestellt werden. Entscheidend dafür ist unter anderem natürlich auch die Transaktionsstruktur (Asset oder Share Deal). Wichtiges Kriterium ist, dass die dem Käufer zur Verfügung gestellten Unterlagen ihm gegenüber später als bekannt gelten. Andererseits sollte der Käufer mit Unterlagen auch nicht überfrachtet werden.

Ein Spezialproblem bei der Unterlagenauswahl sind Klauseln in den Verträgen 76
des Verkäufers, z. B. mit Mietern, wonach bestimmte vertragliche Vereinbarungen gegenüber Dritten nicht offengelegt werden dürfen. Dieses Problem kann dadurch gelöst werden, dass die vertraulichen Informationen in den vorgelegten Vertragsdokumenten einfach geschwärzt werden. Besser wäre es natürlich, wenn die jeweilige Vertraulichkeitsverpflichtung so gefasst wäre, dass sie bei „berechtigten Interessen" des Verkäufers nicht gilt.

> Vgl. *Steinke/Niewerth/Ludwig*, Due Diligence bei Grundstücksgeschäften, S. 14.

Im Übrigen sind bei der Weitergabe von Informationen an Kaufinteressenten 77
selbstverständlich die Vorgaben des Datenschutzrechts, insbesondere der DSGVO zu beachten.

> Vgl. dazu *Klausch/Hartmann*, BB 2019, 1030.

Die für die Käufer-Due-Diligence ausgewählten Unterlagen sind thematisch 78
so in ein **Ordnersystem** im Datenraum einzusortieren, dass in dem jeweiligen thematischen Zusammenhang mit einer Kenntnisnahme durch den Käufer gerechnet werden kann.

Zu beachten ist hierbei, dass der Datenraum ein **Schaufenster für die zu ver-** 79
äußernde Immobilie ist. Wenn der Datenraum einen wohlgeordneten Eindruck macht, so liegt für den Käufer der Schluss nahe, dass auch die Immobilie selbst wahrscheinlich in einem wohlgeordneten Zustand ist. Unregelmäßigkeiten bei den dem Käufer zur Verfügung gestellten Unterlagen sprechen hingegen dafür, dass der Verkäufer möglicherweise auch im Übrigen bei der Verwaltung der Immobilie seine „Hausaufgaben" nicht gemacht hat.

b) Betreuung der Käufer-Due-Diligence durch den Verkäufer

80 Teil der Aufgaben des Verkäufers im Zusammenhang mit der Verkäufer-Due-Diligence während der Transaktion ist die Betreuung der Käufer-Due-Diligence. Dabei sollte der Verkäufer insbesondere auf Folgendes achten:

- Elektronische Datenräume (Regelfall):
  - Auswahl nach Vertraulichkeitsgesichtspunkten und Datensicherheit (unbedingt „professionelle" Lösungen bevorzugen; strikte Trennung des Datenraums von internen Systemen; ggf. auch Serverstandorte berücksichtigen).
  - Praktikabilitätsgesichtspunkte (insbes. einfacher Upload und einfacher Zugriff auf Dokumente, ggf. auch von Mobilgeräten; Nachverfolgbarkeit von Änderungen und Zugriffen auf Dokumente; Beschränkung auf Dokumentenansicht oder Druckfreigabe).
- Physische Datenräume (Ausnahmefall):
  - moderne Ausstattung (Telefone, Laptopanschlüsse),
  - kein unkontrollierter Zugang zu Fotokopierern, Faxgeräten etc.
- Erfahrenes Datenraummanagement.
- Vertraulichkeitsverpflichtungen, Erstellung von Datenraumregeln und Abzeichnung dieser Regelungen durch den potenziellen Käufer.

81 Besonders wichtig ist die kompetente und zeitnahe Beantwortung der vom potenziellen Käufer im Datenraum gestellten Fragen, sog. **Q&A-Prozess** (Questions and Answers-Prozess). Hierfür hat das Verkäufer-Due-Diligence-Team eine straffe Organisation zu schaffen, z. B. dass Fragen schriftlich einzureichen sind, in der Regel nach ein bis zwei Werktagen beantwortet oder an jedem Werktag zu einer bestimmten Zeit in einer Telefonkonferenz Antworten gegeben werden. Dies setzt ein hohes Maß an Verfügbarkeit der Mitglieder des Verkäufer Teams voraus, die die Antworten vorbereiten, je nach gewähltem Verfahren schriftlich oder mündlich formulieren und an den Telefonkonferenzen teilnehmen müssen (siehe auch Rn. 85 ff.).

82 Von zentraler Bedeutung ist auch, dass im Datenraum ein System für nachträglich eingestellte Dokumente eingerichtet wird, damit neue Unterlagen nicht einfach bei den bisher schon vorhandenen Dokumenten eingestellt werden. Sonst ist für den Käufer kaum nachvollziehbar, welche Dokumente er bereits geprüft hat und welche nicht.

83 Festzuhalten bleibt, dass es für den Erfolg der Transaktion von besonderer Wichtigkeit ist, dass die Käufer-Due-Diligence vom Verkäufer kompetent und effektiv betreut wird.

3. Käufer-Due-Diligence

Im Vergleich zur Verkäufer-Due-Diligence gibt es bei der Organisation und Durchführung der Käufer-Due-Diligence einige Besonderheiten, die im Folgenden dargestellt werden. 84

a) Planung und Organisation

Vorab sollten die Ziele des Due-Diligence-Prozesses im Einzelnen festgelegt werden. Im Rahmen der Planung sollten auch die richtigen Teammitglieder ausgewählt werden. 85

Die Organisation der Käufer-Due-Diligence sollte sich an den zeitlichen Eckdaten der Due Diligence orientieren. Aus zeitlichen Engpässen kann sich das Erfordernis ergeben, bestimmte Informationen schon **vorab** einzuholen. Dies erscheint insbesondere im Hinblick auf öffentlich zugängliche Informationen möglich, z. B. für Handelsregisterauszüge. Auch Außenbesichtigungen können schon vor der Öffnung von Datenräumen durchgeführt werden. Für einige öffentliche Register, vor allem das Grundbuch, werden allerdings Vollmachten oder der Nachweis eines Einsichtsinteresses benötigt. 86

Vgl. *Steinke/Niewerth/Ludwig*, Due Diligence bei Grundstücksgeschäften, S. 9.

Bei der Organisation seiner Due Diligence sollte der Käufer darüber hinaus auch frühzeitig darauf achten, welche Anforderungen der Verkäufer an sein Verhalten im Datenraum stellt. **Datenraumregeln** sollten möglichst frühzeitig durchgesehen werden. Ebenso sollte geklärt werden, welcher **Fragen- und Antwortenmechanismus** im Q&A-Prozess vorgesehen ist und in welchen zeitlichen Abständen der Käufer mit einer Beantwortung seiner Fragen rechnen kann (siehe auch Rn. 80 ff.). Darüber hinaus sollte sich der Käufer auch nach dem vom Verkäufer vorgesehenen System für nachträglich eingestellte Dokumente erkundigen und ggf. dafür sorgen, dass ein solches System etabliert wird (siehe auch Rn. 80 ff.). 87

Ein neuer Trend, der sich in den letzten Jahren herausgebildet hat, ist der Einsatz von **Legal Tech** zur Vereinfachung und Beschleunigung der Immobilien-Due-Diligence. Insbesondere wenn es darum geht, die wirtschaftlichen Eckdaten einer großen Anzahl von Mietverträgen zu erfassen, kann der Einsatz von Legal Tech-Programmen sinnvoll sein. Zu beachten ist hierbei jedoch, dass die Legal Tech-Programme keine rechtliche Bewertung einzelner Vertragsregelungen vornehmen können und die Anbieter von Legal Tech-Programmen auch keine Richtigkeitsgewähr für die gefundenen Ergebnisse übernehmen. In Anbetracht dessen bietet sich der Einsatz von Legal Tech insbesondere zur Erfassung standardisierter Mietverträge an (z. B. bei Portfolios mit zahlreichen, auch kleineren Mietverträgen). Ein entsprechender Standardmietvertrag sollte parallel hierzu aber in jedem Fall auch durch einen rechtlichen Berater geprüft und bewertet werden. 88

b) „Effizienz und Fokus“

89 Ein wichtiges Stichwort bei der Planung und Durchführung der Immobilien-Due-Diligence ist das Thema „Effizienz und Fokus“. Damit ist gemeint, dass das Due-Diligence-Team des Kaufinteressenten die Immobilien-Due-Diligence so effizient und fokussiert durchführen sollte, wie es der Zeitrahmen zulässt. Das Team sollte sich vorab darüber Gedanken machen, in welchem Umfang es die zur Verfügung gestellten Informationen prüfen will und ob dies in der zur Verfügung stehenden Zeit möglich ist. Ggf. sollten **Schwellenwerte** festgesetzt werden, unterhalb derer Risiken nicht mehr zu prüfen sind.

Vgl. dazu auch *Steinke/Niewerth/Ludwig*, Due Diligence bei Grundstücksgeschäften, S. 19.

90 Besonders wichtig und gleichzeitig schwierig ist die Einordnung von Risiken als praktisch relevant oder nicht relevant. Häufig wird es rechtliche Risiken geben, die nur unter bestimmten Voraussetzungen zu einem Schaden führen; verlässliche Aussagen zur Eintrittswahrscheinlichkeit und zur Höhe des Schadens sind aber in aller Regel nicht möglich. Sofern bei der Bewertung solcher Risiken bestimmte Annahmen zugrunde gelegt werden, müssen diese Annahmen in jedem Fall deutlich als solche gekennzeichnet werden.

91 Ebenso wichtig ist, dass jedes einzelne Due-Diligence-Team, natürlich auch das juristische, eng mit den anderen Teams **kooperiert und kommuniziert**. Nichts ist ärgerlicher, als wenn am Ende der Immobilien-Due-Diligence festgestellt wird, dass bestimmte Bereiche, etwa an den Schnittstellen, wie z. B. der Prüfung von Baugenehmigungen, von keinem der Due-Diligence-Teams geprüft wurden, weil jedes Team davon ausging, diese Informationen würden von den jeweils anderen Teams geprüft werden. Häufig können Probleme erst aufgrund der Betrachtung durch mehrere Teams, etwa das juristische und das technische, einer Lösung zugeführt werden. Daher ist schon frühzeitig eine Abstimmung zwischen den verschiedenen Teams erforderlich, um die Bewertung in den einzelnen Reports auf Schwerpunkte zu konzentrieren.

c) Lösungsorientierter Ansatz

92 Von besonderer Wichtigkeit ist es während der Durchführung der Immobilien-Due-Diligence schließlich, nicht lediglich alle zur Verfügung gestellten Dokumente zu erfassen und sie inhaltlich wiederzugeben, sondern fokussiert die Probleme herauszuarbeiten und **Lösungsvorschläge** zu unterbreiten. Es reicht dabei nicht aus, einzeln die Probleme zu benennen. Entscheidend ist vielmehr, dass der externe Due-Diligence-Berater für das jeweils erkannte Problem die verschiedenen Lösungsmöglichkeiten aufzeigt, damit sich der Kaufinteressent auf dieser Grundlage entscheiden kann, wie er mit dem Problem in den Vertragsverhandlungen umgeht.

4. Report und Umsetzung

Die Ergebnisse der Käufer-Due-Diligence bzw. ggf. der Verkäufer-Due-Diligence fließen in den sog. „Legal-Due-Diligence-Report" ein, der eine umfassende Darstellung der rechtlichen Analyse des Transaktionsobjekts enthält. Er stellt alle festgestellten relevanten Risiken dar und bewertet sie soweit wie möglich. Des Weiteren enthält er Vorschläge zur Risikovermeidung und/oder Risikoverminderung. In einer „**Executive Summary**" hebt er die wichtigen Ergebnisse der Immobilien-Due-Diligence hervor. Der Report ist die Grundlage für die Durchführung der Vertragsverhandlungen. 93

Während der Vertragsverhandlungen können die Ergebnisse der Immobilien-Due-Diligence auf unterschiedliche Weise in dem Kaufvertrag umgesetzt werden: 94

- Zu denken ist zunächst an **besondere Kaufpreisfälligkeitsvoraussetzungen**, etwa das Vorliegen besonderer öffentlich-rechtlicher Genehmigungen, der Zustimmung zur Veräußerung von Erbbaurechten, von bestimmten Erklärungen der Baubehörde, von Treuhändersperrvermerken/der Zustimmung der Verwahrstelle, oder auch den Abschluss von zusätzlichen Vereinbarungen, etwa Mietnachträgen oder Übertragungsvereinbarungen mit Dritten.
- Alternativ können **Kaufpreiseinbehalte** vorgesehen werden, dass also nur ein Teil des Kaufpreises – unter Einbehalt des restlichen Betrags bis zum Eintritt einer bestimmten, noch ausstehenden Voraussetzung – gezahlt wird. Dies kommt insbesondere bei kaufpreisrelevanten Mängeln in Betracht.
- Des Weiteren werden die Ergebnisse der Due Diligence im Rahmen der **Mängelrechte**/des **Gewährleitungs- oder Garantiekatalogs** im Kaufvertrag berücksichtigt werden (siehe ausführlich Rn. 614 ff. und Rn. 780 ff.).
- Ein weiteres Instrument sind **Rücktrittsrechte**, z. B. für den Fall, dass sich eine Garantie oder Gewährleistung als unrichtig herausstellt oder dass es dem Verkäufer nicht gelingt, einen Nachtrag zum Mietvertrag zwecks Heilung eines Schriftformmangels zu schließen (siehe ausführlich Rn. 752 ff.).
- Bereits bekannte Risiken können durch entsprechende **Freistellungsansprüche** zugunsten des Käufers abgesichert werden. Hierbei ist dann aber auch darauf zu achten, dass der Freistellungsschuldner finanziell in der Lage sein wird, einen solchen Freistellungsanspruch, wenn es darauf ankommt, erfüllen zu können.
- Schließlich sind bei der Umsetzung der Ergebnisse der Due Diligence **aufschiebende Bedingungen** denkbar, insbesondere Gremienvorbehalte, die kartellrechtliche Freigabe der Transaktion, die Schaffung von Baurecht oder der Abschluss von im Einzelnen festzulegenden Verträgen durch den Verkäufer. Dies hat zudem den Vorteil, dass die Grunderwerbsteuer erst mit Eintritt der aufschiebenden Bedingung anfällt.

C. Sachfragen der Immobilien-Due-Diligence

I. Grundstücksrecht

Im Rahmen der Sachthemen der Immobilien-Due-Diligence sind zunächst Fragen des Grundstücksrechts zu behandeln. Dabei wird im Folgenden auf den Transaktionsgegenstand/das Eigentum, Belastungen in Abteilung II des Grundbuchs, Grundpfandrechte in Abteilung III des Grundbuchs sowie Vereinbarungen mit Nachbarn eingegangen. 95

1. Transaktionsgegenstand und Eigentum

Ausgangspunkt der immobilienrechtlichen Due Diligence sollte stets die Ermittlung des Transaktionsgegenstands und der eigentumsrechtlichen Verhältnisse sein. Bei der Beschreibung des Transaktionsgegenstands in den kaufvorbereitenden Gesprächen und auch im Letter of Intent wird die zu veräußernde Immobilie häufig noch lediglich durch Angabe der postalischen Adresse mit Straße, Hausnummer und Postleitzahl bezeichnet. Im Rahmen der Immobilien-Due-Diligence sind diese Angaben nicht mehr ausreichend. Vielmehr ist es erforderlich aufgrund der genauen Bezeichnung der Flurstücke und des Grundbuchblatts zu ermitteln, wer Eigentümer der betroffenen Immobilie ist. Dafür ist der Zugriff auf einen **aktuellen Grundbuchauszug** erforderlich. Häufig stellt sich bei dessen Durchsicht heraus, dass es bei der Bezeichnung des Eigentümers der Immobilie im Letter of Intent zu Ungenauigkeiten gekommen ist. So kann es etwa sein, dass aus einer Reihe von Konzerngesellschaften die falsche Gesellschaft bezeichnet worden ist oder das Grundstück in der Vergangenheit zwar erworben, der Eigentumswechsel aber noch nicht im Grundbuch eingetragen wurde. Eine genaue Prüfung ist deshalb geboten. 96

a) Bestandsverzeichnis

Im Bestandsverzeichnis des Grundbuchblatts sind alle Grundstücke aufgeführt, die von diesem Grundbuchblatt erfasst sind. Dabei bilden alle Flurstücke, die unter einer laufenden Nummer im Bestandsverzeichnis geführt werden, ein **Grundstück im rechtlichen Sinn**. 97

> Meikel/*Nowak*, GBO, § 3 Rn. 7;
> *Schöner/Stöber*, Grundbuchrecht, Rn. 561.

Sofern ein Grundstück aus mehreren Flurstücken besteht, stellen diese einzelnen Flurstücke jeweils vermessene Teilflächen des Grundstücks im grundbuchtechnischen Sinn dar. 98

In jedem Fall sollte zur Prüfung des Grundbuchstands ergänzend auch eine **Flurkarte** hinzugezogen werden. Dies gilt insbesondere bei zusammenhängenden Grundstücken. Vorsicht ist zudem bei den jeweils aufgeführten laufenden Nummern geboten, wenn diese in der Vergangenheit geändert worden sind; 99

fehlen diese Aktualisierungen in den Abteilungen II und III, muss jeweils die historische Entwicklung nachvollzogen werden.

100 Aus dem Bestandsverzeichnis ergeben sich im Übrigen die sonstige Bezeichnung (in bebauten Gebieten die Adresse) sowie Nutzungsart und Größe des Grundstücks, wobei sich der sog. Gutglaubensschutz nicht auf diese Angaben erstreckt.

> Palandt/*Herrler*, BGB, § 892 Rn. 12;
> PWW/*Huhn*, BGB, § 892 Rn. 2.

101 Häufig finden sich im Bestandsverzeichnis zusätzlich zu der Eintragung von Grundstücken unter bestimmten Voraussetzungen auch Rechte, mit denen Drittgrundstücke zugunsten der im Bestandsverzeichnis aufgeführten Grundstücke belastet sind (§ 9 GBO). Solche Vermerke werden **„Herrschvermerke"** genannt. Sie werden in der Regel unter einer eigenen laufenden Nummer mit Angabe des herrschenden Grundstücks sowie des jeweils dienenden Grundstücks im Bestandsverzeichnis gebucht. Der Herrschvermerk bewirkt, dass auch grundbuchverfahrensrechtlich für die Löschung des Rechts nicht nur die Zustimmung des Begünstigten, sondern auch die Zustimmung der an dem herrschenden Grundstück berechtigten Dritten (z. B. Grundpfandrechtsgläubiger) erforderlich ist (§ 21 GBO).

b) Abteilung I des Grundbuchs

102 In Abteilung I des Grundbuchs ist der Eigentümer des Grundstücks eingetragen sowie die Grundlage dieser Eintragung vermerkt. Sind mehrere natürliche oder juristische Personen als Eigentümer eingetragen, wird jeweils auch vermerkt, in welchem Verhältnis diese Personen zueinander stehen, z. B. als Miteigentümer oder Erbengemeinschaft.

103 Besonders ist auf die **Eintragung von Personenmehrheiten** zu achten. Im Falle von Miteigentum ist ein Augenmerk auf die Größe des jeweiligen Miteigentumsanteils zu legen. Es muss nicht unbedingt so sein, dass sich die Eigentumsanteile nach der Anzahl der Einzelpersonen richten. Auch andere Aufteilungen der Miteigentumsanteile sind möglich.

104 Neben dem Miteigentum kann die Personenmehrheit etwa auch als Erbengemeinschaft oder als rechtsfähige Gesellschaft bürgerlichen Rechts (zu den Problemen der Grundbuchfähigkeit der GbR siehe Rn. 591 ff.) im Grundbuch eingetragen sein.

105 Weitere Besonderheiten gelten für Wohnungs- und Teileigentum. Für jede Wohnungs- oder Teileigentumseinheit wird ein eigenes Grundbuchblatt angelegt. Im Bestandsverzeichnis des Grundbuchblatts ist in diesen Fällen neben dem Miteigentum am Grundstück auch der Sondereigentumsanteil aufgeführt, d. h. das Teil-/Wohnungseigentum an einzelnen Räumlichkeiten der auf dem Grundstück aufstehenden Gebäude. Auch Verfügungsbeschränkungen, insbesondere ein Zustimmungsvorbehalt zugunsten des Verwalters, sind im Be-

standsverzeichnis vermerkt. Eine genaue Beschreibung des Sondereigentums kann dem Grundbuch allerdings in aller Regel nicht entnommen werden. Hierfür ist auf die Teilungserklärung zurückzugreifen, die im Rahmen der Due Diligence geprüft werden sollte.

Vgl. *Steinke/Niewerth/Ludwig*, Due Diligence bei Grundstücksgeschäften, S. 26.

Neben dem Teil-/Wohnungseigentum ist das aufgeteilte Grundstück nicht mehr auf einem gesonderten Grundbuchblatt eingetragen. Nach seiner Teilung ist das aufgeteilte Grundstück nur noch Gegenstand von Wohnungs- bzw. Teileigentumsgrundbüchern. **106**

c) Erbbaurechte

Auch Erbbaurechte an einem Grundstück können Gegenstand eines Grundstücksgeschäfts sein. **107**

aa) Grundsätzliches zum Erbbaurecht

Unter einem Erbbaurecht versteht man nach dessen Legaldefinition in § 1 ErbbauRG das veräußerliche und vererbliche Recht, auf oder unter der Erdoberfläche des Grundstücks ein Bauwerk zu haben. Das Gesetz hat das Erbbaurecht mit einer Sonderstellung versehen, für die sich in der Literatur die Bezeichnung „**Doppelnatur**" herausgebildet hat. **108**

Heinemann, in: MünchKomm-BGB, § 1 ErbbauRG Rn. 5.

Gemeint ist damit Folgendes: Das Erbbaurecht ist einerseits mit eigentumsähnlichem Charakter ausgestattet, **109**

BGH, NJW 1974, 1137;
Palandt/*Wicke*, BGB, ErbbauRG, Einl. Rn. 3;
Staudinger/*Rapp*, BGB (2017), Einl. zum ErbbauRG Rn. 1,

andererseits bewirkt das Erbbaurecht als beschränktes dingliches Recht aber auch eine Belastung des Grundstücks.

Palandt/*Wicke*, BGB, ErbbauRG, Einl. Rn. 3;
Maaß, in: BeckOK BGB, § 1 ErbbauRG Rn. 3.

Grundbuchrechtlich wirkt sich diese Doppelnatur so aus, dass die Eintragung des Erbbaurechts zum einen in einem eigenen Grundbuch, dem sog. **Erbbaugrundbuch**, zum anderen als Belastung des Grundstücks in Abteilung II im Grundbuch für das Grundstück selbst erfolgt. **110**

Heinemann, in: MünchKomm-BGB, § 14 ErbbauRG Rn. 1;
Staudinger/*Rapp*, BGB (2017), Einl. zum ErbbauRG Rn. 1, 6.

Durch das Erbbaurecht wird das Eigentum am Grundstück vom Eigentum an allen Gebäuden getrennt (Abweichung vom Grundsatz des § 94 BGB). **111**

Heinemann, in: MünchKomm-BGB, § 1 ErbbauRG Rn. 4.

112 Das Erbbaugrundbuch ist ebenso aufgebaut wie das „normale" Grundstücksgrundbuch. Im Bestandsverzeichnis ist das Erbbaurecht selbst vermerkt. Des Weiteren sind dort die Dauer des Erbbaurechts sowie etwaige Beschränkungen des Erbbaurechts festgehalten, insbesondere Zustimmungsvorbehalte des Grundstückseigentümers für Veräußerung oder Belastung des Erbbaurechts.

113 Von besonderer Bedeutung bei der Due Diligence von Erbbaurechten ist es, neben dem Erbbaugrundbuch auch die zugrunde liegenden **Erbbaurechtsverträge** zu prüfen. Die bereits erwähnte Zustimmung des Eigentümers zur Veräußerung des Erbbaurechts wird in aller Regel nur zu erlangen sein, wenn der Erwerber auch die schuldrechtlichen Verpflichtungen aus dem Erbbaurechtsvertrag übernimmt.

Vgl. *Steinke/Niewerth/Ludwig*, Due Diligence bei Grundstücksgeschäften, S. 26 f.

114 Grundsätzlich ist beim Erbbaurecht zwischen seinem **dinglichen** und seinem **schuldrechtlichen Inhalt** zu unterscheiden. Der zulässige dingliche Inhalt eines Erbbaurechts bestimmt sich nach den §§ 1, 2, 5, 27 und 32 ErbbauRG. Eine Besonderheit des Erbbaurechts ergibt sich aus § 10 ErbbauRG, wonach Erbbaurechte ausschließlich zur ersten Rangstelle gegenüber Rechten in Abteilung II und III bestellt werden. Von diesem Grundsatz ausgenommen ist lediglich die Eintragung eines Vorkaufsrechts zugunsten des Erbbauberechtigten, welches dem Erbbaurecht vorgehen darf.

Palandt/*Wicke*, BGB, § 10 ErbbauRG Rn. 1; zum Verhältnis von Dienstbarkeiten und Erbbaurecht *Rapp*, ZfIR 2017, 89.

115 Als grundstücksgleiches Recht kann das Erbbaurecht wie Volleigentum belastet werden.

Palandt/*Wicke*, BGB, § 11 ErbbauRG Rn. 7.

bb) Zustimmungserfordernisse

116 Von besonderer Bedeutung sind Zustimmungserfordernisse im Zusammenhang mit Erbbaurechten. Dinglicher Inhalt eines Erbbaurechts können **Zustimmungsvorbehalte des Grundstückseigentümers** zu bestimmten Verfügungen des Erbbauberechtigten sein. So kann etwa gemäß § 5 ErbbauRG vereinbart werden, dass der Erbbauberechtigte zur Veräußerung des Erbbaurechts der Zustimmung des Grundstückseigentümers bedarf. Ist ein solcher Zustimmungsvorbehalt vereinbart, sind dingliche Verfügungen und die zugrunde liegenden schuldrechtlichen Vereinbarungen solange schwebend unwirksam, bis die Zustimmung erteilt wird.

117 Ist in einem solchen Fall die schuldrechtliche Vereinbarung über die Veräußerung wirksam geworden, so wird die erteilte Zustimmung unwiderruflich.

BGH, NJW 2017, 3514 ff.

Unter bestimmten Voraussetzungen kann der Grundstückseigentümer allerdings auch **zur Zustimmung verpflichtet** sein. Für die Veräußerung des Erbbaurechts ergibt sich dies aus § 7 Abs. 1 ErbbauRG, wonach die Zustimmung zu erteilen ist, wenn durch die Veräußerung der mit der Bestellung verfolgte Zweck nicht wesentlich beeinträchtigt ist oder gefährdet wird, **118**

> Zustimmung muss z. B. nicht erteilt werden, wenn das Erbbaurecht zu spekulativen Zwecken veräußert wird, BGH, NJW-RR 1998, 1387, 1388,

und die Persönlichkeit des Erwerbers Gewähr für die ordnungsgemäße Erfüllung der sich aus dem Erbbaurechtsinhalt ergebenden Verpflichtungen bietet.

Für die Zustimmung zu Belastungen ergibt sich der Anspruch des Erbbauberechtigten gegenüber dem Grundstückseigentümer auf Erteilung der Zustimmung zur Belastung aus § 7 Abs. 2 ErbbauRG. Voraussetzung für den Anspruch ist nach dieser Vorschrift lediglich, dass die Belastung mit den Regeln einer ordnungsgemäßen Wirtschaft vereinbar ist und mit ihr der mit der Bestellung des Erbbaurechts verfolgte Zweck nicht wesentlich beeinträchtigt oder gefährdet wird. Wesentliches Kriterium für die Erteilung der Belastungszustimmung ist, dass die durch das Grundpfandrecht erlangten Mittel dem Erbbaurechtsnehmer zufließen müssen. Die Verwendung der Mittel für das auf dem Erbbaurechtsgrundstück errichtete Gebäude ist demgegenüber nicht erforderlich. **119**

> OLG München, FGPrax 2008, 236, 237;
> OLG Hamm, MittRhNotK 1995, 2001, 2002;
> *v. Oefele/Winkler/Schlögel*, Handbuch Erbbaurecht,§ 4 Rn. 235.

Für die Belastungszustimmung ist weiterhin die Höhe der Belastung entscheidend. Nach allgemeiner Meinung ist eine Belastung des Erbbaurechts mit **ca. 60 % bis 70 % seines Verkehrswerts** noch mit den Regeln einer ordnungsgemäßen Wirtschaft vereinbar. **120**

> BayObLG, MittRhNotK 1998, 257, 258;
> LG München, MittBayNot 1973, 88;
> Staudinger/*Rapp*, BGB (2017), §§ 5–7 ErbbauRG Rn. 27;
> vgl. auch *v. Oefele/Winkler/Schlögel*, Handbuch Erbbaurecht, § 4 Rn. 236; Lemke/*Czub*, Immobilienrecht, § 7 ErbbauRG Rn. 13.

Probleme können für einen Käufer in dieser Hinsicht vor allem dann entstehen, wenn dieser beabsichtigt, das Erbbaurecht mit einem Gesamtrecht zu belasten, dessen Nominalbetrag die genannten Grenzwerte überschreitet. Insbesondere in einer solchen Konstellation kann es dazu kommen, dass der Grundstückseigentümer der Veräußerung des Erbbaurechts zustimmt, seine Zustimmung zur Belastung des Erbbaurechts aber verweigert. Auf dieses Risiko sollte der Käufer hingewiesen werden. **121**

cc) Nachbarerbbaurecht

122 Besondere Schwierigkeiten ergeben sich aus § 1 Abs. 3 ErbbauRG, wonach „die Beschränkung des Erbbaurechts auf einen Teil des Gebäudes, insbesondere ein Stockwerk, [...] unzulässig" ist.

123 Nach ihrem Wortlaut erfasst die Vorschrift jedenfalls **horizontale Gliederungen** innerhalb eines Gebäudes. Nicht völlig klar ist, ob sie darüber hinaus für **vertikale Gliederungen** innerhalb eines Gebäudes gelten soll. Gemeint ist hiermit das sog. Nachbarerbbaurecht. In dieser Konstellation liegt ein einheitliches Gebäude auf zwei benachbarten Grundstücken, von denen eines mit einem Erbbaurecht belastet ist. Das andere Grundstück ist demgegenüber überhaupt nicht mit einem Erbbaurecht oder mit einem separaten Erbbaurecht belastet.

124 Eine weithin vertretene Auffassung neigt in Fällen eines solchen Nachbarerbbaurechts dazu, diese Konstellation auf der Grundlage von § 1 Abs. 3 ErbbauRG für unwirksam zu halten.

> Palandt/Wicke, BGB, § 1 ErbbauRG Rn. 11;
> *Heinemann,* in: MünchKomm-BGB, § 1 ErbbauRG Rn. 52 ff.;
> Lemke/*Czub*, Immobilienrecht, § 7 ErbbauRG Rn. 10;
> OLG Köln, RNotZ 2013, 482.

125 Anerkannt als Lösungsmöglichkeit ist die Bildung eines sog. **Gesamterbbaurechts,** was dadurch erfolgt, dass ein einheitliches Erbbaurecht über beide Grundstücksteile gelegt wird.

> *Heinemann,* in: MünchKomm-BGB, § 1 ErbbauRG Rn. 53.

126 Dies kann nur unter Mitwirkung der betroffenen Grundstückseigentümer geschehen. Sollte die Bildung eines Gesamterbbaurechts nicht möglich sein, ist im Einzelfall über alternative Lösungsmöglichkeiten, etwa einen rechtmäßigen Überbau oder einen langfristigen Mietvertrag, nachzudenken, wobei festzuhalten ist, dass ausschließlich das Gesamterbbaurecht eine wirklich sichere Lösung bietet.

127 Im Rahmen der immobilienrechtlichen Due Diligence kommt es darauf an, das Problem des Nachbarerbbaurechts überhaupt erst einmal zu identifizieren. Der prüfende Jurist sollte sich hierfür Flurkarten mit eingezeichneten Gebäudegrenzen vorlegen lassen und während seiner Prüfung besonders auf Überbauregelungen und Baupläne achten. Weiter sollte er sich mit dem Team für die technische Due Diligence kurzschließen, um von deren Vorortkenntnissen zu profitieren. In der Praxis ist nichts ärgerlicher, als dass ein vorhandenes Nachbarerbbaurecht aufgrund von fehlenden Vorortkenntnissen des prüfenden Juristen nicht erkannt wird. Kennt der prüfende Jurist allerdings die rechtliche Problematik des Nachbarerbbaurechts nicht, können ihm auch Vorortkenntnisse nicht weiterhelfen.

d) Zugang zum Grundstück

Als letzter Punkt zum Thema Transaktionsgegenstand und Eigentümer ist schließlich auf die Problematik des Zugangs zum Grundstück einzugehen. **128**

Oft begeht der prüfende Jurist im Rahmen der immobilienrechtlichen Due Diligence den Fehler, den Zugang zum Grundstück für eine Sachverhaltsfrage zu halten, die von den Technikern zu prüfen ist. Dies ist aber mitnichten so. Auch hier kommt es auf ein enges Zusammenwirken von Jurist und Techniker an, um etwaige Probleme beim Zugang zum Grundstück zu erkennen und einer vernünftigen Lösung zuzuführen. Probleme können etwa auftreten, wenn eine Lieferzufahrt zum Grundstück zu eng ist, wenn während der Due-Diligence-Prüfung verkannt wurde, dass die Lieferzufahrt in einer Fußgängerzone liegt, wenn der Jurist bei Prüfung des Katasterplans nicht erkennt, dass aufgrund einer vorhandenen steilen Böschung ein direkter Zugang von der Straße zum Grundstück nicht möglich ist, oder wenn sonst Höhenunterschiede auftreten. **129**

Um solche Probleme zu vermeiden, müssen Karten und Pläne gesichtet werden, jedenfalls die Techniker müssen eine Ortsbegehung durchführen, und die prüfenden Juristen müssen sich mit dem technischen Due-Diligence-Team abstimmen. Zudem kann eine Behördenauskunft Sicherheit darüber geben, ob es sich bei der angenommenen öffentlichen Straße, an die das Grundstück angeschlossen ist, auch tatsächlich um eine öffentliche Straße handelt. Sollte das Ergebnis der Prüfung sein, dass die Nutzung eines anderen Grundstücks erforderlich ist, um von dem zu erwerbenden Grundstück auf die öffentliche Straße zu gelangen, müssen dingliche oder schuldrechtliche Sicherungen verhandelt und der Abschluss sowie erforderliche Grundbucheintragungen solcher Sicherungen als Kaufpreisfälligkeitsvoraussetzung in den Kaufvertrag aufgenommen werden. **130**

Schließlich ist bei einem Teilflächenverkauf zu beachten, dass Teilflächen durch die Wegvermessung die Anbindung an das öffentliche Verkehrs- und Leitungsnetz verlieren können, weshalb die Bestellung von Dienstbarkeiten möglicherweise geboten sein kann. **131**

> *Krauß*, Immobilienkaufverträge in der Praxis, Rn. 1202; *Singbartl/Zintl*, ZfIR 2017, 213, 216, diese zudem genauer eingehend auf die Teilungsgenehmigung und die Bildung von Teilflächen.

2. Belastungen in Abteilung II des Grundbuchs

In Abteilung II können diverse Rechte Dritter als Belastungen für das Grundstück eingetragen sein. **132**

In der Praxis wird die Bedeutung dieser Abteilung des Grundbuchs leider vielfach unterschätzt. Es ist aber dringend zu empfehlen, Abteilung II schon frühzeitig zu Beginn der Immobilien-Due-Diligence ausführlich zu prüfen. Die hier eingetragenen Belastungen können in einer Immobilientransaktion gravierende Hindernisse und Probleme bereiten, die zuweilen keiner Lösung zugänglich **133** sind. Für die Immobilientransaktion kann der Inhalt von Abteilung II damit oft ein höheres Risikopotenzial darstellen, als dies etwa von den in Abteilung III vermerkten Grundpfandrechten ausgeht. Die Gründe hierfür liegen darin, dass sich die in Abteilung II verzeichneten Beschränkungen bzw. Belastungen nicht ohne Weiteres entfernen lassen: Dienstbarkeiten beispielsweise lassen sich nicht – anders als Grundpfandrechte – schlicht gegen Zahlung eines bestimmten Geldbetrags ablösen; sie können vielmehr grundsätzlich nur mit Zustimmung des Begünstigten aufgehoben werden. Gleiches gilt für die Löschung eines Insolvenz-, Testamentsvollstrecker-, Entwicklungs- oder Sanierungsvermerks. Auch die Löschung dieser Vermerke ist von der Mitwirkung Dritter abhängig.

134 Einer Immobilientransaktion sollte daher eine ausführliche Auseinandersetzung mit den Eintragungen in Abteilung II des Grundbuchs vorangehen. Zu beachten ist allerdings, dass aus dem Grundbuch allein nur ein erster Überblick über den tatsächlichen Umfang einer Belastung oder Eintragung gewonnen werden kann; vollständig erschließt sich der Inhalt einer Eintragung erst anhand der zugrunde liegenden Bestellungsurkunden (siehe Rn. 161 f.).

Steinke/Niewerth/Ludwig, Due Diligence bei Grundstücksgeschäften, S. 36.

a) Dienstbarkeiten

135 Die Grunddienstbarkeit nach den §§ 1018–1029 BGB, die beschränkte persönliche Dienstbarkeit nach den §§ 1090–1093 BGB und der Nießbrauch nach §§ 1030–1089 BGB sind verschiedene Dienstbarkeitstypen; ihr gemeinsames Merkmal ist die Belastung eines fremden Gegenstands mit einem – sehr unterschiedlich beschränkten – Nutzungsrecht (zum Umfang der Beschränkungen siehe sogleich).

Mohr, in: MünchKomm-BGB, Vor § 1018 Rn. 13.

136 Sie verpflichten die Eigentümer der von ihnen betroffenen Grundstücke dazu, Handlungen des Berechtigten zu dulden bzw. eigene Befugnisse zu unterlassen; ein Verwertungsrecht an dem belasteten Grundstück oder grundstücksgleichem Recht vermitteln sie dem Berechtigten jedoch nicht.

Staudinger/*Weber*, BGB (2017), Vor §§ 1018–1029 Rn. 2.

137 Die drei genannten Dienstbarkeitstypen unterscheiden sich voneinander zunächst durch die Festlegung des Berechtigten: Die Grunddienstbarkeit als **subjektiv-dingliches** Recht ist grundstücksbezogen, berechtigt also den jeweiligen Eigentümer eines anderen Grundstücks, die beschränkte persönliche Dienstbarkeit und der Nießbrauch hingegen berechtigen ausschließlich eine bestimmte Person und sind deshalb **subjektiv-persönliche** Rechte. Als personengebundene Rechte sind sie grundsätzlich nicht vererblich und nicht bzw. nur ausnahmsweise übertragbar.

Die beschränkte persönliche Dienstbarkeit ist nicht vererblich und grundsätzlich nicht übertragbar, Jauernig/*Berger,* BGB, § 1092 Rn. 1; der Nießbrauch ist nicht vererblich und nur ausnahmsweise übertragbar, Palandt/*Herrler*, BGB, Vor § 1030 Rn. 1 f.; vgl. insgesamt Staudinger/*Weber*, BGB (2017), Vor §§ 1018–1029 Rn. 6 f.

Weiter unterscheidet sich der Nießbrauch von den anderen beiden Dienstbarkeitstypen dadurch, dass er dem Berechtigten ein umfassendes Nutzungsrecht vermittelt, während die Grunddienstbarkeit und die beschränkte persönliche Dienstbarkeit gesetzlich zwingend nur zur Nutzung „in einzelnen Beziehungen" berechtigen. **138**

Dienstbarkeiten entstehen grundsätzlich gemäß § 873 BGB mit **Einigung** zwischen dem Eigentümer des zu belastenden Grundstücks und dem Berechtigten sowie **Eintragung** im Grundbuch; zur Eintragung ist die **Bewilligung** gemäß § 29 GBO erforderlich. Die Belastung eines Grundstücks mit einer Dienstbarkeit begründet zwischen dem aus der Dienstbarkeit Berechtigten und dem Eigentümer des belasteten Grundstücks zugleich ein gesetzliches Schuldverhältnis, dessen Inhalt die jeweiligen Sorgfalts- und Schutzpflichten sowie etwaige besonders vereinbarte Nebenpflichten sind. **139**

So für die Grunddienstbarkeit BGH, NJW 1985, 2944 = ZIP 1985, 1401, dazu EWiR 1985, 771 *(Eickmann)*;
BGH, NJW 1985, 2827 = ZIP 1985, 1084,
dazu EWiR 1985, 719 *(Eickmann)*;
OLG Hamm, NJW-RR 2001, 1099, 1200;
PWW/*Ahrens*, BGB, § 1018 Rn. 4.
Das Entstehen eines Wegerechtes zwischen zwei Grundstücksnachbarn aufgrund von Gewohnheitsrecht ablehnend siehe BGH, NJW 2020, 1360, 1361 f., dazu *Hermann/Suppé* ZfIR 2020, 383, 386 ff.

aa) Grunddienstbarkeiten

In der Praxis werden Grunddienstbarkeiten gewöhnlich zur Regelung und Klarstellung nachbarschaftlicher Grundstücksbeziehungen – etwa als Wege- und Leitungsrechte oder Bebauungsbeschränkungen – bestellt oder dienen der Sicherung wettbewerblicher Interessen des Begünstigten. **140**

Leesmeister, Materielles Liegenschaftsrecht im Grundbuchverfahren, S. 80.

Die Grunddienstbarkeit wird zugunsten des infolgedessen als **herrschend** bezeichneten Grundstücks eingetragen, dessen jeweiligem Eigentümer sie die Benutzung des **dienenden** Grundstücks in einzelnen Beziehungen gestattet. Die dingliche Wirkung der Grunddienstbarkeit äußert sich auf Berechtigtenseite darin, dass das dingliche Recht bei Eigentumswechsel ohne Weiteres dem neuen Eigentümer zusteht. Als wesentlicher Bestandteil des herrschenden Grundstücks kann die Grunddienstbarkeit von diesem nicht getrennt werden. **141**

BayObLG, BayObLGZ 1973, 21, 24; *Mohr*, in: MünchKomm-BGB, BGB, § 1018 Rn. 75;
Staudinger/*Weber*, BGB (2017), § 1018 Rn. 10.

142 Auch auf Verpflichtetenseite erfasst die Belastung immer nur den jeweiligen Eigentümer oder denjenigen, der von diesem eine Nutzungsbefugnis ableitet, wie einen Mieter oder Pächter.

Staudinger/*Mayer*, BGB (2017), § 1018 Rn. 10a.

143 Inhaltlich lässt sich die Grunddienstbarkeit in drei verschiedene Erscheinungsformen untergliedern.

Palandt/*Herrler*, BGB, § 1018 Rn. 4.

144 Als **Benutzungsdienstbarkeit** nach § 1018 Alt. 1 BGB verpflichtet die Grunddienstbarkeit den Eigentümer dazu, die Benutzung seines Grundstücks in einzelnen Beziehungen zu dulden. Beispielsweise kann der Eigentümer des belasteten Grundstücks dazu verpflichtet werden, bestimmte Durchfahrts- oder Durchgangsrechte oder die Verlegung von Ableitungsrohren zu dulden. Allerdings kann ein unbeschränktes Nutzungsrecht nicht Inhalt einer Grunddienstbarkeit sein.

Leesmeister, Materielles Liegenschaftsrecht im Grundbuchverfahren, S. 80;
zu unbeschränktem Nutzungsrecht siehe BGH, NJW-RR 2015, 208, 209;
zur Nutzung einer auf dem dienenden Grundstück befindlichen baulichen Anlage siehe BGH, NJW-RR 2019, 273.

145 Als **Verbots-** bzw. **Unterlassungsdienstbarkeit** nach § 1018 Alt. 2 BGB untersagt sie dem Eigentümer des belasteten Grundstücks die Vornahme bestimmter Handlungen, zu denen ihn sein Eigentumsrecht grundsätzlich berechtigen würde. Hierunter kann z. B. eine Baubeschränkung fallen.

Palandt/*Herrler*, BGB, § 1018 Rn. 19; *Reischl*, in: BeckOK BGB, § 1018 Rn. 37; *Mohr*, in: MünchKomm-BGB, § 1018 Rn. 34;
Staudinger/*Weber*, BGB (2017), § 1018 Rn. 75.

146 Die dritte Alternative des § 1018 BGB bezeichnet die **Ausschließungsdienstbarkeit**, die den Eigentümer des belasteten Grundstücks zum Verzicht auf bestimmte, sich aus dem Eigentum ergebende Rechte verpflichtet, z. B. auf Abwehrrechte gegenüber Immissionen oder zu dichte Bebauung an die Grundstücksgrenze.

Vgl. zu allen Erscheinungsformen PWW/*Ahrens*, BGB, § 1018 Rn. 13 ff.; *Reischl*, in: BeckOK BGB, § 1018 Rn. 38;
Staudinger/*Weber*, BGB (2017), § 1018 Rn. 75.

147 Die Vielfalt an Gestaltungsmöglichkeiten und die Möglichkeit, auch den Kerninhalt weitgehend privatautonom den jeweiligen Bedürfnissen anzupassen,

vgl. dazu *Mohr*, in: MünchKomm-BGB, § 1018 Rn. 25;
Staudinger/*Weber*, BGB (2017), § 1018 Rn. 75,

gelten nicht uneingeschränkt: Sie dürfen die Verfügungs- und Verpflichtungsmacht des Eigentümers nicht beschränken und keine positive Leistungspflicht zum Hauptinhalt haben.

> BGH, NJW-RR 2003, 733, 735 = ZfIR 2003, 464;
> OLG München, MittBayNot 2008, 479;
> Staudinger/*Weber*, BGB (2017), § 1018 Rn. 77 ff m. w. N.

Die Pflichten des Eigentümers bestehen grundsätzlich in einem Dulden oder Unterlassen. **148**

> *Leesmeister*, Materielles Liegenschaftsrecht im Grundbuchverfahren, S. 82.

Generell gilt weiter, dass die Grunddienstbarkeit keinen gesetzlich unzulässigen Inhalt haben darf. **149**

> *Mohr*, in: MünchKomm-BGB, § 1018 Rn. 53 ff., wobei auch genauer auf wettbewerbsrechtliche Gründe eingegangen wird;
> Staudinger/*Weber*, BGB (2017), § 1018 Rn. 84.

bb) Beschränkte persönliche Dienstbarkeiten

Die praktische Bedeutung der beschränkten persönlichen Dienstbarkeit liegt in der **Einräumung von Nutzungsrechten für Gewerbetreibende** und in der Aufstellung von **Wettbewerbsverboten**. **150**

> *Mohr*, in: MünchKomm-BGB, § 1090 Rn. 3.

Zu Wettbewerbsverboten hat der BGH ausdrücklich festgestellt, dass das Verbot, auf dem zu belastenden Grundstück andere Waren als die eines bestimmten Herstellers oder Lieferanten zu verbreiten, kein zulässiger Inhalt einer beschränkten persönlichen Dienstbarkeit ist. **151**

> BGH, BGHZ 29, 244, 248 ff.

Ein solcher Inhalt würde nicht – wie es zulässig wäre – die aus dem Eigentum fließenden Befugnisse einschränken, sondern nur die rechtsgeschäftliche Verfügungsfreiheit des Eigentümers. **152**

> Vgl. zu dieser Problematik *Mohr*, in: MünchKomm-BGB, § 1090 Rn. 25 ff. und BGH, BGHZ 29, 244, 248 ff.

Unter Berücksichtigung dieser Rechtsprechung haben sich in der Vertragspraxis bestimmte Dienstbarkeitsausgestaltungen herausgebildet, die innerhalb der Grenzen des Zulässigen eine mittelbare Bindung des jeweiligen Grundstückeigentümers an bestimmte Anbieter bewirken. **153**

> *Mohr*, in: MünchKomm-BGB, § 1090 Rn. 25.

Die beschränkte persönliche Dienstbarkeit entspricht inhaltlich weitgehend der Grunddienstbarkeit und weicht nur an den Punkten von ihr ab, die an das Vorhandensein des herrschenden Grundstücks anknüpfen. **154**

> Staudinger/*Reymann*, BGB (2017), § 1090 Rn. 1.

155 Anders als die Grunddienstbarkeit ist sie in ihrem Entstehen und Bestand insbesondere nicht vom Vorliegen eines Vorteils abhängig; für die beschränkte persönliche Dienstbarkeit genügt auch ein eigenes schutzwürdiges wirtschaftliches oder ideelles Interesse des Berechtigten oder ein entsprechendes fremdes Interesse, welches er fördern will.

> BGH, BGHZ 41, 209, 213 f.; *Leesmeister*, Materielles Liegenschaftsrecht im Grundbuchverfahren, S. 92 f.

156 Von besonderer praktischer Relevanz sind die sog. **„Mieterdienstbarkeiten"**. Dabei handelt es sich um beschränkte persönliche Dienstbarkeiten zugunsten eines Mieters eines Grundstücks, die dem Mieter ein (grundsätzlich) vom Mietvertrag unabhängiges dingliches Recht zur Nutzung eines Grundstücks gewähren. Zweck einer solchen Mieterdienstbarkeit ist es, den Mieter vor gesetzlichen Sonderkündigungsrechten eines Grundstückskäufers bei Erwerb des Mietgrundstücks aus der Insolvenz (§ 111 InsO) oder aus der Zwangsversteigerung (§ 57a ZVG) zu schützen. Üblich sind Mieterdienstbarkeiten bei Mietern mit starker Verhandlungsmacht, die ein Grundstück – insgesamt oder zumindest wesentliche Teile davon (z. B. „Ankermieter" eines Shopping-Centers) – langfristig anmieten und ein erhebliches Interesse an der Sicherung des Standorts haben. Problematisch sind solche Mieterdienstbarkeiten insbesondere aus Sicht finanzierender Banken (und damit mittelbar auch für einen Erwerber, der den Kaufpreis teilweise fremdfinanzieren will oder muss), wenn die Dienstbarkeit im Rang vor dem Grundpfandrecht eingetragen ist oder werden soll. In der Praxis haben sich strenge Anforderungen der Banken an solche erstrangigen Mieterdienstbarkeiten herausgebildet, die in einem Rundschreiben des Verbands deutscher Pfandbriefbanken niedergelegt sind (sog. „VdP-Standard"), das allerdings nicht veröffentlicht ist. Wesentliche Anforderungen der (Pfandbrief-)Banken sind:

- Vereinbarung eines Höchstbetrags des Wertersatzes, § 882 BGB.
- Vollständige dingliche Regelung aller Erlöschenstatbestände (alternativ: Treuhandlösung).
- Entgeltlichkeit der Mieterdienstbarkeit.
- Übernahme bestimmter schuldrechtlicher Verpflichtungen unmittelbar gegenüber dem Grundpfandrechtsgläubiger (insb. die Verpflichtung, den Inhalt der Mieterdienstbarkeit nicht zu ändern).

157 Bei Mieterdienstbarkeiten ist im Rahmen der Due Diligence immer darauf hinzuweisen, dass diese zu Schwierigkeiten im Rahmen einer Finanzierung führen können; im Idealfall sollte eine frühzeitige Abstimmung mit der finanzierenden Bank bereits parallel zur Due Diligence erfolgen, um zu vermeiden, dass die Bank die Auszahlung des Darlehens von einer Änderung der Mieterdienstbarkeit abhängig macht (was dann häufig schwierige Verhandlungen mit dem Mieter nach sich zieht).

cc) Nießbrauch

158 Im praktischen Rechtsleben ist der Nießbrauch vor allem im privaten Bereich von Bedeutung: als **Versorgungsnießbrauch** zur Versorgung des Übergebers bei vorweggenommener Erbfolge, als **Vermächtnisnießbrauch** beim Todesfall zur Sicherung von Familienmitgliedern, als sog. – unentgeltlicher – **Zuwendungsnießbrauch** oder auch als **Sicherungsnießbrauch**.

Pohlmann, in: MünchKomm-BGB, § 1030 Rn. 17
Staudinger/*Heinze,* BGB (2017), Vor §§ 1030 ff. Rn. 23.

159 Der Nießbrauch berechtigt den Nießbraucher dazu, den belasteten Gegenstand ohne Verfügung über seine Substanz nicht nur in bestimmten Beziehungen, sondern umfassend zu nutzen.

Staudinger/*Heinze,* BGB (2017), Vor §§ 1030 ff. Rn. 5.

160 Anders als bei den anderen Dienstbarkeiten dürfen hier **sämtliche Nutzungen** des belasteten Grundstücks gezogen werden (vgl. § 1030 BGB); zu einer Umgestaltung oder wesentlichen Veränderungen an dem Grundstück berechtigt der Nießbrauch jedoch nicht (vgl. § 1037 Abs. 1 BGB). Nutzungen sind die Früchte einer Sache oder eines Rechts, d. h. die Erzeugnisse einer Sache sowie die sonstige aus der Sache bestimmungsgemäß gewonnene Ausbeute, die durch ein Recht bestimmungsgemäß gewährten Erträge und diejenigen Erträge, die eine Sache oder ein Recht aufgrund eines Rechtsverhältnisses gewährt, sowie die Gebrauchsvorteile (vgl. §§ 100, 99 BGB). Gegenstand des Nießbrauchs können damit beispielsweise Bodenfrüchte wie Getreide oder Mieteinnahmen sein. Zu beachten ist, dass im Zusammenhang mit dem Nießbrauch zwischen Berechtigtem und Verpflichtetem gewöhnlich besondere schuldrechtliche Nutzungsabreden getroffen werden, die dem Berechtigten weitergehende Pflichten auferlegen.

Steinke/Niewerth/Ludwig, Due Diligence bei Grundstücksgeschäften, S. 39 f.

dd) Hinweise für die Praxis

161 Über die Nachteiligkeit einer Dienstbarkeit für das betroffene dienende Grundstück lässt sich keine pauschal geltende Aussage treffen, da die Auswirkungen sehr unterschiedlich sein können. Gewöhnlich wird Dienstbarkeiten keine wertmindernde Bedeutung beigemessen. In der Praxis stellen Dienstbarkeiten aber nicht selten eine große Belastung dar; insbesondere Wegerechte und Baubeschränkungen zugunsten eines Nachbarn können die Nutzbarkeit des Grundstücks spürbar beeinträchtigen. Aus dem Grundbuch allein lassen sich die Auswirkungen im Einzelnen nicht entnehmen; vielmehr bedarf es dazu eines Einblicks in die jeweilige Grundakte, deren Bestandteile alle Schriftstücke sind, die sich auf das zugehörige Grundbuchblatt beziehen.

Schöner/Stöber, Grundbuchrecht, Rn. 65.

162 Dazu gehören auch die Eintragungsbewilligungen von Dienstbarkeiten, die z. B. durch Pläne präzisiert werden.

163 Zur Befreiung eines Grundstücks von einer Dienstbarkeit sind grundsätzlich die Aufgabeerklärung des Berechtigten und die Eintragung der Löschung in das Grundbuch notwendig.

Palandt/*Herrler*, BGB, § 1018 Rn. 35.

164 Die Zustimmung weiterer Beteiligter ist erforderlich, wenn sie von der Aufhebung rechtlich „berührt" werden.

So einprägsam *Leesmeister*, Materielles Liegenschaftsrecht im Grundbuchverfahren, S. 89.

165 Außerhalb des Grundbuchs und ohne Mitwirken der Beteiligten kann eine Dienstbarkeit beispielsweise durch Fristablauf, den Eintritt einer auflösenden Bedingung oder den endgültigen Wegfall des Vorteils erlöschen.

Leesmeister, Materielles Liegenschaftsrecht im Grundbuchverfahren, S. 92.

166 Dasselbe gilt bei Tod des Berechtigten für die beschränkte persönliche Dienstbarkeit und den Nießbrauch.

Vgl. § 1061 BGB für den Nießbrauch bzw. §§ 1090 Abs. 2, 1061 BGB für die beschränkte persönliche Dienstbarkeit.

ee) Sonderproblem: Altrechtliche Dienstbarkeiten

167 Altrechtliche Grunddienstbarkeiten, die noch aus der Zeit vor Inkrafttreten des BGB stammen,

siehe dazu auch *Steinke/Niewerth/Ludwig*, Due Diligence bei Grundstücksgeschäften, S. 39,

bestehen mit dem bisherigen Rang **fort**, ohne dass dieser aus dem Grundbuch hervorgehen muss (vgl. Art. 184 EGBGB). Sie bedürfen, soweit es keine anderslautenden landesgesetzlichen Regelungen anordnen, zu ihrer Erhaltung keiner Eintragung in das Grundbuch (vgl. Art. 187 EGBGB). Auch auf die **Übernahme durch den Erwerber** wirkt sich die fehlende Eintragung nicht aus; er übernimmt sie selbst dann, wenn er keine Kenntnis von ihnen hat. Insofern findet kein gutgläubiger lastenfreier Erwerb statt. Eine Eintragung ist keine Entstehungsvoraussetzung und muss nur dann erfolgen, wenn sie von dem Berechtigten oder dem Eigentümer des belasteten Grundstücks verlangt wird, Art. 187 Abs. 1 Satz 2 EGBGB. Der Blick in das Grundbuch gewährt daher keine Sicherheit, dass das Grundstück nicht mit einer altrechtlichen Dienstbarkeit belastet ist.

Dazu Hügel/*Kral*, GBO, § 44 Rn. 55; *Mohr*, in: MünchKomm-BGB, § 1018 Rn. 80.

b) Reallasten

aa) Grundsätzliches zur Reallast

Reallasten kommt praktische Bedeutung vor allem im Rahmen der vorweggenommenen Erbfolge, 168

Reischl, in: BeckOK BGB, § 1105 Rn. 1,

als Erbbauzins, bei Altenteilsverträgen, Rentenreallasten und Unterhaltungspflichten im Nachbarverhältnis zu.

Mohr, in: MünchKomm-BGB, § 1105 Rn. 2.

Die Gesetzesformulierung in § 1105 BGB, dass aus dem Grundstück, an dem 169
eine Reallast bestellt ist, wiederkehrende Leistungen an den Berechtigten zu entrichten sind, ist nicht wortwörtlich zu verstehen: „Aus dem Grundstück" besagt nur, dass das Grundstück dinglich im Wege der Zwangsvollstreckung haftet. Hierin äußert sich der Charakter der Reallast als **Verwertungsrecht**.

Palandt/*Herrler*, BGB, § 1105 Rn. 4;
PWW/*Ahrens*, BGB, § 1105 Rn. 1;
BGH, WM 1978, 735;
BGH, NJW-RR 2005, 1054 = ZfIR 2005, 504.

Die Leistungen, die Inhalt einer Reallast sind, können nur in einem Geben 170
oder Tun bestehen, müssen also als aktive Handlungen ausgestaltet sein.

Palandt/*Herrler*, BGB, § 1105 Rn. 4;
PWW/*Ahrens*, BGB, § 1105 Rn. 3; Staudinger/*Reymann*, BGB (2017), § 1105 Rn. 15.

Sofern eine andere Leistung als eine Geldzahlung oder eine Geldrente ver- 171
einbart ist, muss ihr ein bestimmter Geldwert zukommen.

BGH, NJW 1995, 2780, 2781.

Erforderlich ist auch, dass es sich um nach Art und Inhalt wiederkehrende 172
Leistungen aus einem einheitlichen Schuldverhältnis handelt.

Staudinger/*Reymann*, BGB (2017), § 1105 Rn. 26.

Die Leistungen brauchen nicht in irgendeiner Beziehung zum belasteten 173
Grundstück zu stehen.

Staudinger/*Reymann,* BGB (2017), § 1105 Rn. 48;
Palandt/*Herrler*, BGB, § 1105 Rn. 4;
Reischl, in: BeckOK BGB, § 1105 Rn. 18.

Wird die Reallast als sog. **subjektiv-dingliche Reallast** zugunsten eines Grund- 174
stücks bestellt, ist sie nach § 1110 BGB untrennbar mit diesem Grundstück verbunden. In der Praxis bedeutet dies, dass die Veräußerung des begünstigten Grundstücks immer auch die Reallast erfasst, die Reallast nicht mit einem anderen Grundstück verbunden werden und auch nicht in ein persönliches Recht umgestaltet werden kann.

Mohr, in: MünchKomm-BGB, § 1110 Rn. 2;
PWW/*Ahrens*, BGB, § 1110 Rn. 1;
BayObLG, BayObLGZ 1973, 21.

175 Eine Reallast kann auch als **subjektiv-persönliche Reallast** zugunsten einer natürlichen oder juristischen Person bestellt sein (vgl. § 1111 BGB). Häufig bestellt der Eigentümer des Grundstücks aus praktischen Erwägungen eine subjektiv-persönliche Reallast für sich selbst oder eine subjektiv-dingliche Reallast zugunsten eines anderen in seinem Eigentum stehenden Grundstücks.

Staudinger/*Reymann*, BGB (2017), § 1105 Rn. 12.

176 Die Reallast begründet zwischen Berechtigtem und Verpflichtetem mehrere Rechtsverhältnisse, die voneinander zu unterscheiden sind: Als **Stammrecht** umfasst die Reallast die Summe der bereits fällig gewordenen, aber auch der erst noch künftig fällig werdenden Einzelleistungen.

BGH, BGHZ 156, 274, 277 = ZfIR 2004, 68, dazu EWiR 2004, 431 *(Holzer)*; Staudinger/*Reymann*, BGB (2017), Einl. zu §§ 1105 ff. Rn. 43.

177 Davon abzugrenzen ist das **Recht auf die Einzelleistungen** (vgl. § 1107 BGB). Das Stammrecht und das Recht auf die Einzelleistungen belasten das Grundstück als einheitliches Recht.

Palandt/*Herrler*, BGB, § 1105 Rn. 1;
PWW/*Ahrens*, BGB, § 1105 Rn. 2.

178 Zu der dinglichen Haftung jeweils für Stammrecht und Einzelleistungen treten die persönliche Haftung des Eigentümers für fällige Leistungen (§ 1108 BGB) sowie seine persönliche Haftung für die durch die Reallast gesicherte Forderung.

Vgl. Palandt/*Herrler*, BGB, § 1105 Rn. 1.

bb) Hinweise für die Praxis

179 Grundsätzlich gilt, dass die Vorschriften des BGB nur insoweit auf die Reallast Anwendung finden, als kein aufgrund eines entsprechenden bundesrechtlichen Vorbehalts erlassenes Landesrecht eingreift.

Mohr, in: MünchKomm-BGB, § 1105 Rn. 77; Staudinger/*Reymann*, BGB (2017), Einl. zu §§ 1105 ff. Rn. 2.

180 Von dieser Kompetenz zur Regelung des Rechts der Reallasten haben verschiedene Länder Gebrauch gemacht,

siehe Übersicht bei *Mohr*, in: MünchKomm-BGB, § 1105 Rn. 78; Staudinger/*Reymann*, BGB (2017), Einl. zu §§ 1105 ff. Rn. 4 ff.,

sodass der landesrechtliche Vorbehalt nicht unterschätzt werden sollte. Die Ablösung durch Zahlung einer einmaligen Geldsumme richtet sich, sofern die Reallast selbst keine entsprechende Vereinbarung enthält, nach Landesrecht.

Palandt/*Herrler*, BGB, Vor § 1105 Rn. 2; Staudinger/*Reymann*, BGB (2017), Vor §§ 1105 ff. Rn. 46.

c) Vormerkungen

aa) Grundsätzliches zur Vormerkung

181 Dem Gläubiger eines schuldrechtlichen Anspruchs auf Änderung der dinglichen Rechtslage eines Grundstücks verschafft die Vormerkung eine **gesicherte Rechtsposition**, die der Schuldner nicht mehr einseitig zerstören kann.

> PWW/*Huhn*, BGB, § 883 Rn. 1;
> Staudinger/*Kesseler*, BGB (2020), § 883 Rn. 2a.

182 Das Bedürfnis nach einer solchen Absicherung erklärt sich damit, dass sich der dingliche Rechtsübergang wegen der meist späteren Eintragung oder auch aufgrund noch einzuholender Genehmigungen oft erst in erheblichem zeitlichem Abstand an das schuldrechtliche Geschäft anschließt.

> PWW/*Huhn*, BGB, § 883 Rn. 1.

183 Ohne die Vormerkung hätte der Erwerber etwa beim Eigentumserwerb keine Sicherheit, das Eigentum tatsächlich zu erlangen; vom Verkäufer könnte er nicht mehr als Schadensersatz oder Rückzahlung des Kaufpreises verlangen, wenn dieser das Grundstück zwischenzeitlich an einen Dritten weiterveräußert und ihm deswegen die Übertragung des Eigentums auf den (ursprünglichen) Erwerber unmöglich wird. Die **Sicherungswirkung** und die **Rangwirkung**, die die Vormerkung dem zu sichernden Anspruch vermittelt, beheben diese Probleme (vgl. zur Sicherungswirkung von Eigentumsübertragungsvormerkungen genauer Rn. 914 ff.).

184 Anders als Dienstbarkeit, Reallast und dingliches Vorkaufsrecht ist die Vormerkung ihrer Rechtsnatur nach kein dingliches Recht, sondern ein **Sicherungsmittel eigener** Art.

> BGH, BGHZ 60, 46, 49 f.; PWW/*Huhn*, BGB, § 883 Rn. 1;
> Staudinger/*Kesseler*, BGB (2020), § 883 Rn. 22 m. w. N.

185 Die Vormerkung ist streng akzessorisch, d. h. untrennbar an den mit ihr gesicherten Anspruch geknüpft.

> BGH, NJW 2002, 2313, 2314 = ZIP 2002, 858 = ZfIR 2002, 539.

186 Für die Angabe des Vormerkungsberechtigten im Grundbuch hat das zur Folge, dass er nicht mit dem tatsächlichen Rechtsinhaber übereinstimmen muss.

> PWW/*Huhn*, BGB, § 883 Rn. 4.

187 Mit Abtretung des vormerkungsgesicherten schuldrechtlichen Anspruchs geht die Vormerkung nach §§ 413, 401 BGB analog automatisch auf den neuen Gläubiger über,

> PWW/*Huhn*, BGB, § 883 Rn. 4,

ohne dass es für die Wirksamkeit des Rechtserwerbs der entsprechenden Eintragung im Grundbuch bedarf.

> Jauernig/*Berger*, BGB, § 883 Rn. 24;
> *Kohler*, in: MünchKomm-BGB, BGB, § 885 Rn. 40.

188 In der Praxis werden Vormerkungen hauptsächlich zur Sicherung eines Anspruchs auf Eigentumsübertragung – als sog. **Eigentumsübertragungsvormerkungen** – bestellt.

Staudinger/*Kesseler*, BGB (2020), § 883 Rn. 5; *Steinke/Niewerth/Ludwig*, Due Diligence bei Grundstücksgeschäften, S. 37.

189 Vormerkungsfähig sind darüber hinaus grundsätzlich alle auf eine eintragbare Rechtsänderung gerichteten schuldrechtlichen Ansprüche,

PWW/*Huhn*, BGB, § 883 Rn. 7;
Staudinger/*Kesseler*, BGB (2020), § 883 Rn. 57,

d. h. auch Ansprüche auf Einräumung beschränkter dinglicher Rechte, in der Praxis vor allem für Grundpfandrechte von Bedeutung, Ansprüche auf Aufhebung eines Grundstücksrechts, etc. Wegen der Akzessorietät lassen sich jedoch nur Ansprüche vormerken, die sich gegen denjenigen richten, dessen Grundstück oder Grundstücksrecht von der Vormerkung betroffen wird.

BGH, BGHZ 134, 182, 188
= ZIP 1997, 420 = ZfIR 1997, 170;
PWW/*Huhn*, BGB, § 883 Rn. 9;
Staudinger/*Kesseler*, BGB (2020), § 883 Rn. 74.

190 Auch bedingte und künftige Ansprüche lassen sich mit einer Vormerkung sichern (vgl. § 883 Abs. 1 Satz 2 BGB).

bb) Schutzwirkung der Vormerkung

191 Die Schutzwirkung, die die Vormerkung entfaltet, ist nicht mit einer Verfügungs- oder Grundbuchsperre gleichzusetzen. Trotz eingetragener Vormerkung lassen sich Verfügungen über das betroffene Recht weiterhin in das Grundbuch eintragen.

PWW/*Huhn*, BGB, § 883 Rn. 19;
Staudinger/*Kesseler*, BGB (2020), § 883 Rn. 236.

192 Die Vormerkung hat allein zur Folge, dass eine vormerkungswidrige Verfügung dem Berechtigten gegenüber unwirksam ist (**relative Unwirksamkeit der vormerkungswidrigen Verfügung**) und ihr Rang den Rang des vorgemerkten Rechts bestimmt (§ 883 Abs. 2 und 3 BGB).

193 Selbst wenn der Eigentümer eine vormerkungswidrige Verfügung vornimmt, etwa das Grundstück auf einen Dritten überträgt, kann er sich gegenüber dem Vormerkungsberechtigten nicht auf subjektive Unmöglichkeit berufen; diesem gegenüber ist diese Verfügung schlicht unwirksam. Der Vormerkungsberechtigte kann weiterhin gegen den Eigentümer erfolgreich auf Herbeiführung des beanspruchten sachenrechtlichen Erfolgs klagen.

PWW/*Huhn*, BGB, § 883 Rn. 17; Palandt/*Herrler*, BGB, § 883 Rn. 21; Staudinger/*Kesseler*, BGB (2020), § 883 Rn. 237.

Dem Eigentümer verbleibt aufgrund der Konstruktion der relativen Unwirksamkeit die Fähigkeit, zugunsten des Vormerkungsberechtigten noch einmal über das auch für ihn nunmehr fremde Grundstück bzw. Grundstücksrecht zu verfügen und damit den gesicherten Anspruch zu erfüllen. Unberührt bleibt die Möglichkeit des Eigentümers, das Grundstück zu verpachten oder zu vermieten, da es sich hierbei nicht um Verfügungen handelt. 194

BGH, BGHZ 13, 1, 4;
a. A. die überwiegende Literaturmeinung,
Palandt/*Herrler*, BGB, § 883 Rn. 20.

Den Rang, den die Vormerkung mit ihrer Eintragung erhält, nimmt auch das Recht ein, auf dessen Einräumung der gesicherte Anspruch gerichtet ist. Dieses Recht erlangt also eine Rangstellung, als wäre es zugleich mit der Vormerkung eingetragen worden, obwohl es tatsächlich erst zu einem späteren Zeitpunkt zur Entstehung gelangt. 195

PWW/*Huhn*, BGB, § 883 Rn. 21; Palandt/*Herrler*, BGB, § 883 Rn. 30.

cc) Hinweise für die Praxis

Enthält das Grundbuch in Abteilung II eine **fremde ranghöhere Eigentumsübertragungsvormerkung**, so gilt Folgendes: Für jeden anderen als den Vormerkungsberechtigten besteht keine gesicherte Erwerbsaussicht auf das Eigentum; als nachträgliche und vormerkungswidrige Verfügung würde die Übertragung des Eigentums auf einen anderen als den Vormerkungsberechtigten diesem gegenüber unwirksam sein. Das Eigentum muss letztendlich dem Vormerkungsberechtigten zufallen. Solange die fremde Vormerkung ranghöher eingetragen ist, stellt sie eine ernste Gefahr für den Erfolg der Immobilientransaktion dar. Es muss daher sichergestellt sein, dass diese Vormerkung gelöscht ist oder im Rang entsprechend zurücktritt, bevor die Immobilientransaktion durchgeführt wird. 196

Nur in wenigen Ausnahmefällen vorstellbar, z. B. bei den sogleich zu behandelnden bedingten „Rückauflassungsvormerkungen" zugunsten der öffentlichen Hand.

Eine Besonderheit stellen **Eigentumsübertragungsvormerkungen zugunsten staatlicher Berechtigter** dar, welche – gewöhnlich in Gestalt einer Rückauflassungsvormerkung des Vorverkäufers – die Erfüllung bestimmter Auflagen sicherstellen sollen. Zu prüfen ist hier zum einen, ob in der Vergangenheit kein Ausübungsfall eingetreten ist, wodurch der Rückübertragungsanspruch zur Entstehung gelangt sein könnte. In diesem Fall könnte jederzeit die Rückübertragung des Eigentums verlangt werden. Zum anderen ist zu prüfen, ob die Beschränkungen aus Sicht des Interessenten für die Zukunft akzeptabel sind oder ob die Beschränkungen ggf. bereits erfüllt wurden und die entsprechende Vormerkung gelöscht werden kann. Aufgrund der Rechtsprechung 197 des BGH zur Änderung des durch eine Vormerkung gesicherten Anspruchs ist aber selbst in solchen Konstellationen Vorsicht geboten.

Zur „Aufladung" der Vormerkung um weitere Ansprüche vgl. BGH, NJW 2008, 578 ff.

d) Vorkaufsrecht

aa) Grundsätzliches zum Vorkaufsrecht

198 Ein Vorkaufsrecht vermittelt dem Berechtigten die Befugnis, das mit ihm belastete Grundstück zu erwerben, wenn der Eigentümer als der aus dem Vorkaufsrecht Verpflichtete das Grundstück an einen Dritten veräußert.

Vgl. PWW/*Wagner*, BGB, § 463 Rn. 1; Lemke/*D. Schmidt*, Immobilienrecht, § 463 Rn. 1; Palandt/*Weidenkaff*, BGB, Vor § 463 Rn. 1.

199 Zu beachten ist hierbei, dass die Bestellung eines schuldrechtlichen Vorkaufsrechts in Bezug auf ein Grundstück gemäß § 311b Abs. 1 Satz BGB der notariellen Beurkundung bedarf.

BGH, DNotZ 1968, 93.

200 Der Abschluss eines Kaufvertrags über ein mit einem Vorkaufsrecht belastetes Grundstück mit einer anderen Person als derjenigen, die durch das Vorkaufsrecht berechtigt ist, löst den **Vorkaufsfall** aus. Mit Eintritt dieses Vorkaufsfalls ist dem Berechtigten die Möglichkeit eröffnet, durch einseitige formfreie (§ 464 Abs. 1 Satz 2 BGB) Willenserklärung die Wirkung des Vorkaufsrechts herbeizuführen. Übt er sein Vorkaufsrecht aus, so wird zwischen ihm und dem Vorkaufsrechtsverpflichteten – dem Eigentümer des Grundstücks – ein **neuer selbstständiger Kaufvertrag** begründet (§ 464 BGB); er hat den Inhalt des Kaufvertrags zwischen dem Vorkaufsrechtsverpflichteten und dem Dritten.

PWW/*Wagner*, BGB, § 464 Rn. 5 f.;
Palandt/*Weidenkaff*, BGB, § 464 Rn. 5.

201 Das BGB unterscheidet zwischen einem schuldrechtlichen und einem dinglichen Vorkaufsrecht; beide räumen dem Berechtigten die Befugnis ein, eine bestimmte Sache zu den Bedingungen zu erwerben, die ihr Eigentümer in einem Kaufvertrag mit einem Dritten vereinbart hat.

PWW/*Wagner*, BGB, § 463 Rn. 9; Staudinger/*Schermaier*, BGB (2017), Einl. zu § 1094 ff. Rn. 1.

202 Anders als das schuldrechtliche Vorkaufsrecht lässt sich das dingliche Vorkaufsrecht nur an unbeweglichen Sachen bestellen und entfaltet seine Wirkung gegenüber jedermann, während das schuldrechtliche Vorkaufsrecht nur gegenüber dem Besteller wirkt, sofern es nicht durch eine Vormerkung gesichert ist.

PWW/*Wagner*, BGB, § 463 Rn. 9; *Reischl*, in: BeckOK BGB, § 1094 Rn. 3.

bb) Dingliches Vorkaufsrecht

Das dingliche Vorkaufsrecht bedarf – anders als das schuldrechtliche Vorkaufsrecht – zu seiner wirksamen Bestellung der Eintragung im Grundbuch, 203

> Palandt/*Herrler*, BGB, § 1094 Rn. 5,

wobei es **subjektiv-dinglich** oder **subjektiv-persönlich** bestellt werden kann. Wird es subjektiv-dinglich zugunsten eines bestimmten Grundstücks bestellt, ist es untrennbar an das Eigentum dieses Grundstücks gebunden.

> BGH, NJW-RR 1996, 466; Palandt/*Herrler*, BGB, § 1094 Rn. 6; Staudinger/*Schermaier*, BGB (2017), Einl. zu §§ 1094 ff. Rn. 10.

In diesem Fall kann gemäß § 9 GBO die Aufnahme des Vorkaufsrechts in das Bestandsverzeichnis des begünstigten Grundstückes beantragt werden (als sog. Herrschvermerk, siehe auch Rn. 101). Subjektiv-persönlich ausgestaltet steht das dingliche Vorkaufsrecht unabhängig vom Eigentum an einem Grundstück der benannten Person zu. 204

> Staudinger/*Schermaier*, BGB (2017), Einl. zu §§ 1094 ff. Rn. 10.

Als solches ist es nach § 1098 i. V. m. § 473 BGB im Zweifel unveräußerlich und unvererblich; soll es übertragbar sein, ist dazu eine entsprechende Vereinbarung, die durch Eintragung Rechtsinhalt werden muss, erforderlich. 205

> Palandt/*Herrler*, BGB, § 1094 Rn. 6; *Westermann*, in: MünchKomm-BGB, § 1094 Rn. 13.

Die Einigung i. S. d. § 873 BGB, welche für die Bestellung eines dinglichen Vorkaufsrechts erforderlich ist, muss im Gegensatz zum schuldrechtlichen Vorkaufsrecht bzw. schuldrechtlichen Grundgeschäft nicht notariell beurkundet werden. Nach der Rechtsprechung des BGH wird mit Eintragung des dinglichen Vorkaufsrechts zudem eine ggf. bestehende Formnichtigkeit des schuldrechtlichen Grundgeschäfts gemäß § 311b Abs. 1 Satz 2 BGB geheilt. 206

> BGH, NJW 2016, 2035; zu Formerfordernissen bei Vorkaufsrechten *Wais*, NJW 2017, 1569.

Ein wesentlicher Unterschied des dinglichen gegenüber dem schuldrechtlichen Vorkaufsrecht ist, dass sein Inhalt nicht frei vereinbart werden kann. 207

> PWW/*Wagner*, BGB, § 463 Rn. 7, 9.
> Für die Mitteilung des Vorkaufsfalls mit dinglicher Wirkung kann u. a. keine bestimmte Form vereinbart werden; KG, MittBayNot 2019, 452, dazu *Böttcher*, NJW 2020, 819, 823.

Die Beteiligten weichen daher häufig auf das schuldrechtliche Vorkaufsrecht aus, wenn sie den engen Gestaltungsgrenzen des dinglichen Vorkaufsrechts entkommen wollen. 208

Dritten gegenüber wirkt das dingliche Vorkaufsrecht **wie eine Vormerkung** zur Sicherung des durch die Ausübung des Rechts entstehenden Anspruchs auf Übertragung des Eigentums. Jede Verfügung über das belastete Grund- 209 stück ist insoweit unwirksam, als sie den Anspruch des Vorkaufsberechtigten vereiteln oder beeinträchtigen würde; eine Grundbuchsperre tritt aber auch hier nicht ein.

> Palandt/*Herrler*, BGB, § 1098 Rn. 5; BGH, NJW 1973, 1278.

210 Der Erwerber hat im Falle der Ausübung des Vorkaufsrechts das Grundstück dem Vorkaufsberechtigten auf dessen Verlangen herauszugeben.

> BGH, NJW 1992, 236, 238,
> dazu EWiR 1992, 151 *(Mayer-Maly)*.

211 Mit Ausübung des Vorkaufsrechts tritt der Berechtigte nicht an Stelle des Dritten in den Vertrag ein; der **neue, selbstständige Vertrag mit dem Berechtigten** enthält jedoch grundsätzlich die Bestimmungen aus dem Vertrag mit dem Dritten.

> BGH, NJW 1977, 762;
> Palandt/*Herrler*, BGB, § 1098 Rn. 4.

212 Inhalt des neuen Vertrags werden allerdings keine Klauseln, die nicht mit dem Wesen des Kaufvertrags in Bezug stehen und insbesondere nur dem Zweck dienen, die Ausübung des Vorkaufsrechts zu verhindern.

> BGH, NJW 1980, 2304, 2305 = ZIP 1980, 878.

213 Solche Regelungen stellen einen „Fremdkörper" im Kaufvertrag dar, die nicht auf den Inhalt des zweiten Vertrags übergeleitet werden.

> Zu solchen „Fremdkörpern" siehe PWW/*Wagner*,
> BGB, § 464 Rn. 6 m. ausf. Nachw.;
> zur Vereitelung von Vorkaufsrechten und zu nachteiligen
> Gestaltungen siehe *Grziwotz*, ZfIR 2016, 1, 5.

cc) Gesetzliches Vorkaufsrecht

214 Neben den dinglichen Vorkaufsrechten können auch gesetzliche Vorkaufsrechte bestehen, die an verschiedenen Stellen sowohl im Bundes- als auch im Landesrecht vorgesehen sind,

> PWW/*Wagner*, BGB, § 463 Rn. 5;
> Lemke/*D. Schmidt*, Immobilienrecht, § 463 Rn. 6;
> Staudinger/*Schermaier*, BGB (2017), Einl. zu §§ 1094 ff. Rn. 22,

wobei die Rechtslage für spezielle gesetzliche Vorkaufsrechte in den einzelnen Bundesländern stark abweicht. Beispiele für gesetzliche Vorkaufsrechte sind das Vorkaufsrecht der Miterben bei der Veräußerung eines Erbteils (§§ 2034, 2035 BGB), das Vorkaufsrecht des Mieters bei der Veräußerung von Wohnungseigentum (§ 577 BGB), die Vorkaufsrechte nach den §§ 4–11a, 64 RSiedlG sowie die gesetzlichen Vorkaufsrechte **nach dem BauGB**. Von zunehmender Bedeutung sind gesetzliche Vorkaufsrechte **nach Naturschutzrecht** (siehe § 68 BNatSchG und verschiedene Landesnaturschutzgesetze), **Denkmalschutzrecht** und Wasserrecht (§ 99a WHG). Gesetzliche Vorkaufsrechte dienen üblicherweise der Erhaltung einer bestimmten Nutzungsart des Grundstücks im Interesse des Allgemeinwohls.

Westermann, in: MünchKomm-BGB, § 1094 Rn. 2.

Vor allem die öffentlich-rechtlichen Vorkaufsrechte sind in letzter Zeit bedeutsamer geworden, sodass es diese vermehrt zu beachten gilt. **215**

Dazu *Döring*, ZfIR 2020, 333 ff.

Das gesetzliche Vorkaufsrecht ist zwar teilweise mit dinglichen Wirkungen ausgestattet; die Literatur spricht jedoch von seiner „Entdinglichung", ohne dass dadurch die Stellung des Berechtigten geschwächt ist. **216**

Vgl. Staudinger/*Schermaier*, BGB (2017),
Einl. zu §§ 1094 ff. Rn. 22 ff.

So wird der Schutz der Vorkaufsrechte nach dem BauGB z. B. rein verfahrensrechtlich durch eine Grundbuchsperre bewirkt. **217**

Schöner/Stöber, Grundbuchrecht, Rn. 4123.

Zu beachten ist, dass das Grundbuch keine Aussage zum Vorhandensein gesetzlicher Vorkaufsrechte trifft, da grundsätzlich nur privatrechtliche Vorkaufsrechte eingetragen werden. **218**

dd) Durch Vormerkung gesichertes schuldrechtliches Vorkaufsrecht

Eine häufig gewählte Gestaltungsvariante ist auch ein schuldrechtliches Vorkaufsrecht, das durch eine Vormerkung gesichert ist. **219**

BGH, NJW 2000, 1033 = ZfIR 2000, 202, dazu EWiR 2000, 809 *(Brambring)*;
PWW/*Wagner*, BGB, § 463 Rn. 17.

Die Schutzwirkung der Vormerkung gegen vormerkungswidrige Verfügungen, also auch den Verkauf an einen Dritten, führt dazu, dass die Wirkung eines so gesicherten schuldrechtlichen Vorkaufsrechts der eines dinglichen Vorkaufsrechts entspricht. Die Hinweise, die wir sogleich für den Umgang mit einem dinglichen Vorkaufsrecht geben, gelten für das durch eine Vormerkung gesicherte schuldrechtliche Vorkaufsrecht entsprechend. Zu beachten ist ergänzend, dass ein schuldrechtliches Vorkaufsrecht auch zusätzlich neben einem dinglichen Vorkaufsrecht vereinbart werden kann. **220**

BGH, NJW 2014, 622;
dazu auch Lemke/*D. Schmidt*, Immobilienrecht, § 463 Rn. 9.

ee) Hinweise für die Praxis

Ist in Abteilung II des Grundbuchs ein Vorkaufsrecht eingetragen, so darf diese Belastung in der Vertragsgestaltung nicht unberücksichtigt bleiben. Die Möglichkeit, dass der Berechtigte sein Recht ausübt, sobald der Vorkaufsfall – durch die Immobilientransaktion ausgelöst – eintritt, steht einer gesicher- **221** ten Erwerbsaussicht grundsätzlich entgegen. Es kommt immer wieder vor, dass ein dingliches Vorkaufsrecht auch ausgeübt wird, insbesondere wenn das Vorkaufsrecht zugunsten eines Handelsunternehmens oder expandierenden Industrieunternehmens bestellt worden ist.

222 Die Regelung des § 469 BGB,

§ 469 BGB findet über § 1099 BGB auch auf das dingliche Vorkaufsrecht Anwendung, vgl. PWW/*Ahrens*, BGB, § 1098 Rn. 2,

erlegt dem aus dem Vorkaufsrecht Verpflichteten die (unverzügliche) Mitteilungspflicht über das Eintreten des Vorkaufsfalls und des Inhalts des mit dem Dritten geschlossenen Vertrags auf, um den Berechtigten dadurch in die Lage zu versetzen, eine Entscheidung über die Ausübung seines Rechts treffen zu können.

BGH, NJW 1994, 315; PWW/*Wagner*, BGB, § 469 Rn. 1.

223 Zweckmäßig ist die Versendung einer beglaubigten Abschrift durch den Notar. Sobald der Berechtigte die entsprechende Mitteilung empfangen hat, ist ihm eine Frist von zwei Monaten zugestanden,

vgl. § 469 Abs. 2 Satz 1 BGB (für das gesetzliche Vorkaufsrecht nach BauGB § 28 Abs. 2 BauGB); beim schuldrechtlichen Vorkaufsrecht sind abweichende Vereinbarungen möglich,

die ihm für die Entscheidung über die Rechtsausübung gewährt wird. Der Zeitrahmen bis zur endgültigen Klärung über die Ausübung des Vorkaufsrechts wird allerdings dadurch erheblich verlängert, dass die Mitteilungspflicht erst durch das Eintreten des Vorkaufsfalles ausgelöst wird.

Faust, in: BeckOK BGB, § 469 Rn. 2.

224 Der Vorkaufsfall tritt wiederum erst ein, wenn der Vertrag zwischen dem Verpflichteten und dem Dritten abgeschlossen und wirksam ist (vgl. § 463 BGB). Hängt die Wirksamkeit des Kaufvertrags von einer Genehmigung ab, ist der Vorkaufsfall bis zu deren Vorliegen noch nicht eingetreten.

Ausführlich dazu PWW/*Wagner*, BGB, § 463 Rn. 25;
Faust, in: BeckOK BGB, § 463 Rn. 27.

e) Zwangsversteigerungsvermerk bzw. Zwangsverwaltungsvermerk

aa) Grundsätzliches zum Zwangsversteigerungsvermerk

225 Mit Anordnung der Zwangsversteigerung eines Grundstücks hat das zuständige Gericht zugleich das Grundbuchamt um Eintragung dieser Anordnung in Form eines Zwangsversteigerungsvermerks zu ersuchen (§ 19 Abs. 1 ZVG). Dem bereits mit der Beschlagnahme bewirkten **Verfügungsverbot** nach § 23 Abs. 1 Satz 1 ZVG wird durch die Eintragung dieses Vermerks Wirksamkeit gegenüber allen verschafft, die durch Rechtsgeschäft ein Recht an dem der Zwangsvollstreckung unterworfenen Grundstück erwerben. Sobald der Zwangsversteigerungsvermerk eingetragen ist, ist kein gutgläubiger Erwerb an dem Grundstück oder einem Recht daran mehr möglich.

Vgl. *Kohler*, in: MünchKomm-BGB, § 892 Rn. 60;
Steinke/Niewerth/Ludwig, Due Diligence bei Grundstücksgeschäften, S. 47;
Böttcher, ZVG, § 19 Rn. 12.

Eine Grundbuchsperre tritt durch die Eintragung eines Zwangsversteigerungsvermerks hingegen nicht ein. Der Eigentümer kann trotz Anordnung der Zwangsversteigerung das Grundstück veräußern oder die Eintragung einer Eigentumsübertragungsvormerkung bewilligen. **Gegenüber dem betreibenden Gläubiger** sind **Verfügungen** des Schuldners über das Grundstück und von der Beschlagnahme erfasste Gegenstände wegen Verstoßes gegen das Veräußerungsverbot jedoch **(relativ) unwirksam** (§ 23 Abs. 1 Satz 1 ZVG i. V. m. §§ 135, 136 BGB). 226

Böttcher, ZVG, § 19 Rn. 12; *S. Schmidt*, BWNotZ 1992, 35, 36;
Beck'sches Notar-Handbuch/*Krauß*, § 1 Grundstückskauf Rn. 681; *Steinke/Niewerth/Ludwig*, Due Diligence bei Grundstücksgeschäften, S. 47.

bb) Hinweise für die Praxis

Ein Zwangsversteigerungsvermerk in Abteilung II des Grundbuchs macht es zwingend erforderlich, den Stand des Zwangsversteigerungsverfahrens einer genauen Prüfung zu unterziehen. Nur die Kenntnis des derzeitigen Sachstands liefert die Grundlage für eine Entscheidung zwischen den beiden grundsätzlich denkbaren Erwerbsalternativen sowie die ggf. erforderliche vertragliche Ausgestaltung. Die relative Unwirksamkeit vermerkswidriger Verfügungen steht der Veräußerung des Grundstücks auf „normalem" Wege – durch Abschluss eines Grundstückskaufvertrags und Einigung über den Eigentumswechsel und dessen Eintragung in das Grundbuch – nicht entgegen. Um den Eigentumserwerb durch den Käufer sicherzustellen, müssen jedoch vertragliche Vorkehrungen getroffen werden, die den Besonderheiten des Zwangsversteigerungsverfahrens Rechnung tragen. Alternativ besteht die Möglichkeit, die Immobilie im Zwangsversteigerungsverfahren zu erwerben. 227

Der Abschluss eines normalen Grundstückskaufvertrags über das beschlagnahmte Grundstück führt nicht ohne Weiteres zum Erfolg: Der Erwerber kann endgültig rechtsbeständiges Eigentum nur erlangen, wenn die **Löschung des Zwangsversteigerungsvermerks** sichergestellt ist. Das wiederum setzt voraus, dass sich entweder sämtliche betreibenden Gläubiger zur Rücknahme des Zwangsversteigerungsantrags bereit erklären oder deren Forderungen beglichen werden. 228

Jursnik, MittBayNot 1999, 125;
Franck, MittBayNot 2012, 345 ff, 439 ff.

Dem Notar obliegt die Aufgabe sicherzustellen, dass der Kaufpreis erst fällig wird, wenn keine Zwangsversteigerung des Grundstücks mehr zu befürchten ist. Als Voraussetzung für die Kaufpreisfälligkeit empfiehlt es sich zu vereinbaren, dass alle die Zwangsversteigerung betreibenden und beigetretenen Gläu- 229 biger ihren Zwangsversteigerungsantrag bzw. Beitritt zurücknehmen. Der Notar muss dazu regelmäßig Einsicht in die Akten des Zwangsversteigerungsgerichts nehmen, um zu ermitteln, wer die Gläubiger sind.

> *Jursnik,* MittBayNot 1999, 125, 142 f.; *Franck,* MittBayNot 2012, 345 ff, 439 ff.; *Steinke/Niewerth/Ludwig,* Due Diligence bei Grundstücksgeschäften, S. 47.

230 Im Rahmen der **Zwangsversteigerung** erfolgt der Eigentumserwerb durch den Zuschlag, sofern nicht der Zuschlagsbeschluss im Beschwerdeweg rechtskräftig aufgehoben wird (§ 90 Abs. 1 ZVG). Der Zuschlag wird dem Meistbietenden erteilt (§ 81 Abs. 1 ZVG). Ist Meistbietender ein anderer, so besteht weiter die Möglichkeit, sich dessen Recht abtreten zu lassen (vgl. § 81 Abs. 2 ZVG).

231 Ausschlaggebend für die Wahl zwischen beiden genannten Erwerbsmöglichkeiten ist die Interessenlage der Parteien. Pauschal lässt sich kein Verfahren als vorzugswürdig bezeichnen, es kommt vielmehr immer auf die jeweiligen Umstände des Einzelfalles an.

232 Regelmäßig zeigt sich etwa, dass in einer Versteigerung ein geringerer Erlös erzielt wird, als dies in einer freihändigen Veräußerung möglich wäre: Unter wirtschaftlichen Gesichtspunkten kann es sich für den Verkäufer daher empfehlen, die Versteigerung durch einen „normalen“ Verkauf unter den genannten Voraussetzungen abzuwenden,

> *Jursnik,* MittBayNot 1999, 125,

während potenzielle Kaufinteressenten möglicherweise eher an einer Versteigerung interessiert sein werden.

233 Zulasten potenzieller Kaufinteressenten gehen jedoch die Unwägbarkeiten einer Versteigerung, die sich aus dem Mitbieten anderer Interessenten ergeben. Für Interessenten, die auf den Erwerb des Grundstücks angewiesen sind, da sie es beispielsweise als Erweiterungsfläche oder für wichtige Geschäftschancen, möglicherweise als baurechtlich zugelassene Einzelhandelsfläche, dringend benötigen, kann die Versteigerung daher nachteilig sein. Solche Interessenten werden regelmäßig einen Erwerb des Grundstücks außerhalb der Zwangsversteigerung vorziehen.

cc) Zwangsverwaltung

234 Zweck der Zwangsverwaltung ist, durch bestmögliche zwangsweise Nutzung des Objekts die laufenden Verbindlichkeiten abzulösen und die Ansprüche des vollstreckenden Gläubigers zu befriedigen.

> *Stöber,* Zwangsvollstreckung in das unbewegliche Vermögen, Rn. 577.

235 Für die Anordnung der Zwangsverwaltung gelten die Vorschriften über die Zwangsversteigerung entsprechend (§ 146 Abs. 1 ZVG). Auch hier tritt ein

relatives Veräußerungsverbot ein, ohne dass dadurch eine Grundbuchsperre bewirkt wird (§§ 20 Abs. 1, 23 Abs. 1 ZVG, §§ 135, 136 BGB).

Vgl. *Schöner/Stöber*, Grundbuchrecht, Rn. 1627.

Weist Abteilung II daher einen Zwangsverwaltungsvermerk auf, so kann auf die obigen Ausführungen zum Zwangsversteigerungsvermerk verwiesen werden. 236

f) Insolvenz- bzw. Testamentsvollstreckervermerk

aa) Grundsätzliches zum Insolvenz- bzw. Testamentsvollstreckervermerk

Ist über das Vermögen des Grundstückseigentümers ein Insolvenzverfahren 237 eröffnet worden oder fällt die Immobilie in einen Nachlass, dessen Verwaltung einem Testamentsvollstrecker zusteht, folgt die Verfügungsbefugnis über das Grundstück besonderen Regelungen. Durch die Eröffnung des Insolvenzverfahrens geht die Verfügungsbefugnis über die Immobilie auf den Insolvenzverwalter über (§ 80 Abs. 1 InsO). Im Falle der Nachlassverwaltung durch einen Testamentsvollstrecker ist dem Erben die Verfügungsbefugnis über die Immobilie entzogen (§ 2211 Abs. 1 BGB).

Dem Insolvenzverwalter fällt die Verfügungsberechtigung über das Grundstück 238 kraft seines Amtes zu; als Treuhänder übt der Testamentsvollstrecker seine Verfügungsbefugnis als Inhaber eines privaten Amtes aus.

Zimmermann, in: MünchKomm-BGB, BGB, Vor § 2197 Rn. 5;
Es ist umstritten, ob der Testamentsvollstrecker Träger eines privaten Amtes oder Vertreter des Erben ist. Vgl. m. w. N. zu den jeweiligen Theorien *Zimmermann*, in: MünchKomm-BGB, Vor § 2197 Rn. 5.

Die Rechtsträgerschaft, die materielle Berechtigung an dem Grundstück, geht 239 jedoch nicht über; rechtliche Konsequenz ist damit die **Aufspaltung zwischen Rechtsträgerschaft und Verfügungsbefugnis**: An dem Grundstück tritt eine Doppelzuordnung ein.

In Bezug auf den Insolvenzverwalter siehe Uhlenbruck/*Mock*, InsO, § 80 Rn. 59;
in Bezug auf den Testamentsvollstrecker siehe *Zimmermann,* in: MünchKomm-BGB, § 2205 Rn. 1.

Da die Einigungserklärung des Eigentümers nicht genügt, wenn es diesem an 240 der Verfügungsbefugnis fehlt, während Insolvenzverwalter und Testamentsvollstrecker zur Erfüllung ihrer jeweiligen Aufgaben gesetzlich ausdrücklich die Verfügungsmacht zugewiesen ist, kommen nur diese in ihrer jeweiligen Eigenschaft als Parteien des Verfügungsgeschäfts infrage.

PWW/*Huhn*, BGB, § 873 Rn. 13;
Staudinger/*Heinze*, BGB (2018), § 873 Rn. 69.

bb) Wirkung von Insolvenz- bzw. Testamentsvollstreckervermerk

Mit Eintragung des Insolvenz- oder Testamentsvollstreckervermerks in Ab- 241 teilung II des Grundbuchs wird verhindert, dass Dritte dieser Verfügungsbeschränkung zum Trotz gutgläubig das Eigentum an dem Grundstück von dem Insolvenzschuldner bzw. Erben erwerben können.

Zum Testamentsvollstreckervermerk siehe *Zimmermann*, in: MünchKomm-BGB, BGB, § 2205 Rn. 100; zum Insolvenzvermerk Uhlenbruck/*Uhlenbruck*, InsO, § 32 Rn. 17.

242 Dem Rechtsverkehr wird mit Eintragung des jeweiligen Vermerks erkenntlich gemacht, dass der Insolvenzschuldner bzw. Erbe keine Verfügungsbefugnis über das Grundstück mehr innehat, sodass auf dessen Berechtigung nicht mehr vertraut werden darf. Zu beachten ist, dass die Verfügungsbeschränkung nicht erst mit Eintragung des Vermerks in Kraft tritt, sondern im Falle des Insolvenzverwalters bereits mit Verfahrenseröffnung,

Uhlenbruck/*Mock*, InsO, § 80 Rn. 59,

im Falle des Testamentsvollstreckers mit Annahme des Amtes.

Zimmermann, in: MünchKomm-BGB, § 2205 Rn. 12.

243 Solange es jedoch an der Eintragung fehlt, kann das Grundstück grundsätzlich noch gutgläubig vom Insolvenzschuldner/Erben erworben werden (vgl. § 81 Abs. 1 Satz 2 InsO, § 2211 Abs. 2 BGB). Grundbuchrechtlich bewirkt die Eintragung dieser Vermerke eine **Sperre des Grundbuchs** gegen die nachträgliche Eintragung von Verfügungen des Insolvenzschuldners bzw. des Erben. Eine Ausnahme gilt nur, sofern die Zustimmung des Testamentsvollstreckers oder Insolvenzverwalters mindestens in öffentlich beglaubigter Form nachgewiesen ist.

Andres/Leithaus/*Leithaus*, InsO, § 32 Rn. 5;
Zimmermann, in: MünchKomm-BGB, § 2205 Rn. 100.

cc) Hinweise für die Praxis

244 Im Rahmen der Vertragsgestaltung sind **erhöhte Prüfungsanforderungen an die Legitimation der veräußernden Partei** zu stellen. Nicht ausreichend ist es, wenn sich der Nachweis der Berechtigung ausschließlich auf die Zeit bei Abschluss des Grundstückskaufvertrags beschränkt; bis zur Eintragung des Eigentümerwechsels sind zwischenzeitliche Änderungen in der Verfügungsbefugnis nicht ausgeschlossen.

245 Bei Vertragsschluss legitimiert sich der **Insolvenzverwalter** durch die **Vorlage seiner Bestellungsurkunde** (in Urschrift oder als Ausfertigung) mit möglichst aktuellem Datum (§ 56 Abs. 2 InsO); der Eröffnungsbeschluss des Insolvenzgerichts reicht als Beleg für die Verwaltereigenschaft des Insolvenzverwalters hingegen nicht.

BGH, RNotZ 2006, 144, 145 = ZIP 2005, 1474.

246 Der **Testamentsvollstrecker** hat seine Berechtigung durch Vorlage eines möglichst aktuellen Testamentsvollstreckerzeugnisses (§ 2368 BGB) nachzuweisen, auch hier in Urschrift oder als Ausfertigung.

Lange, in: BeckOK BGB, § 2205 Rn. 69.

Die **Vorlage des Testamentsvollstreckerzeugnisses** lässt sich durch die Verweisung auf die das Testamentsvollstreckerzeugnis enthaltenden Nachlassakten desselben Amtsgerichts ersetzen. Falls der Testamentsvollstrecker in öffentlich beurkundeter Verfügung von Todes wegen ernannt worden ist, genügt nach § 35 Abs. 2 GBO eine beglaubigte Abschrift der Verfügung von Todes wegen zusammen mit der Eröffnungsniederschrift und dem Nachweis der Amtsannahme. **247**

Lange, in: BeckOK BGB, § 2205 Rn. 69.

Kommt es zur Vertragsabwicklung durch den Notar, ist zu beachten, dass es zwischenzeitlich zu einem Amtswegfall bei Insolvenzverwalter bzw. Testamentsvollstrecker gekommen sein kann: Die Verfügungsbefugnis des Insolvenzverwalters erlischt mit Aufhebung (§ 200 InsO) oder Einstellung des Insolvenzverfahrens (§§ 207, 213 InsO). **248**

Nerlich/Römermann/*Wittkowski*/*Kruth*, InsO, § 80 Rn. 8.

Aus einer erheblich größeren Zahl von Gründen kann das Amt des Testamentsvollstreckers enden, darunter durch seine Kündigung (§ 2226 BGB), seine Entlassung durch das Nachlassgericht (§ 2227 BGB) oder letztendlich von selbst mit Erledigung aller dem Testamentsvollstrecker zugewiesenen Aufgaben. **249**

BGH, NJW 1964, 1316, 1317.

Mit Fortfall des Amtes entfällt auch die Verfügungsbefugnis; ohne Verfügungsbefugnis sind die vom Insolvenzverwalter bzw. Testamentsvollstrecker vorgenommenen Verfügungen unwirksam. Tritt ein solcher Fall ein und ist der Eigentumswechsel noch nicht im Grundbuch eingetragen, stellt sich folgendes Problem: Grundsätzlich muss die Verfügungsbefugnis bis zum vollständigen Rechtserwerb durch Eintragung fortbestehen, der Erklärende muss also im Zeitpunkt der Eintragung noch verfügungsbefugt sein. **250**

BGH, BGHZ 27, 360, 366;
PWW/*Huhn*, BGB, § 873 Rn. 13;
Kohler, in: MünchKomm-BGB, § 873 Rn. 72;
Staudinger/*Heinze*, BGB (2018), § 873 Rn. 75 ff.

Die Gefahr, dass während des oftmals längeren Zeitabschnitts zwischen dinglicher Einigung und Eintragung im Grundbuch eine Verfügungsbeschränkung des zuvor noch umfassend Berechtigten eintritt, hat der Gesetzgeber gesehen und ihr mit § 878 BGB Rechnung getragen: Danach ist eine spätere Verfügungsbeschränkung unschädlich, wenn die Erklärung des Berechtigten bindend geworden und der Antrag beim Grundbuchamt gestellt worden ist. **251**

Ob sich diese Vorschrift oder ihr Rechtsgedanke auf einen nachträglichen Amtswegfall anwenden lässt, wird unterschiedlich gesehen: Während sich die Rechtsprechung früher größtenteils gegen eine direkte oder analoge Anwendung des § 878 aussprach, **252**

OLG Celle, NJW 1953, 945, 946;
AG Starnberg, FamRZ 1999, 743, 746,

besteht nach herrschender Meinung insbesondere in der Literatur und Teilen der Rechtsprechung ein vergleichbares Schutzbedürfnis im Falle des Wegfalls der Verfügungsbefugnis des Amtsinhabers.

OLG Brandenburg, VIZ 1995, 365;
Palandt/*Herrler*, BGB, § 878 Rn. 11;
Eckert, in: BeckOK BGB, § 878 Rn. 15;
Kohler, in: MünchKomm-BGB, § 878 Rn. 11;
Staudinger/*Heinze*, BGB (2018), § 878 Rn. 58;
Heil, RNotZ 2001, 269 f.

253 Mangels eindeutiger Rechtslage empfiehlt es sich in der Praxis dringend sicherzustellen, dass der Kaufpreis erst dann fällig wird, wenn der Notar selbst durch Einsicht in die Insolvenzakten bzw. in die Akten des Nachlassgerichts geprüft hat, dass das jeweilige Amt weiterhin Bestand hat, also noch nicht erloschen ist.

g) Überbauten

254 Von besonderer Bedeutung sind bei Due-Diligence-Prüfungen immer wieder Überbauungssituationen. Die Überbauung eines fremden Grundstücks ist in §§ 912 ff. BGB geregelt. Auch die Duldungspflicht ergibt sich aus § 912 BGB. Da die Duldungspflicht damit bereits gesetzlich geregelt ist, ist die **Verpflichtung zur Duldung eines Überbaus grundsätzlich nicht eintragungsfähig.**

BGH, LM Nr. 1 zu § 912 BGB.

255 Eine Ausnahme gilt allerdings, wenn die Duldungspflicht der Beseitigung von Zweifeln dient oder wenn sie ohne Rücksicht auf die Tatbestandsvoraussetzungen des § 912 BGB bestehen soll.

Palandt/*Herrler*, BGB, § 912 Rn. 11.

256 Typischerweise soll dem Eigentümer des überbauten Grundstücks eine Überbaurente zustehen, die der Eigentümer des überbauenden Grundstücks zu tragen hat.

BGH, BGHZ 65, 395, 398;
zur Berechnung der Überbaurente BGH, NJW-RR 2019, 463.

257 Wegen der bestehenden gesetzlichen Regelungen ist **auch die Überbaurente grundsätzlich nicht eintragungsfähig.** Eine Ausnahme soll allerdings dann gelten, wenn der Verzicht auf die Überbaubaurente oder die Feststellung der Höhe der Überbaurente dinglich gesichert werden soll.

PWW/*Lemke*, BGB, § 914 Rn. 5.

258 Die Eintragung der Überbaurente bzw. ihres Verzichts erfolgt nach herrschender Meinung im Grundbuch des eigentlich rentenpflichtigen, also überbauenden Grundstücks.

BayObLG, NJW-RR 1998, 1389;
Palandt/*Herrler*, BGB, § 914 Rn. 3;
Staudinger/*Roth*, BGB (2016), § 914 Rn. 4.

Die Eintragung eines Vermerks über den Verzicht des rentenberechtigten Grundstückseigentümers auf die Überbaurente in das für das überbaute Grundstück angelegte Grundbuchblatt ist unzulässig. 259

BGH, NJW 2014, 1179.

Bei der Erkennung von Überbauungssituationen zeigt sich, ob der prüfende Jurist bei der Durchführung von Due-Diligence-Prüfungen erfahren ist oder nicht. Häufig werden Überbauungssituationen vom Team für die technische Due Diligence allein nicht erkannt. Der erfahrene Jurist wird bei der immobilienrechtlichen Due Diligence aber das Grundbuch und sonstige Dokumente, insbesondere Pläne, prüfen und dabei ggf. Anhaltspunkte für das Vorliegen von Überbauten feststellen; bei komplizierten Fällen sollte er dies gemeinsam mit den technischen Experten tun. Er wird dann entweder eine Ortsbegehung veranlassen oder sich in jedem Fall mit dem Team für die technische Due Diligence abstimmen, um sicherzustellen, dass Überbauungssituationen erkannt und einer Lösung zugeführt werden. 260

h) Sanierungs-, Entwicklungs-, Umlegungs- und Erhaltungsgebiete

In Abteilung II kann auch ein sog. Sanierungs-, Entwicklungs-, Umlegungs- oder Erhaltungsvermerk eingetragen sein. Hierbei handelt es sich um den Hinweis auf die Tatsache, dass das Grundstück in einem Sanierungs-, Entwicklungs, Umlegungs- oder Erhaltungsgebiet nach den Vorschriften des Baugesetzbuchs liegt. Die Eintragung eines solchen Vermerks ist allerdings nicht zwingend, sondern hat **lediglich deklaratorische Bedeutung**. 261

Ernst/Zinkahn/Bielenberg/Krautzberger/*Krautzberger*, BauGB, § 143 Rn. 33.

Deshalb ist es im Rahmen der Due-Diligence-Prüfung nicht ausreichend, sich auf das Nichtvorhandensein eines solchen Vermerks in Abteilung II des Grundbuchs zu verlassen. Vielmehr müssen in jedem Fall entsprechende Bestätigungen von den zuständigen Behörden eingeholt werden. Hierauf wird in Rn. 290 ff. näher eingegangen. 262

i) Sonstige Eintragungen

Des Weiteren können sich auch die folgenden Eintragungen in Abteilung II des Grundbuchs finden: 263

- **Verfügungsbeschränkungen für Versicherungsunternehmen und Kapitalverwaltungsgesellschaften**: Gehört ein Grundstück zum Deckungsstock eines inländischen Versicherungsunternehmens, darf das Unternehmen hierüber nur mit Zustimmung eines Treuhänders verfügen (§ 129 VAG). Ähnlich verhält es sich bei Kapitalverwaltungsgesellschaften, die über ihnen gehörende Grundstücke nur mit Zustimmung der sog. Verwahrstelle verfügen können (§ 84 Abs. 1 KAGB). Beide genannten Verfügungsbeschränkungen bewirken ein gesetzliches Veräußerungsverbot i. S. v. § 135

BGB. Wiederum handelt es sich um eine **relative Verfügungsbeschränkung**. Sie schützt nur die am Deckungsstock berechtigte Versicherung bzw. die Verwahrstelle.

> So für das VAG Prölss/Dreher/*Lipowsky*, VAG, § 129 Abs. 1 Rn. 5; für das InvG als „Vorgänger" des KAGB OLG Karlsruhe, RNotZ 2010, 326, 327.

- **Widersprüche.** Der Widerspruch kann eine Falscheintragung beanstanden, er kann aber auch eine fehlende Eintragung monieren oder auf eine unberechtigte Löschung hinweisen. Er ist **grundbuchlicher Schutzvermerk** und verhindert den gutgläubigen Erwerb vom Nichtberechtigten gemäß § 892 BGB.

> RG, RGZ 128, 52, 54 f.;
> *Schöner/Stöber*, Grundbuchrecht, Rn. 1613;
> PWW/*Huhn*, BGB, § 899 Rn. 1;
> Staudinger/*Picker*, BGB (2019), § 899 Rn. 4.

j) Belastungen zugunsten des Transaktionsgegenstands

264 In der Due Diligence müssen nicht nur die vorhandenen Belastungen zulasten des Kaufgegenstands geprüft werden, sondern es ist auch darauf zu achten, ob alle erforderlichen Dienstbarkeiten zugunsten des Kaufgegenstands eingetragen sind. Dies erfordert – ähnlich wie bei der bereits genannten Prüfung der Zufahrtssituation (vgl. Rn. 128 ff.) – eine genaue Sachverhaltskenntnis und ggf. Abstimmung mit den technischen Beratern. Insbesondere ist zu klären, ob es Anlagen auf fremden Grundstücken gibt, die für die bestimmungsgemäße Nutzung des Kaufgegenstands erforderlich sind; z. B. Versorgungsleitungen oder gemeinsam mit anderen Grundstücken genutzte Sprinklertanks. Insbesondere wenn mehrere benachbarte Grundstücke ursprünglich in der Hand eines Eigentümers oder konzernverbundener Unternehmen standen, ist hier Vorsicht geboten.

3. Grundpfandrechte und Vormerkungen in Abteilung III des Grundbuchs

265 Grundpfandrechte spielen keine wesentliche Rolle in der immobilienrechtlichen Due Diligence, weil sie in der Regel nicht übernommen und daher im Zuge der Abwicklung des Kaufvertrags gelöscht werden sollen. Geprüft werden sollte jedoch zumindest, ob die Grundpfandrechte so valutieren, dass sie mit dem Kaufpreis überhaupt abgelöst werden können und ob bei der Löschung der Grundpfandrechte Schwierigkeiten zu erwarten sind.

266 Zu unterscheiden sind die akzessorischen **Hypotheken**, die selbstständigen **Grundschulden**, die deshalb auch weit überwiegend verwendet werden, sowie die **Rentenschulden**. Die Grundschulden werden wiederum in **Briefgrundschulden** (gesetzlicher Regelfall) und **Buchgrundschulden** („ohne Brief") unterschieden. Neben den Grundpfandrechten werden in Abteilung III auch Löschungsvormerkungen eingetragen, durch die sichergestellt werden soll, dass bei vollständiger Valutierung des Grundpfandrechts keine rangwahrende Eigentümergrundschuld oder -hypothek entsteht.

Die im Rahmen der Due Diligence erkannten Grundpfandrechte sollten in aller Regel im Kaufvertrag als zu löschen vorgesehen werden. Dies erfolgt zumeist dadurch, dass die Vorlage der Löschungsunterlagen, ggf. zusätzlich die Rückgabe des Briefs, als Kaufpreisfälligkeitsvoraussetzung vereinbart wird. Schwierigkeiten bei der Löschung von Grundpfandrechten können beispielsweise entstehen, wenn diese als Briefrechte vereinbart sind und der zur Löschung vorzulegende Brief nicht auffindbar ist oder es sich bei dem Grundpfandrechtsgläubiger um eine ausländische Gesellschaft handelt, deren Existenz und Vertretungsberechtigung in grundbuchmäßiger Form ggf. schwierig nachweisbar ist. In solchen Fällen kann es im Einzelfall angezeigt sein, im Grundstückskaufvertrag besondere Regelungen für den Umgang mit dieser Situation vorzusehen, die über die sonst üblichen Regelungen zur Löschung der vom Käufer nicht zu übernehmenden Grundpfandrechte hinausgehen. **267**

Sollen Grundpfandrechte demgegenüber übernommen werden, sollten die zugrunde liegenden Finanzierungsvereinbarungen im Rahmen der immobilienrechtlichen Due Diligence eingehend geprüft werden. **268**

4. Belastungen außerhalb des Grundbuchs

Auch außerhalb des Grundbuchs können Grundstücke belastet sein, sodass die immobilienrechtliche Due Diligence auch auf solche Belastungen erstreckt werden muss. **269**

Zum einen gibt es mit Ausnahme von Bayern in allen Bundesländern von öffentlichen Stellen geführte Baulastenkataster, in die **öffentlich-rechtliche Baulasten** eingetragen sind. Auf diese Belastungen wird in Rn. 283 ff. näher eingegangen. **270**

> In Brandenburg wird seit 2016 das von 1990 bis 1994 geführt Baulastenverzeichnis fortgeschrieben.

Weiter kann es, wie vorstehend schon im Einzelnen ausgeführt, schuldrechtliche Vorkaufs- und Rückerwerbsrechte geben. **271**

Zudem kann ein Grundstück mit **Altlasten** belastet sein. Der Grad solcher Belastungen kann im Rahmen einer immobilienrechtlichen Due Diligence naturgemäß nicht festgestellt werden. Der Jurist sollte aber in jedem Fall Auszüge aus dem sog. Altlastenkataster anfordern, das von jeder Gemeinde geführt wird. In Deutschland ist mittlerweile jedes Grundstück – positiv oder negativ – in einem Altlastenkataster erfasst. Die Altlastenkataster enthalten oft weitergehende Informationen, etwa zu Umweltgutachten etc., die bei der konkreten Bewertung einer Altlastengefahrensituation im Hinblick auf ein Grundstück weiterhelfen können. **272**

Darüber hinaus sollte der prüfende Jurist im Hinblick auf jede Immobilie, die Gegenstand einer Transaktion werden soll, untersucht haben, ob das Objekt **273**

denkmalschutzrechtliche Relevanz haben kann oder nicht. Hierzu sollte der prüfende Jurist Einsicht in die sog. Denkmallisten nehmen, in die von den Landesdenkmalbehörden erkannte schützenswerte Objekte eingetragen werden. Wichtig ist dabei allerdings die Feststellung, dass die Eintragung in die Denkmallisten in den meisten Bundesländern **keine konstitutive Bedeutung** hat; d. h. ein Objekt kann selbst dann Denkmal sein, wenn es nicht in eine Denkmalliste eingetragen ist.

Vgl. *Johlen/Oerder*, MAH Verwaltungsrecht, § 6 Rn. 7; *Steinke/Niewerth/Ludwig*, Due Diligence bei Grundstücksgeschäften, S. 118 f.

5. Vereinbarungen mit Nachbarn

274 Schließlich sollte bei der grundstücksrechtlichen Due Diligence ein Augenmerk auf schuldrechtlichen Vereinbarungen zwischen Eigentümern benachbarter Grundstücke liegen. Nachbarliche Vereinbarungen können zahlreiche Sicherungszwecke haben, z. B. die gegenseitige Nutzung von Zufahrten oder Parkplätzen, die Zustimmung zu Baumaßnahmen, den Verzicht auf Rechtsbehelfe gegen eine Baugenehmigung oder den Verzicht auf Rechtspositionen (Abstandsflächen, Immissionsschutz). Nachbarvereinbarungen können auch Grundlage für die Eintragung dinglicher Rechte sein, was insbesondere dann bedeutsam ist, wenn die Eintragung noch nicht erfolgt ist.

275 Im Rahmen der Due Diligence-Prüfung sollten deshalb solche Vereinbarungen beim Verkäufer angefordert werden. Sodann ist im Rahmen einer Ortsbegehung oder mittels Abstimmung mit dem Team für die technische Due Diligence zu klären, ob die sich aus den Nachbarvereinbarungen ergebenden Belastungen hingenommen werden können oder es sich um Risiken handelt, die kritisch zu sehen sind.

Vgl. *Steinke/Niewerth/Ludwig*, Due Diligence bei Grundstücksgeschäften, S. 54.

II. Planungs- und genehmigungsrechtliche Situation

276 Einen weiteren Schwerpunkt der immobilienrechtlichen Due Diligence bildet die planungs- und genehmigungsrechtliche Situation des Grundstücks. Prüfungspunkte in diesem Zusammenhang sind etwa planungsrechtliche Grundlagen, Baugenehmigungen und Nutzungsänderungen, Baulasten sowie schließlich Sanierungs-, Entwicklungs-, Umlegungs- und Erhaltungsgebiete.

1. Planungsrechtliche Grundlagen

277 Im Hinblick auf die planungsrechtliche Situation ist vor allem zu klären, ob sämtliche **Vorgaben planungsrechtlicher Art**, die sich in der Regel vor allen Dingen aus Bebauungsplänen ergeben, **in der Baugenehmigung** und auch in der konkreten Errichtung des Gebäudes **umgesetzt** sind. Schwierigkeiten können sich beispielsweise im Hinblick auf die Regelung des Verhältnisses

zwischen verschiedenen Nutzungsarten – etwa zwischen Büro-, Einzelhandels- und Wohnnutzung – ergeben. Zu untersuchen ist auch, ob möglicherweise im Anschluss an die Bebauung des in Rede stehenden Grundbesitzes in der Nachbarschaft durch Bebauungsplanung **konfligierende Nutzungen** entstanden sind. Solche Nutzungen können immissionsschutzrechtliche Konflikte auslösen, wenn sich etwa im unmittelbaren Anschluss an produzierendes Gewerbe Wohnnutzung angesiedelt hat. Zu prüfen ist weiter, ob der Bebauungsplan ggf. noch Entwicklungsmöglichkeiten am Standort zulässt und hierfür planungsrechtliche Auflagen, etwa zeitlicher Art, enthält.

2. Baugenehmigung und Nutzungsänderung

Im Hinblick auf die Prüfung der Baugenehmigungsunterlagen ist vor allem darauf zu achten, dass die **derzeitige Nutzung dem Stand der Baugenehmigung entspricht**. Dafür ist nicht nur die Baugenehmigung zu untersuchen; vielmehr sind Umbau- und Änderungsbescheide/-anträge einer Prüfung zu unterziehen. Im Zusammenhang mit der Prüfung der Baugenehmigungsunterlagen ist es ferner sinnvoll, die Vorlage behördlicher Abnahmebescheinigungen sowie bauaufsichtsrechtlicher Beanstandungen und Verfügungen zu verlangen. 278

> Vgl. *Steinke/Niewerth/Ludwig*, Due Diligence bei Grundstücksgeschäften, S. 112.

Nur so kann sichergestellt werden, dass die Immobilie den bauordnungs- und bauplanungsrechtlichen Vorschriften entspricht und keine – möglicherweise kostenträchtige – behördliche Beanstandung mehr gegenüber dem Erwerber zu erwarten ist. 279

> Vgl. *Singbartl/Zintl*, ZfIR 2017, 34, 37.

Bei der Prüfung von Baugenehmigungen ist eine enge Abstimmung zwischen rechtlichen und technischen Beratern erforderlich; in aller Regel kann im Rahmen der juristischen Prüfung nicht festgestellt werden, ob ein Gebäude tatsächlich in Übereinstimmung mit der Baugenehmigung errichtet wurde, sondern es kann lediglich eine Plausibilitätsprüfung erfolgen, ob für alle Gebäude oder Bauabschnitte entsprechende Genehmigungen vorliegen. Zudem kann auf ungewöhnliche Auflagen oder Bedingungen hingewiesen werden. Der (beschränkte) Prüfungsumfang ist stets auch im Due Diligence Bericht deutlich zu machen. 280

Auch weitere für die Nutzung erforderliche Bescheide und Genehmigungen müssen einer genauen Prüfung unterzogen werden. Problematisch kann im Einzelnen gerade bei größeren Bürogebäuden der **Stellplatznachweis** sein. Entweder sind die erforderlichen Stellplätze auf dem Grundstück selbst vorhanden bzw. werden auf Nachbargrundstücken nachgewiesen, oder es wurden Vereinbarungen geschlossen, mit denen eine bestimmte Zahl von Stellplätzen abgelöst wurde. 281

> Vgl. *Steinke/Niewerth/Ludwig*, Due Diligence bei Grundstücksgeschäften, S. 118.

282 Schließlich sind auch die Fragen der **Erschließung** und der **Erschließungskosten** abzuklären. Der Erwerber sollte sicherstellen, dass er Kenntnis von allen etwa noch ausstehenden Erschließungsmaßnahmen hat, um hier für die Zukunft böse Überraschungen zu vermeiden; gemäß § 435 Abs. 1 BGB haftet er für alle Erschließungsmaßnahmen, die bis zum Vertragsschluss bautechnisch begonnen worden sind. In der Praxis laufen Erschließungsmaßnahmen häufig über einen sehr langen Zeitraum und werden erst lange nach Fertigstellung abgerechnet.

3. Baulasten

283 Von besonderer Bedeutung für die öffentlich-rechtliche Prüfung sind weiter die sog. Baulasten, also öffentlich-rechtliche Verpflichtungen der Grundstückseigentümer zu einem ihre Grundstücke betreffenden Tun, Dulden oder Unterlassen, die sich nicht bereits aus öffentlich-rechtlichen Vorschriften ergeben.

Vgl. *Maletz/Probst*, ZfIR 2007, 777 f.

284 Baulasten gibt es in allen Bundesländern **mit Ausnahme von Bayern.**

In Brandenburg wird seit 2016 das von 1990 bis 1994 geführte Baulastenverzeichnis fortgeschrieben.

285 Während dort ausschließlich das Instrumentarium der im Grundbuch einzutragenden Dienstbarkeiten besteht, die zugunsten der jeweiligen öffentlichrechtlichen Körperschaft bestellt werden, werden in den übrigen Bundesländern die Baulasten in ein extra dafür vorgesehenes öffentliches Register eingetragen.

Hügel/*Wilsch*, GBO, § 54 Rn. 23 ff.

286 Der Unterschied zur Dienstbarkeit besteht darin, dass der Dienstbarkeitsbegünstigte einen direkten Anspruch gegenüber dem Dienstbarkeitsverpflichteten hat, während bei der Baulast kein direktes Verhältnis zwischen Begünstigtem und Belastetem besteht. Vielmehr ist ausschließlicher Ansprechpartner des Begünstigten einer Baulast die Behörde selbst.

Zur Unterscheidung von Baulast und Dienstbarkeit
Steinkamp, MittRhNotK 1998, 117 ff.

287 Sinn und Zweck der Baulast ist es, die Genehmigungsfähigkeit eines Bauvorhabens durch **öffentlich-rechtliche Verpflichtungen des Grundstückseigentümers mit dinglicher Wirkung** sicherzustellen.

Hügel/*Wilsch*, GBO, § 54 Rn. 21.

288 Beispiel für eine Baulast ist etwa die öffentlich-rechtliche Absicherung eines Überbaus durch eine sog. **Vereinigungsbaulast**, bei der mehrere Grundstücke auf die Weise belastet werden, dass sie als ein Grundstück im baurechtlichen Sinne gelten. Schützt eine Baulast auch Dritte, ist die Position des Dritten aber nur in Kombination mit einer Dienstbarkeit vollständig gesichert: Da

bei der Baulast nur ein direktes Verhältnis zwischen Belastetem und Behörde besteht, kann die Behörde einer Aufhebung der Baulast ohne Einwilligung des Begünstigten zustimmen. Zu warnen ist daher vor dem in der Praxis häufig anzutreffenden Irrglauben, mit der Eintragung einer Baulast sei der Begünstigte hinreichend abgesichert.

Ein weiteres immer wieder anzutreffendes Beispiel von Baulasten sind die sog. **Abstandsflächenbaulasten**, mit denen öffentlich-rechtlich sichergestellt wird, dass auf dem zu belastenden Nachbargrundstück die erforderlichen Flächen freigehalten werden. Typisches Beispiel für Baulasten sind schließlich Zufahrtsbaulasten, durch die öffentlich-rechtlich sichergestellt wird, dass ein Grundstück von einer befahrbaren öffentlichen Verkehrsfläche aus erreichbar ist. 289

4. Sanierungs-, Entwicklungs-, Umlegungs- und Erhaltungsgebiete

Von besonderer Bedeutung im Rahmen des planungs- und genehmigungsrechtlichen Teils der immobilienrechtlichen Due Diligence sind Sanierungs-, Entwicklungs-, Umlegungs- und Erhaltungsgebiete. 290

Gemäß §§ 136 ff. BauGB können von der Gemeinde **städtebauliche Sanierungsmaßnahmen**, also Maßnahmen, durch die ein Gebiet zur Behebung städtebaulicher Missstände verbessert oder umgestaltet wird, durchgeführt werden. Die Gemeinde kann dafür förmliche Sanierungsgebiete festlegen, in denen unter anderem folgende Maßnahmen genehmigungspflichtig sind: 291

- Die rechtsgeschäftliche Veräußerung eines Grundstücks und die Bestellung und Veräußerung eines Erbbaurechts (§ 144 Abs. 2 Nr. 1 BauGB).
- Die Bestellung eines das Grundstück belastenden Rechts, also etwa einer Grundschuld (§ 144 Abs. 2 Nr. 2 BauGB).
- Vereinbarungen, durch die ein schuldrechtliches Vertragsverhältnis über den Gebrauch und die Nutzung eines Grundstücks, Gebäudes oder Gebäudeteils auf bestimmte Zeit von mehr als einem Jahr eingegangen oder verlängert wird, also etwa Miet- und Pachtverhältnisse mit Laufzeiten von länger als einem Jahr (§ 144 Abs. 1 Nr. 2 BauGB).

> Schrödter/*Möller*, BauGB, § 144 Rn. 8 ff.;
> Battis/Krautzberger/Löhr/*Mitschang*, BauGB, § 144 Rn. 10 ff.
> Zu beachten ist, dass das Genehmigungserfordernis nach der Rechtsprechung auch für die Ausübung von Verlängerungsoptionsrechten gilt; vgl. KG, Urt. v. 15.1.2001 – 8 U 3259/00.

Da die Gemeinde im Rahmen des Gesetzes Gestaltungsfreiheit besitzt, ist in jedem Fall die konkrete Sanierungssatzung zu prüfen. 292

Diese **Genehmigungserfordernisse** sind für die zeitliche Planung, im Einzelfall auch die Durchführbarkeit der Transaktion, von erheblicher Bedeutung, sodass sie in der immobilienrechtlichen Due Diligence unbedingt festgestellt 293 werden müssen. Liegt ein förmliches Sanierungsgebiet vor, sollten die Genehmigungen zur Veräußerung sowie zur etwaigen Bestellung einer Grundschuld unmittelbar nach Beurkundung des Kaufvertrags eingeholt werden, damit später keine zeitlichen Engpässe entstehen. Weiter ist zu prüfen, ob die langfristigen Miet- bzw. Pachtverträge für den Kaufgegenstand sanierungsrechtlich genehmigt worden sind; andernfalls sind sie bis zur Erteilung der Genehmigung schwebend unwirksam.

> BGH, NJW-RR 1993, 13, 14;
> Battis/Krautzberger/Löhr/*Mitschang*, BauGB, § 144 Rn. 12, 6;
> Schrödter/*Möller*, BauGB, § 144 Rn. 6.

294 Da solche Genehmigungen in einer Vielzahl von Fällen nicht eingeholt werden, besteht häufig Handlungsbedarf. Zumeist ist es sinnvoll, die Nachholung dieser Genehmigung als Kaufpreisfälligkeitsvoraussetzung vorzusehen.

295 Auf die Erteilung einer etwa erforderlichen sanierungsrechtlichen Genehmigung besteht grundsätzlich ein Anspruch, es sei denn, das angestrebte Rechtsgeschäft würde die Durchführung der Sanierung unmöglich machen oder wesentlich erschweren oder den Zielen und Zwecken der Sanierung zuwiderlaufen (§ 145 Abs. 2 BauGB). In der Praxis häufig problematisch ist dabei insbesondere die Regelung des § 153 Abs. 2 BauGB, nach der auch in einem zu hohen Kaufpreis eine wesentliche Erschwerung der Sanierung (und damit ein Versagungsgrund) liegen kann. Zudem ist in Sanierungsgebieten regelmäßig die Bestellung von Gesamtgrundschulden mit einem über dem Verkehrswert des Einzelgrundstücks liegenden Nennbetrag unzulässig.

296 Ein weiteres Risiko im Zusammenhang mit förmlich festgelegten Sanierungsgebieten liegt darin, dass gemäß § 154 Abs. 1 BauGB durch den Eigentümer zumeist **Ausgleichsbeträge** zu zahlen sind, die der durch die Sanierung bedingten Erhöhung des Bodenwerts des jeweiligen Grundstücks entsprechen.

> Vgl. dazu *Herz*, ZfBR 2014, 19.

297 Im Rahmen der Due Diligence sollte also geklärt werden, ob solche Ausgleichsbeträge bereits gezahlt worden sind bzw. noch zu zahlen sind. In vielen Fällen ist die Höhe der Ausgleichsbeiträge von den Behörden nur sehr schwer zu prognostizieren, weil sie erst bezifferbar sind, wenn die Sanierung abgeschlossen ist. Nur bei vereinfachten Sanierungsverfahren gemäß § 142 Abs. 4 BauGB gilt etwas anderes, da in diesen Fällen die Festsetzung von Ausgleichsbeträgen ausgeschlossen ist.

298 Ein ähnliches Instrumentarium wie bei den förmlich festgelegten Sanierungsgebieten gilt bei den **städtebaulichen Entwicklungsbereichen** gemäß §§ 165 ff. BauGB. Dabei handelt es sich um städtebauliche Entwicklungen in Stadt und Land, deren einheitliche Vorbereitung und zügige Durchführung im öffentlichen Interesse liegen. Gemäß § 169 Abs. 1 Nr. 3 BauGB findet § 144 BauGB entsprechend Anwendung, d. h. alle vorgenannten für die förmlichen Sanierungsgebiete dargestellten Regelungen gelten auch für die städtebaulichen Entwicklungsbereiche,

vgl. Battis/Krautzberger/Löhr/*Mitschang*, BauGB, § 169 Rn. 4;
Schrödter/*Möller*, BauGB, § 169 Rn. 2,

allerdings mit der Einschränkung, dass § 142 Abs. 4 BauGB nicht für die städtebaulichen Entwicklungsbereiche gilt.

Battis/Krautzberger/Löhr/*Mitschang*, BauGB, § 169 Rn. 4.

Anders als bei Sanierungsgebieten sind die Ausgleichsbeiträge im Rahmen eines Entwicklungsbereichs häufig bereits im Vorfeld abschätzbar. **299**

Ein leicht abweichendes Instrumentarium enthalten die §§ 45 ff. BauGB für **Umlegungsgebiete**. Nach diesen Vorschriften können zur Erschließung oder Neugestaltung von Gebieten bebaute und unbebaute Grundstücke durch Umlegung in der Weise neu geordnet werden, dass nach Lage, Form und Größe für die bauliche oder sonstige Nutzung zweckmäßig gestaltete Grundstücke entstehen. Genehmigungspflichtig in Umlegungsgebieten sind: **300**

- Verfügungen über ein Grundstück und über Rechte an einem Grundstück oder Vereinbarungen, durch die einem anderen ein Recht zum Erwerb eines Grundstücks oder Grundstücksteils eingeräumt wird, also Grundstückskaufverträge und Grundpfandrechte (§ 51 Abs. 1 Nr. 1 BauGB).

  Nicht genehmigungspflichtig ist jedoch die Einräumung einer Option, durch eine einseitige Willenserklärung unmittelbar ein Vertragsverhältnis herbeizuführen, wohl aber dagegen die Ausübung der Option durch den Berechtigten; vgl. OLG Hamm, NJOZ 2015, 23.

- Vereinbarungen, durch die einem anderen ein Recht zur Nutzung eines Grundstücks oder Grundstücksteils eingeräumt wird, also alle Miet- und Pachtverträge, die das Grundstück betreffen (§ 51 Abs. 1 Nr. 1 BauGB).

  Vgl. OLG Celle, BauR 2004, 1989;
  Schrödter/*Köster*, BauGB, § 51 Rn. 8;
  Battis/Krautzberger/Löhr/*Reidt*, BauGB, § 51 Rn. 21.

Regelungen zu Ausgleichsbeträgen finden sich in den §§ 45 ff. BauGB nicht. **301**

Im Bereich von **Erhaltungssatzungen** gemäß §§ 172 ff. BauGB, also in Gebieten, in denen der Rückbau, die Änderung oder die Nutzungsänderung baulicher Anlagen sowie teilweise auch die Begründung von Wohnungseigentum oder Teileigentum der Genehmigung bedürfen, besteht demgegenüber für Kaufverträge, die Bestellung von Grundschulden oder Nutzungsverträge kein Genehmigungserfordernis. Da im Bereich von Erhaltungssatzungen aber bauliche Änderungen bzw. Nutzungsänderungen genehmigungsbedürftig sind, wird die Kenntnis des Genehmigungserfordernisses für den potenziellen Investor durchaus von Interesse sein. **302**

Steinke/Niewerth/Ludwig, Due Diligence bei Grundstücksgeschäften, S. 116 f.

III. Altlasten, Immissionsschutz und Wasserrecht

303 Auch umweltrechtliche Fragen sollten im Rahmen einer immobilienrechtlichen Due Diligence untersucht werden.

1. Altlasten

304 Dabei stehen Altlasten im Mittelpunkt. Warum das Vorhandensein von Altlasten bei dem Erwerb einer Immobilie in jedem Fall geprüft werden sollte, ergibt sich aus der im Bundesbodenschutzgesetz (BBodSchG) geregelten Verteilung der Verantwortlichkeiten für die Altlastenbeseitigung. Sinn und Zweck des BBodSchG ist es, den für die Altlastenbeseitigung zuständigen Behörden ein möglichst effektives Instrumentarium für die Altlastenbeseitigung an die Hand zu geben. Die Behörde soll deshalb nicht lange prüfen müssen, welchen von verschiedenen Verantwortlichen sie zum Zwecke der Beseitigung der Altlasten heranziehen darf. Das BBodSchG stellt es vielmehr in das **Ermessen der Behörde**, wen sie haftbar macht. In aller Regel wird dies der Verantwortliche sein, dessen die Behörde am ehesten habhaft werden kann; dies ist in der Regel der Eigentümer.

305 **Folgende Verantwortliche kommen** nach der Systematik des BBodSchG für die Altlastenbeseitigung **in Betracht**:

- Der Verursacher einer schädlichen Bodenveränderung oder Altlast sowie dessen Gesamtrechtsnachfolger (§ 4 Abs. 3 BBodSchG),
- der Grundstückseigentümer (§ 4 Abs. 3 BBodSchG),
- der Inhaber der tatsächlichen Gewalt über ein Grundstück, also etwa der Mieter oder Pächter (§ 4 Abs. 3 BBodSchG),
- der frühere Eigentümer eines Grundstücks, wenn er sein Eigentum nach dem 1.3.1999 übertragen hat und die schädliche Bodenveränderung oder Altlast hierbei kannte oder kennen musste (§ 4 Abs. 6 BBodSchG).

Vgl. *Versteyl/Sondermann*, BBodSchG, § 4 Rn. 36 ff., 124 ff.

306 Da also grundsätzlich immer auch der Grundstückseigentümer herangezogen werden kann, muss sich der potenzielle Erwerber einer Immobilie des Risikos bewusst sein, dass er nach Erwerb der Immobilie möglicherweise auch für die Beseitigung von Altlasten verantwortlich sein wird. Zwar regelt § 24 Abs. 2 BBodSchG, dass mehrere Verpflichtete unabhängig von ihrer Heranziehung untereinander einen Ausgleichsanspruch haben.

Vgl. *Niewerth*, NuR 1999, 558 ff.

307 Dies ändert aber nichts daran, dass der Grundstückseigentümer unabhängig von der Frage, ob er die Altlast letztlich verursacht hat oder nicht, zunächst herangezogen werden kann und das Insolvenzrisiko des Verursachers bzw. der anderen Verantwortlichen trägt.

In aller Regel wird der potenzielle Erwerber dieses Risiko, selbst wenn möglicherweise Rückgriffsmöglichkeiten gegenüber Verursachern bestehen, ausschließen wollen. Er sollte deshalb zunächst das Altlastenkataster und ggf. vorhandene Altlastengutachten einsehen, um zu klären, ob für das Grundstück ein Altlastenverdacht besteht. Ist dies der Fall, sollte der potenzielle Erwerber darüber nachdenken, ob er im Rahmen seiner Immobilien-Due-Diligence auch eine **Umwelt-Due-Diligence** in Auftrag geben sollte. Zu prüfen sind auch Unterlagen, die Aufschluss über die frühere Nutzung und damit Hinweise auf bestimmte Schadstoffe geben. Anhaltspunkte können sich hier z. B. aus den Bauakten ergeben. Neben der Untersuchung der vorhandenen schriftlichen Altlastendokumentation (Phase I) ist Teil der Umwelt-Due-Diligence in Phase II auch die Entnahme und Untersuchung von Bodenproben. Wenn Maßnahmen der Phase II durchgeführt werden sollen, ist dies jedoch in jedem Fall mit dem Verkäufer als derzeitigem Grundstückseigentümer zu besprechen und dessen Zustimmung einzuholen. 308

Steinke/Niewerth/Ludwig, Due Diligence bei Grundstücksgeschäften, S. 121.

2. Immissionsschutz

Im Vergleich zur Altlastenproblematik ist das Thema Immissionsschutz bei der immobilienrechtlichen Due Diligence zumeist eher von untergeordneter Bedeutung. Es kann jedoch von Relevanz sein, wenn im Zusammenhang mit dem Grundstück immissionsschutzrechtliche Konflikte bestehen, z. B. wenn von dem Grundstück Emissionen ausgehen, die Nachbargrundstücke in rechtswidriger Weise belasten können (etwa Lärm). Umgekehrt können von Nachbargrundstücken Immissionen auf das Grundstück einwirken, die sich mit der konkreten Nutzung des Grundstücks nicht (mehr) vertragen. Dass es etwa bei aneinander angrenzender Nutzung von produzierendem Gewerbe oder Industrie und Wohnnutzung zu **immissionsschutzrechtlichen Konflikten** kommen kann, ist leicht vorstellbar. Auch ein Springbrunnen im Vollbetrieb kann schon erhebliche Lärmemissionen verursachen, die für eine angrenzende Wohnnutzung problematisch sein können. 309

3. Wasserrecht

Auch wasserrechtliche Fragen können im Rahmen des umweltrechtlichen Teils der immobilienrechtlichen Due Diligence bedeutsam sein. Dies zeigt bereits ein kurzer Blick in das Wasserhaushaltsgesetz (WHG). Gemäß § 2 WHG bedarf die **Benutzung eines Gewässers** der **behördlichen Erlaubnis oder Bewilligung**. Benutzung i. S. d. WHG ist: 310

- Das Einbringen und Einleiten von Stoffen in oberirdische Gewässer (§ 3 Nr. 4 WHG) und
- das Einleiten von Stoffen in das Grundwasser (§ 3 Nr. 5 WHG).

311 Von wasserrechtlicher Bedeutung kann etwa das **Ableiten von Abwässern** von dem Grundstück sein, unabhängig davon, ob in oberirdische Gewässer oder Grundwasser abgeleitet wird. Gerade bei größeren befestigten Flächen, wie etwa Dächern oder großen Parkflächen, wird die Ableitung in die Kanalisation in aller Regel nicht ausreichend sein, sodass die Ableitungen direkt in ein oberirdisches Gewässer oder in das Grundwasser erfolgen müssen, wofür eine gemäß § 3 WHG erforderliche Genehmigung notwendig ist. Sollte die Ableitung nicht auf dem Grundstück selbst, sondern auf einem Nachbargrundstück vorhanden sein, können Dienstbarkeiten oder Baulasten zur Absicherung erforderlich sein.

Steinke/Niewerth/Ludwig, Due Diligence bei Grundstücksgeschäften, S. 122 f.

IV. Mietverträge

312 Im Zentrum der immobilienrechtlichen Due Diligence stehen naturgemäß die bestehenden Mietverträge, da sich der potenzielle Erwerber für das Objekt in aller Regel wegen der sich daraus zu erzielenden Mieteinkünfte interessiert. Aufgrund der Bedeutung der Mietverträge in der immobilienrechtlichen Due Diligence ist deren Prüfung keineswegs auf ihre Wirksamkeit und die zu erzielende Miete beschränkt. Vielmehr interessiert den potenziellen Erwerber eine Vielzahl von Aspekten. Zu nennen sind insbesondere:

- Mietgegenstand und Mietvertragsparteien,
- Miete und Anpassung,
- Mietzeit,
- Schriftform,
- Ankaufs-, Vorkaufs- und Vormietrechte,
- Konkurrenzschutz,
- Instandhaltung, Instandsetzung, Schönheitsreparaturen,
- Nebenkosten,
- Mietsicherheiten.

313 Auf alle genannten Punkte ist im Folgenden einzugehen.

1. Mietgegenstand und Mietvertragsparteien

314 Unter dem Stichwort Mietgegenstand und Mietvertragsparteien ist zwischen der Identität von Transaktions- und Mietgegenstand und der Identität von Verkäufer, Eigentümer und Vermieter zu unterscheiden.

315 Problematisch kann schon die **Identität von Transaktions- und Mietgegenstand** sein. Bei einer Veräußerung von Teilflächen eines Grundstücks kann es zu der Situation kommen, dass Teile des Mietgegenstands nicht auf der ver-

kauften Teilfläche liegen, aber von einem einheitlichen Mietvertrag erfasst sind. Dies kann etwa ein Gewerbemietvertrag mit Innen- und Außenflächen, ein Getränkemarkt mit Leerguthof oder ein Baumarkt mit Gartencenter sein. Mögliche Folgen fehlender Identität von Transaktions- und Mietgegenstand können sein, dass kein gesetzlicher Übergang des Mietverhältnisses auf den Erwerber erfolgt, oder dass beide Vermieter gesamtschuldnerisch gegenüber dem Mieter haften und es zu einer Wertminderung beider Grundstücke kommt.

Zur Veräußerung eines von zwei rechtlich selbstständigen, aber einheitlich vermieteten Grundstücken siehe Blank/Börstinghaus/*Blank/Börstinghaus*, Miete, § 566 Rn. 31.

Zum Mietvertragseintritt bei bloßem Nutzungsrecht BGH, NZM 2019, 941, 943 ff.: In dem Fall, dass dem Mieter die Nutzung eines anderen Grundstücks des Vermieters, welches kein Teil des Mietvertrags ist, gestattet ist, und dieses weiterveräußert wird, tritt der Erwerber nicht gemäß § 566 Abs. 1 BGB in das Mietverhältnis ein.

Auch die **Identität von Verkäufer, Eigentümer und Vermieter** kann Schwierigkeiten bereiten. Ein Problemfall ist etwa die sog. **Zwischenveräußerung ohne Zwischenerwerb**, bei der der Zwischenveräußerer Anspruch auf Übereignung gegenüber dem Eigentümer hat, die Immobilie aber an einen Dritten verkauft, ohne zuvor selbst das Eigentum erworben zu haben. **316**

Zur sog. Kettenauflassung siehe Schmidt-Futterer/*Streyl*, Mietrecht, § 566 Rn. 67 ff.

Ein vom Zwischenveräußerer als Vermieter abgeschlossenes Mietverhältnis könnte bei Veräußerung dann nicht gemäß § 566 BGB kraft Gesetzes auf den neuen Eigentümer als Vermieter übergehen. **317**

Buchinger/Kirschner, ZfIR 2017, 377, 380 m. w. N. sowie genaueren Erläuterungen zu dem Tatbestandsmerkmal des § 566 BGB, der Identität zwischen Vermieter und Eigentümer.

Allerdings hat der BGH bei fehlender Identität zwischen Eigentümer, Veräußerer und Vermieter die **analoge Anwendung des § 566 BGB** in bestimmten Konstellationen für möglich erachtet. Das soll dann der Fall sein, wenn die Vermietung des veräußerten Grundstücks mit Zustimmung des Eigentümers und in dessen alleinigem wirtschaftlichem Interesse erfolgt und der Vermieter kein eigenes Interesse am Fortbestand des Mietverhältnisses hat. Daraus folgt, dass die Befürwortung einer analogen Anwendung auch bei der Kettenauflassung vertretbar erscheint. **318**

BGH, NZM 2017, 847, 848 ff.; die analoge Anwendung des § 566 BGB befürwortend *Kawany*, ZfIR 2019, 832, 834 ff. und zur Tatsache, dass der Entscheidung keine Sprungauflassung zugrunde lag; zu den Voraussetzungen des § 566 BGB sowie der analogen Anwendung *Haas/Ebel*, ZfIR 2020, 165 ff.

In Bezug auf § 566 BGB gilt es außerdem zu beachten, dass die Anwendbarkeit der Norm nur vorliegt, wenn der Mieter zum Erwerbszeitpunkt bereits die tatsächliche Sachherrschaft über die Mietsache ausübt. **319**

BGH, NZM 2016, 675 f.

320 Hat vor Überlassung des Mietgegenstands an den Mieter der Vermieter den Mietgegenstand an einen Dritten veräußert, so treten die Rechtsfolgen des § 566 Abs. 1 BGB nur ein, wenn der Erwerber dem Vermieter gegenüber die Erfüllung der sich aus dem Mietverhältnis ergebenden Pflichten übernommen hat (§ 567a BGB).

321 Des Weiteren ist im Hinblick auf § 566 Abs. 1 BGB zu beachten, dass auf den Erwerber nicht automatisch sämtliche Verpflichtungen übergehen, die in der Mietvertragsurkunde enthalten sind.

BGH, RNotZ 2017, 162.

322 Die Kaufvertragsparteien sind zu einer genauen Überprüfung angehalten, welche der im Mietvertrag enthaltenen Regelungen tatsächlich materiell-rechtlich als mietvertraglich zu qualifizieren sind. Von § 566 Abs. 1 BGB nicht erfasste Rechte und Pflichten müssten dann ggf. ausdrücklich vom Verkäufer auf den Käufer übertragen werden.

Vgl. *Lindner-Figura/Reuter*, NJW 2017, 1071, 1073.

323 Eine weitere problemträchtige Konstellation ergibt sich, wenn **Mietvertragsparteien faktisch, aber nicht rechtlich identisch** sind. Beispiel ist, dass das Eigentum einer Gesellschaft bürgerlichen Rechts zusteht, die Mietverträge aber von deren Gesellschaftern als Personenmehrheit geschlossen wurden. Mögliche Folge einer solchen fehlenden Identität von Verkäufer, Eigentümer und Vermieter könnte wiederum sein, dass das Mietverhältnis nicht gesetzlich gemäß § 566 BGB auf den Erwerber übergeht.

So jedenfalls BGH, NJW 2003, 2158 = ZIP 2003, 1658 = ZfIR 2003, 632, dazu EWiR 2003, 855 *(Stapenhorst)*;
vgl. allgemein zu § 566 BGB *Börstinghaus*, NZM 2004, 481 ff.

324 Die Übertragung ist dann nur durch Ergänzung des Mietvertrags unter Mitwirkung von Vermieter/Eigentümer, Mieter und Erwerber möglich.

325 Auch in diesem Fall wird allerdings eine analoge Anwendung des § 566 BGB vermehrt vertreten.

Blank/Börstinghaus/*Blank/Börstinghaus*, Miete, § 566 Rn. 41;
Haas/Ebel, ZfIR 2020, 165 ff.

326 Im Zusammenhang mit dem Mietgegenstand seien schließlich auch die häufig in Mietverträgen vorzufindenden sog. **Wiederaufbauklauseln** erwähnt. Die gesetzliche Rechtsfolge bei Zerstörung des Mietgegenstands ist die Beendigung des Mietverhältnisses. Dies kann sich nach einer Auffassung aufgrund der objektiven Unmöglichkeit der Hauptleistungspflicht und damit des Erlöschens des Vertragsverhältnisses gemäß § 275 BGB ergeben.

LG Karlsruhe, NZM 2005, 221;
Häublein, in: MünchKomm-BGB, Vor § 536 Rn. 14;
Bub/Treier/*Kraemer/Ehlert*, Handbuch der Geschäfts- und Wohnraummiete, III Rn. 2821.

Nach anderer Auffassung hat der Mieter demgegenüber ein Recht zur außerordentlichen Kündigung aufgrund von § 543 BGB. 327

> *Wolf/Eckert/Ball*, Handbuch des gewerblichen Miet-, Pacht- und Leasingrechts, Rn. 376;
> Erman/*Lützenkirchen*, BGB, Vor § 536 Rn. 12.

Abweichungen von diesem gesetzlichen Regelungsregime, auch in AGB, sind grundsätzlich zulässig. 328

> Vgl. *Thaler/Tachezy*, NZM 2000, 748 ff.

Zu vermieterfreundliche AGB-Regelungen können aber unwirksam sein. 329

Die Wiederaufbauklauseln sollten in der immobilienrechtlichen Due Diligence nicht unberücksichtigt bleiben. Insbesondere für die Immobilienbewertung, die Versicherbarkeit und/oder den Versicherungsumfang können sie von Relevanz sein. 330

2. Miete und Anpassung

Unter dem Stichwort „Miete und Anpassung" sollte im Rahmen der immobilienrechtlichen Due Diligence an allererster Stelle die **Bestimmtheit bzw. Bestimmbarkeit der Miethöhe** geprüft werden. Die Miete kann insgesamt als ein bestimmter Betrag in Euro oder als Miete pro m^2 ausgewiesen sein. Problemfälle können in der Praxis in den verschiedensten Konstellationen auftreten. So geschieht es in Nachträgen zu Mietverträgen immer wieder, dass eine neue Miethöhe geregelt wird, ohne ausdrücklich den Bezugszeitraum für diese neue Miete festzulegen. Bei der Anmietung zusätzlicher oder der Rückgabe von Mietflächen kann es geschehen, dass der entsprechende Nachtrag im Einzelnen genau beschreibt, welche Flächen wegfallen bzw. hinzukommen, dass dabei aber vergessen wird, auch eine Aussage zur neuen Miethöhe zu treffen. Überraschenderweise finden sich Vereinbarungen zur Miethöhe teilweise auch nur in einfachen Briefwechseln, was wiederum zu einem Schriftformproblem führt. Hierbei ist weiter darauf zu achten, dass Begriffe wie Wohn- und Nutzfläche keine rechtlich feststehende Bedeutung haben, weshalb sie im Vertrag präzisiert werden müssen (siehe hierzu das Beispiel für das Parallelproblem im Rahmen des Kaufvertrags unter Rn. 980 ff.). 331

Die genannten Problemfälle haben erhebliche Relevanz für den Ertrag der Immobilie und sollten im Laufe der immobilienrechtlichen Due Diligence auf jeden Fall identifiziert werden. 332

> Zu Informationspflichten des Verkäufers hinsichtlich der Ertragsfähigkeit allgemein BGH, NJW 2013, 1807.

Lösung ist die Festlegung der aktuellen Miethöhe in einem schriftformkonformen Nachtrag zum Mietvertrag. 333

Eine Änderung der Miethöhe bedarf grundsätzlich gemäß § 550 Satz 1 BGB der gesetzlichen Schriftform. 334

> BGH, NJW 2016, 311, 312.

335 Auch bei einer vertraglichen Regelung, nach welcher eine der Vertragsparteien im Falle einer bestimmten Indexänderung eine Neufestsetzung der Miete verlangen kann, unterfällt die Änderung der Miete – anders als bei einer Anpassungsautomatik oder einem einseitigen Änderungsrecht – dem Schriftformerfordernis des § 550 Satz 1 BGB.

BGH, NZM 2018, 515, 517, dazu u. a. *Schweitzer*, NJW 2019, 198.

336 Sollte ein entsprechender Schriftformverstoß festgestellt werden, ließe sich dieser wiederum mit einem schriftformkonformen Nachtrag zum Mietvertrag heilen.

337 Sonderformen der Miete sind **Staffel- und Umsatzmiete**. Bei der Staffelmiete erhöht sich der Mietzins in einem festgelegten Rhythmus zu vereinbarten Zeitpunkten. Die Staffelmiete wird häufig gewählt, wenn eine Indexierung nach Preisklauselgesetz nicht zulässig ist. Bei der Umsatzmiete richtet sich die Miethöhe demgegenüber nach dem erzielten Jahresumsatz. Im Regelfall ist eine korrespondierende Mindestmiete vorgesehen. Unklarheiten können sich ergeben, wenn das Verhältnis zwischen Mindest- und Umsatzmiete nicht ausreichend bestimmt ist oder wenn die Regelungen zur Ermittlung des Jahresumsatzes und zu Informations- bzw. Nachweispflichten des Mieters nicht eindeutig sind.

338 Bei Fehlen einer Staffelmiete ist in gewerblichen Mietverträgen in aller Regel eine **Indexierung der Miethöhe** vereinbart. Dies gilt bei Langfristigkeit des Mietvertrags, die gegeben ist, wenn der Mietvertrag eine Festlaufzeit von mindestens zehn Jahren hat, wenn die ordentliche Kündigung des Vermieters für mindestens zehn Jahre ausgeschlossen ist oder wenn die Verlängerungsoptionen des Mieters zusammengenommen mindestens zehn Jahre Vertragslaufzeit umfassen.

Vgl. zu allem *Aufderhaar/Jaeger*, ZfIR 2008, 121 ff.

339 Voraussetzung für die Langfristigkeit ist auch, dass kein Schriftformverstoß nach §§ 550, 126 BGB vorliegt, da ein nachgewiesener Schriftformverstoß zu einer vorzeitigen Kündbarkeit führt, sodass eine Mindestvertragslaufzeit von zehn Jahren dann gerade nicht mehr gegeben ist.

OLG Rostock, NZM 2005, 506,
dazu EWiR 2005, 719 *(Gerber)*;
a. A. Lindner-Figura/Opreé/Stellmann/*Bartholomäi/Stellmann*,
Geschäftsraummiete, Kap. 10 Rn. 142.

340 Voraussetzung für die Indexierung der Miethöhe ist weiter die Festlegung eines zulässigen Preisindexes als Bezugsgröße, etwa des Verbraucherpreisindexes oder des harmonisierten Verbraucherpreisindexes.

341 Zudem darf durch die Indexierung keine einseitige Begünstigung einer Vertragspartei erfolgen, d. h., dass etwa keine „Upwards-Only“-Klauseln“, kein einseitiges Recht auf Anpassung und keine unverhältnismäßige Anpassung im Verhältnis zur Bezugsgröße vorgesehen werden dürfen.

Zu beachten ist, dass sich die vorgenannten Regelungen aus dem Preisklauselgesetz ergeben, das erst 2007 in Kraft trat und deshalb grundsätzlich auch erst für ab diesem Zeitpunkt geschlossene Mietverträge gilt. 342

> Vgl. dazu *Kirchhoff*, DNotZ 2007, 913 ff.;
> *Gerber*, NZM 2008, 152 ff.; *Schultz*, NZM 2008, 425 ff.;
> *Aufderhaar/Jaeger*, ZfIR 2008, 121 ff.

Bei Altfällen muss nach der Preisklauselverordnung geprüft werden, ob eine Genehmigung der Indexierung durch das Bundesamt für Wirtschaft und Ausfuhrkontrolle erforderlich war und vorliegt. Sollte dies der Fall sein, gilt die nach altem Recht erteilte Genehmigung gemäß § 9 Abs. 1 PreisklG fort. Ebenso findet gemäß § 9 Abs. 2 PreisklG die Preisklauselverordnung noch Anwendung auf Preisklauseln, die bis zum 13. September 2007 vereinbart worden sind und deren Genehmigung bis dahin beim Bundesamt für Wirtschaft und Ausfuhrkontrolle beantragt worden ist. Hingegen gelten für Preisklauseln, die bis zum Inkrafttreten des Preisklauselgesetzes weder genehmigungsfrei noch genehmigt waren und für die bis dahin auch keine Genehmigung beantragt wurde, die Regelungen des Preisklauselgesetzes. 343

> BGH, BeckRS 2013, 20782;
> *Heller/Rousseau*, NZM 2009, 301, 302 f.

Zum Themenkomplex der Miete gehört schließlich die Frage, ob zusätzlich zur Miete **Umsatzsteuer** zu zahlen ist. Grundsatz bei der Vermietung von Immobilien ist, dass Umsätze aus Vermietung und Verpachtung umsatzsteuerfrei sind (§ 4 Ziffer 12 lit. a UStG). Der Vermieter kann aber – und dies ist bei Gewerberäumen die Regel – auf diese Steuerbefreiung verzichten (sog. Option zur Umsatzsteuer). Es ist nicht erforderlich, dass die Option im Mietvertrag selbst ausgeübt wird. Wurde sie außerhalb des Mietvertrags ausgeübt, besteht allerdings das Risiko, dass der Mieter einwenden kann, die vereinbarte Miete sei eine Bruttomiete und beinhalte die Umsatzsteuer. 344

> Vgl. hierzu Schmidt-Futterer/*Eisenschmidt*, Mietrecht, § 535
> Rn. 655 ff.

Jedoch hat das OLG Düsseldorf in einem Fall, in dem der Mieter jahrelang Umsatzsteuer gezahlt hat, ohne dass dem eine entsprechende vertragliche Vereinbarung zugrunde lag, entschieden, dass der Umstand, dass der Vertrag jahrelang abweichend „gelebt" wurde, bei der Ermittlung des objektiven Vertragsinhaltes zu berücksichtigen sei mit der Folge, dass der Mieter nunmehr auch künftig die Umsatzsteuer schulde. 345

> OLG Düsseldorf, Urt. v. 15.3.2011 – I-24 U 95/10.

Die Option zur Umsatzsteuer ist nach § 9 Abs. 1 UStG nur möglich, wenn die Vermietung von einem Unternehmer (im umsatzsteuerrechtlichen Sinne) an einen anderen Unternehmer für dessen Unternehmen erfolgt. Entsprechend scheidet eine Option zur Umsatzsteuer aus, wenn das Objekt an eine Behörde vermietet wird, da Behörden bzw. ihre Trägerkörperschaften grundsätzlich 346 keine Unternehmer sind (siehe hierzu auch § 2b UStG). Weiter setzt die Option zur Umsatzsteuer gemäß § 9 Abs. 2 UStG voraus, dass der Mieter (und ggf. Untermieter) den Mietgegenstand ausschließlich zur Erbringung von Umsätzen verwendet, die den Vorsteuerabzug nicht ausschließen. Der Vorsteuerabzug ist in erster Linie dann ausgeschlossen, wenn der Unternehmer steuerfreie Umsätze ausführt (§ 15 Abs. 2 Satz 1 Nr. 1 UStG). Der Vermieter kann daher insbesondere bei der Vermietung an Banken, Versicherungen, Ärzte und Krankenhäuser nicht zur Umsatzsteuer optieren, da diese Unternehmer in der Regel ausschließlich oder fast ausschließlich umsatzsteuerfreie Leistungen erbringen. Allerdings gilt nach Abschnitt 9.2 Abs. 3 Umsatzsteuer-Anwendungserlass (UStAE) eine Bagatellgrenze von 5 %. Für die Option des Vermieters ist es daher unschädlich, wenn der Mieter in geringem Umfang auch steuerfreie Umsätze erbringt, solange er die gemieteten Flächen zu mindestens 95 % für Umsätze nutzt, die den Vorsteuerabzug nicht ausschließen (so typischerweise im Fall von Einzelhändlern, Apothekern, produzierendem Gewerbe sowie Rechts- und Steuerberatern). Aus Sicht der AGB-Kontrolle kann es problematisch sein, wenn eine formularmäßige Umsatzsteuerklausel in einem Mietvertrag nicht zwischen Mietern nach ihrer Berechtigung zum Vorsteuerabzug differenziert, da sich in der Rechtsprechung Urteile finden, wonach solch eine Klausel den nicht zum Vorsteuerabzug berechtigten Mieter unangemessen benachteiligt.

AG Ebersberg, NJW-RR 1993, 841.

347 Ein geeignetes und anerkanntes Instrument zur Bewahrung des Gleichgewichts von Preis und Leistung stellt ferner die Vereinbarung sog. Leistungsvorbehaltsklauseln dar, die den Vermieter im Rahmen langfristiger Mietverträge berechtigen, unter bestimmten Voraussetzungen eine Anpassung der vereinbarten Miete vorzunehmen. Solche Klauseln können grundsätzlich auch im Wege Allgemeiner Geschäftsbedingungen vereinbart werden. Zur Wahrung des AGB-rechtlichen Transparenzgebotes ist jedoch darauf zu achten, dass entsprechende Klauseln hinreichend klar und verständlich gefasst sind. Ferner ist sicherzustellen, dass keine einseitige Änderung zugunsten des Vermieters möglich ist, die Ausübung des Leistungsbestimmungsrechts vielmehr von einer Änderung einer festen Bezugsgröße, wie etwa der ortsüblichen oder angemessenen Miete, abhängig gemacht wird und die Mietanpassung nach billigem Ermessen i. S. v. § 315 Abs. 1 BGB erfolgen muss.

BGH, MDR 2012, 831.

3. Mietzeit

348 Bei gewerblichen Mietverträgen werden üblicherweise **feste Laufzeiten** vereinbart. Probleme können auftreten, wenn kein fester Endpunkt festgelegt wird, sondern eine bestimmte Laufzeit an Jahren ab Übergabe oder Fertigstellung des Mietgegenstands vereinbart wird. Wenn sich der Beginn der

Laufzeit mangels Unterlagen nicht (mehr) feststellen lässt, ist unklar, bis wann der Mietvertrag eigentlich laufen soll.

Zur Bestimmbarkeit des Mietbeginns bei Bestimmung des Mietbeginns durch Übergabeprotokoll, ohne dieses fest mit dem Mietvertrag zu verbinden, siehe BGH, NZM 2013, 759.

Durch einen klarstellenden Nachtrag zum Mietvertrag kann dieses Problem jedoch behoben werden. 349

Üblicherweise enthalten gewerbliche Mietverträge darüber hinaus **Options- oder Verlängerungsregelungen**, oft sogar mehrere Optionsmöglichkeiten nacheinander. Die **maximale Festlaufzeit** inklusive der Verlängerung durch Optionen beträgt 30 Jahre (§ 544 Satz 1 BGB). Probleme können aus der Vereinbarung einer bestimmten Form für die Ausübung der Option resultieren. Hieraus kann sich ggf. auch ein Schriftformproblem ergeben. Lösung dafür kann wiederum ein klarstellender Nachtrag zum Mietvertrag sein. 350

Vgl. auch hierzu *Steinke/Niewerth/Ludwig*, Due Diligence bei Grundstücksgeschäften, S. 68–70.

Sofern mietvertraglich keine besondere Form vereinbart ist, bedarf die Ausübung einer Verlängerungsoption hingegen nicht der Schriftform. 351

BGH, NJW 2019, 990.

4. Schriftform

Von besonderer Bedeutung bei der Prüfung von Mietverträgen ist seit vielen Jahren das Schriftformerfordernis. Gemäß §§ 550, 126 Abs. 2 Satz 1 BGB ist ein Mietvertrag mit einer Festlaufzeit von mehr als einem Jahr in schriftlicher Form zu schließen, wobei das Schriftformerfordernis **alle wesentlichen Abreden eines Mietvertrags** erfasst. Wird dem Schriftformerfordernis nicht genügt, sind die betroffenen langfristigen Mietverträge bereits nach einem Jahr kündbar. 352

Folgende Fallgruppen sind zu unterscheiden: 353

a) Personenmehrheiten und rechtsfähige Gesellschaften

Von großer Relevanz ist zunächst die Unterzeichnung von Mietverträgen durch Personenmehrheiten und rechtsfähigen Gesellschaften, insbesondere Aktiengesellschaften und Gesellschaften bürgerlichen Rechts. Für die **Gesellschaft bürgerlichen Rechts** hatte der BGH schon vor einiger Zeit entschieden, dass der Unterzeichner eines Mietvertrags für eine Gesellschaft bürgerlichen Rechts zum Ausdruck bringen muss, ob er nur für sich selbst als einer der Gesellschafter, für alle Gesellschafter oder im Namen der Gesellschaft bürgerlichen Rechts handelt. 354

Nach Auffassung des BGH tut er dies, indem er entweder im Rubrum oder durch Zusatz („i. V.", „für die GbR" oder „für die Mieterin/Vermieterin") 355 unterzeichnet. Laut BGH reicht es für das Anzeigen des Vertretungsverhältnisses aus, wenn der Unterzeichner der Unterschrift einen Stempelabdruck beifügt.

BGH, NJW 2013, 1082.

356 Viele von Gesellschaften bürgerlichen Rechts unterzeichnete Mietverträge, gerade auf Vermieterseite, sind in der Vergangenheit ohne Beachtung dieser Vorgaben abgeschlossen worden.

BGH, NJW 2004, 1103; BGH, NJW 2003, 3053, 3054 = ZfIR 2004, 17, dazu EWiR 2004, 13 *(Moeser)*.

357 Demgegenüber hat das OLG Koblenz in einem Fall aus dem Jahr 2011 entschieden, dass ein Vertretungszusatz jedenfalls dann entbehrlich sei, wenn der für die GbR handelnde, allein unterzeichnende Mitgesellschafter dem Mieter weder Anlass zu der Annahme gegeben habe, er sei nicht allein vertretungsberechtigt, noch dazu, der Mietvertrag solle mit einem Kreis von Personen zustande kommen, zu denen er zähle. Da der Vertrag als Vermieter allein die GbR auswies, könne sein Handeln nur so zu verstehen sein, dass es im Namen der GbR erfolge. Es bleibt abzuwarten, ob sich der BGH dieser Auffassung künftig anschließen wird.

OLG Koblenz, MDR 2012, 1334.

358 Für besondere Beachtung hat ein Urteil des BGH gesorgt, das die vorstehend genannte BGH-Rechtsprechung auf die **Aktiengesellschaft** überträgt.

BGH, NZG 2010, 105 = ZIP 2010, 185 = ZfIR 2010, 139, dazu EWiR 2010, 177 *(Fischer-Zernin/Krüger)*.

359 Der BGH hält in dieser Entscheidung fest, dass, wenn die Urkunde im Falle einer Personenmehrheit nicht von allen Vermietern oder Mietern unterzeichnet ist, die vorhandenen Unterschriften deutlich zum Ausdruck bringen müssen, dass sie auch in Vertretung der nicht unterzeichneten Vertragsparteien geleistet worden sind. Unterzeichne bei einer Aktiengesellschaft lediglich ein Mitglied des Vorstands, obwohl das gesetzliche Mitwirken aller Vorstandsmitglieder erforderlich sei, lasse sich der Urkunde ohne Vertretungszusatz nicht entnehmen, ob die übrigen Vorstandsmitglieder noch unterzeichnen müssen. Ein Rechtsnachfolger, dessen Schutz die Schriftform in erster Linie diene, könne nicht erkennen, ob der Unterzeichnende auch für das weitere Vorstandsmitglied/die weiteren Vorstandsmitglieder unterzeichnet habe. Für ihn könne deshalb der Eindruck entstehen, dass die Urkunde unvollständig sei und es zur Wirksamkeit des Vertrags noch einer weiteren Unterschrift/weiterer Unterschriften bedürfe. Um hinreichend deutlich zu machen, dass ein Vorstandsmitglied durch seine Unterschrift für ein weiteres Vorstandsmitglied handeln wolle, bedürfe es deshalb eines Vertreterzusatzes.

BGH, NZG 2010, 105, 106 = ZIP 2010, 185 = ZfIR 2010, 139.

So überraschend diese Entscheidung sein mag, ist es letztlich nur konsequent, dass der BGH sie auch auf die GmbH und die KG übertragen wird, nachdem er für die Aktiengesellschaft einmal so entschieden hat. 360

Enthält das Rubrum eines mit einer Aktiengesellschaft abgeschlossenen Mietvertrags oder eines Nachtrags keine Angaben über die Vertretungsregelung der Gesellschaft, ist die Schriftform des Vertrags nach der Rechtsprechung des BGH aber auch dann gewahrt, wenn nur ein Vorstandsmitglied ohne Vertretungszusatz unterzeichnet hat. 361

BGH, NJW 2015, 2034.

b) Annahmefrist

Eine weitere Fallgruppe, die in der Vergangenheit immer wieder für erhebliche Schwierigkeiten gesorgt hat, ist der Zeitraum zwischen Unterzeichnung des Mietvertrags durch die eine und durch die andere Mietvertragspartei. Da die Unterzeichnung durch die erste Mietvertragspartei ein Angebot darstellt, ist die Unterzeichnung durch die zweite Mietvertragspartei die Annahme dieses Angebots. Nach bisheriger Rechtsprechung muss die Annahme des Angebots, also die Unterzeichnung durch die zweite Mietvertragspartei, innerhalb einer bestimmten Frist nach Abgabe des Angebots erfolgen, um nicht ein Schriftformproblem auszulösen. 362

Vgl. etwa KG, ZMR 2008, 615, 616; KG, ZfIR 2008, 105, 107;
OLG Naumburg, NZM 2004, 825 = ZfIR 2005, 550;
OLG Dresden, NZM 2004, 826, 827 = ZfIR 2005, 552;
jetzt aber auch BGH, Das Grundeigentum 2016, 455.

Welche Frist zwischen Angebot und Annahme als noch ausreichend anzusehen ist, war lange unklar. Das Kammergericht hatte in einer früheren Entscheidung schon 5 Tage zwischen Angebot und Annahme als nicht mehr ausreichend angesehen. Später war das Kammergericht von dieser Auffassung abgerückt und hatte ebenso wie viele andere Oberlandesgerichte eine Frist von ca. zwei bis drei Wochen als noch ausreichend angesehen. 363

KG, ZMR 2008, 615, 616; KG, ZfIR 2008, 165, 167;
OLG Naumburg, NZM 2004, 825 = ZfIR 2005, 550;
OLG Dresden, NZM 2004, 826, 827 = ZfIR 2005, 552.

Der BGH hat mittlerweile entschieden, dass der auf einen gewerblichen Mietvertrag Antragende regelmäßig jedenfalls binnen 2 bis 3 Wochen erwarten kann, dass ein in Aussicht genommener Vertragspartner die Annahme des Angebots erklärt. 364

BGH, NJW 2016, 1441.

Was gelten soll, wenn diese Frist überschritten ist, war lange Zeit umstritten. Nach einer Auffassung genügte der betroffene Mietvertrag nicht der Schrift- 365 form des § 550 BGB, da nach Ablauf der Frist die zweite Unterschrift als neues Angebot gewertet wurde, welches regelmäßig nur konkludent durch Invollzugsetzung des Mietvertrags angenommen wurde.

KG, NZM 2007, 517;
Möller, ZfIR 2008, 87, 88.

366 Die Gegenmeinung stellte demgegenüber auf die Wahrung der äußeren Form ab, die gegeben sei, wenn beide Vertragsparteien auf der Mietvertragsurkunde unterzeichnet hätten.

OLG Jena, NZM 2008, 572, 573;
Schultz, NZM 2007, 509.

367 In einem Urteil von 2010 hat sich der BGH letzterer Auffassung angeschlossen, wobei es allerdings auf die Feinheiten der Entscheidung ankommt. Der BGH entschied, dass ein Mietvertrag auch dann der Schriftform des § 550 BGB genüge, wenn er inhaltsgleich mit den in der äußeren Form des § 126 BGB niedergelegten Vertragsbedingungen nur konkludent abgeschlossen worden sei. Komme der Vertrag trotz verspäteter Annahme mit dem schriftlich niedergelegten Inhalt konkludent zustande, sei die Beweisfunktion erfüllt. Der BGH sieht deshalb bei einem Mietvertrag dann kein Schriftformproblem, wenn folgende zwei Voraussetzungen erfüllt sind: Zum einen müssen beide Parteien auf einer einheitlichen Urkunde unterzeichnet haben. Zum anderen – und dies ist wichtig – darf die konkludente Vertragspraxis der Mietvertragsparteien zu dem Mietvertrag nicht von den schriftlich festgelegten Regelungen abweichen. Im Rahmen des mietrechtlichen Teils der immobilienrechtlichen Due Diligence sollte unbedingt sichergestellt werden, dass auch dieser zweite Aspekt geprüft wird, bevor vorschnell das Urteil abgegeben wird, ein Schriftformproblem bestehe nicht.

BGH, NJW 2010, 1518 ff. = ZfIR 2010, 318,
dazu EWiR 2010, 525 *(Krüger)*.

368 Allerdings weist der BGH in einem weiteren Urteil darauf hin, dass es bereits an einem wirksamen (konkludenten) Vertragsschluss fehlen kann. Denn die Qualifizierung eines Verhaltens auch als schlüssige Annahmeerklärung setze das Bewusstsein voraus, für das Zustandekommen des Vertrags sei möglicherweise noch eine Erklärung erforderlich. Der Erklärende müsse zumindest Zweifel am Zustandekommen des Vertrags haben. Diese Voraussetzung sei nicht erfüllt, wenn beide Parteien von einem wirksamen Vertragsschluss ausgehen. Denkbar sei jedoch, dass die Anwendung der Grundsätze von Treu und Glauben im Einzelfall dennoch zu einem wirksamen Vertragsschluss führt.

BGH, NJW 2016, 1441, 1443 f.

c) Vermietung vom Reißbrett

369 Eine weitere Fallgruppe, die in der Vergangenheit für erhebliche Verwirrung sorgte, ist die Vermietung vom Reißbrett. Da bei Projektentwicklungen typischerweise Mietverträge bereits geschlossen werden, wenn das Projekt noch

gar nicht errichtet ist, bestand seit langer Zeit die Praxis, in diesen Fällen als Mietbeginn den Zeitpunkt der Übergabe, und damit einen in der Zukunft liegenden nicht datierten Zeitpunkt, festzusetzen. Nach der Rechtsprechung des OLG Naumburg führte dies zu einem Schriftformproblem, da eine wesentliche vertragliche Bestimmung, der Mietbeginn, nicht ausreichend klar bestimmt sei.

OLG Naumburg, NZG 2005, 75 = ZfIR 2005, 550.

In einer mit Erleichterung aufgenommenen Entscheidung des BGH aus 2007 hat sich der BGH demgegenüber auf den Standpunkt gestellt, dass sich auch aus Übergabeprotokollen oder vergleichbaren Dokumenten der Mietvertragsbeginn mit hinreichender Bestimmtheit entnehmen lassen könne, sodass ein Schriftformproblem nicht gegeben sei. 370

BGH, ZfIR 2007, 673, 674; ebenso BGH, NZM 2013, 759.

d) Sonstige Schriftformprobleme

Zu einem Schriftformproblem können auch die **Anlagen zum Mietvertrag** führen, wenn sie entweder mit ihm nicht fest verbunden sind oder nicht ausreichend klar auf ihn verweisen. 371

BGH, NJW 2003, 281 = ZfIR 2003, 283;
BGH, NJW 2000, 354, 357; BGH, NZM 1999, 310,
dazu EWiR 1999, 347 *(H.-G. Eckert)*.

Die Rechtsprechung nahm früher an, dass es zur Wahrung des Schriftformerfordernisses immer einer körperlich festen Verbindung der Anlagen mit der unterzeichneten Mietvertragsurkunde bedürfe. 372

BGH, NJW 1968, 1229.

Im Rahmen der vom BGH seitdem entwickelten „Auflockerungsrechtsprechung“ wird die erforderliche Schriftform auch bei Anlagen zum Mietvertrag gewahrt, wenn die Anlage in der Mietvertragsurkunde so genau bezeichnet wird, dass eine zweifelsfreie Zuordnung möglich ist. 373

BGH, NZM 2003, 281.

In der Vertragspraxis empfiehlt es sich jedoch gleichwohl, die Einheitlichkeit der Anlagen und der Mietvertragsurkunde durch die Herstellung einer festen körperlichen Verbindung sicherzustellen. 374

Auch **Nebenabreden und Nachträge** müssen dem Schriftformerfordernis entsprechen. 375

BGH, NZM 2003, 281, 282 = ZfIR 2003, 283;
BGH, NZM 2000, 381; BGH, NJW 1992, 2283 f.

Problematisch kann weiter der Ein- oder Austritt von Mietervertragsparteien sein, wenn dies nicht in einer dem Schriftformerfordernis entsprechenden Form festgehalten wird. 376

OLG Celle, NZM 2007, 488.

e) Sanierungsklauseln (Schriftformheilungsklauseln)

377 Es versteht sich von selbst, dass die vorgenannten Probleme rund um das Thema Schriftform gerade bei Immobilientransaktionen zu erheblichen Unsicherheiten und Risiken führen. Diesen Schwierigkeiten und Risiken ist man in der Praxis mit sog. Sanierungsklauseln (Schriftformheilungsklauseln) begegnet, die etwa folgenden Wortlaut hatten:

> „Die Parteien bestätigen, dass sie die besonderen Schriftformerfordernisse der §§ 550, 578 und 126 BGB zur Kenntnis genommen haben. Sie verpflichten sich hiermit, auf gegenseitige Aufforderung jeweils alle Schritte und Handlungen zu unternehmen und alle Erklärungen abzugeben, die erforderlich sind, um dem gesetzlichen Schriftformerfordernis gerecht zu werden, und erklären weiterhin, dass sie das Mietverhältnis nicht mit der Begründung vorzeitig kündigen werden, dass das Schriftformerfordernis nicht beachtet wurde. Diese Bestimmung gilt nicht nur für die Ausfertigung des Hauptmietvertrags, sondern auch für alle diesbezüglichen Nachträge, Änderungen und Ergänzungen.“

378 Die Wirksamkeit und Reichweite solcher Klauseln war lange umstritten. Im Jahr 2014 entschied der BGH zunächst, dass derartige Klauseln jedenfalls den in den Mietvertrag eintretenden Erwerber nicht binden.

BGH, NZM 2014, 239; BGH, ZMR 2014, 717.

379 Mit einer Entscheidung im Jahr 2017 stellte der BGH dann fest, dass derartige Klauseln stets – also auch im Verhältnis der ursprünglichen Vertragsparteien – wegen eines Verstoßes gegen die zwingende Regelung des § 550 BGB unwirksam sein sollen. Im Einzelfall könne aber eine Kündigung unter Berufung auf Schriftformmängel gegen Treu und Glauben verstoßen. Es verstoße gegen Treu und Glauben, wenn eine Mietvertragspartei eine nachträglich getroffene Abrede, die lediglich für sie vorteilhaft ist, allein deshalb, weil sie nicht die schriftliche Form wahrt, zum Anlass nimmt, sich von einem ihr inzwischen lästig gewordenen langfristigen Mietvertrag zu lösen.

BGH, NJW 2017, 3772.

380 Abzuwarten bleibt, ob die Rechtsprechung neben der Fallgruppe der allein für eine Partei vorteilhaften nachträglichen Abrede (die es in der Praxis recht selten gibt) weitere Fallgruppen einer treuwidrigen Schriftformkündigung anerkennen wird. In der Praxis wird man vermutlich noch auf Jahre auf die früher allgemein üblichen Schriftformheilungsklauseln stoßen. In der Due Diligence ist darauf hinzuweisen sein, dass diese nicht vor einer Kündigung schützen, im Übrigen aber unschädlich sind.

381 Gelegentlich gibt es auch Klauseln, mit denen die Parteien – im Gegensatz zu der oben wiedergegebenen „Catch-all“-Klausel – ein spezifisches, von ihnen bereits erkanntes Schriftformproblem lösen wollen. Insbesondere wird bei der Vermietung vom Reißbrett gelegentlich vereinbart, dass etwaige Änderungen hinsichtlich der Größe oder Ausführung des Mietgegenstands während der Bauphase zunächst gesammelt und dann nach Fertigstellung des Bauvorhabens in einem formgerechten Nachtrag dokumentiert werden sollen. Ob

auch in diesen Fällen eine Kündigung unter Berufung auf Schriftformmängel treuwidrig wäre, ist bislang noch nicht entschieden.

f) Ausblick

Im Blick zu behalten ist in nächster Zeit der Entwurf zur Neuregelung des Schriftformerfordernisses im Mietrecht. **382**

BR-Drucks. 469/19.

Hiernach soll das Kündigungsrecht auf den Erwerber beschränkt und die Regelung unter Aufhebung des bisherigen § 550 BGB in einen neu zu schaffenden § 566 Abs. 3 BGB-E verlagert werden. Damit wird die Norm auf den Schutzzweck reduziert, dem sie nach dem Willen des historischen Gesetzgebers eigentlich hatte dienen sollen. **383**

Zusätzlich soll das dann nur noch dem Erwerber für die vor seinem Erwerb liegenden Schriftformverstöße zustehende Kündigungsrecht zum Schutz des Mieters, der das eigene Kündigungsrecht aufgrund der Aufhebung des bisherigen § 550 BGB verliert, zeitlich befristet werden. Der Erwerber kann von seinem Kündigungsrecht nur noch binnen drei Monaten seit Kenntnis von der ohne Wahrung der notwendigen Schriftform getroffenen Zusatzabrede Gebrauch machen. Auf diese Weise soll verhindert werden, dass der Mieter während der gesamten restlichen, vereinbarten Vertragslaufzeit aufgrund eines zutage getretenen Formmangels mit einer Kündigung durch den Erwerber rechnen muss. Darüber hinaus soll die Kündigung unwirksam werden, wenn der Mieter ihr widerspricht und sich mit der Fortsetzung des Mietvertrags zu den schriftlich vereinbarten Bedingungen einverstanden erklärt. **384**

Zu diesem Gesetzesentwurf und der Kritik der Bundesregierung siehe *Jaeger/Schulz*, ZfIR 2020, 232 ff.; eher kritisch *Hübner*, ZfIR 2020, 125 ff.; *Lindner-Figura*, NJW 2020, 1039, 1042; *Bork*, BB 2020, 1481.

5. Vorrechte des Mieters

Des Öfteren finden sich in gewerblichen Mietverträgen zur Sicherung der zukünftigen Position des Mieters Vorrechte wie etwa Ankaufs-, Vorkaufs- und Vormietrechte. **385**

Besonders häufig sind **Vorkaufsrechte** anzutreffen, wobei diese sowohl in schuldrechtlicher als auch in dinglicher Form auftauchen können. Für die Form ist dies allerdings nicht entscheidend: Sowohl im Falle eines schuldrechtlichen als auch im Falle eines dinglichen Vorkaufsrechts ist die notarielle Beurkundung des Gesamtmietvertrags erforderlich (§ 311b BGB). Der Verstoß gegen dieses Formerfordernis kann zur Teilnichtigkeit und sogar zur Gesamtnichtigkeit des Mietvertrags führen. Dabei kommt es nach der Rechtsprechung des BGH darauf an, ob der Mietvertrag eine sog. salvatorische Klausel enthält. Bei Vorliegen eines Vorkaufsrechts im Mietvertrag ist nach der Rechtsprechung **386** des BGH **im Zweifel anzunehmen, dass der Mietvertrag insgesamt nichtig** sein soll.

BGH, NJW 2005, 2225, 2226 = ZfIR 2006, 288.

387 Enthält der Mietvertrag demgegenüber eine **salvatorische Klausel**, also eine Klausel, die vorsieht, dass im Zweifel nur die von dem Wirksamkeitsproblem betroffene Klausel nichtig sein soll, spricht der **Beweis des ersten Anscheins für die Teilnichtigkeit lediglich der betroffenen Klausel**, nicht aber für die Gesamtnichtigkeit des gesamten Vertrags.

BGH, NJW 2005, 2225, 2226 = ZfIR 2006, 288.

388 Zur Heilung der vorstehend genannten Wirksamkeitsprobleme kann die Beurkundung im Nachhinein nachgeholt werden. Als Alternative kommt ein Nachtrag in Betracht, in dem der Mieter auf das Vorkaufsrecht verzichtet und die Gültigkeit des Mietvertrags im Übrigen bestätigt wird.

389 Bei Vereinbarung eines dinglichen Vorkaufsrechts führt auch dessen Eintragung nach der Rechtsprechung des BGH im Übrigen zu einer Heilung des schuldrechtlichen Grundgeschäfts gemäß § 311b Abs. 1 Satz 2 BGB (vgl. Rn. 198 ff.).

390 Zu beachten ist in diesem Zusammenhang weiter, dass der Erwerber eines gewerblich vermieteten Grundstücks nicht kraft Gesetzes gemäß § 566 BGB in ein zwischen dem Veräußerer und dem Mieter vereinbartes Ankaufsrecht eintritt. Die Übertragung eines solchen Mietervorrechts setzt vielmehr eine rechtgeschäftliche Übertragung zwischen dem Veräußerer und dem Erwerber voraus. Denn von § 566 BGB erfasst werden nach der Rechtsprechung des BGH nur solche Rechte und Pflichten, die als mietrechtlich zu qualifizieren sind oder die in untrennbarem Zusammenhang mit dem Mietvertrag stehen.

BGH, NJW 2017, 254.

391 Vom Vorkaufsrecht zu unterscheiden ist das **Vormietrecht**. Auch das Vormietrecht kann schuldrechtlich oder dinglich vereinbart werden. Typisches Problem bei der Vereinbarung von Vormietrechten ist, dass sich die den Mietern gewährten Vormietrechte überschneiden, etwa in der Weise, dass Mieter A und Mieter B jeweils ein Vormietrecht für dieselbe Teilfläche des Mieters C haben. Dies kann zu Schadensersatzansprüchen des einen oder anderen Mieters gegenüber dem Vermieter führen. Im Gegensatz zum Vorkaufsrecht besteht für das Vormietrecht kein Formerfordernis, also keine Beurkundungspflicht.

6. Konkurrenzschutz

392 Gerade in Shopping Centern oder größeren Fachmarkt Centern hat es der juristische Prüfer im Rahmen der immobilienrechtlichen Due Diligence häufig mit dem Thema des Konkurrenzschutzes zu tun. Dabei geht es um den Schutz des Mieters vor Konkurrenz auf der Nutzerseite, also um die Verhinderung von ähnlichen Nutzern in der näheren Umgebung. Typischerweise sind zu diesem Thema drei verschiedene Regelungsmöglichkeiten anzutreffen:

- Es wird ausdrücklich Konkurrenzschutz vereinbart.

- Konkurrenzschutz wird ausdrücklich ausgeschlossen.
- Der Mietvertrag enthält keine Regelung zum Konkurrenzschutz, ggf. kommt vertragsimmanenter Konkurrenzschutz in Betracht.

In dem Fall, in dem **ausdrücklich Konkurrenzschutz** vereinbart ist, gelten die getroffenen Regelungen ausschließlich. Umgekehrt gilt in jedem Fall, in dem Konkurrenzschutz ausgeschlossen ist, dass **kein Konkurrenzschutz** gewährt wird. 393

In der Mitte steht der Fall, dass der Mietvertrag ausdrücklich keine Regelungen zum Konkurrenzschutz enthält. In diesem Fall kommt ggf. **vertragsimmanenter Konkurrenzschutz** in Betracht. Ausgangspunkt dieser Betrachtung ist der vereinbarte Zweck der Überlassung der Mietsache. Je nachdem wie weit der Mietzweck gefasst ist, z. B. „zur gewerblichen Nutzung", kann dieser Mietzweck unter Umständen Anlass zu relativ weitreichendem Konkurrenzschutz sein. Zu unterscheiden ist dabei der räumliche, personelle und sachliche Schutzbereich des vertragsimmanenten Konkurrenzschutzes. **Räumlich** beschränkt sich der vertragsimmanente Konkurrenzschutz zunächst auf das Grundstück selbst, ggf. aber auch auf Nachbargrundstücke, die direkt angrenzen bzw. nur wenige hundert Meter entfernt sind. 394

Für einen Fall, bei dem 350 m oder mehr aus der Sicht des BGH zu weit für „unmittelbare Nachbarschaft" waren, vgl. BGH, NJW 1979, 1404, 1405.

Der **personelle** Anwendungsbereich des vertragsimmanenten Konkurrenzschutzes erfasst den eigentlichen Vermieter selbst. Der Konkurrenzschutz kann sich unter Umständen aber auch auf die Gesellschafter des Vermieters erstrecken. 395

Für die OHG so entschieden von RG, RGZ 136, 266, 269; vgl. *Wolf/Eckert/Ball*, Handbuch des gewerblichen Miet-, Pacht- und Leasingrechts, Rn. 718.

Schließlich müssen die Voraussetzungen des **sachlichen** Anwendungsbereichs des vertragsimmanenten Konkurrenzschutzes erfüllt sein. Erforderlich ist danach, dass der Mieter, der Konkurrenzschutz begehrt, auch tatsächlich mit anderen Mietern im Wettbewerb um Kunden steht. Fehlt dieser Aspekt der Kundengewinnung, scheidet vertragsimmanenter Konkurrenzschutz typischerweise aus. 396

OLG Koblenz, NJW-RR 1995, 1352.

Nach einer Entscheidung des BGH führt die Verletzung des Konkurrenzschutzes zu einer Beeinträchtigung der Tauglichkeit des Mietgegenstands und stellt damit einen Mangel i. S. d. § 536 Abs. 1 BGB dar. Dies gilt unabhängig davon, ob der Konkurrenzschutz ausdrücklich vertraglich geregelt wurde oder als vertragsimmanenter Konkurrenzschutz nach den zuvor geschilderten Maßgaben besteht. Ob der Mieter zur Mietminderung berechtigt ist, hängt sodann maßgeblich davon ab, in welchem Umfang das Äquivalenz- 397 verhältnis zwischen Leistung und Gegenleistung durch die geschaffene Konkurrenzsituation gestört ist.

BGH, MDR 2012, 1396.

398 Zu beachten ist ferner eine neue Entscheidung des BGH, wonach der formularmäßige Ausschluss des Konkurrenzschutzes in einem Shopping Center bei gleichzeitiger (kumulativer) Festlegung einer Betriebspflicht mit einer Sortimentsbindung den Mieter unangemessen benachteiligt und daher unwirksam ist.

BGH, NJW 2020, 1507, 1509 ff.

399 Insbesondere bei sog. Factory Outlet Centern begegnet man umgekehrt aber auch dem vergleichbaren Fall des Schutzes des Vermieters vor Konkurrenz auf der Betreiberseite, also der Verhinderung von weiteren Läden des Mieters in ähnlichen Centern anderer Anbieter in einem bestimmten Radius um das Center, und zwar in der Form sog. „Radiusklauseln". Das Bundeskartellamt hat die Verwendung solcher Radiusklauseln allerdings auf einen Radius von 50 km und auf eine Laufzeit von höchstens fünf Jahren eingeschränkt.

Bundeskartellamt (1. Beschlussabteilung), v. 26.2.2015 (B1-62/B).

7. Instandhaltung, Instandsetzung und Schönheitsreparaturen

400 Ein Punkt, der für Investoren bei der mietvertraglichen Prüfung stets von besonderer Wichtigkeit ist, ist das Thema Instandhaltung, Instandsetzung und Schönheitsreparaturen. Dies ergibt sich naturgemäß daraus, dass die Kostenverteilung in diesem Bereich von erheblicher wirtschaftlicher Bedeutung für das (spätere) Management des Objekts sein kann.

401 Erhebliche wirtschaftliche Bedeutung hat zunächst schon die **Instandhaltung/ Instandsetzung**. Bei Anwendung der gesetzlichen Regelungen würde die Verantwortung in diesem Bereich grundsätzlich beim Vermieter liegen. Dies ist unabhängig davon der Fall, ob der Mieter die Mietsache tatsächlich benutzt und der Mangel ihn somit subjektiv beeinträchtigt.

BGH, NJW-RR 2018, 1285, 1286.

402 Der praktische Regelfall bei gewerblichen Mietverträgen ist aber die **Übertragung dieser Verantwortung auf den Mieter**. Der Vermieter hat diese Übertragung in der Regel bei der Kalkulation der Miete berücksichtigt. Das Risiko, bei Unwirksamkeit der mietvertraglichen Übertragungsvereinbarung auf den Instandhaltungs- und Instandsetzungskosten sitzen zu bleiben, ist aus Sicht des Vermieters deshalb in jedem Fall zu vermeiden. Vor diesem Hintergrund sollten vom Vermieter standardmäßig vorgegebene Instandhaltungs- und Instandsetzungsklauseln stets darauf überprüft werden, ob sie einer **AGB-Kontrolle** standhalten. So ist etwa die Verantwortlichkeit des Mieters für Dach und Fach unzulässig, die Übertragung der Verantwortlichkeit für vom Mieter benutzte Flächen auf den Mieter demgegenüber zulässig.

Schmidt-Futterer/*Eisenschmid*, Mietrecht, § 535 Rn. 80 m. w. N.;
Bub/Treier/*Bub*, Handbuch der Geschäfts- und Wohnraummiete, II Rn. 1348 ff.

Die Übertragung der Verantwortlichkeit für gemeinschaftlich genutzte Flächen auf den Mieter ist nur bis zu einer Grenze von 10 % der Jahresnettomiete zulässig. 403

BGH, NJW-RR 2006, 84, 85 = ZfIR 2005, 692;
LG Essen, NZM 2016, 265;
Fritz, Gewerberaummietrecht, Rn. 183;
Lindner-Figura/Opreé/Stellmann/*Hübner*, Geschäftsraummiete, Kap. 13 Rn. 163.

Die formularmäßige Auferlegung der Verantwortlichkeit für die Instandhaltung gemeinschaftlich genutzter Flächen und Anlagen auf den Mieter ohne Beschränkung ist demgegenüber in jedem Fall unzulässig. 404

BGH, NJW 2014, 3722.

Auch im Bereich der **Schönheitsreparaturen** sollten vom Vermieter vorgegebene Klauseln einer **AGB-Kontrolle** unterworfen werden. Der Vermieter wird naturgemäß ein Interesse daran haben, den Mieter möglichst weitgehend zu Schönheitsreparaturen heranzuziehen. Die Rechtsprechung hierzu ist ständig im Fluss. Viele in der jüngeren Zeit ergangene Entscheidungen betreffen Wohnraummietverträge. Die strengen Maßstäbe der Wohnraummietrechtsprechung werden aber zunehmend auch auf Gewerbemietverträge übertragen. Im Wesentlichen gilt Folgendes: 405

Voraussetzung für die **Übertragung der Verpflichtung zu Schönheitsreparaturen** auf den Mieter ist zunächst stets eine klare und bestimmte Vereinbarung der Übertragung. Die Klausel sollte deshalb ausdrücklich von Schönheitsreparaturen sprechen und nicht lediglich auf die ordentliche oder pflegliche Behandlung des Objekts abstellen. 406

Besondere Anforderungen sind weiter an die Verknüpfung von Renovierungspflichten während und am Ende der Mietzeit zu stellen. Sowohl die Verpflichtung, während des Mietverhältnisses laufende Schönheitsreparaturen vorzunehmen, als auch eine Endrenovierungsklausel, wenn ein renoviertes Mietobjekt übergeben worden ist und die Renovierungspflicht nicht abhängig vom Zeitpunkt der letzten Renovierung auferlegt wird, sind grundsätzlich wirksam. 407

Vgl. BGH, NJW 2007, 3776, 3777;
Fritz, Gewerberaummietrecht, Rn. 182.

Unwirksam ist nach der Rechtsprechung des BGH jedoch die Kombination einer fortlaufenden Pflicht zur Durchführung von Schönheitsreparaturen mit einer Endrenovierungspflicht. 408

BGH, NJW 2005, 2006 = ZfIR 2005, 689;
BGH, NJW 2003, 2234 f. = ZIP 2003, 1301, dazu EWiR 2003, 1061 *(Kröll)*.

409 Durch die Kombination dieser beiden Pflichten werde der Mieter unangemessen benachteiligt. Dies führt sowohl zur Unwirksamkeit der Endrenovierungsklausel als auch der Verpflichtung zu laufenden Schönheitsreparaturen. Andererseits hat der BGH entschieden, dass die Kombination von bedarfsabhängiger Vornahme von Schönheitsreparaturen und Rückgabe im bezugsfertigen Zustand keinen Summierungseffekt ergebe, der zur Unwirksamkeit führe.

> BGH, NZM 2014, 306.

410 Diverse Entscheidungen sind zudem zu der Art und Weise, insbesondere zu Qualität und Güte, der Schönheitsreparaturen ergangen. Auch für diesen Bereich ist letztlich entscheidend, dass die Regelungen für den Mieter nicht zu einseitig sein dürfen.

> Vgl. etwa zur Unzulässigkeit von Regelungen, die die Art der Ausführung der Renovierung von der Zustimmung des Vermieters abhängig machen, bei der Wohnraummiete, BGH, NJW 2007, 1743, 1744.

411 Ein weiterer Teil der Rechtsprechung rankt sich schließlich um die Zulässigkeit von festgelegten Intervallen. Fristen für die Durchführung von Schönheitsreparaturen können in Gewerberaummietverträgen grundsätzlich wirksam vereinbart werden. Problematisch sind aber starre Intervalle bzw. Fristenpläne; da sie die besonderen Umstände des Einzelfalls nicht berücksichtigen, belasten sie den Mieter einseitig.

> BGH, NJW 2008, 3772, 3773 = ZIP 2009, 275 = ZfIR 2009, 319, dazu EWiR 2009, 135 *(Bühler)*;
> vgl. auch *Emmerich*, NZM 2009, 16 ff.

412 Es sollte deshalb stets darauf geachtet werden, dass die Fristen flexibel gehandhabt werden können, indem sie etwa vom Abnutzungsgrad abhängig gemacht werden.

> BGH, NJW 2005, 3416.

413 Nach der jüngsten Rechtsprechung des BGH im Bereich des Wohnraummietrechts ist die formularmäßige Überwälzung der laufenden Schönheitsreparaturen gemäß § 307 Abs. 1 Satz 1, Abs. 2 Nr. 1 BGB allerdings unwirksam, wenn die Wohnung bei Vertragsbeginn den Mietern ohne angemessenen Ausgleich unrenoviert oder renovierungsbedürftig überlassen wird.

> BGH, NJW 2015, 1594; bestätigt durch BGH, NJW 2018, 3302; dazu *Schmidt*, NJW 2016, 1201.

414 Es lässt sich nicht ausschließen, dass der BGH auch diese Entscheidung entsprechend ins Gewerbemietrecht überträgt.

415 Schließlich soll nach einer neueren Entscheidung des LG Berlin die formularmäßige Überwälzung der Schönheitsreparaturen sogar bei renoviert übergebenem Wohnraum unwirksam sein, wenn der gewährte finanzielle Ausgleich

aus dem Mietvertrag nicht erkennbar ist. Die Darlegungs- und Beweislast für die Ausgleichsgewährung und deren Angemessenheit trage der Vermieter.

LG Berlin, NZM 2017, 258.

8. Nebenkosten

Von zunehmender wirtschaftlicher Bedeutung für das (spätere) Management des Objekts sind die Nebenkosten; dies drückt sich in ihrer häufigen Bezeichnung als „zweite Miete“ aus. Legal definiert ist nur der Begriff „Betriebskosten“, und zwar in § 1 Betriebskostenverordnung (BetrKV), nicht aber „Nebenkosten“. Unseres Erachtens ist deshalb folgende Unterscheidung sinnvoll: Zu Nebenkosten gehören zum einen die **Betriebskosten** i. S. d. § 1 BetrKV, zum anderen **sonstige Nebenkosten**. 416

Beide Arten der Nebenkosten möchte der Vermieter typischerweise soweit wie möglich auf den Mieter übertragen. Die Übertragung sollte wiederum in der immobilienrechtlichen Due Diligence nicht lediglich aufgenommen, sondern einer AGB-Kontrolle unterworfen werden. 417

So bedarf die Umlage von Betriebs- und Nebenkosten auf den Mieter einer eindeutigen und hinreichend bestimmten Vereinbarung, wobei Unklarheiten zulasten des Vermieters gehen. Für den Mieter muss sich aus dem Vertrag mithin ergeben, welche Kosten er im Einzelnen zu tragen hat. Zwar kann die Umlage von Betriebskosten (auch in Formularverträgen) durch Bezugnahme auf die Betriebskostenverordnung erfolgen. Kosten, die nicht in § 2 Nr. 1–16 BetrKV genannt sind, sollten allerdings genau bezeichnet und im Einzelnen vereinbart werden, damit sie wirksam auf den Mieter übertragen werden. Im Hinblick auf die Betriebskosten für Heizung und Warmwasser ist die verbrauchsabhängige Abrechnung durch die Heizkostenverordnung (HeizKV) grundsätzlich zwingend vorgeschrieben; die HeizKV kennt nur wenige und sehr restriktive Ausnahmetatbestände. 418

„Verwaltungskosten“ können nach den vorstehenden Grundsätzen umgelegt werden, weil sie in der Betriebskostenverordnung legaldefiniert sind. 419

BGH, NJW 2014, 3722; BGH, NJW 2013, 41;
vgl. dazu auch *Huperz/Reichelt*, ZfIR 2013, 55.

Problematisch können aber sog. Center-Management-Kosten sein. Sollen diese übertragen werden, dürfen diese ohne nähere Aufschlüsselung nicht als „Center-Management-Kosten“ umgelegt werden. 420

BGH, NJW 2013, 41.

Vielmehr bedarf es in jedem Einzelfall einer genauen Bezeichnung der aufzuerlegenden Leistungen und zusätzlich – sicherheitshalber – der sich ergebenden Kosten (etwa durch eine Kostenobergrenze). 421

Unter Umständen scheidet eine Umlegung dann ganz aus, wenn der Mieter keinerlei Nutzen von diesen Maßnahmen hat. 422

9. Mietsicherheiten

423 Im Rahmen der Prüfung der Mietverträge sollte schließlich auf etwaige in den Mietverträgen vereinbarte Mietsicherheiten geachtet werden. Typischerweise sind dies **die Barkaution, die Bürgschaft und die Verpfändung eines Sparkontos.** Im Rahmen der immobilienrechtlichen Due Diligence sollte nicht nur darauf geachtet werden, welche Mietsicherheiten vereinbart sind und ob diese noch ungemindert vorhanden sind, sondern auch, wie im Kaufvertrag sichergestellt werden kann, dass die genannten Mietsicherheiten auf den Erwerber übergehen. Für die Bürgschaft und die Verpfändung eines Sparkontos kann dies im Kaufvertrag sinnvoll geregelt werden, da diese Sicherheiten akzessorisch sind. Bei der Barkaution wird demgegenüber häufig vergessen, hierzu eine ausdrückliche Regelung in den Kaufvertrag aufzunehmen, was bei Übergabe dann häufig zu dem Problem führt, dass vereinbarte Barkautionen in Wirklichkeit nicht (mehr) vorhanden sind. Auch zu den Barkautionen sollte deshalb eine Regelung in den Kaufvertrag aufgenommen und ggf. sogar ein Abzug vom Kaufpreis vereinbart werden. Hieran hat nicht nur der Erwerber ein Interesse, der gemäß § 566a Satz 1 BGB in die durch die Mietsicherheit begründeten Rechte und Pflichten eintritt.

Beachte hierzu auch BGH, NZI 2012, 383.

„Auf den Ersteher eines vermieteten Grundstücks geht die Verpflichtung zur Rückzahlung der Mietsicherheit an den Mieter kraft Gesetzes auch dann über, wenn der insolvent gewordene Voreigentümer die vom Mieter erhaltene Mietsicherheit nicht getrennt von seinem sonstigen Vermögen angelegt hatte.“

424 Auch der Verkäufer als bisheriger Vermieter ist gemäß § 566a Satz 2 BGB nach Beendigung des Mietverhältnisses weiterhin zur Rückgewähr der Mietsicherheit verpflichtet, wenn der Mieter die Sicherheit nicht von dem Erwerber erlangen kann, sodass es auch für ihn von Bedeutung ist, die Mietsicherheit wirksam auf den Erwerber zu übertragen.

10. Verpflichtungen des Vermieters

425 Es gilt zudem, sonstige, vom Vermieter gegenüber dem Mieter übernommene Pflichten zu identifizieren, die von diesem noch nicht erfüllt wurden. Solche offenen Vermieterpflichten können im Einzelfall eine erhebliche wirtschaftliche Relevanz haben (z. B. offene Bauverpflichtungen oder Baukostenzuschüsse). Je nach dem, von welcher Kaufvertragspartei solche offenen Vermieterpflichten wirtschaftlich getragen werden sollen, sind im Grundstückskaufvertrag entsprechende Regelungen vorzusehen.

Vgl. hierzu auch *Singbartl/Zintl*, ZfIR 2017, 213, 214.

V. Wartungs- und Dienstleistungsverträge

426 Anders als die vorstehend erläuterten mietvertraglichen Fragestellungen steht die Prüfung von Wartungs- und Dienstleistungsverträgen naturgemäß nicht

im Vordergrund der immobilienrechtlichen Due Diligence. Häufig werden diese Verträge zunächst gar nicht geprüft und werden erst dann interessant, wenn der Verkäufer von dem Käufer verlangt, dass dieser einige oder alle der Verträge im Rahmen der kaufvertraglichen Gestaltung übernehmen soll. Hintergrund einer solchen Übertragung kann zum einen sein, dass die entsprechenden Verträge für die Bewirtschaftung der Immobilie und insoweit auch für den reibungslosen Besitzübergang erforderlich sind; zum anderen kann die Motivation des Verkäufers bei einer Übertragung derartiger Verträge aber auch darin bestehen, nicht Schadensersatzansprüchen seiner Vertragspartner ausgesetzt zu sein, wenn deren Verträge vorzeitig beendet werden müssen. In Erwartung dieser Forderung sollte sich der Käufer rechtzeitig mit diesen Verträgen beschäftigen, um sich eine Meinung gebildet zu haben, ob er die Verträge übernehmen möchte oder nicht.

Grundsätzlich **gilt, dass diese Verträge nicht kraft Gesetz übergehen**. Soll 427
also eine Übernahme durch den Käufer greifen, muss dies ausdrücklich im Kaufvertrag vereinbart werden. Im Rahmen seiner Prüfung der Wartungs- und Dienstleistungsverträge sollte sich der Käufer dementsprechend auf die Prüfung der Konditionen und die Ausstiegsmöglichkeiten, insbesondere die Fristen, aus diesen Verträgen konzentrieren. Sollte sich herausstellen, dass ein oder mehrere Wartungs- bzw. Dienstleistungsverträge nicht akzeptabel sind, sollte der Käufer auf der Nichtübernahme bestehen und/oder den Vertrag nachverhandeln.

VI. Stand der bauvertraglichen Abwicklung

Die Prüfung der bauvertraglichen Situation kann bei der immobilienrechtlichen 428
Due Diligence eine große Rolle spielen. Entscheidend ist zunächst die Frage, in welchem Stadium der bauvertraglichen Abwicklung sich das zu prüfende Objekt befindet. Soll eine laufende Projektentwicklung erworben werden, sollten die Bauverträge, gleich ob Einzelgewerksverträge, Generalunternehmerverträge oder Generalübernehmerverträge, ausführlich geprüft und im Due-Diligence-Report dargestellt werden. Wird demgegenüber ein fertiges Objekt erworben, so wird den Erwerber in aller Regel nur die Frage interessieren, welche **Gewährleistungsansprüche** noch bestehen und ob es **Gewährleistungssicherheiten** gibt.

Folgende Fragen sollten im Rahmen der bauvertraglichen Due Diligence ge- 429
prüft werden:

- Hat die werkvertragliche Abnahme stattgefunden?
- Hat die öffentlich-rechtliche Bauabnahme stattgefunden? Nach den meisten Landesbauordnungen ist die Durchführung einer Bauabnahme allerdings ins Ermessen der Behörde gestellt. Zudem wird eine Bescheinigung darüber nur auf Antrag des Bauherrn ausgestellt und verursacht Kosten. Vielfach wird daher keine förmliche Bauabnahmebescheinigung vorliegen. Auch wenn eine solche Bescheinigung vorliegt, gibt dies keine

absolute Sicherheit, dass das Bauvorhaben tatsächlich in vollem Umfang den öffentlich-rechtlichen Bestimmungen entspricht; insbesondere werden durch eine solche Bescheinigung rechtswidrige oder bisher ungenehmigte Zustände nicht genehmigt.

- Wie ist die aktuelle Mängelsituation? Hat der Werkunternehmer festgestellte Mängel bereits (sämtlich) beseitigt?
- Welche Erfüllungs- und Gewährleistungsansprüche bestehen?
- Welche Regelungen sind im Hinblick auf die Verjährung dieser Ansprüche zu beachten?
- Ergeben sich Einschränkungen aus Insolvenzen?
- Bestehen Vertragserfüllungs- oder Gewährleistungssicherheiten?

430 Auch bei den Bauverträgen sind schließlich **AGB-Probleme** zu beachten: So kann es AGB-rechtlich problematisch sein, wenn standardmäßige Klauseln des Auftraggebers vorsehen, dass die Abnahme nur vollständig mängelfrei erfolgen kann. Auch ein Verbot des Austauschs von Sicherheiten oder der Austausch nur gegen Bürgschaft auf erstes Anfordern sind in aller Regel AGB-rechtswidrig.

Vgl. *Steinke/Niewerth/Ludwig*, Due Diligence bei Grundstücksgeschäften, S. 128.

VII. Urheberrechte

431 Nicht unterschätzt werden sollte auch die Bedeutung urheberrechtlicher Ansprüche. Je nach Art der Immobilie kann es durchaus sein, dass ein Gebäude insgesamt oder bestimmte Gestaltungsmerkmale eines Gebäudes urheberrechtlich geschützt sind und daher nur mit Zustimmung des Urhebers (d. h. in der Regel des Architekten) geändert werden dürfen. Dies kann zu erheblichen Einschränkungen z. B. bei späteren Umbaumaßnahmen führen; zudem sind nachträgliche Verhandlungen mit dem Architekten (oder dessen Erben) oft sehr langwierig und mit hohem „Erpressungspotenzial“ verbunden. Sofern ein solcher urheberrechtlicher Schutz in Betracht kommt, ist sorgfältig zu prüfen, ob und in welchem Umfang das Änderungsrecht durch den Architekten (wirksam) auf den derzeitigen Eigentümer übertragen wurde und von diesem an den Erwerber weiterübertragen werden darf. Dabei ist auch darauf zu achten, dass entsprechende Klauseln in Architektenverträgen auch einer AGB-Kontrolle unterliegen können.

Ausführlich zu dieser Thematik *Reimann/Keller*, ZfIR 2019, 817 ff.; *Singbartl/Zintl*, ZfIR 2017, 34, 39.

VIII. Informationen zu Rechtsstreitigkeiten

Zur Abrundung der immobilienrechtlichen Due Diligence sollte schließlich auch abgefragt werden, ob möglicherweise Rechtstreitigkeiten im Hinblick auf das zu erwerbende Objekt bestehen. Nicht alle diese Rechtstreitigkeiten müssen für den Erwerber von direkter Relevanz sein. Viele Rechtstreitigkeiten werden vielmehr in ihrer Abwicklung beim Verkäufer verbleiben. Dies gilt etwa für Rechtstreitigkeiten mit Mietern, soweit es um Fragen der Mietzahlung oder Mietminderung geht. Auch **baurechtliche Rechtstreitigkeiten**/selbstständige Beweisverfahren sollen möglicherweise bei dem Verkäufer verbleiben. **432**

Andere Arten von Rechtstreitigkeiten haben jedoch unmittelbare Auswirkungen auf den Erwerber. Dies gilt etwa für **Rechtstreitigkeiten mit Mietern**, wenn es um Fragen der Wirksamkeit von Mietverträgen oder deren Kündigung geht. Auch **nachbarrechtliche Streitigkeiten** sind für den Erwerber als zukünftigem Eigentümer stets unmittelbar von Interesse. In jedem Fall sollten im Rahmen der immobilienrechtlichen Due Diligence also Informationen über Rechtstreitigkeiten eingeholt werden, weil sie ein wesentlicher Bestandteil des Gesamteindrucks von der Immobilie sind. **433**

D. Allgemeine Grundsätze der Gestaltung des Kaufvertrags

Der Inhalt des Kaufvertrags und das für ihn maßgebliche Recht hängen im ersten Schritt entscheidend davon ab, ob Kaufgegenstand die Immobilie oder die Gesellschaft ist, der die Immobilie gehört. Diese Differenzierung zwischen Asset und Share Deal kann durchaus für dieselbe Immobilientransaktion eine Rolle spielen, da manchmal beide Formen, vor allem aus steuerlichen Gründen, kombiniert werden. 434

In beiden Vertragsformen ergeben sich wesentliche inhaltliche Vorgaben aus der Art, insbesondere der Nutzung der Immobilie zum Zeitpunkt des Verkaufs. Ebenso bedeutsam ist die zukünftige vom Käufer beabsichtigte Nutzung oder Verwendung. Zum Beispiel sind für bebaute Grundstücke sehr unterschiedliche Regelungen geboten, je nachdem, ob wirtschaftlich der Ertrag aus Miet- oder Pachtverträgen oder, gerade umgekehrt, ein Abbruchgrundstück mit dem Ziel gekauft wird, eine Projektentwicklung durchzuführen. Die Interessenlage des Käufers unterscheidet sich in beiden Situationen grundlegend (siehe Rn. 436 ff.). Jeder Kaufvertrag muss daher die derzeitige und die beabsichtigte Nutzungsart der Immobilie berücksichtigen (siehe Rn. 457 ff.). Schließlich stellt es eine Grundentscheidung dar, ob der Kaufvertrag prinzipiell auf dem gesetzlichen Mängelrecht oder angloamerikanischer Vertragstradition folgend auf Garantien basieren soll. Ein Überblick über die Unterschiede und Vor- und Nachteile folgt (siehe Rn. 461 ff.), die Darstellung im Einzelnen bei der Erörterung von Asset (siehe Rn. 547 ff.) und Share Deal (siehe Rn. 923 ff.). 435

I. Asset Deal versus Share Deal

Die Gründe, ein Grundstück unmittelbar über den Abschluss eines Grundstückskaufvertrags oder nur mittelbar in Form eines Share Deals zu erwerben, sind ausgesprochen unterschiedlich (siehe Rn. 437 ff.). Bei der Abwägung, ob der Immobilienkauf als Share Deal stattfinden soll, sind vor allen Dingen die unterschiedliche Risikolage (siehe Rn. 440 ff.) und die auch nach der Schuldrechtsreform fortbestehenden Unterschiede im Mängelrecht (siehe Rn. 456) zu berücksichtigen. 436

1. Gründe für einen Share Deal

In Betracht kommt ein Share Deal regelmäßig nur dann, wenn die Eigentümergesellschaft ein Special Purpose Vehicle (SPV) bzw. eine Objektgesellschaft ist, d. h. außer dem Halten und Verwalten der Zielimmobilie(n) keine oder zumindest keine nennenswerte Geschäftstätigkeit ausübt. 437

> Vgl. *Lettau/Telyatnykov*, NJOZ 2009, 1573, 1579 f.;
> *Löffler/Tietjen*, DStR 2010, 586.

Dabei kann einer Objektgesellschaft auch eine Vielzahl von Immobilien gehören, sei es ein Portfolio, seien es mehrere Immobilien eines großen einheitlichen Komplexes. Wenn die Gründe für einen Share Deal den damit verbun- 438 denen Aufwand rechtfertigen, kann die Voraussetzung für einen Share Deal, die Eigentümerstellung einer Objektgesellschaft, allerdings auch herbeigeführt werden, indem der Eigentümer die Immobilie in gesellschaftsrechtlicher Form, z. B. im Wege der Ausgliederung nach dem Umwandlungsgesetz, auf eine Objektgesellschaft abspaltet oder sie in eine Objektgesellschaft einbringt.

439 Verschiedene Gründe kommen für Verkäufer und Käufer in Betracht, statt der Immobilie selbst die Eigentümergesellschaft zu verkaufen bzw. zu kaufen:

- Der Verkäufer kann ein Interesse daran haben, durch die Veräußerung der Eigentümergesellschaft deren Liquidation zu vermeiden. Gerade bei ausländischen Eigentümern ist dieses Interesse nicht nur vereinzelt festzustellen.

- Nur beim Share Deal können die – allerdings durch § 8c KStG stark reduzierten – Möglichkeiten genutzt werden, einen **Verlustvortrag** der Eigentümergesellschaft fortbestehen zu lassen. Der Verlustvortrag kann dann durch den Erwerber genutzt werden. Die Verlustvorträge gehen allerdings vollständig unter, wenn innerhalb von fünf Jahren mittelbar oder unmittelbar mehr als 50 % der Anteile an der Eigentümergesellschaft an einen Erwerber (oder eine diesem nahestehende Person) übertragen werden (§ 8c Abs. 1 Satz 1 KStG). Ausnahmen hiervon gelten bei bestimmten Konzernsachverhalten (§ 8c Abs. 1 Satz 4 KStG) und soweit die Verlustvorträge auf Ebene der Gesellschaft mit stillen Reserven unterlegt sind (§ 8c Abs. 1 Satz 5 KStG).

  Instruktiv hierzu *Weiss/Brühl*, DStZ 2018, 451; § 8c Abs. 1 Satz 1 KStG a. F. wurde durch das BVerfG für verfassungswidrig erklärt, siehe BVerfG, DStR 2017, 1094, 1101, dazu ausführlicher Blümich/*Brandis*, KStG, § 8c Rn. 9. Daraufhin wurde § 8c Abs. 1 KStG durch das JStG 2018 (v. 11.12.2018, BGBl. I 2018, 2338) mit Rückwirkung für alle Veranlagungszeiträume ab 2008 neu gefasst und der vom BVerfG kritisierte anteilige Untergang von Verlustvorträgen bei Beteiligungserwerben zwischen 25 % und 50 % gestrichen, dazu Blümich/*Brandis*, KStG, § 8c Rn. 11.

- Vorrangiger Grund für die Wahl eines Share Deals ist die Vermeidung von Grunderwerbsteuer, die beim Asset Deal ausnahmslos nicht möglich ist.

- Bei Share Deals in Bezug auf grundbesitzende Gesellschaften fingiert das Grunderwerbsteuergesetz einen Rechtsträgerwechsel an der Immobilie unter den Voraussetzungen von § 1 Abs. 2a bis Abs. 3a GrEStG.

  Hierzu *Pahlke*, GrEStG, § 1 Rn. 4;
  Boruttau/*Meßbacher-Hönsch*, GrEStG, § 1 Rn. 22.

  Bei grundbesitzenden Personengesellschaften unterliegen Share Deals der Grunderwerbsteuer, wenn innerhalb von fünf Jahren mindestens 95 % der Anteile am Gesellschaftsvermögen unmittelbar oder mittelbar auf neue Gesellschafter übergehen (§ 1 Abs. 2a GrEStG). Der Grunderwerbsteuer unterliegen auch unmittelbare und mittelbare Anteilsübertragungen von mindestens 95 % der Anteile an einer grundbesitzenden Personen- oder Kapitalgesellschaft (§ 1 Abs. 3 Nr. 3 und Nr. 4 GrEStG) sowie – bei der Übertragung von weniger als 95 % – Anteilsübertragungen, die unmittelbar oder mittelbar zur Vereinigung von mindestens 95 % der Anteile an einer grundbesitzenden Personen- oder Kapitalgesellschaft in einer Hand führen (§ 1 Abs. 3 Nr. 1 und Nr. 2 GrEStG).

Vgl. insgesamt dazu *Hofmann*, GrEStG, § 1 Rn. 92 ff., 132 ff.; Boruttau/*Meßbacher-Hönsch*, GrEStG, § 1 Rn. 691 ff., 918 ff.

Ergänzend regelt § 1 Abs. 3a GrEStG, dass auch ein Rechtsvorgang grunderwerbsteuerpflichtig ist, aufgrund dessen ein Rechtsträger unmittelbar oder mittelbar eine wirtschaftliche Beteiligung von mindestens 95 % an einer grundbesitzenden Personen- oder Kapitalgesellschaft innehat. Mit dieser 2013 eingeführten Regelung bezweckt der Gesetzgeber die Bekämpfung von sog. RETT-Blocker-Strukturen.

Hierzu *Hofmann*, GrEStG, § 1 Rn. 187 ff.; zur Kritik an dieser Vorschrift siehe etwa *Wagner/Mayer*, BB 2014, 279.

- Im Ergebnis ermöglichen die Beteiligungsgrenzen von 95 % in der Praxis gewisse Gestaltungsspielräume, bei Anteilsübertragungen das Entstehen von Grunderwerbsteuer zu vermeiden. Allerdings sollen die Regelungen zum Share Deal verschärft werden; ein entsprechender Gesetzentwurf wurde im Jahr 2019 in den Bundestag eingebracht.

  BR-Drucks. 355/19.

  Er sieht u. a. eine Verlängerung des Fünfjahreszeitraums von § 1 Abs. 2a GrEStG auf zehn Jahre (vgl. § 1 Abs. 2a GrEStG-E) sowie die Einführung eines neuen Tatbestandes für die Übertragung von Anteilen an grundbesitzenden Kapitalgesellschaften vor, der § 1 Abs. 2a GrEStG nachgebildet ist (vgl. § 1 Abs. 2b GrEStG-E). Überdies soll die Beteiligungsgrenze in allen Tatbeständen des § 1 Abs. 2a bis Abs. 3a GrEStG von bisher 95 % auf 90 % abgesenkt werden. Das Reformvorhaben und besonders die Absenkung der Beteiligungsgrenze ist politisch umstritten, weshalb die Gesetzesänderung nicht wie zuletzt geplant zum 1. Januar 2020 in Kraft treten konnte.

  Generell zu dem Reformvorhaben siehe *Behrens/Waadt*, BB 2019, 1367; *Wagner*, DB 2019, 1286.

- Als eher banale Erwägung lassen sich bei einer Objektgesellschaft, die nicht die Rechtsform der GmbH hat, die Kosten für die notarielle Beurkundung sparen.

2. Unterschiedliche Risikostruktur von Asset Deal und Share Deal

Vor allem zwei Unterschiede muss ein Käufer in seine Entscheidung, die 440
Immobilie mittelbar über den Erwerb ihrer Eigentümergesellschaft zu kaufen, in die Abwägung einstellen: die Übernahme aller gesellschaftsrechtlichen Ri-

siken (siehe Rn. 441 ff.) und den Verlust an sachenrechtlicher Abwicklungssicherheit (siehe Rn. 447 ff.).

a) Übernahme von Verbindlichkeiten und Risiken

441 Bei einem **Asset Deal** übernimmt der Käufer nur die aus dem Erwerb der Immobilie folgenden Risiken. Sie sind schon deshalb beschränkt, weil sie nur aus Eigentum und Besitz der Immobilie resultieren können. Allenfalls im Einzelfall werden diese Risiken den Wert der Immobilie übersteigen, sodass sie sich auf das übrige Vermögen des Käufers auswirken können, z. B. bei Altlasten.

> Vgl. die Ausnahmen von der prinzipiellen Beschränkung auf den Wert des Grundstücks im grundlegenden Urteil des BVerfG, BVerfGE 102, 1, 21 ff.

442 Sie sind zudem durch eine Immobilien-Due-Diligence relativ gut festzustellen, da sie größtenteils dem Grundbuch entnommen oder durch wirtschaftliche, technische oder rechtliche Untersuchungen festgestellt werden können. Auch besteht die Gefahr, dass den Käufer Risiken aufgrund schlechter wirtschaftlicher Verhältnisse des Verkäufers treffen, anders als beim Share Deal, nur sehr beschränkt. Die Belastungen des Grundstücks sind im Grundbuch eingetragen, sodass nur ausstehende oder rückständige Steuern und öffentliche Abgaben in Betracht kommen, für die die Immobilie gesetzlich haftet. Auch sie können zu erheblichen Teilen durch Nachfrage bei den zuständigen Stellen betragsmäßig begrenzt und so bei der Abwicklung der Kaufpreiszahlung berücksichtigt werden.

> Zum Beispiel Erschließungsbeiträge, nach den §§ 127 ff. BauGB z. B. § 40 KAG (B.-W.);
> Kostenbeiträge für die von der öffentlichen Hand zur Verfügung gestellten öffentlichen Einrichtungen, vgl. § 8 KAG (S.-H.), § 8 KAG (N.-W.);
> Straßenreinigungsgebühren, z. B. § 7 StrReinG (Berlin) etc., rückständige Grundsteuern (§§ 10, 11 Abs. 2 Satz 1 GrStG);
> siehe dazu ausführlich auch *Nieder*, NJW 1984, 2662;
> zur Frist, innerhalb der ein Belastungsbescheid gegen den neuen Eigentümer erhoben werden kann, siehe §§ 77 Abs. 2, 191 AO i. V. m. § 3 KAG (B.-W.), § 12 KAG (N.-W.) etc.

443 Zudem hat der Käufer die Möglichkeit, diese der Immobilie anhaftenden Risiken in seiner Sphäre einzugrenzen, indem er den Erwerb über ein SPV vornimmt und so die Haftung auf dieses SPV beschränkt; Voraussetzung dafür ist allerdings, dass er für die Finanzierung des Kaufs keine Haftungserklärungen zulasten seines Vermögens abgeben muss, z. B. Bürgschaften oder Grundpfandrechte auf anderen Immobilien.

444 Grundsätzlich anders ist die Rechtslage beim **Share Deal**: Hier übernimmt der Käufer die Gesellschaft und damit ihre gesamten Verbindlichkeiten und Risiken, unabhängig davon, ob sie aus dem materiellen Kaufgegenstand, der Immobilie, oder aus sonstigen Aktivitäten oder Unterlassungen der Gesellschaft resultieren. Dieser, verglichen mit einem Asset Deal, deutlich umfassendere Kaufgegenstand führt zu folgenden besonderen Anforderungen:

Die Käufer-Due-Diligence muss die gesellschaftsrechtlichen Risiken **im Detail** aufklären, d. h. sie muss mit der Breite und Tiefe der Due Diligence einer M&A-Transaktion durchgeführt werden. Dazu gehört z. B. die Prüfung vergangener Jahresabschlüsse, der steuerrechtlichen Situation, aller Vertragsverhältnisse der Gesellschaft usw. Im Vergleich zu einem Asset Deal führt diese umfassende Prüfung zu erheblich höheren Transaktionskosten und gesteigerten Anforderungen an die Vertragsgestaltung: 445

- Risiken der Verkäufergesellschaft, die über die rein immobilienrechtlichen Risiken hinausgehen, sind im Kaufvertrag separat nach den Grundsätzen einer M&A-Transaktion zu regeln. Üblicherweise möchte der Käufer allerdings primär eine Immobilie erwerben und die Eigentümergesellschaft nur nolens volens als Vehikel hierzu. Deshalb muss die Haftung des Verkäufers für gesellschaftsbezogene Risiken deutlich weitergehen als bei einer normalen M&A-Transaktion. Nach unseren Erfahrungen sind im Regelfall sämtliche rein gesellschaftsrechtlichen – d. h. nicht aus Eigentum und Besitz des Grundbesitzes resultierenden – Risiken beim Verkäufer zu belassen oder vom Käufer „einzupreisen"; für die zweite Alternative besteht oft die Schwierigkeit, dass sie sich nicht ausreichend zuverlässig prognostizieren und so preislich bewerten lassen. Der Grund liegt darin, dass auch beim Share Deal der Kaufpreis regelmäßig ausschließlich nach dem Wert der Immobilie bemessen wird, z. B. nach deren Ertragswert. Damit besteht wirtschaftlich keine Rechtfertigung, dass der Käufer bei Vereinbarung eines diesen Wert widerspiegelnden Kaufpreises gesellschaftsrechtliche Risiken übernimmt, deren Realisierung dazu führt, dass er effektiv mehr als den Wert der Immobilie zahlt.

  In der Praxis wird dieses Problem vielfach so gelöst, dass der Verkäufer die Eigentümergesellschaft auf Grundlage einer „Plan-", „Verkaufs-" oder „**Übergabebilanz**" verkauft, d. h., er nimmt alle gesellschaftsrechtlichen Risikopositionen aus der Gesellschaft heraus, sodass deren Bilanz im Wesentlichen nur noch die Immobilie als Aktivum und das aus der Immobilie resultierende Eigenkapital als Passivum ausweist. Allerdings ist dabei zu prüfen, ob und in welchem Umfang die Gesellschaft aufgrund **Nachhaftung** trotzdem für die herausgenommenen Verbindlichkeiten und Risiken weiter haftet; in diesem Fall kommt der Share Deal in der Praxis nur in Betracht, wenn entweder der Verkäufer von ausgesprochen guter Solvenz ist oder Sicherheiten stellt (siehe dazu im Einzelnen Rn. 939 ff.).

Die sorgfältige Prüfung der Vertragsgestaltung führt daher nicht selten dazu, dass der Share Deal ausscheidet. Dafür sind zwei Gründe von Bedeutung: Die Parteien konnten sich über die Zuordnung der immobilienfremden Risiken nicht einigen. Und vor allem: Der Verkäufer bot für den Käufer nicht die 446

Gewähr, dass er nach Durchführung des Verkaufs zur Ablösung der nicht immobilienbezogenen Risiken in der Lage sein wird.

b) Risiken der Abwicklung

447 Kurz zusammengefasst liegt der Unterschied zwischen einem Asset und einem Share Deal im Hinblick auf die Sicherheit der Abwicklung darin, dass dem Käufer nur beim Asset Deal die gesetzlichen Bestimmungen (siehe Rn. 448 ff.) sowie die Praxis der notariellen Vertragsabwicklung (siehe Rn. 454 ff.) zum Schutz des Käufers zur Verfügung stehen.

aa) Schutz des guten Glaubens

448 Der Käufer einer Immobilie ist gemäß § 892 BGB in seinem guten Glauben an das Eigentum des eingetragenen Verkäufers und – mit wenigen Ausnahmen – die Richtigkeit und Vollständigkeit der in den Abteilungen II und III des Grundbuchs eingetragenen Belastungen geschützt. Nur wenige bloß deklaratorisch eingetragene Belastungen, z. B. der Entwicklungsvermerk für Entwicklungsmaßnahmen nach dem Baugesetzbuch, haben nicht am Schutz des guten Glaubens gemäß § 892 BGB teil (zu den Einzelheiten siehe Rn. 261).

449 Selbst bei den deklaratorischen Eintragungen des **Insolvenzverwalter- und Testamentsvollstreckervermerks** ist der gute Glaube an die Verfügungsbefugnis des Eigentümers vor Eintragung des Vermerks geschützt (siehe Rn. 241).

450 Beim Share Deal ist der gute Glaube des Käufers, dass die Gesellschaft Eigentümerin des Grundstücks ist, um dessen mittelbaren Erwerb es ihm geht, hingegen nicht gemäß § 892 BGB geschützt. Jeder Mangel der Eintragung des Verkäufers als Eigentümer, z. B. dass die Eintragung wegen Unwirksamkeit des Erwerbs oder wegen Bösgläubigkeit der Gesellschaft nicht hätte erfolgen dürfen und deshalb der Voreigentümer einen Grundbuchberichtigungsanspruch durchsetzt, trifft beim Share Deal den Käufer der Gesellschaft uneingeschränkt. Voraussetzung für einen Gutglaubensschutz wäre ein Verkehrsgeschäft in Bezug auf das Grundstück, d. h. ein Wechsel des Eigentums am Grundstück vom Verkäufer auf den Käufer.

> *Kohler,* in: MünchKomm-BGB, § 892 Rn. 33 ff.;
> Staudinger/*Picker,* BGB (2019), § 892 Rn. 73;
> vgl. auch BGH, NJW 1997, 860, 861 = ZIP 1997, 244
> = ZfIR 1997, 94.

451 Beim Share Deal findet ein solcher Wechsel des Eigentums gerade nicht statt, da ausschließlich die Beteiligung des Verkäufers an der Eigentümergesellschaft verkauft und übertragen wird, die Eigentumsverhältnisse am Grundstück also unberührt bleiben. Dies gilt auch, wenn das Zielgrundstück der einzige nennenswerte Vermögenswert der Gesellschaft ist.

> BGH, NJW 1997, 860, 861 = ZIP 1997, 244 = ZfIR 1997, 94.

Ebenso fehlt es am Schutz des guten Glaubens des Käufers, dass der Verkäufer Inhaber der verkauften Beteiligung ist und diese unbelastet ist. Eingeschränkt besteht ein solcher guter Glaube nur für die GmbH (siehe Rn. 928 ff.). 452

Konsequenz des fehlenden Gutglaubensschutzes sowohl im Hinblick auf den Grundbesitz der Gesellschaft als auch auf die Gesellschafterstellung des Verkäufers für den Käufer ist, dass er bei einem Share Deal auf einen Title Research nach amerikanischem Vorbild angewiesen ist. 453

bb) Notarieller Vollzug

Aufgrund der langen Dauer der Umschreibung erfolgt die Abwicklung eines Grundstückskaufvertrags, vor allem die Zahlung des Kaufpreises und die einhergehende Ablösung der vom Verkäufer aufgenommenen Finanzierung, in der Praxis fast durchgehend auf der Grundlage der Eintragung einer **Eigentumsübertragungsvormerkung.** Die dazu entwickelte Abwicklungspraxis von Grundstückskaufverträgen führt zu einem nahezu vollständigen Schutz des Käufers vor dem Risiko, dass er zwar den Kaufpreis gezahlt hat, das Eigentum an der Immobilie aber nicht oder nur mit Belastungen erhält, deren Übernahme nicht vereinbart war (siehe Rn. 191 ff.). 454

Diese Sicherheit besteht bei einem Share Deal bei der in der Praxis im Vordergrund stehenden gestuften Abwicklung nicht, wenn sich an die Unterzeichnung des Kaufvertrags, das Signing, die Abwicklungsphase bis zum endgültigen Abschluss der Transaktion, das Closing, anschließt (siehe Rn. 34 ff.). Es gibt kein Institut, das wie die Vormerkung vor Zwischenverfügungen in Bezug auf die Immobilie und vor der Insolvenz des Verkäufers in der Zeit zwischen Abschluss des schuldrechtlichen Vertrags und sachenrechtlicher Übertragung schützt. Bei aufschiebend bedingtem Erwerb von Gesellschaftsanteilen besteht grundsätzlich Schutz vor Zwischenverfügungen in Bezug auf Gesellschaftsanteile (siehe Rn. 955 ff.). Ansonsten ist der Käufer gegenüber Zwischenverfügungen des Verkäufers in dieser Zeit beim Share Deal jedoch nicht geschützt, da die Anteile an der Eigentümergesellschaft nach wie vor dem Verkäufer zustehen und er mithin sowohl in Bezug auf die Gesellschaft als auch auf das ihr gehörende Grundstück alle Maßnahmen tätigen kann, die Gesellschaftern zustehen. Dasselbe Vakuum an Schutz besteht für eine zwischenzeitliche Insolvenz des Verkäufers. Die zur Verfügung stehenden begrenzten Sicherungsmöglichkeiten sind relativ aufwendig und werden im Rahmen des Share Deals näher dargestellt (siehe Rn. 955 ff.). 455

3. Mängelrecht

Auch wenn die Schuldrechtsreform die Unterschiede zwischen Sach- und Rechtsmängeln gemäß § 453 Abs. 1 BGB weitgehend eingeebnet hat und deshalb auch für Mängel verkaufter gesellschaftsrechtlicher Beteiligungen grundsätzlich vergleichbare Regelungen wie für Sachmängel eines Grundstücks gelten, bleibt ein wesentlicher Unterschied: Während beim Asset Deal das Mängelrecht unmittelbar an das Grundstück als Kaufsache anknüpft, ist Kauf- 456 gegenstand beim Share Deal die gesellschaftsrechtliche Beteiligung, z. B. der vom Verkäufer gehaltene GmbH-Geschäftsanteil. Daraus ergibt sich für Mängel des Grundstücks die Frage, ob sie auch Mängel des GmbH-Geschäftsanteils darstellen, diesen zumindest gleichgestellt sind oder, sollte dies nicht der Fall sein, sonst zu Mängelrechten führen. Die dafür geltenden Grundsätze können im Einzelfall sehr schwierig sein, sie werden bei der Darstellung des Share Deals behandelt (siehe Rn. 949 ff.).

II. Von der Nutzung des Grundstücks geprägter Vertragstypus

457 Unabhängig davon, ob eine Immobilientransaktion als Asset oder Share Deal ausgestaltet ist, hängen Art und Inhalt der notwendigen vertraglichen Regelung entscheidend davon ab, welche Eigenschaften und Nutzungen das Grundstück als unmittelbaren oder mittelbaren Kaufgegenstand charakterisieren; und zwar sowohl für die Zeit des Vertragsabschlusses als auch für die zukünftige Verwendung durch den Käufer. In der Sprache der Vertragslehre lässt sich von den verschiedenen Vertragstypen eines Grundstückskaufvertrags sprechen.

> Der Typus eines Schuldverhältnisses wird durch dessen Leistungspflichten bestimmt, vgl. *Larenz,* Lehrbuch des Schuldrechts, Bd. II 1. Halbbd. S. 7 f.; siehe auch Palandt/*Grüneberg,* BGB, Vor § 311 Rn. 11 f.

458 Diese Abhängigkeit der Gestaltung des Grundstückskaufvertrags von Eigenart und Nutzung seines Kaufgegenstands ist der Grund dafür, warum es entgegen einer vielfältigen Vorstellung in der Praxis und durchaus abweichend von M&A-Transaktionen keinen wirklichen Standardvertrag gibt, sondern nur standardmäßig zu verwendende Klauseln, insbesondere für die sachenrechtliche Abwicklung.

459 Dies zeigt die anschließende knappe Auflistung nur eines Teils der in Betracht kommenden Arten von Grundstücken und daraus resultierenden Typen von Grundstückskaufverträgen:

- Bebaute Grundstücke als **Renditeobjekte**, der typische Gegenstand von Immobilientransaktionen zu dem Ziel, dass der Käufer unmittelbar Einnahmen aus der erworbenen Immobilie generiert; für Wohnhäuser wird gerne der Begriff „Zinshaus“ verwendet. Der Kaufpreis basiert oft auf einem Faktor der Miet- und Pachteinnahmen, z. B. dem 30-fachen. Dieser Vertragstypus hat gerade derzeit angesichts der in den Ballungszentren erheblich gestiegenen Preise für Gewerbe- und Wohngrundstücke erhebliche Bedeutung. Die Mängelrechte sind entscheidend davon geprägt, neben den normalen immobilienrechtlichen Anforderungen, wie z. B. der Freiheit von Altlasten, den kontinuierlichen Liquiditätsfluss zugunsten des Käufers sicherzustellen, indem z. B. Klauseln zur Wirksamkeit der Miet- und Pachtverhältnisse (siehe Rn. 998 f.) und zur Einbringlichkeit der Mieten und Pachten etwa im Hinblick auf Einwendungen oder Solvenz des Mieters oder Pächters aufgenommen werden.

- Bebaute Grundstücke als **Grundstücke zur Entwicklung** ggf. in Verbindung mit einem (Teil-)**Abriss.** Die Mängelrechte im Hinblick auf das Gebäude haben verglichen zum Renditeobjekt einen völlig anderen Inhalt, sie sollen vor allem gewährleisten, dass die notwendigen Umbau-, Abriss- oder Baugenehmigungen wirksam erteilt sind oder werden und die abzureißende Gebäudesubstanz sowie der Grund und Boden wegen (Gebäude-)-Altlasten (vor allem Asbest, PCB) keine zusätzlichen Abriss- und Deponiekosten verursacht. Vielfach wird wegen der vom Verkäufer abgelehnten und häufig auch unzumutbaren Haftung die Sicherung des Käufers nicht über Mängelrechte, sondern in anderer Form stattzufinden haben, z. B. über aufschiebende Bedingungen oder Rücktrittsrechte.

- Bebaute Spezialimmobilien, wie z. B. **Hotel- oder Logistikimmobilien.** Die besonderen Nutzungsbedingungen sind in die vertragsrechtliche Prüfung einzubeziehen, z. B. bei Hotelimmobilien Pacht- oder Managementverträge.

- **Unbebaute Grundstücke.** Die Mängelrechte werden entscheidend davon bestimmt, ob sie bebaut oder unbebaut genutzt werden sollen. Bei Baugrundstücken ist wie beim Abrissgrundstück die Realisierbarkeit der Bebauung, bei unbebaut zu nutzenden Grundstücken sind neben allgemeinen Themen wie der Altlastenfreiheit vor allem die sich aus der Nutzung ergebenden Anforderungen und Risiken zu regeln.

Aus dieser Interdependenz zwischen dem Inhalt des Kaufvertrags einerseits 460
und den Eigenschaften sowie der gegenwärtigen und zukünftigen Nutzung des Grundstücks andererseits folgt die Anforderung an den Verhandler einer Immobilientransaktion wie den Verfasser eines Grundstückskaufvertrags: Im ersten Schritt ist die Immobilie als Kaufgegenstand vom Sachverhalt unter Einschluss der geplanten Verwendung her zu analysieren und zu verstehen. Im zweiten Schritt ist das vertragliche Regelwerk daran auszurichten. Diesem Anliegen wird es regelmäßig nicht gerecht, wenn, wie in der Praxis immer noch verbreitet, standardisierte Kataloge von Mängelrechten verwendet werden, für die nur Anpassungen vorgenommen werden. Für jeden Grundstückskaufvertrag, der eine nicht völlig standardmäßige Immobilie zum Gegenstand hat wie ein typisches Mehrfamilienhaus, ist dringend zu empfehlen, den Katalog der Mängelrechte und der sie ergänzenden oder substituierenden Bestimmungen, etwa in Form von aufschiebenden Bedingungen und Rücktrittsrechten, maßzuschneidern.

III. Gesetzliche Mängelrechte versus Garantien

Rechtlich geprägt wird eine Immobilientransaktion auch davon, ob sie dem 461
gesetzlichen Mängelrecht oder einem Set von Garantien unterstellt wird. Die Auswirkungen dieser Grundentscheidung werden häufig unterschätzt. Zwar ist es selbstverständlich möglich und vielfach sinnvoll, auch in einem Vertrag, der prinzipiell vom gesetzlichen Mängelrecht regiert werden soll, Garantien für einzelne besondere Ansprüche des Käufers vorzusehen, ein Beispiel sind

die Steuerklauseln. Und es ist theoretisch ebenso richtig, dass die Vertragsfreiheit erlaubt, auf beiden Wegen, dem der gesetzlichen Mängelrechte und der Garantien, zu einem weitgehend übereinstimmenden Ergebnis zu kommen. Diese Betrachtung ist aber rein auf das rechtlich mögliche Ergebnis bezogen. Sie übersieht, dass Verhandlungen faktisch erheblich davon geprägt werden, ob Basis des Vertragsentwurfs das gesetzliche Mängelrecht oder Garantien sind. Ursache ist der grundsätzlich verschiedene Inhalt beider Vertragsinstitute:

462 Nach dem gesetzlichen Mängelrecht hat der Käufer ohne Verschulden des Verkäufers nur Rechte auf primär Nacherfüllung sowie sekundär Minderung und Rücktritt. Das Recht zum Rücktritt wird oft ausgeschlossen. **Schadensersatz setzt Verschulden des Verkäufers voraus.**

463 Demgegenüber ist es das normale Verständnis von Garantien, dass sie auch **ohne Verschulden Ansprüche auf Schadensersatz gewähren.**

464 Aufgrund dieser prinzipiellen Verschiedenheit stellt die Entscheidung zwischen gesetzlichem Mängelrecht oder Garantien praktisch und verhandlungspsychologisch eine bedeutende Weichenstellung dar: Im gesetzlichen Mängelrecht muss ausdrücklich geregelt werden, ob der Verkäufer insgesamt oder im Einzelfall auch ohne Verschulden auf Schadensersatz haften soll, während bei Garantien explizit zu stipulieren ist, dass die Garantie nur bei Verschulden oder Kenntnis des Verkäufers Ansprüche eröffnet. Die Verhandlungssituation ist deshalb auf Grundlage des gesetzlichen Mängelrechts davon geprägt, dass der Verkäufer grundsätzlich nur verschuldensabhängig Schadensersatz schuldet, auf Grundlage von Garantien demgegenüber, dass er prinzipiell verschuldensunabhängig auf Schadensersatz haftet. Das Verschuldenserfordernis wird daher in der Tendenz bei gesetzlichen Mängelrechten vom Käufer "hinaus", bei einer Garantiehaftung vom Verkäufer „hinein“ verhandelt. Daraus lässt sich als eine Faustformel ableiten, dass ein Verkäufer prinzipiell besser beraten ist, mit einem Vertragsentwurf auf Grundlage des gesetzlichen Mängelrechts in die Verhandlung zu gehen, ein Käufer hingegen eher zu Garantien als Basis tendieren sollte.

465 Als weiteren Unterschied haben selbstständige Garantien keine Basis im Gesetzesrecht, sodass ihre Voraussetzungen und Rechtsfolgen voll ausformuliert werden müssen, soweit nicht – vielfach durchaus empfehlenswert – auf das gesetzliche Mängelrecht als Auffangregelung verwiesen wird (siehe Rn. 614 ff.).

E. Arglisthaftung des Verkäufers

Manchen Leser wird es überraschen, vor den „normalen" Ansprüchen des Käufers wegen Mängeln der Immobilien über die Arglisthaftung des Verkäufers zu lesen. Er könnte meinen, wie wir es oft in der Praxis antreffen, es handele sich dabei um eine Extremhaftung, die nur den böswilligen Verkäufer treffen könne und die mithin für Planung und rechtliche Bewertung einer geschäftsüblichen Immobilientransaktion keine Bedeutung habe. Ein solches Verständnis der Arglisthaftung als ein nur für oder besser gegen den böswilligen Verkäufer gedachtes „Extreminstrumentarium" ist allerdings grundlegend falsch: 466

Die Rechtsprechung hat den Tatbestand der Arglist aus der Nähe zum Betrugsvorwurf oder zum unethischen Verhalten entfernt. Dazu hat sie ausdrücklich festgestellt, dass **Arglist keine Bereicherungs- oder Schädigungsabsicht** des Täuschenden erfordert und nicht mit einem moralischen Unwerturteil verbunden sein muss. 467

> BGH, NJW-RR 2008, 258 Rn. 20 = ZfIR 2008, 290;
> BGH, NJW-RR 2012, 1078 Rn. 24;
> OLG Celle, BeckRS 2008, 19237;
> OLG Saarbrücken, NJW-RR 2013;
> OLG Koblenz, BeckRS 2013, 05229, 1523;
> Düsseldorf, NJW-RR 2014, 1462, 1463;
> Palandt/*Ellenberger*, BGB, § 123 Rn. 2;
> PWW/*Ahrens*, BGB, § 123 Rn. 4;
> PWW/*Wagner*, BGB, § 444 Rn. 17;
> Staudinger/*Singer/v. Finckenstein*, BGB (2017), § 123 Rn. 50 m. w. N.

Mit dieser „moralischen Neutralisierung" wollte die Rechtsprechung nach Auffassung der Verfasser erreichen, die Verhaltensstandards bei Verkäufen, gleichermaßen zwischen Privaten wie bei den großen Transaktionen der Wirtschaft, grundlegend zu erhöhen. Deutlich wird dies daran, dass die Erweiterung der Arglisthaftung in den letzten Jahren Ergebnis einer Phalanx von Entscheidungen der maßgeblichen drei Spruchkörper des BGH ist, und zwar des V., VII. und VIII. Zivilsenats, siehe nur die folgenden Nachweise: 468

> Zusammenfassend PWW/*Wagner*, BGB, § 444 Rn. 18 ff.;
> für den V. Zivilsenat: Urt. v. 11.11.2011 – V ZR 245/10, NJW 2012, 846 Rn. 6; Urt. v. 12.4.2013 – V ZR 266/11, NJW 2013, 2182 Rn. 12;
> für den VII. Zivilsenat: Urt. v. 8.3.2012 – VII ZR 116/10, NJW 2012, 1653 Rn. 18;
> für den VIII. Zivilsenat: Urt. v. 4.3.1998 – VIII ZR 378/96, NJW-RR 1998, 1406;
> Lemke/*D. Schmidt*, Immobilienrecht, § 444 BGB Rn. 19.

Diese Vorgabe der Rechtsprechung, über die Arglisthaftung einen **Standard für Verkäufe und Transaktionen zu setzen**, führt für jeden Beteiligten an Verkaufsverhandlungen, für die Parteien wie ihre Berater, zu folgender Konsequenz: Die **Anforderungen der Rechtsprechung** an die Verhandlungsführung 469 und speziell die Informationspflichten der Vertragsparteien müssen eine **wesentliche Grundlage für die Strukturierung einer Transaktion bilden**. Dies gilt vor allem für den Verkäufer: Er muss sich bewusst sein, dass der Arglistvorwurf mit zunehmender Tendenz erfolgreich von Käufern für die Erhebung von Ansprüchen genutzt wird, auch wenn er nachvollziehbar jeden Vorwurf der Böswilligkeit zurückweist.

470 Im Folgenden wird dargestellt, wie sich die Arglisthaftung zum gesetzlichen Mängelrecht und zu vertraglich vereinbarten Garantien verhält (siehe Rn. 471 ff.) und warum sie, gegliedert nach den einzelnen Tatbeständen, in der Praxis eine solche Bedeutung gewonnen hat (siehe Rn. 485 ff.). Daraus werden praktische Ratschläge abgeleitet (siehe Rn. 535 ff.).

I. Vorrang der Arglisthaftung vor der Spezialität von Mängelrechten und Garantien

471 Die Arglisthaftung nimmt den gesetzlichen bzw. vereinbarten Mängelrechten und Garantien die Exklusivität (siehe Rn. 470 ff.) und unterstellt so die Transaktion ihren Regeln (siehe Rn. 478 ff.). In der Praxis tritt dieser Effekt wesentlich häufiger ein als oft angenommen (siehe Rn. 485 ff.).

1. Sperrwirkung des Mängelrechts

472 Beim Asset wie beim Share Deal basiert der Vertragsschluss auf der Überzeugung der Parteien, entweder auf Grundlage des gesetzlichen Mängelrechts oder von privatautonom vereinbarten Garantien ein abschließendes System der Ansprüche des Käufers gegen den Verkäufer vereinbart zu haben. Für das gesetzliche Mängelrecht ergibt sich der abschließende Charakter aus der Spezialität zu allen Rechtsinstituten, die unmittelbar oder wenigstens sachlich an Eigenschaften der Kaufsache anknüpfen. Diese Spezialität, die mit dem Gefahrübergang als Zäsur für den Beginn der Geltung des Mängelrechts einsetzt,

> so Palandt/*Weidenkaff*, BGB, § 437 Rn. 48 ff.;
> PWW/*Wagner*, BGB, § 437 Rn. 3;
> *Westermann*, in: MünchKomm-BGB, § 437 Rn. 6;
> *Heinemeyer*, NJW 2019, 1025, nach der das Gewährleistungsrecht der § 433 ff. BGB ab dem hypothetischen Gefahrübergang anwendbar ist;
> **a. A.** BGH, NJW 2006, 434 Rn. 20, wonach der praktisch vielfach zeitgleiche Zeitpunkt der Annahme der Leistung gemäß § 363 BGB maßgeblich ist, der BGH nimmt zur abweichenden h. L. keine Stellung,

soll verhindern, dass durch den Rekurs auf allgemeine Regelungen die besonderen Anforderungen und Grenzen des Mängelrechts umgangen werden: *„Indessen bestehen (...) kaufrechtliche Besonderheiten, die die Annahme einer Sperrwirkung gebieten"*.

> BGH, BGHZ 180, 205, 210 ff. Rn. 22 = ZfIR 2009, 560;
> ebenso BGH, NJW-RR 2011, 462 Rn. 16.

Diese **Sperrwirkung des Mängelrechts** schließt Ansprüche wegen eines Irrtums über eine verkehrswesentliche Eigenschaft der Kaufsache gemäß § 119 Abs. 2 BGB, 473

> PWW/*Wagner*, BGB, § 437 Rn. 73;
> *Westermann*, in: MünchKomm-BGB, § 437 Rn. 54;
> Staudinger/*Matusche-Beckmann*, BGB (2014), § 437 Rn. 24–28 m. ausf. N.;
> **a. A.** *Faust*, in: BeckOK BGB, § 437 Rn. 190,

aus allgemeinem Leistungsstörungsrecht und Unmöglichkeit,

> Palandt/*Weidenkaff*, BGB, § 437 Rn. 49 f.;
> PWW/*Wagner*, BGB, § 437 Rn. 71,

sowie prinzipiell aus Verschulden bei Vertragsschluss bzw. c. i. c. aus.

> Vgl. grundlegend BGH, BGHZ 180, 205, 210 ff., LS b) Rn. 19 ff. = ZfIR 2009, 560;
> BGH, NJW-RR 2011, 462 Rn. 16,
> ausführliche Darstellung m. w. N. bei PWW/*Wagner*, BGB, § 437 Rn. 76 f.

Zudem wird die Spezialität vielfach im Vertrag ausdrücklich niedergelegt, z. B. mit der Regelung, dass dem Käufer ausschließlich die in den vorstehenden Bestimmungen geregelten Mängelrechte und/oder Garantien zustehen. 474

Diese Ausschließlichkeit der gesetzlichen bzw. vereinbarten Mängelrechte und Garantien ist die Grundlage der finanziellen und wirtschaftlichen Risikozuordnung im Kaufvertrag für beide Parteien, vor allem für den Verkäufer. Nur wenn der Verkäufer sich darauf verlassen kann, für Mängel ausschließlich im Rahmen der vereinbarten Mängelrechte und Garantien sowie der dafür geltenden Caps und Deminimis zu haften, kann er den Kaufpreis in Relation zum Wert der Immobilie und den bei ihm verbleibenden Risiken kalkulieren. Auch der Käufer hat seinem Kaufpreisangebot die Gesamtheit der vertraglichen Vereinbarungen und die übernommenen Risiken zugrunde gelegt. Beide Parteien verstehen die vertragliche Risikozuordnung so, dass Mängel, die zu Ansprüchen des Käufers führen, den Verkäufer, und dass umgekehrt Mängel, für die keine Ansprüche bestehen, den Käufer treffen sollen. 475

Die scheinbare Vergleichbarkeit des Vertrauens von Verkäufer und Käufer auf den abschließenden Charakter der gesetzlichen und vertraglichen Mängelrechte täuscht allerdings über einen grundlegenden Unterschied hinweg: Entfällt die vorgesehene Ausschließlichkeit, hält also die gesetzliche oder vertraglich begründete Spezialität den vom Käufer geltend gemachten Ansprüchen nicht stand, sind die Konsequenzen für Verkäufer und Käufer komplett gegenläufig: Für den Verkäufer bedeutet der Zwang, nicht geregelte Ansprüche erfüllen zu müssen, dass der Vertrag zu seinen Lasten das vereinbarte Risikogefüge verlässt, für den Käufer, dass er umfänglichere Ansprüche erhält als vereinbart. Diese Ungleichgewichtung steigt dramatisch, wenn dem Käufer nicht nur zusätzliche Ansprüche z. B. auf Nacherfüllung oder Schadensersatz zustehen, sondern er 476 vom Vertrag unter gleichzeitiger Geltendmachung von Schadensersatz zurücktreten kann.

477 Genau diese Aushebelung des vertraglichen Anspruchs- und Risikogefüges durch den Käufer, mit der äußersten Stufe der Erklärung des Rücktritts kombiniert mit Ansprüchen auf Schadensersatz, ist die typische Konsequenz der Arglisthaftung.

2. Durchbrechung der Sperrwirkung bei Arglist des Verkäufers

478 Nach der inzwischen gefestigten Rechtslage gilt der Vorrang des Mängelrechts nicht, *„wenn der Verkäufer den Käufer über die Beschaffenheit der Sache arglistig getäuscht hat“*.

479 Diese Feststellung des BGH im grundlegenden Urteil vom 27.3.2009 –

> V ZR 30/08, BGHZ 180, 205, 210 ff, LS b) = ZfIR 2009, 560;
> auch unter der Rechtsprechung zum alten Recht war der Ersatz des Vertrauensschadens wegen arglistig falscher Angaben nicht gesperrt, siehe BGH, NJW 1992, 2564, 2565 = ZIP 1992, 1317, dazu EWiR 1992, 1069 *(Messer)*;
> BGH, NJW 1995, 2159, 2160 = ZIP 1995, 1082, dazu EWiR 1995, 641 *(Reinking)*;
> auch BGH, NJW 2010, 858 Rn. 20,

entspricht heute der herrschenden Meinung.

> Palandt/*Grüneberg*, BGB, § 311 Rn. 15 mit Nachw. der Gegenmeinung; PWW/*Wagner*, BGB, § 437 Rn. 75.

480 Sie trifft gleichermaßen auf vertraglich vereinbarte Garantien zu. Konsequenz ist, dass die an die Arglist des Verkäufers geknüpften Rechtsfolgen **ohne Rücksicht auf die gesetzlichen oder vereinbarten Grenzen von Mängelrechten und Garantien zur Anwendung kommen**. Dies ergibt sich aus dem völlig anderen Schutzzweck von Mängelrechten und Garantieansprüchen einerseits und der Arglisthaftung andererseits:

481 Mängelrecht wie Garantien sollen abschließend nur die Rechtsfolgen aus der Lieferung einer mangelhaften Sache regeln. Beide legen endgültig fest, in welchem Umfang der Verkäufer für Mängel haftet und welche Ansprüche dem Käufer als Kompensation zustehen. Diese Exklusivität kann ihnen nicht zukommen, wenn den Verkäufer nicht nur der Vorwurf einer Verletzung der Leistungspflicht trifft, sondern er den Schutzbereich der gesetzlichen Bestimmungen verletzt hat, die eine Vertragspartei vor Arglist schützen sollen wie insbesondere § 123 BGB: Schutzgut des § 123 BGB ist nicht die Verhinderung mangelhafter Lieferungen, sondern die Beeinträchtigung der rechtsgeschäftlichen Entschließungsfreiheit der anderen Partei durch Arglist, hier also des Käufers durch den arglistigen Verkäufer.

> BGH, BGHZ 51, 141, 147;
> *Armbrüster*, in: MünchKomm-BGB, § 123 Rn. 1;
> PWW/*Ahrens*, BGB, § 123 Rn. 1.

Diesem Schutzgut verpflichtet sind gleichermaßen die anderen Rechtsinstitute, die eine Vertragspartei vor den Folgen rechtswidriger Eingriffe in die Entschließungsfreiheit schützen sollen. Dazu gehören typischerweise die Bestimmungen zum Verschulden bei Vertragsschluss, die den Vertragspartner in der hier relevanten Fallgruppe davor bewahren sollen, wegen Arglist oder gleichstehenden Fehlverhaltens einen Vertrag geschlossen zu haben, den er bei Kenntnis des vollen Sachverhalts nicht geschlossen hätte. 482

Vgl. dazu nur PWW/*Stürner*, BGB, § 311 Rn. 56;
Palandt/*Grüneberg*, BGB, § 311 Rn. 40;
Jauernig/*Stadler*, BGB, § 311 Rn. 36.

Die sich in § 123 BGB und den Regeln der c. i. c. ausdrückende Sonderbehandlung der Arglist ist ein durchgehendes Prinzip des BGB und speziell des Kaufrechts, wie neben der Regelung der Verjährung in § 438 Abs. 3 Satz 1 BGB die Bestimmungen zum Haftungsausschluss des § 444 BGB sowie zur grob fahrlässigen Unkenntnis des Käufers des § 442 Abs. 1 Satz 2 BGB zeigen. 483

So deutlich BGH, BGHZ 180, 205, 210 ff., bes. Rn. 24 = ZfIR 2009, 560.

Beide Normen beinhalten ein weiteres hohes Risikopotenzial zulasten des – arglistigen – Verkäufers: Hat er einen Mangel arglistig verschwiegen, schadet es dem Käufer nach § 442 Abs. 1 Satz 2 BGB nicht, wenn er den Mangel grob fahrlässig übersehen hat. Noch einschneidender ist § 444 BGB, der bei Arglist des Verkäufers die Wirksamkeit vereinbarter Haftungsausschlüsse und -beschränkungen aufhebt. 484

Zu den Konsequenzen einer unzutreffenden Aussage, welche der tatsächlichen Kenntnis zuwider oder ins Blaue hinein erklärt wurde, siehe *Krauß*, notar 2018, 315, 321 f.

3. Praktische Bedeutung

Die Folge der Arglisthaftung, dass der Verkäufer unabhängig vom gesetzlichen Mängelrecht oder von vereinbarten Garantien haftet, gewinnt ihre besondere Bedeutung, wenn gesetzlich oder vertraglich eine Haftung nicht besteht, vor allem weil sie ausgeschlossen ist oder die Ansprüche daraus **verjährt** sind. Diese Begrenzungen der Haftung stehen, kann der Käufer dem Verkäufer Arglist nachweisen, „nur auf dem Papier". 485

In der Praxis wird die Arglisthaftung deshalb zunehmend dazu eingesetzt, nachträglich als unbefriedigend empfundene Begrenzungen der Mängelrechte auszuhebeln oder verjährte Mängelansprüche geltend zu machen. Speziell große Grundstückskaufverträge sind eine typische Spielwiese für derartige Bemühungen enttäuschter Käufer. Dabei entsteht nicht selten der Eindruck, Arglist werde vorgeschoben, um eine rechtlich sonst unbeachtliche Vertragsreue durchsetzen zu können. Es gibt daher inzwischen diverse Bespiele für Entscheidungen, in denen die Berufung auf Arglist Erfolg hatte: 486

OLG Koblenz, MDR 2006, 1343;
OLG Saarbrücken, NJW-RR 2009, 66 bei verdeckender Sanierung;
OLG Brandenburg, BeckRS 2013, 20357.

- Wegen eines verschwiegenen Altlastenverdachts:

  OLG Celle, NJOZ 2009, 3778.

- Rücktrittsrecht aufgrund der Wertung des Gerichts, eine in einem Maklerexposé **„ins Blaue hinein"** falsch aufgestellte Altersangabe eines Hauses sei arglistig:

  OLG Hamm, NJW-RR 2010, 1643, 1644.

487 Keinen Erfolg haben dagegen regelmäßig Käufer, wenn sie vom Kaufvertrag unter Berufung auf nicht offenbarte, jedoch offenkundige Mängel Abstand nehmen wollen, obwohl sie bei der Besichtigung der Immobilie sachverständig unterstützt worden waren.

Zum Beispiel OLG Koblenz, MDR 2010, 855.

II. Voraussetzungen der Arglisthaftung

488 Das landläufige Verständnis der Arglisthaftung orientiert sich gerne an den Bildern des früheren Rosstäuschers, der durch Striegeln und Pflege die Mängel des verkauften Pferdes überdeckt hat, und heute des Gebrauchtwagenhändlers, der den Tacho zurückstellt und Rostflecken geschickt überpinselt. Ebenso zu bewerten ist der Sachverhalt einer verdeckenden Sanierung von Kellerräumen, um so die Feuchtigkeit zu verbergen.

OLG Koblenz, MDR 2006, 1343.

489 Diese klaren Fälle der, um es so zu formulieren, wirklich böswilligen Arglist lassen vertragliche Haftungsausschlüsse natürlich immer noch unwirksam werden. Sie sind aber als Folge der ausdehnenden Rechtsprechung der letzten 20 bis 30 Jahre mehr oder weniger zu einer Randfigur von fast belletristischer Qualität herabgestuft, die die wahre Bedeutung der Arglisthaftung camoufliert. Diese Erweiterung hat dazu geführt, dass auch und gerade der seriöse Verkäufer Vorkehrungen dagegen treffen muss, damit das Verhandlungsergebnis nicht über den Vorwurf der Arglist durch den Käufer konterkariert werden kann.

490 Die Extension der Arglisthaftung kann so zusammengefasst werden: Nicht mehr nur die böswillig falsche Darstellung der Eigenschaften der Kaufsache – wie in den klassischen Beispielen des Rosstäuschers und des betrügerischen Gebrauchtwagenhändlers – begründet die Arglisthaftung des Verkäufers (siehe Rn. 491 ff.). Vielmehr genügt zur Arglist in vielen Fällen die bloße Nichtinformation des Käufers über dem Verkäufer bekannte Umstände, für die nach Auffassung der Rechtsprechung eine Offenbarungspflicht besteht (siehe Rn. 495 ff.). Zudem kommt es nicht nur auf die Kenntnis des Eigentümers oder, bei Gesellschaften, ihrer Organe an, sondern auch auf das gemäß § 166

Abs. 1 BGB zugerechnete Wissen von Mitarbeitern oder beauftragten Dritten (siehe Rn. 524 ff.).

1. Arglistiges Vorspiegeln von Mängelfreiheit

Die klassische Fallgruppe des arglistigen Verhaltens i. S. d. § 123 BGB ist das arglistige Vorspiegeln positiver Eigenschaften; d. h. hier vor allem eine Mangelfreiheit der Kaufsache. Hierunter fallen die schon dargestellten Beispiele, dass die Kaufsache durch Frisieren ihres Zustands oder durch untertriebene Darstellung von Mängeln dem Käufer gegenüber wesentlich besser dargestellt wird, als sie ist. **Beispiele** sind: 491

- Das Rücksetzen des Kilometerstands eines Pkws,

  BGH, NJW 1960, 237,

- die Bezeichnung von gebrauchten Teilen als neu oder neuwertig,

  KG, OLGZ 1972, 402, 403,

- die Bezeichnung eines nur notdürftig reparierten Fahrzeugs als generalüberholt,

  BGH, NJW 1995, 955 = ZIP 1995, 472,
  dazu EWiR 1995, 231 *(Medicus)*,

- die Täuschung über die Zahl der Vorbesitzer,

  OLG Düsseldorf, Urt. v. 12.3.2003 – 3 U 45/02, zitiert nach juris,

- und die Bagatellisierung von Unfallschäden.

  OLG München, NJOZ 2002, 498.

Speziell für Immobilien ist anerkannt die falsche Information über: 492

- Den Baubeginn,

  BGH, NJW 2007, 3200 Rn. 26 = ZIP 2007, 1452,

- das Baujahr,

  OLG Rostock, BeckRS 2009, 27260;
  OLG Hamm, NJW-RR 2010, 1643,

- oder die Möglichkeit der Finanzierung aus Erträgen und Steuervorteilen.

  KG, NJW 1998, 1082, 1083.

Auch falsche Angaben in einem Maklerexposé muss sich der Verkäufer zurechnen lassen, sofern er deren Erwähnung billigend und bedingt vorsätzlich in Kauf genommen hat. 493

OLG Hamm, NJW-RR 2010, 1643, 1644.

494 Hinter dem Vorspiegeln von nicht vorhandenen Eigenschaften inklusive des Fehlens von Mängeln verbirgt sich also das klassisch als arglistig angesehene Verhalten. Der Käufer soll bewusst darüber getäuscht werden, wie es um die Kaufsache tatsächlich bestellt ist. Mit dieser Fallgruppe ist oft ein ethisches Unwerturteil verbunden. Wir betonen dies deshalb, weil die folgende Fallgruppe wertungsmäßig vielfach völlig anders zu beurteilen ist.

2. Arglistiges Verschweigen von Mängeln

495 Die Fallgruppe des arglistigen Verschweigens von Mängeln wurde von der Rechtsprechung in den letzten Jahrzehnten erheblich ausgebaut. Entscheidungen sind vor allem zu Gebrauchtwagen,

> Vgl. PWW/*Ahrens*, BGB, § 123 Rn. 16;
> Palandt/*Ellenberger*, BGB, § 123 Rn. 7,

und Immobilien,

> Vgl. PWW/*Ahrens*, BGB, § 123 Rn. 17;
> Palandt/*Ellenberger*, BGB, § 123 Rn. 8,

ergangen. In der außergerichtlichen Vertragspraxis spielt diese Fallgruppe vor allem bei der Abwicklung von Transaktionen im Gesellschafts- und Immobilienrecht eine erhebliche Rolle.

496 Basis der Haftung für arglistiges Verschweigen ist folgender Grundgedanke: Der Verkäufer soll nicht nur dafür arglistig haften, dass er die Kaufsache bewusst zu günstig dargestellt hat, sondern auch dafür, dass er ihm bekannte Mängel nicht offenbart hat, obwohl er wusste oder zumindest in Kauf nahm, dass die Kenntnis dieser Eigenschaften für den Kaufentschluss des Käufers von erheblicher Bedeutung ist.

> BGH, NJW-RR 1998, 1406; BGH, NJW 1989, 763, 764;
> BGH, NJW 2002, 2776.

497 Rechtlich stützt sich diese Argumentation vor allem darauf, dass Arglist keinen direkten Vorsatz verlangt, sondern es ausreicht, dass *„dem Verkäufer Fehler bekannt waren oder er sie zumindest für möglich hielt und er billigend in Kauf nahm, dass dem Käufer diese Fehler nicht bekannt waren und er bei deren Offenlegung den Kaufvertrag nicht oder nicht mit dem vereinbarten Inhalt geschlossen hätte*".

> OLG Koblenz, MDR 2006, 1343;
> ebenso z. B. BGH, NJW-RR 1996, 1332;
> ebenfalls für Mängel eines Hauses m. ausf. Nachw. OLG Celle, Urt. v. 21.8.2008 – 8 U 49/08, Rn. 35.

> OLG Koblenz, NJW-RR 2019, 367, 368: Von der Arglist ebenfalls erfasst sind auch Verhaltensweisen, die bedingten Vorsatz (im Sinne eines „Fürmöglichhaltens"; „Inkaufnehmens") begründen und mit denen kein moralisches Unwerturteil verbunden sein muss.

Der Umfang dieser Aufklärungspflicht des Verkäufers ist schwer zu bestimmen. Sie steht im Konflikt mit dem allgemeinen Prinzip der Selbstverantwortung im Rechtsverkehr, dass der Verkäufer nicht verpflichtet ist, den Käufer über negative Umstände ungefragt zu informieren, und es als Kehrseite prinzipiell dem Käufer obliegt, sich eine ausreichende Kenntnis der Kaufsache zu verschaffen. 498

Vgl. BGH, NJW 1989, 763, 764.

Zur Lösung dieses Dilemmas hat die Rechtsprechung drei Fallgruppen einer Arglist des Verkäufers durch Verschweigen herausgebildet (siehe Rn. 500–508 ff.). Anschließend werden die besondere Bedeutung dieses Tatbestands für Immobilientransaktionen (siehe Rn. 515 f.) und die Darlegungs- und Beweislast (siehe Rn. 517 ff.) behandelt. 499

a) Richtige und vollständige Beantwortung von Fragen

Fragen des Käufers zu Eigenschaften und speziell Mängeln der Kaufsache muss der Verkäufer richtig und vollständig beantworten. 500

BGH, BGHZ 74, 383, 392; BGH, BGHZ 180, 205 Rn. 25;
BGH, NJW-RR 2012, 1078 Rn. 28;
BAG, NJW 1994, 1363, 1364, dazu EWiR 1994, 329 *(Wiegand)*.

Es führt zur Arglisthaftung, wenn er bewusst eine „abwiegelnde" oder unvollständige Antwort gibt. Die Informationspflicht des Verkäufers umfasst unstreitig, zu einem vom Käufer aufgeworfenen Verhandlungsgegenstand nach seinem Kenntnisstand richtig und vollständig Stellung zu nehmen oder alternativ die Antwort zu verweigern. Nur durch diese Beschränkung der rechtlich zulässigen Reaktionsmöglichkeiten des Verkäufers ist für den Käufer sichergestellt, dass er sich nicht auf eine falsche oder unvollständige Antwort verlässt, sondern aufgrund der Verweigerung der Antwort durch den Verkäufer vor die Alternativen gestellt wird, entweder das Risiko der Nichtklärung dieses Umstands zu tragen, sich selbst um die Aufklärung zu bemühen oder vom Vertragsschluss Abstand zu nehmen. Die vorstehenden Grundsätze gelten auch für schriftliche Darstellungen der Kaufsache, z. B. in einem Verkaufsprospekt. Auch hier müssen die konkreten Angaben nach dem Wissen des Verkäufers richtig und vollständig sein, anderenfalls kommt eine arglistige Verletzung einer Aufklärungspflicht in Betracht. 501

Erweitert wird diese Fallgruppe durch die ständige Rechtsprechung, dass sich der Verkäufer schon dann dem Vorwurf der Arglist aussetzt, wenn er auf Fragen, die für den Kaufentschluss des Käufers erkennbar von Bedeutung sind, **„ins Blaue hinein"** Angaben tätigt, die sich auf keine tatsächliche Grundlage stützen lassen. 502

BGH, WM 1987, 137; BGH, BGHZ 168 Rn. 13;
BGH, NJW 2008, 644 Rn. 49 = ZIP 2008, 210;
BGH, BeckRS 2008, 25321; BGH, NJW 2019, 2380, 2382.

503 Auf diesen Vorwurf, ins Blaue hinein Eigenschaften der Kaufsache beschrieben oder Mängel verneint zu haben, wird die Annahme von Arglist immer häufiger gestützt.

504 Einer solchen Erklärung ins Blaue hinein steht es nach der Rechtsprechung nicht gleich, wenn der Verkäufer keine Kenntnis von verborgenen Mängeln hatte und sich an solche auch nicht erinnert.

BGH, NJW 2001, 2326, 2327 = ZfIR 2001, 541.

505 Von einer Angabe ins Blaue hinein kann auch dann nicht bereits ausgegangen werden, wenn ein fachkundiger Verkäufer angibt, dass er die Kaufsache fachgerecht errichtet habe, auch wenn er unbewusst von DIN-Normen abgewichen ist.

BGH, BeckRS 2019, 23720.

506 Die Abgrenzung dieser Rechtsprechung vom Tatbestand der arglistigen Erklärung ins Blaue hinein ist im Einzelfall allerdings eher schwierig und wenig verlässlich.

b) Vorliegen einer besonderen Vertrauensbeziehung

507 Gesteigerte Informationspflichten bestehen wie auch sonst im Recht, wenn zwischen Verkäufer und Käufer eine besondere Vertrauensbeziehung gegeben ist. Dies kann bei einer ständigen Geschäftsverbindung der Fall sein, bei besonderer persönlicher oder gesellschaftsrechtlicher Verbundenheit, im Einzelfall bei sehr lange dauernden Vertragsverhandlungen und auch bei besonderen in den Verhandlungen in Anspruch genommenen Kenntnissen des Verkäufers, etwa bei einem Architekten, der seine Planung und ständige Beaufsichtigung beim Bau der fraglichen Immobilie hervorhebt.

BGH, MDR 1978, 1009.

c) Verletzung einer Offenbarungspflicht

508 Die für die Arglisthaftung heute bedeutendste Fallgruppe; neben der Abgabe von Erklärungen ins Blaue hinein; ist die von der Rechtsprechung entwickelte Pflicht des Verkäufers, den Käufer **ungefragt** (!) über besonders wichtige Umstände aufzuklären, die für dessen Entscheidung von ausschlaggebender Bedeutung sind. Voraussetzung dafür ist natürlich, dass der Verkäufer diese besondere Bedeutung kennt oder sich ihrer Kenntnis vorwerfbar verschließt.

Vgl. beispielsweise zum bedingten Vorsatz bezüglich der besonderen Bedeutung LG Berlin, ZMR 2009, 121: Bedingter Vorsatz wurde damit begründet, dass die Bedeutung der Kenntnis des anderen Teils (hier: von dem Vertrieb bestimmter Produkte) *„dermaßen offen auf der Hand"* lag;
zu den Anforderungen an den bedingten Vorsatz generell BGH, NJW-RR 2003, 989, 990 = ZfIR 2003, 769: Es ist in objektivierter Betrachtung darauf abzustellen, ob sich ein redlich Denkender, dem die Tatsachen bekannt sind, der zutreffenden rechtlichen Bewertung nicht verschließen würde, dazu auch EWiR 2003, 557 *(Reinking)*.

Dies gilt besonders für Umstände, die den Vertragszweck vereiteln oder gefährden können. Es ist gerade diese Rechtsprechung, die auch den nicht böswilligen Verkäufer der Gefahr des Arglistvorwurfs aussetzen kann: Sie bejaht Arglist des Verkäufers schon, wenn er einen Mangel kennt, von dem er weiß oder zumindest in Kauf nimmt, dass die Kenntnis für den Käufer wichtig ist, und er trotzdem über diesen Mangel nicht informiert. **509**

Beispielsweise BGH, NJW 2001, 2326, 2327 = ZfIR 2001, 541.

Verschärft wird die Gefahr dadurch, dass sich nach der Rechtsprechung schon aus der bloßen Kenntnis des Verkäufers von einem Mangel dessen Arglist schlussfolgern lässt. **510**

Vgl. BGH, BGHZ 167, 19, 21 Rn. 6 = ZIP 2006, 904,
dazu EWiR 2006, 549 *(Gsell)*;
vgl. auch OLG Hamm, OLG Düsseldorf, BeckRS 2010, 24583.

Diese Fallgruppe gewinnt bei Immobilien eine besondere Bedeutung. Eine Offenbarungspflicht wird im Grundsatz für verborgene wesentliche Mängel bejaht. **511**

Besonders deutlich BGH, MDR 2011, 1281, 1282 m. w. N.;
BGH, BeckRS 2016, 05438;
vorher in diese Richtung BGH, BGHZ 109, 327 330.

Beispiele aus der Rechtsprechung für das Bestehen einer Offenbarungspflicht sind: **512**

- Kontaminierung eines Grundstücks mit Altlasten:

  BGH, NJW 2001, 64 = ZIP 2000, 2257 = ZfIR 2001, 190,
  dazu EWiR 2001, 355 *(Tiedtke)*;
  konkret mit Öl BGH, NJW 2002, 1867.

- Altlastenverdacht aufgrund bekannter früherer Nutzung:

  BGH, NJW 2018, 389.

- Vorbenutzung als Deponie:

  BGH, NJW 1995, 1549, 1550,
  dazu EwiR 1995, 647 *(Salzwedel)*.

- Fehlende Absicherung gegen eindringendes Hochwasser:

  BGH, NJW-RR 1992, 334.

- Befall mit Hausbockkäfern in nicht unerheblichem Umfang:

  BGH, NJW 1965, 34;
  BGH, BeckRS 2016, 05438.

- Fehlende Baugenehmigung:

  BGH, NJW 2003, 2380, 2381;
  auch baurechtliche Nutzungsuntersagung: BGH, NJW-RR 1988, 1290, 1291;
  auch bei Abweichungen des Gebäudes von der Genehmigung: OLG Brandenburg, BeckRS 2016, 11236.

- Fehlende Bonität eines Mieters eines angeblich gut vermieteten Objekts:

  BGH, NJW-RR 2003, 700, 701;
  zur drohenden Insolvenz der Mietbürgin siehe BGH, NJW-RR 2009, 1275, 1277 = ZIP 2009, 1054, dazu EWiR 2009, 511 *(Maier)*.

- Planung über tiefgreifende und den Vertragszweck gefährdende Verkehrsumgestaltung:

  OLG Frankfurt/M., NJW-RR 2002, 523;
  insgesamt zu den beim Verkauf von Immobilien anfallenden Aufklärungspflichten *Schmidt-Räntsch*, ZfIR 2004, 569;
  vgl. zu den offenbarungspflichtigen Tatsachen auch *Krauß*, notar 2018, 315, 322 ff.

513 Nur in Fällen, in denen dem fraglichen Mangel keine wesentliche Bedeutung zukommt, z. B. bei einer weder wesentlichen noch ortsunüblichen Geruchsbeeinträchtigung zum Zeitpunkt des Vertragsschlusses,

OLG Schleswig, NJW-RR 2004, 1137, 1138 f,

oder auch grundsätzlich der Bauweise „Fertighaus“,

OLG Celle, NJOZ 2007, 3519, 3522,

zieht die Rechtsprechung der Aufklärungspflicht Grenzen.

In diesem Sinne auch: keine Aufklärungspflicht des Verkäufers über wirtschaftlichen Nutzen der Immobilie für Käufer, OLG Düsseldorf, WM 2001, 269, 273.

514 Eine Aufklärungspflicht des Verkäufers entfällt ferner bei ohne weiteres erkennbaren Mängeln der Immobilie, z. B. offenkundiger Kellerfeuchtigkeit.

BGH, BeckRS 2016, 05438;
OLG Köln, BeckRS 2002, 05867.

d) Besonderes Risiko bei Immobilientransaktionen

515 Es gibt zwei Gründe, warum für Immobilientransaktionen diese Offenbarungspflicht, ohne dass vorher entsprechend gefragt wurde, von besonderer Bedeutung ist: Der eine resultiert aus dem Zeitfaktor. Immobilien werden oft, wenn nicht meistens, vom Verkäufer lange gehalten, sie werden über Jahre genutzt oder vermietet, werden umgebaut, Genehmigungen werden für den Bau und später dessen Änderung beantragt. Hinzu kommt, dass aufgrund des Wertes von Immobilien die einzelnen Geschäftsvorfälle nachhaltiger behandelt werden als bei den meisten anderen Kaufsachen. Der Verkäufer wird so im Laufe der Jahre sehr viel über die Immobilie erfahren haben, sich aber bei den Vertragsverhandlungen der rechtlichen Bedeutung dieses Wissens nicht bewusst sein – oder sein wollen. Dies gilt ganz besonders dann, wenn eine Vielzahl von Immobilien verkauft wird.

516 Hinzu kommt, dass bei Verkäufen durch größere Unternehmen oder Eigentümer umfänglicher Bestände mit einer eigenen Verwaltung die Sammlung des Wissens häufig schwierig ist und oft nicht mit der notwendigen Sorgfalt betrieben wird. Dies kann dazu führen, dass dem Verkäufer nach den dazu entwickelten Grundsätzen (siehe dazu sogleich Rn. 524 ff.) das Wissen der mit der Verwaltung der Immobilien betrauten Mitarbeiter zugerechnet wird, das ihm selber nicht bewusst war.

e) Verteilung der Darlegungs- und Beweislast

Grundsätzlich trifft den Käufer im Prozess die Darlegungs- und Beweislast dafür, vom Verkäufer über den fraglichen Mangel nicht ausreichend aufgeklärt worden zu sein, also über die arglistige Verletzung einer Aufklärungspflicht, 517

> BGH, NJW-RR 2003, 989, 990 = ZfIR 2003, 769,
> dazu EWiR 2003, 557 *(Reinking)*;
> BGH, NJW 2014, 3296 Rn. 13;
> BGH, BeckRS 2016, 05438,

unabhängig davon, ob die Vertragsurkunde eine Erklärung des Verkäufers enthält, er habe vom Vorhandensein wesentlicher unsichtbarer Mängel keine Kenntnis.

> BGH, NJW 2003, 2380, 2382.

Allein mit dem Hinweis, der Verkäufer habe sich der Kenntnis bestimmter Umstände bewusst verschlossen, genügt der Käufer den Anforderungen an den Nachweis der Arglist nicht; vielmehr muss er die positive Kenntnis des Verkäufers beweisen, zumindest aber dessen Bewusstsein von der Möglichkeit des konkreten Mangels. 518

> BGH, NJW-RR 2003, 989, 990 = ZfIR 2003, 769;
> BGH, NJW 2014, 3296 Rn. 13.

Diese Darlegungs- und Beweislast des Käufers hat der BGH aber entscheidend abgeschwächt: 519

> BGH, BGHZ 188, 43, NJW 2011, 1280 = ZIP 2011, 383 – Asbestfassade, dazu auch EWiR 2011, 209 *(Ring)*;
> BGH, NJW 2014, 3296 Rn. 13.

Wenn es sich bei einer behaupteten unterbliebenen Offenbarung um eine negative Tatsache handelt, sollen dem Käufer Beweiserleichterungen nach den Grundsätzen der sekundären Darlegungslast zustehen. Konsequenz ist, dass der Käufer die vom Verkäufer zuvor räumlich, zeitlich und inhaltlich spezifizierte Aufklärung nur ausräumen muss. 520

> BGH, BGHZ 188, 43 Rn. 12 = NJW 2011, 1280 = ZIP 2011, 383;
> BGH, NJW 2014, 3296 Rn. 13.

Die Erklärung des Verkäufers im Kaufvertrag, ihm seien keine unsichtbaren Mängel bekannt, rechtfertigt aus Sicht des BGH dabei keine Abweichung vom Grundsatz der Beweislast des Käufers. 521

> BGH, BeckRS 2020, 14890.

522 Die konkrete Darstellung des Ablaufs der Verhandlungen und der Aufklärung obliegt dem Verkäufer. Will er sich damit entlasten, er sei von einer Kenntnis des Käufers von dem fraglichen Mangel ausgegangen, lässt es der BGH hierfür ebenfalls nicht mit einer schlichten Behauptung genügen:

> „[Es ist] ebenfalls Sache des Verkäufers, diejenigen Umstände in räumlicher, zeitlicher und inhaltlicher Weise zu konkretisieren, aufgrund derer er trotz unterbliebener eigener Aufklärung davon ausgegangen sein will, der Käufer habe Kenntnis von dem Mangel gehabt".
>
> BGH, BGHZ 188, 43 Rn. 15 = NJW 2011, 1280 = ZIP 2011, 383.
>
> „Nichts Anderes soll gelten, wenn der Verkäufer, der von einer früheren gefahrenträchtigen Nutzung des Grundstücks Kenntnis und einen daraus resultierenden Altlastenverdacht für möglich gehalten hatte, behauptet, er sei davon ausgegangen, dieser Verdacht sei ausgeräumt."
>
> BGH, NJW 2018, 389.

523 Es sollte sich daher jeder Verkäufer und jeder Berater eines Verkäufers bewusst sein, dass die sehr stark vom Einzelfall geprägte Rechtsprechung kaum eine zuverlässige Grundlage für eine restriktive Informationspolitik eines Verkäufers darstellt.

3. Zurechnung von Mitarbeitern und Dritten

524 Ein für den Verkäufer besonders gefährliches Risiko liegt in der Zurechnung von Wissen seiner Mitarbeiter oder von ihm beauftragter Dritter über Mängel der Kaufsache, die dem Verkäufer selbst oder seinen Organen nicht bewusst waren. Da grundsätzlich für die Feststellung von Arglist auf Seiten des Verkäufers eine Zurechnung von Wissen gemäß § 166 Abs. 1 BGB stattfindet,

> BGH, BGHZ 168, 64, 68 = ZIP 2006, 1586,
> dazu EWiR 2006, 551 *(Bruns)*;
> Staudinger/*Schilken*, BGB (2019), § 166 Rn. 8,

hängt der Umfang der Arglisthaftung des Verkäufers von der Breite der Zurechnung ab. Die Schwierigkeit der Abgrenzung resultiert daraus, dass die Zurechnung nicht nur unmittelbar gemäß § 166 Abs. 1 BGB auf Vertreter stattfindet, sondern in analoger Anwendung auf sog. Wissensvertreter ausgedehnt wird.

> Vgl. dazu BGH, BGHZ 117, 104, 106 f.;
> Palandt/*Ellenberger*, BGB, § 166 Rn. 6.

525 Der BGH definiert als **Wissensvertreter**, wer *„nach der Arbeitsorganisation des Geschäftsherrn dazu berufen ist, im Rechtsverkehr als dessen Repräsentant bestimmte Aufgaben in eigener Verantwortung zu erledigen und die dabei angefallenen Informationen zur Kenntnis zu nehmen sowie ggf. weiterzuleiten"*.

> BGH, BGHZ 117, 104, 106 f.;
> siehe ausf. mit Beispielen Palandt/*Ellenberger*, BGB, § 166 Rn. 6–7;
> *Schubert,* in: MünchKomm-BGB, § 166 Rn. 45 ff.

Hinzu kommt, dass für größere Organisationen wie Unternehmen und Gemeinden **Grundsätze der Wissenszusammenrechnung** entwickelt worden sind. Sie sollen erreichen, dass die arbeitsteilige Organisation eine Vertragspartei nicht wissensmäßig privilegiert, indem die für sie handelnden Organe aufgrund der Zuordnung von Zuständigkeiten innerhalb der Organisation kein oder kaum noch persönliches Wissen haben. 526

> Vgl. grundlegend auch zu den Grenzen für die GmbH & Co. KG BGH, BGHZ 132, 30, 34 ff. = ZIP 1996, 548, dazu EWiR 1996, 585 *(Taupitz)*;
> ferner für eine Gemeinde BGH, BGHZ 109, 327, 330 ff.;
> BGH, BGHZ 135, 202, 205 ff. = ZIP 1997, 1023, dazu EWiR 1998, 61 *(Hamann)*;
> OLG München, BB 2007, 14, 15;
> zu den Grenzen der Zurechnung bei einer Gemeinde BGH, BGHZ 117, 104, 106 ff.;
> Palandt/*Ellenberger*, § 166 Rn. 8;
> ausf. zu Wissenszurechnung und Wissenszusammenrechnung *Schubert,* in: MünchKomm-BGB, § 166 Rn. 67–80 mit vielen Beispielen.

Hinter dieser Erweiterung verbirgt sich die Auferlegung einer **„Pflicht zur Organisation“** an größere Einheiten, mit der erreicht werden soll, dass die Organisation zu erwartendes Wissen sammelt und auswertet, damit nicht die arbeitsteilige Zergliederung des Wissens zu einer Privilegierung verglichen mit Individualpersonen als Vertragsparteien führt. 527

> Palandt/*Ellenberger*, BGB, § 166 Rn. 8;
> PWW/*Wagner*, BGB, § 444 Rn. 26.

Für den Zweck dieses Buchs ist entscheidend, dass sich ein Verkäufer nicht darauf verlassen kann, allein sein persönliches Wissen könne Arglist begründen. Noch weniger darf er auf den Grundsatz vertrauen, bei einer notariellen Beurkundung komme es aufgrund der Bedeutung der Form für Auslegung und Willensmängel allein auf das Wissen der Teilnehmer in der Beurkundung an. 528

> So prinzipiell zu Recht BGH, NJW 2000, 2272 = ZIP 2000, 1007, dazu EWiR 2001, 55 *(Grunewald)*;
> Palandt/*Ellenberger*, BGB, § 166 Rn. 7;
> *Schubert,* in: MünchKomm-BGB, § 166 Rn. 30.

Diese Besonderheit beurkundungspflichtiger Rechtsgeschäfte gilt nicht, wenn es um die Wissenszurechnung speziell unter dem Gesichtspunkt geht, ob einer Partei Mängel bekannt sind und deshalb Arglist vorliegt. 529

> Treffend OLG Köln, NJW-RR 1993, 1170 f.;
> so ausdrücklich auch Palandt/*Ellenberger*, BGB, § 166 Rn. 7 a. E.;
> im Ergebnis die zu Grundstücksverkäufen ergangenen Urteile, die für die Annahme von Arglist Wissen von Wissensvertretern zurechnen, z. B. BGH, BGHZ 132, 30, 34 ff. = ZIP 1996, 548, dazu EWiR 1996, 585 *(Taupitz)*.

Im Einzelfall ist der Kreis der zurechenbaren Personen nur schwer bestimmbar: 530
Dazu gehören z. B. der **Untervermittler** für den Vertrieb zu errichtender Immobilien,

BGH, NJW 2004, 2156 = ZfIR 2004, 324,
dazu EWiR 2004, 539 *(Schwenker)*,

nicht aber die **selbstständige Hausverwaltung**, sofern sie in die Verhandlungen nicht eingebunden war.

BGH, NJW-RR 1997, 270.

531 Die Schwierigkeit zeigt die divergierende, einzelfallabhängige Zuordnung des **Maklers**: Er wird überwiegend als neutraler Dritter nicht zugerechnet.

RG, RGZ 97, 98;
BGH, BGHZ 33, 302, 309;
BGH, NJW-RR 2003, 316 f. für den Versicherungsmakler;
falls der Makler gleichzeitig Verhandlungsführer oder -gehilfe ist, wird dem Vertretenen das Wissen des Maklers zugerechnet (vgl. dazu BGH, NJW 2019, 2380, 2382).

532 In einem von ihm erstellten Exposé auf Grundlage von Angaben des Verkäufers enthaltene Erklärungen ins Blaue hineinführen aber zur Arglisthaftung des Verkäufers.

OLG Hamm, NJW-RR 2010, 1643, 1644.

533 Nach diesen Regeln kommt insbesondere eine Zurechnung des Wissens der Mitarbeiter und Berater in Betracht, die für den Verkäufer die Vendor Due Diligence durchgeführt haben.

534 **Praktischer Ratschlag** kann angesichts des im Vorhinein kaum zu bestimmenden Kreises zurechenbarer Personen für größere Unternehmen oder Gemeinden nur sein, die **zurechenbaren Personen ausdrücklich zu regeln**. So wird durch sorgfältige Befragung dieser Personen das Arglistrisiko kalkulierbar. Vielfach empfiehlt sich eine solche Klausel auch für Käufer, da sie z. B. im Hinblick auf den Haftungsausschluss wegen Kenntnis oder grob fahrlässiger Unkenntnis von Mängeln gleichfalls ein Interesse haben können, zu übersehen, wessen Wissen ihnen zugerechnet wird.

III. Praktische Ratschläge

535 Die dargestellte Erweiterung der Arglisthaftung durch die Rechtsprechung hat aus unserer Sicht erhebliche Konsequenzen für die rechtliche Strukturierung von Immobilientransaktionen. Sie lassen sich so zusammenfassen:

1. Ausgangspunkt

536 Jeder Verkäufer einer Immobilie muss damit rechnen, aus Arglist zu haften, wenn er einen ihm bekannten Mangel nicht offenbart, obwohl ihm klar war oder er sich dieser Klarheit vorwerfbar verschlossen hat, dass die Kenntnis dieses Mangels für die Entscheidung des Käufers von erheblicher Bedeutung ist. Gleich steht seinem Wissen die Kenntnis von Mitarbeitern oder sonst beauftragten Dritten, z. B. Maklern, Hausverwaltungen, die ihm zugerechnet werden (siehe Rn. 524 ff.). Folge dieser Arglisthaftung ist, dass der Käufer mit

Nachweisbarkeit des Mangels und der Kenntnis des Verkäufers oder diesem zugerechneter Personen volle Entscheidungsfreiheit zurückgewinnt; dabei stehen dem Käufer Beweiserleichterungen gemäß den Regeln der sekundären Darlegungslast zur Verfügung (siehe Rn. 517 ff.). Als Rechtsfolgen kann er nicht nur Nacherfüllung und Schadensersatz fordern, sondern ihm wird die Abstandnahme vom Kaufvertrag auch dadurch erleichtert, dass – unabhängig vom Ausmaß des nicht offenbarten Mangels selbst – eine unerhebliche Pflichtverletzung in der Regel bei einer arglistigen Täuschung des Verkäufers ausscheidet. So wird dem Käufer der Weg zum Rücktritt unter gleichzeitiger Forderung von – auch „großem" – Schadensersatz eröffnet.

> Für den Rücktritt gilt § 323 Abs. 5 Satz 2 BGB,
> für den Schadensersatz § 281 Abs. 1 Satz 3 BGB.

Er kann zudem die ihm vom Verkäufer unfreiwillig eingeräumte umfassende Verhandlungsposition dazu nutzen, die Konditionen des Vertrags neu zu verhandeln. 537

2. Umfassende Ermittlung der Kenntnisse über Mängel an der Immobilie

538 Aus diesem Sachverhalt folgt für jeden Verkäufer und seine Berater eine grundlegende Anforderung: Die Kenntnisse des Verkäufers und aller ihm eventuell zurechenbarer Personen über Mängel sind umfassend zu recherchieren. Dazu ist besonders bei Unternehmen und Verkäufern mit einer Immobilienverwaltung der Kreis eventuell zurechenbarer Personen festzustellen. Entsprechend sind die beim Verkäufer vorhandenen Akten auszuwerten: Zwar wird eventuell nach der Rechtsprechung,

> siehe das Urteil des BGH, NJW 2001, 2326 = ZfIR 2001, 541,

ein aus den Akten ersichtlicher Mangel dem Verkäufer nicht zugerechnet, wenn am Ende das Gericht davon überzeugt werden kann, dass der Verkäufer und die ihm zuzurechnenden Personen diesen Mangel und d. h. diese Akten nicht – mehr – gekannt haben. Ungeachtet der grundsätzlich dem Käufer obliegenden Beweislast für die Kenntnis des Verkäufers von einem Mangel sollte sich aber jeder vorsichtige Verkäufer und Berater bewusst sein, dass die Bereitschaft eines Gerichts nachzuvollziehen, der Verkäufer habe aktenkundige Mängel nicht gekannt, eher überschaubar sein dürfte (siehe zur Verteilung der Darlegungs- und Beweislast Rn. 517 ff.). Dies gilt umso stärker, je erfahrener der Verkäufer in Grundstücksgeschäften ist.

539 Nach dieser ersten Phase der umfassenden Sammlung der Kenntnisse über Mängel hat eine objektive Bewertung stattzufinden, ob eine Offenbarungspflicht besteht. Wir können nur dringend raten, diese Prüfung nicht durch die Brille des Verkäufers, sondern die des Käufers vorzunehmen. Ergebnis wird im Zweifel sein, dass jeder bedeutende Mangel, der für einen objektiven Käufer die Kaufentscheidung beeinflusst oder beeinflussen kann, mitzuteilen ist. Das Gleiche gilt für alle Mängel, die, soweit für den Verkäufer ersichtlich, gerade für den konkreten Käufer von Bedeutung sind, z. B. weil die Abwesenheit

dieser Mängel ein Grund war, warum er sich für die betreffende Immobilie interessiert hat. Und schließlich ist weiter zu berücksichtigen, dass auch eine Vielzahl kleinerer Mängel in der Summe einem großen offenbarungspflichtigen Mangel gleichstehen kann.

> Beispielsweise wird eine Aufklärungspflicht dann angenommen, wenn der Umfang aller Schäden ein bestimmtes Ausmaß erreicht und so Sanierungskosten über einen bestimmten Wert erwarten lässt (bei Holzwurmbefall, OLG Naumburg, Urt. v. 28.10.1999 – 11 U 115/99, zitiert nach juris).
> Erwähnenswert auch die Entscheidung des OLG Naumburg, NJW 2004, 2022; das OLG musste sich zu einer Aufklärungspflicht zwar nicht äußern, das Urteil zeigt jedoch, wie sich verschiedene Mängel an einer Immobilie (fehlendes Schloss, ausgebaute Gartenpforte, fehlender Stromzähler, Müll etc.) zu einem Gesamtmangel kulminieren.

3. Vertragliche Gestaltung

540 Die Offenbarung der Mängel ist ausreichend zu dokumentieren. Im Regelfall ist die Aufnahme der dem Käufer mitgeteilten Mängel in den Vertrag geboten, üblicherweise in Form einer Mängelliste, die ebenfalls der Beurkundungspflicht unterliegt.

Ein Beispiel für eine solche Regelung kann sein:

„Der Verkäufer teilt dem Käufer folgende, aus seiner Sicht für die Kaufentscheidung des Käufers wesentliche Mängel mit: […]“

541 Die so festgehaltenen Mängel können zum einen in speziellen Regelungen, z. B. zur Beseitigungspflicht des Verkäufers, zum anderen auch bei der Bildung des Kaufpreises berücksichtigt werden. Die Aufnahme einer solchen Regelung stellt den Verkäufer vor die schwierige Aufgabe, die aus Sicht des Käufers wesentlichen und im Vertrag zu benennenden Mängel von denen zu unterscheiden, die für den Käufer nur von unerheblicher Bedeutung sind. Hier besteht die schon dargestellte Gefahr, dass auch eine Vielzahl kleinerer Mängel in ihrer Gesamtheit in einen wesentlichen aufklärungsbedürftigen Sachverhalt umschlagen kann. Zudem wird der Käufer bei einer Angabe nur wesentlicher Mängel oft die Frage stellen, welche Mängel es noch gibt. Die rechtlich im Einzelfall durchaus zulässige Verweigerung der Antwort dürfte den Fortgang der Verhandlungen erheblich belasten und zum unerwünschten praktischen Ergebnis führen, dass die Nichtmitteilung von unerheblichen Mängeln zu einem Verhandlungsproblem wird.

542 Bei großen Immobilientransaktionen wird die Konsequenz daher oft sein, dass von vornherein **alle Mängel offenbart** werden: Einmal, weil sie für sich betrachtet groß sind, zum anderen, weil ihre Addition sie einem großen Mangel gleichstellt. Die Konsequenz ist naheliegend, dass der Käufer diese Mängel einpreisen wird, sich das wirtschaftliche Ergebnis für den Verkäufer also verschlechtert. Dafür wird vermieden, dass der Käufer zwar zu einem höheren

Kaufpreis abschließt, nach späterer Kenntnis der Mängel aber Arglistansprüche mit der Konsequenz geltend macht, dass der konkrete Vertrag für den Verkäufer nicht mehr kalkulierbar ist. Der Verkäufer und seine Berater sollten sich dabei bewusst sein, dass der Käufer schon durch die Übergabe der Unterlagen und die Einarbeit in die Immobilie die Mängel feststellen wird. Vielfach wird er auch, z. B. von übernommenen Mitarbeitern oder Dienstleistungsunternehmen, zumindest Indizien zum Wissensstand des Verkäufers gewinnen. Dies reicht im Zweifel für eine Arglistklage, die so substantiiert ist, dass der Verkäufer ein erhebliches Risiko des Prozessverlustes trägt.

Wir empfehlen Verkäufern und ihren Beratern daher dringend, der Behandlung **543** offenbarungspflichtiger Mängel wenigstens dieselbe Sorgfalt zuzuwenden wie der vertraglichen Begrenzung oder dem Ausschluss von Mängelrechten. Fehler in der Offenbarung von Mängeln können deutlich gravierendere Auswirkungen haben als eine nicht optimale Einschränkung der Mängelrechte. Sie begründen nicht nur Schadensersatzansprüche, sondern ermöglichen es dem Käufer, aus jeder denkbaren Motivation und insbesondere der nachträglichen Vertragsreue vom Vertrag zurücktreten und Schadensersatz zu fordern.

Für viele Verträge dürfte es sich daher im Ergebnis empfehlen, den Käufer **544** über alle dem Verkäufer bekannten Mängel zu informieren, z. B. in einer Regelung wie:

„Dem Käufer sind die in Anlage […] aufgelisteten Mängel bekannt.“

Eine Offenlegung von Umständen im Datenraum reicht wohl nur im Einzelfall **545** aus, um den Aufklärungspflichten zur Vermeidung einer Arglisthaftung nachzukommen.

Möller, NZG 2012, 841, 846.

Nichtsdestotrotz empfiehlt es sich, die dem Käufer für seine Due Diligence **546** vom Verkäufer zur Verfügung gestellten Unterlagen auf einem Datenträger zu Dokumentationszwecken abzuspeichern.

Singbartl/Zintl, ZfIR 2017, 213, 216.

F. Asset Deal

Die Darstellung des Asset Deals beginnt mit Hinweisen auf praktisch bedeutsame Transaktionsformen, die nicht dem Kaufrecht unterliegen (siehe Rn. 548 ff.). Es folgt eine Einführung in die allgemeine Vertragsgestaltung (siehe Rn. 579 ff.). Den Schwerpunkt bilden die Grundsätze des gesetzlichen Mängelrechts und die daraus folgenden Anforderungen an die Vertragsgestaltung (siehe Rn. 614 ff.). Ihnen wird die alternative Regelung über ein System von Garantien (siehe Rn. 780 ff.) gegenübergestellt. Es schließt ein Überblick über allgemeine Fragen der Zurechnung, insbesondere im Hinblick auf die Bereitstellung eines Datenraums, sowie zum Haftungsausschluss an (siehe Rn. 816 ff.). Weitere Themen sind der Übergang von Besitz, Nutzen und Lasten (siehe Rn. 874 ff.) sowie Fälligkeit und Zahlung des Kaufpreises (siehe Rn. 879 ff.). Danach werden Hinweise zur notariellen Beurkundung und Abwicklung gegeben (siehe Rn. 893 ff.). **547**

I. Abgrenzung der Geltungsbereiche von Kauf- und Werkvertragsrecht

Die Anwendbarkeit von Kaufrecht setzt voraus, dass der Grundbesitz i. S. d. § 433 Abs. 1 Satz 1 BGB gekauft wird, d. h. der Verkäufer verpflichtet ist, *„dem Käufer die Sache zu übergeben und das Eigentum an der Sache zu verschaffen."* Diese Abgrenzung gewinnt erhebliche Bedeutung im Vergleich zum Werkvertragsrecht, das im Grundsatz Anwendung findet, wenn über den zitierten Wortlaut des § 433 Abs. 1 Satz 1 BGB hinaus nicht allein die Lieferung einer unbeweglichen Sache, sondern zugleich und schwerpunktmäßig deren Herstellung geschuldet ist. **548**

> Palandt/*Weidenkaff*, BGB, Vor § 433 Rn. 19;
> PWW/*Wagner*, BGB, Vor §§ 433 ff. Rn. 1, 2.

Die Abgrenzung zwischen den Vertragstypen des Kauf- und Werkvertragsrechts für Immobilientransaktionen führt stets dann zur Reibung, wenn die Verpflichtungen des Verkäufers über die Besitzübergabe und Eigentumsverschaffung hinausgehen. Abzugrenzen sind daher der Bauträgervertrag (siehe Rn. 550 ff.), der Erwerb schon errichteter neuer Bauvorhaben (siehe Rn. 561 ff.) und von bebauten Grundstücken mit der Verpflichtung des Verkäufers zu umfänglichen Sanierungs-/Modernisierungsmaßnahmen (siehe Rn. 566 ff.) sowie schließlich Verkäufe unter Übernahme von Bau- und Reparaturverpflichtungen des Käufers (siehe Rn. 570). **549**

1. Bauträgervertrag

Der Bauträgervertrag ist seit dem Gesetz zur Reform des Bauvertragsrechts mit Wirkung vom 1.1.2018 in den §§ 650u f. BGB geregelt. Durch die Normierung wird keine grundlegende Neugestaltung des vorherigen vor allem durch die Rechtsprechung geprägten Bauträgervertragsrechts vorgesehen. **550**

Jauernig/*Mansel*, BGB, § 650u Rn. 1;
ähnlich *Zander,* BWNotZ 2017, 115, 123.

551 Der Bauträgervertrag ist gemäß § 650u BGB ein Vertrag, der die Errichtung oder den Umbau eines Hauses oder eines vergleichbaren Bauwerks zum Gegenstand hat und der zugleich die Verpflichtung des Unternehmers enthält, dem Besteller das Eigentum an dem Grundstück zu übertragen bzw. ein Erbbaurecht zu bestellen oder zu übertragen.

552 Vertragsgegenstand sind gleichermaßen Übereignung und Bebauung des Grundstücks.

Palandt/*Retzlaff*, BGB, § 650u Rn. 2;
ähnlich *Pause,* Das neue Bauvertragsrecht, § 6 Rn. 6.

553 Der Bauträger ist daher in vollem Umfang für die Herstellung des Bauvorhabens auf dem verkauften Grundstück verantwortlich, dafür ist es unerheblich, ob die Bauleistung von ihm oder durch Dritte erbracht wird.

Busche, in: MünchKomm-BGB, 2020, § 650u Rn. 3.

554 § 650u Abs. 1 Satz 2 und 3 BGB setzen das anzuwendende Recht fest. Hinsichtlich der Errichtung oder des Umbaus finden die Vorschriften des Werkvertragsrechts Anwendung, soweit sich aus §§ 650u, 650v BGB nichts anderes ergibt. Hinsichtlich des Anspruchs auf Übertragung des Eigentums an dem Grundstück oder auf Übertragung oder Bestellung des Erbbaurechts finden dagegen die Vorschriften über den Kauf Anwendung. Ergänzend sind die Regelungen der Makler- und Bauträgerverordnung (MaBV) zu beachten. Sofern es sich beim Erwerber um einen Kaufmann handelt, kann dieser jedoch gemäß § 7 Abs. 2 Nr. 1 MaBV auf deren Bestimmungen in separater Urkunde verzichten.

555 Dies entspricht der durch die die Rechtsprechung geprägten rechtlichen Lage vor Inkrafttreten von § 650u f. BGB.

Siehe hierzu BGH, BGHZ 60, 362, 364;
BGH, BGHZ 74, 204, 207.

556 Der Bauträgervertrag ist seiner systematischen Stellung im Gesetz nach eine besondere Ausprägung des Werkvertrags. Er besteht aus einem werkvertraglichen und einem kaufrechtlichen Teil und stellt somit einen typengemischten Vertrag dar. Von § 650u BGB kann grundsätzlich individualvertraglich abgewichen werden, wobei bei Verbraucherbauverträgen § 650o BGB zu beachten ist.

Busche, in: MünchKomm-BGB, § 650u Rn. 2;
Zur systematischen Stellung im Gesetz auch Jauernig/*Mansel*,
BGB, § 650u Rn. 3.

557 Nach § 311b Abs. 1 Satz 1 BGB ist der gesamte Vertragsinhalt notariell zu beurkunden, da die kaufrechtliche sowie die werkvertragliche Komponente eine Einheit bilden.

Busche, in: MünchKomm-BGB, § 650u Rn. 7;
Jauernig/*Mansel*, BGB, § 650u Rn. 2;
Beck'sches Notar-Handbuch/*Esbjörnsson*, § 2 Bauträgervertrag, Rn. 21;
Blank, Der Bauträgervertrag, Rn. 100.

Damit sind die Baubeschreibung und alle sie ergänzenden oder an ihre Stelle tretenden Unterlagen uneingeschränkt beurkundungspflichtig, z. B. die Baugenehmigung, Raumbücher, Pläne. 558

Koebele, in: Kompendium des Baurechts, 10. Teil Rn. 342;
so auch schon vor der gesetzlichen Normierung BGH, BGHZ 69, 266, 269 f. unter ausdrücklicher Aufgabe der früheren großzügigeren Rechtsprechung, z. B. BGH, BGHZ 63, 359, 362–364;
BGH, BGHZ 74, 346;
BGH, NJW-RR 2003, 1136;
BGH, NJW-RR 2003, 1432;
aus der Literatur z. B. *Basty*, Der Bauträgervertrag, Kap. 1 Rn. 107 f.;
Blank, Der Bauträgervertrag, Rn. 112;
Pause, Bauträgerkauf und Baumodelle, Rn. 92 f.

Sie sind zu verlesen. 559

Basty, Der Bauträgervertrag, Kap. 1 Rn. 118;
Blank, Der Bauträgervertrag, Rn. 650;
Frenz/Miermeister/*Limmer*, BNotO/BeurkG, § 14 BeurkG Rn. 5;
Winkler, BeurkG, § 14 Rn. 27;
Vaasen/Starke, DNotZ 1998, 661, 676;
D. Schmidt, ZfIR 2004, 405, 408.

Die Erleichterung des § 14 BeurkG, dass die Verlesung bei der Beurkundung von Inbegriffen und ähnlichen Unterlagen durch eine Genehmigung der Unterlagen durch beide Parteien, bestätigt durch die Unterzeichnung jeder Seite, ersetzt werden kann, steht nicht zur Verfügung. Die Beispiele des § 14 BeurkG wie „*Bilanzen*" oder „*Inventare*" setzen ein Bestandsverzeichnis oder einen Inbegriff voraus, d. h. die Aufstellung von schon Existentem, während die Baubeschreibung und die ihr gleichstehenden Unterlagen festlegen, was in welcher Qualität vom Bauträger herzustellen ist. 560

Basty, Der Bauträgervertrag, Kap. 1 Rn. 118;
Blank, Der Bauträgervertrag, Rn. 650;
Frenz/Miermeister/*Limmer*, BNotO, § 14 BeurkG Rn. 5;
Winkler, BeurkG, § 14 Rn. 27;
Vaasen/Starke, DNotZ 1998, 661, 676;
D. Schmidt, ZfIR 2004, 405, 408.

2. Verträge über den Erwerb schon errichteter neuer Bauvorhaben

In einer gerade für Immobilientransaktionen wichtigen Judikatur qualifizierte der BGH Gebäude, die noch nicht oder nur provisorisch genutzt werden und nicht älter als zwei Jahre sind, als „neu". 561

Vgl. BGH, NJW 1985, 1551;
allerdings hängt es von den Umständen des Einzelfalls ab, ob ein Gebäude noch „neu" ist; so darf ein Musterhaus nicht länger als ein halbes Jahr genutzt worden sein, vgl. BGH, NJW 1982, 2243;
dazu auch BGH, NJW 2016, 1572;
BGH, NJW 2016, 2878.
aus der Lit. siehe *Basty*, Der Bauträgervertrag, Kap. 1 Rn. 13 ff.;
Blank, Der Bauträgervertrag, Rn. 650;
D. Schmidt, ZfIR 2004, 405, 407.

562 Derartige Verträge über in diesem Sinne neue Gebäude wurden unter altem Kaufrecht dem Werkvertragsrecht mit folgender Begründung unterstellt:

> „Wie der Senat wiederholt dargelegt hat (weggelassenes Zitat), führt bei der Errichtung eines Bauwerks mit Erstellungsverpflichtung des Veräußerers allein die Sachmängelhaftung nach Werkvertragsrecht mit der der Gewährleistung vorgeschalteten Nachbesserungspflicht und der gegenüber dem Kaufrecht angemesseneren Verjährungsfrist von fünf Jahren zu einem angemessenen Ausgleich. Da macht es für die Interessenlage keinen Unterschied, ob mit dem Bau des Hauses oder der Eigentumswohnung bei Vertragsschluss noch gar nicht begonnen, ob das Bauwerk damals teilweise oder ob es ganz fertig war. Das im Vordergrund stehende Interesse des Erwerbers ist in allen Fällen das gleiche (weggelassenes Zitat)."

BGH, BGHZ 74, 258, 269 f.;
ebenso BGH, BGHZ 68, 372, 374;
zuletzt BGH, BGHZ 164, 225, 228 = ZfIR 2006, 50;
auch OLG Düsseldorf, BeckRS 2015, 15894.

563 Zwischenzeitlich hat der BGH bestätigt, dass auch nach dem Inkrafttreten des Schuldrechtsmodernisierungsgesetzes das Werkvertragsrecht auf neu errichtete Häuser oder Eigentumswohnungen anzuwenden ist, auch wenn das Bauwerk bei Vertragsschluss bereits fertiggestellt wurde.

BGH, NJW 2016, 2878;
BGH, NJW 2016, 1572;
BGH, NJW 2016, 1575
dazu *von Proff*, ZfIR 2017, 589, 599
a. A. wohl *Busche*, in: MünchKomm-BGB, § 650u Rn. 14.

564 Auch wenn das Kaufvertragsrecht in Bezug auf den Kauf von Bauwerken an die rechtliche Stellung des Bestellers bei einem Bauvertrag angenähert wurde, ist aus Sicht des BGH die Anwendung des Werkvertragsrechts in derartigen Konstellationen weiterhin interessengerecht.

Siehe dazu BGH, NJW 2016, 2878;
ebenfalls das Werkvertragsrecht für anwendbar haltend *Pause*, Bauträgerkauf und Baumodelle, Rn. 72;
Meyer, RNotZ 2006, 497, 498 f.

565 Auch durch die Reform des Bauvertragsrechts hat sich hieran nichts geändert.

Pause, Bauträgerkauf und Baumodelle, Rn. 72;
so wohl auch *Weber*, notar 2017, 379, 380.

3. Erwerb von bebauten Grundstücken mit der Verpflichtung des Verkäufers zu umfänglichen Sanierungs- bzw. Modernisierungsmaßnahmen

Die Grundsätze des Bauträgervertrags finden gemäß § 650u Abs. 1 BGB auch 566
Anwendung, wenn anstelle eines zu errichtenden Neubaus ein Altbau veräußert wird, zu dessen Umbau (im Sinne einer umfänglichen Sanierung) sich der Verkäufer verpflichtet hat. Nach der ständigen Rechtsprechung zum alten Kaufrecht macht es für die Abgrenzung keinen Unterschied,

> vgl. nur BGH, BGHZ 164, 225 Rn. 16 = ZfIR 2006, 50;
> BGH, NJW 2005, 1115, 1116 = ZfIR 2005, 134;
> BGH, NJW-RR 1987, 1046, 1047,

ob sich der Veräußerer zur Errichtung eines Neubaus wie beim Bauträgervertrag oder zur Sanierung oder Modernisierung eines Altbaus, die mit so erheblichen Eingriffen in die Bausubstanz verbunden ist, dass sie einem Neubau gleichsteht, verpflichtet hat. Mithin gilt für einen Vertrag mit einer solchen Bauverpflichtung die grundsätzliche Zweiteilung wie bei noch zu erstellenden Bauwerken.

> Palandt/*Retzlaff*, BGB, § 634 Rn. 3; § 650u BGB Rn. 7.
> *Voit*, in: BeckOK BGB, § 631 Rn. 30, mit Verweis auf das neue Recht und die daraus resultierende Anwendbarkeit des Bauvertragsrechts bzw. Bauträgerrechts;
> *D. Schmidt*, AnwBl 2008, 484, 485.

Dem Werkvertragsrecht unterliegen die vom Verkäufer geschuldeten Bau- 567
leistungen, zu denen zwingend auch gehört, die Eignung der vorhandenen Bausubstanz für die zu geschuldeten Bauleistungen geprüft zu haben.

> *Pause*, NZBau 2000, 234, 237 f;
> *Basty*, Der Bauträgervertrag, Kap. 11 Rn. 152 f.

Auch für die nicht von der Sanierung betroffene Altbausubstanz wird werk- 568
vertraglich gehaftet, allerdings kann insoweit die Mängelhaftung durch individuelle Regelung – nicht formelhaft – ausgeschlossen werden.

> *Basty*, Der Bauträgervertrag, Kap. 13 Rn. 58 ff. m. w. N.;
> *Pause*, Bauträgerkauf und Baumodelle, Rn. 636;
> zur Haftung der im Bereich der Sanierungsarbeiten vorhandenen Altbausubstanz nach Werkvertragsrecht, BGH, BGHZ 164, 225 = ZfIR 2006, 50;
> BGH, NJW-RR 2007, 895, 896 = ZfIR 2007, 623.

Entsprechend der obigen Ausführungen ist auch bei Erwerb eines bereits 569
vollständig sanierten Altbaus grundsätzlich Werkvertragsrecht anwendbar.

4. Kaufvertrag mit Übernahme beschränkter Bauverpflichtungen des Verkäufers

Die in der Praxis auch bei Immobilientransaktionen sehr häufige Fallgruppe 570
der Übernahme beschränkter Bauleistungen durch den Verkäufer ist prinzi-

piell anders zu beurteilen als die bisher behandelten Vertragstypen des Bauträgervertrags. Der Gesamtvertrag inklusive der geschuldeten Bauleistungen untersteht dem Kaufrecht, solange folgende Grenze nicht überschritten wird: Sind die Bauleistungen so umfänglich, dass die MaBV als die gewerberechtliche Verordnung für den Bauträgervertrag anwendbar ist – genannt werden Schwellenwerte von 3,5 % bis ca. 11 % des Kaufpreises –

> *Blank,* Der Bauträgervertrag, Rn. 981 (3,5 %);
> BayObLG, NZM 2005, 264 (11 %),

gelten für sie Werkvertragsrecht und die MaBV, ohne dass der Vertrag insgesamt zwangsläufig als Bauträgervertrag zu qualifizieren ist.

> Vgl. DNotI-Report 2018, 91, 94;
> Zur Anwendbarkeit der MaBV *Basty,* Der Bauträgervertrag, Kap. 1 Rn. 57 ff.; *Basty*, DNotZ 1991, 18, 23;
> ebenfalls zur Anwendbarkeit der MaBV sowie zum Verzicht *Vettermann*, ZfIR 2018, 477, 478 f.;
> zur Anwendbarkeit des Ratenplans der MaBV, der gewerblichen Anwendbarkeit der MaBV sowie zu sog. „Mischmodellen“, *Krauß*, notar 2017, 312, 317 ff.

571 Von der Einordnung des Vertrags insgesamt ist zu unterscheiden, welches Vertragsrecht die baulichen Nebenleistungen regiert. Hier ist zu differenzieren: Nebenleistungen sehr geringen Umfangs, z. B. Schönheitsreparaturen, ändern am kaufrechtlichen Charakter aller Verpflichtungen des Verkäufers nichts, sie führen bei unterlassener oder mangelhafter Ausführung zu kaufrechtlichen Mängelrechten.

> Vgl. OLG Frankfurt/M., NJW-RR 1993, 121;
> OLG Hamburg, NJW-RR 1989, 1497;
> Palandt/*Retzlaff*, BGB, Vor § 631 Rn. 7 f.;
> **a. A.** *Pause*, NZBau 2000, 234, 236;
> *Pause,* Bauträgerkauf und Baumodelle, Rn. 632;
> *Basty,* Der Bauträgervertrag, Kap. 11 Rn. 151.

572 Die Richtigkeit dieser Wertung bestätigt die durch die Schuldrechtsreform neu eingeführte Bestimmung des § 434 Abs. 2 Satz 1 BGB, dass ein Sachmangel auch dann gegeben ist, *„wenn die vereinbarte Montage durch den Verkäufer oder dessen Erfüllungsgehilfen unsachgemäß durchgeführt worden ist“*. Sie ist so zu verstehen, dass Montageleistungen des Verkäufers und damit, für sich betrachtet, klassische Werkleistungen zusammen mit der Verpflichtung zur Lieferung der Kaufsache einen einheitlichen Kaufvertrag über Erwerb und Montage darstellen.

> Palandt/*Weidenkaff*, BGB, § 434 Rn. 40;
> PWW/*Wagner*, BGB, § 434 Rn. 62 f.;
> zum alten Kaufrecht BGH, JW 1998, 3197, 3198;
> BGH, NJW-RR 2004, 850.

573 Dies gilt richtigerweise unabhängig von Umfang und Wert der Montage im Vergleich zur Kaufsache.

So Palandt/*Weidenkaff*, BGB, § 434 Rn. 41, PWW/*Wagner*, BGB, § 434 Rn. 62 f.;
a. A. *Faust*, in: BeckOK BGB, § 434 Rn. 93;
bei Übergewicht der Montageleistung kommt Einordnung als Werkvertrag in Betracht, *Westermann*, in: MünchKomm-BGB, § 434 Rn. 36.

Sind umfänglichere Bauverpflichtungen vereinbart, unterstehen sie dem dafür besser geeigneten Werkvertragsrecht, auch wenn sie unterhalb der Schwelle eines Umbaus i. S. v. § 650u Abs. 1 BGB gemäß den oben dargestellten Grundsätzen liegen. 574

Vgl. BGH, BGHZ 164, 225 Rn. 16 = ZfIR 2006, 50; BGH, NJW-RR 1995, 1200, 1201;
OLG Hamm, NJW-RR 2001, 1309;
Kniffka, Bauvertragsrecht, Vor § 631 Rn. 117 ff. (Abgrenzung zu Baulieferungsverträgen).

Sollte ein werkvertragliches Element vorliegen, so ist insbesondere darauf zu achten, dass diesbezüglich eine Abnahme gemäß § 640 BGB erfolgen muss. Des Weiteren kann die vom Verkäufer übernommene Verpflichtung durch einen Einbehalt des Kaufpreises abgesichert werden. 575

Zu alldem *Vettermann*, ZfIR 2018, 477, 480 f.

Aus der insgesamt schwierigen Rechtslage folgt als Empfehlung: Bei der Vereinbarung baulicher Nebenleistungen ist zu prüfen, ob aufgrund des Umfangs zumindest Werkvertragsrecht und die MaBV zur Anwendung kommen, auch wenn es sich nicht um einen Bauträgervertrag i. S. v. § 650u Abs. 1 BGB handelt. Ist dies der Fall, ist der Vertrag entweder den Regelungen der MaBV zu unterstellen oder sie ist, wenn zulässig, nach Maßstab des § 12 MaBV abzubedingen. Für alle übrigen Bauverpflichtungen sollte ausdrücklich geregelt werden, ob sie entsprechend der Regelung der Montage in § 434 Abs. 2 Satz 1 BGB kaufvertraglich oder wegen eines größeren Umfangs werkvertraglich abgewickelt werden sollen. 576

Pause, NZBau 2000, 234, 237.

Die zweite Alternative empfiehlt sich dann, wenn wegen Dauer oder Umfang das werkvertragliche Normengefüge speziell mit der Abnahme besser passt. 577

Wenn die kauf- und werkvertraglichen Elemente eines Vertrags als einheitlich vollzogen werden sollen, sollte zudem das werkvertragliche Kündigungsrecht des Beststellers gemäß § 648 BGB abbedungen werden. 578

II. Grundlagen der Vertragsgestaltung

Als Basis für seine Kernthemen, vor allem das Mängelrecht, sollte der Grundstückskaufvertrag zu Beginn Parteien, Gegenstand und Zweck beschreiben. Dazu wird häufig eine **Einführung/Präambel** vorangestellt, oder im Zusammenhang mit der Wiedergabe des Grundbuchstands erfolgen weitere Erläuterungen. Gegenstand einer solchen Einführung können beispielsweise sein eine 579

Kurzbeschreibung der vorhandenen Bebauung, Besonderheiten der Transaktion, etwa dass der Verkäufer das Grundstück als Teil seiner Liquidation veräußert, die beabsichtigte Bebauung oder die Lage des Grundstücks; hinzu kommen Erklärungen zu den Parteien, z. B. ob sie Unternehmer oder Verbraucher sind, oder zu ihrer Rechtsform, speziell für ausländische Gesellschaften. Solche Regelungen sind oft, wenn nicht immer sinnvoll (siehe Rn. 580 ff.). Sie bergen aber auch die vielfach unterschätzte Gefahr, unbewusst Vereinbarungen der Beschaffenheit zu begründen (siehe Rn. 587 ff.). Aktuell ist eine besondere Vertragsgestaltung bei Beteiligung von BGB-Gesellschaften notwendig (siehe Rn. 591 ff.).

1. Beschreibung des Grundstücks und Besonderheiten seiner Nutzung und Lage sowie der Situation der Parteien

580 Zum Standard eines Grundstückskaufvertrags gehören zu Beginn die Wiedergabe des Grundbuchstands sowie ergänzend weitere Angaben zum Grundstück wie Nutzung und Bebauung. Zusätzlich empfehlen sich Regelungen zum Vertragszweck und zu den Parteien. Mit einer solchen Einführung werden mehrere Zwecke verfolgt:

581 Der Grundbuchstand ist Grundlage sowohl für die Rechtsmängelhaftung des Verkäufers als auch für den notariellen Vollzug: Auf den Eintragungen in Abteilung II und III des Grundbuchs bauen die Regelungen zur geschuldeten Lastenfreiheit bzw. zur Übernahme von Belastungen durch den Käufer wie zur Fälligkeit des Kaufpreises auf.

582 Die weiteren Erläuterungen zu Nutzung und Bebauung des Grundstücks sowie zum Vertragszweck dienen der Auslegung unbestimmter Rechtsbegriffe im Vertrag, speziell im Mängelrecht. Wird als vorhandene Bebauung ein Bürohaus oder bei einem unbebauten Grundstück als Vertragszweck die Bebauung durch den Käufer mit einem Bürohaus angegeben, folgt daraus für die Mängelrechte, dass sich die Beschaffenheit auf diesen Nutzungszweck zu beziehen hat, es sei denn etwas anderes wird ausdrücklich geregelt. Oft dient eine solche kurze Beschreibung zugleich der Einleitung für einen folgenden Schwerpunkt des Vertrags, z. B. umfängliche Regelungen zur Erlangung des Baurechts durch den Käufer. Der Leser des Vertrags wird so durch die Kurzbeschreibung zu Beginn auf die Wichtigkeit dieser Bestimmungen vorbereitet.

583 Regelungen zu den Vertragsparteien, z. B. dass der Verkäufer wegen seiner Liquidation aufgrund finanzieller Schwierigkeiten verkauft oder dass er ein Verbraucher, der Käufer hingegen ein Immobilienunternehmer ist, geben häufig die Begründung für anschließende besondere Regelungen. Ein besonders weitreichender Haftungsausschluss, der für sich betrachtet auf Bedenken stoßen kann, ist eventuell bei einem wegen finanzieller Schwierigkeiten in Liquidation befindlichen Verkäufer gerechtfertigt, weil eine lang dauernde Abwicklung von Mängelrechten mangels Leistungsfähigkeit des Verkäufers nicht möglich sein wird. Zugleich wird durch die Regelung solcher Besonder-

heiten sichergestellt, dass die Risikoverteilung zwischen Verkäufer und Käufer den Parteien offenbar wird – verstärkt durch die vom Notar geschuldete Belehrung. Im Beispiel müsste der Notar also den Käufer darauf hinweisen, und dies sollte im Vertrag geschehen, dass unabhängig von der vertraglichen Regelung Mängelrechte nicht oder nur begrenzt durchsetzbar sein werden. Dadurch wird für den Käufer deutlich, dass er den faktischen und rechtlichen Ausschluss von Mängelrechten ausreichend einzupreisen hat.

Angaben zu den Parteien sind ferner notwendig, um besondere rechtliche Anforderungen festzustellen. Bei einem Kauf zwischen einem Verbraucher als Verkäufer und einem Immobilienunternehmer als Käufer zum Zwecke der Entwicklung der Immobilie liegt ein Verbrauchervertrag i. S. d. § 310 Abs. 3 BGB vor, **584**

> die das EU-Recht überschießende Anwendbarkeit von § 310 Abs. 3 BGB auf Grundstückskaufverträge ist h. M., z. B. PWW/*K. P. Berger*, BGB, § 310 Rn. 7 („alle Arten von Verträgen"); PWW/*Wagner*, BGB, Vor § 433 ff Rn. 13; Palandt/*Grüneberg*, BGB, § 310 Rn. 11; Ulmer/Brandner/Hensen/*Schäfer*, AGB-Recht, § 310 Rn. 45 m. w. N.; Wolf/Lindacher/Pfeiffer/*Pfeiffer*, AGB-Recht, § 310 Abs. 3 Rn. 14; **a. A.**, aber wohl überholt, z. B. *Heinrichs*, NJW 1995, 153, 159. Abweichend von der Definition des Verbrauchsgüterkaufs in § 474 Abs. 1 BGB liegt ein Verbrauchervertrag speziell für § 17 Abs. 2a BeurkG unabhängig davon vor, ob der Verbraucher Verkäufer oder Käufer ist, siehe *Winkler*, BeurkG, § 17 Rn. 95,

bei dem den Notar im Verhältnis zum Verkäufer besondere Pflichten speziell im Hinblick auf die Versendung des Vertragsentwurfs,

> vgl. § 17 Abs. 2a Satz 2 BeurkG und dazu *D. Schmidt*, ZfIR 2004, 405, 408 f.,

und die Belehrung treffen.

> Vgl. dazu *D. Schmidt*, ZfIR 2004, 405, 410 ff.; *ders.*, AnwBl 2008, 484, 487; Nach der Formel der Rechtsprechung stellt die Belehrungspflicht an den Notar die Anforderung, die Beteiligten über die rechtliche Tragweite des beurkundeten Kaufvertrags und die unmittelbaren rechtlichen Bedingungen für den Eintritt des beabsichtigten Rechtserfolgs aufzuklären, Vgl. BGH, NJW 2010, 3243 = ZfIR 2010, 717.
> Wirtschaftliche Beratung oder eine Belehrung über steuerrechtliche Folgen wird von ihm grundsätzlich nicht verlangt. Bei Beteiligung eines Verbrauchers hat der Notar gemäß § 17 Abs. 2a Satz 2 BeurkG verstärkt darauf hinzuwirken, dass sich dieser mit dem Inhalt der Beurkundung auseinandersetzt, *Winkler*, BeurkG, § 17 Rn. 17.

Diese Schutzbedürftigkeit muss die andere Vertragspartei, hier der Immobilienunternehmer, einplanen. **585**

586 Zugleich kann nur so festgestellt werden, ob gesetzlich oder vertraglich besondere Rahmenbedingungen, z. B. gesellschaftsrechtliche Genehmigungserfordernisse, für eine Partei bestehen. Dies gilt vor allem für die BGB-Gesellschaft (siehe sogleich Rn. 591 ff.).

2. Rechtliche Bindungswirkung einleitender Beschreibungen des Grundbesitzes

587 Kurzbeschreibungen des Kaufgegenstands zu Beginn der Vertragsurkunde kann eine höhere Verbindlichkeit zukommen als vielfach bewusst:

588 Die schlichte Beschreibung des verkauften Grundbesitzes als „mit einem 1934 errichteten Geschäftshaus bebaut" kann eine **Vereinbarung der Beschaffenheit** darstellen – und wird es ohne eine ausdrückliche abweichende Regelung, die dies ausschließt, regelmäßig sein. So hat das OLG Hamm einen Sachmangel in der fehlenden Übereinstimmung des in einem Maklerexposé ausgewiesenen Baujahrs (1950) mit dem tatsächlichen Baujahr (ca. 1929) erkannt.

OLG Hamm, MDR 2010, 1174, 1175.

589 Die Vertragsparteien und insbesondere der Verkäufer haben hier, vermutlich oft unbewusst, durch eine nach dem Wortlaut reine Beschreibung des Grundbesitzes unmittelbar Mängelrechte begründet.

590 Die rechtliche Bedeutung einer solchen Kurzbeschreibung wird noch verstärkt, wenn sie eine für den Entschluss des Käufers grundlegende Beschaffenheit betrifft, und der Verkäufer die Unrichtigkeit kannte oder sie zumindest in Kauf nahm. Dann kann der Tatbestand einer arglistigen Täuschung durch Vorspiegelung einer Eigenschaft verwirklicht sein, wie vom OLG Hamm im o. g. Urteil angenommen worden ist (siehe Rn. 491).

OLG Hamm, MDR 2010, 1174, 1175.

3. Veräußerung oder Erwerb von Immobilien durch BGB-Gesellschaften

591 Die formelle Grundbuchfähigkeit der BGB-Gesellschaft als Konsequenz aus ihrer Rechtsfähigkeit,

BGH, BGHZ 179, 102, 105 ff. = ZIP 2009, 66 = ZfIR 2009, 93;
BGH, BeckRS 2011 Nr. 13420 Rn. 25 = ZIP 2011, 1003 = ZfIR 2011, 487 m. w. N., dazu EWiR 2011, 347 *(Heckschen)*,

hat erhebliche Schwierigkeiten für die Abwicklung von Grundstücksgeschäften unter Beteiligung von BGB-Gesellschaften verursacht. Da für BGB-Gesellschaften anders als für Personenhandels- und Kapitalgesellschaften kein Register zur Verfügung steht, aus dem sich Existenz und Vertretungsbefugnis mit Gutglaubensschutz ergeben, war es lange Zeit und ist heute noch partiell umstritten, unter welchen Voraussetzungen eine BGB-Gesellschaft grundbuchtaugliche Erklärungen abgeben kann. Der aktuelle Stand der Rechtsprechung sieht für die beiden Konstellationen der BGB-Gesellschaft als – im Grundbuch eingetragenen – Verkäufer (siehe Rn. 592 ff.) und – in das Grundbuch einzutragenden – Käufer wie folgt aus (siehe Rn. 602 ff.), ergänzt durch praktische Ratschläge (siehe Rn. 606).

a) Die BGB-Gesellschaft als eingetragener Verkäufer

Rechtsgrundlage für die grundbuchliche Behandlung einer eingetragenen BGB-Gesellschaft sind die durch das ERVGBG vom 11.8.2009 eingeführten §§ 899a BGB, 47 Abs. 2 GBO. **592**

> Gesetz zur Einführung des elektronischen Rechtsverkehrs und der elektronischen Akte im Grundbuchverfahren sowie zur Änderung weiterer grundbuch-, register- und kostenrechtlicher Vorschriften, BGBl I S. 2713.

Danach ist Grundlage sowohl für das Grundbuchverfahren als auch für die materielle Prüfung ungeachtet der Rechtsfähigkeit der BGB-Gesellschaft nicht deren unmittelbare Beschreibung, z. B. durch Angabe von Namen, Gründung, Gesellschaftsvertrag, sondern die Angabe der Gesellschafter: Sie sind nach § 47 Abs. 2 Satz 2 GBO nach den *„für den Berechtigten geltenden Vorschriften"*, also z. B. den für den Eigentümer geltenden Vorschriften, zu behandeln. Die Gesellschafter sind zwar keine Berechtigten, dies ist allein die BGB-Gesellschaft als Eigentümerin, sie werden aber *„weiterhin so behandelt wie vor Anerkennung der Rechtsfähigkeit der Gesellschaft, nämlich wie Berechtigte"*. **593**

> *Demharter*, GBO, § 47 Rn. 30 i. V. m. 29;
> vgl. ebenso BGH, BeckRS 2011 Nr. 13420 Rn. 21, 24 = ZIP 2011, 1003 = ZfIR 2011, 487,
> dazu EWiR 2011, 347 *(Heckschen)*.

Die BGB-Gesellschaft wird grundbuchrechtlich quasi durch ihre Gesellschafter *„mediatisiert"*. **594**

> *Reymann*, ZNotP 2011, 84, 103;
> im Ergebnis zustimmend BGH, BeckRS 2011 Nr. 13420 Rn. 20, 25 = ZIP 2011, 1003 = ZfIR 2011, 487.

Diese Rechtslage, die der Sache nach die BGB-Gesellschaft weitgehend den Regeln aus der Zeit vor Anerkennung ihrer Rechtsfähigkeit unterstellt und sie damit von anderen Gesellschaften separiert, hat zur Konsequenz, dass die Gesellschafter in ihrer Gesamtheit für die BGB-Gesellschaft verfügungsbefugt sind. § 899a BGB begründet *„in Ansehung des eingetragenen Rechts"* die gesetzliche Vermutung, dass die eingetragenen Gesellschafter in ihrer Gesamtheit für die Dauer ihrer Eintragung – weiter – Gesellschafter sind und es neben ihnen auch keine anderen Gesellschafter gibt. **595**

> BGH, WM 2011, 239
> = ZIP 2011, 119 = ZfIR 2011, 147,
> dazu EWiR 2011, 99 *(Demharter)*;
> Palandt/*Herrler*, BGB, § 899a Rn. 7.

596 Der öffentliche Glauben erfasst damit auch die Vertretungsmacht hinsichtlich des dinglichen Verfügungsgeschäfts und ermöglicht so den gutgläubigen Erwerb von einer nicht ordnungsgemäß vertretenen BGB-Gesellschaft.

> Palandt/*Herrler*, BGB, § 899a Rn. 8;
> PWW/*Huhn*, BGB, § 899a Rn. 3;

597 Insbesondere die Gesetzesbegründung spricht dafür, den guten Glauben auch darauf auszudehnen, dass die nach § 47 Abs. 2 GBO eingetragene BGB-Gesellschaft auch tatsächlich existiert.

> Vgl. BT-Drucks. 16/13437, S. 27;
> str., so auch PWW/*Huhn*, BGB, § 899a Rn. 3;
> *Heinze*, ZfIR 2010, 713 ff.;
> **a. A.** z. B. *Krüger*, NZG 2010, 801, 805;
> *Kohler*, in: MünchKomm-BGB, § 899a Rn. 22;
> kritisch auch Palandt/*Herrler*, BGB, § 899a Rn. 8.

598 Unklar ist, ob auch der gute Glaube an die Vertretungsmacht in Bezug auf das schuldrechtliche Grundgeschäft geschützt wird.

> Vgl. zum Meinungsstand *Weber*, ZfIR 2018, 759 ff.

599 Kommt das schuldrechtliche Grundgeschäft mangels wirksamer Vertretung der BGB-Gesellschaft nicht wirksam zustande, droht dem Erwerber die bereicherungsrechtliche Rückabwicklung des Eigentumserwerbs.

600 Bis zu einer (gerichtlichen oder gesetzlichen) Klärung der Reichweite des Gutglaubensschutzes hinsichtlich der schuldrechtlichen Vertretungsmacht sollte zumindest eine teilweise Verbesserung der Situation des Erwerbers geschaffen werden, indem die Auflassung auch hilfsweise der Erfüllung einer daneben geschaffenen Übereignungsverpflichtung der handelnden Personen dient und damit kondiktionsfest sein dürfte.

> Beck'sches Notar-Handbuch/*Krauß*, § 1 Rn. 686.

601 Am sichersten ist es aber stets, die BGB-Gesellschaft noch vor dem Abschluss des Kaufvertrags in eine Personenhandelsgesellschaft umzuwandeln, da der gute Glaube an die im Handelsregister eingetragenenen Vertretungsverhältnisse hier auch in Bezug auf das schuldrechtliche Grundgeschäft geschützt ist.

b) Die BGB-Gesellschaft als einzutragender Erwerber

602 Bis zum Grundsatzurteil des BGH vom 28.4.2011,

> V ZB 194/10, BeckRS 2011 Nr. 13420 = ZIP 2011, 1003
> = ZfIR 2011, 487,
> dazu EWiR 2011, 347 *(Heckschen)*,

halfen die eben dargestellten Grundsätze jedenfalls nach Ansicht vieler Instanzgerichte beim Kauf durch eine BGB-Gesellschaft nicht weiter. Es wurde z. B. verlangt, als zumindest „*nicht rückwirkend behebbares Hindernis*", dass dem

Grundbuchamt der „*Nachweis von Existenz, Identität und Vertretungsberechtigung*" zu erbringen ist, und zwar in der Form des § 29 GBO.

> So mit beiden Zitaten und m. w. N. z. B. nur
> KG, ZIP 2010, 1847.

Für bestehende BGB-Gesellschaften wird sich dieser Nachweis mangels Register in den meisten Fällen nicht erbringen lassen. **603**

Im o. g. Grundsatzurteil hat sich der BGH mit anerkennenswerter Souveränität gemäß dem Willen des Gesetzgebers und der unserer Ansicht nach insoweit auch klaren gesetzlichen Regelung der §§ 899a BGB, 47 Abs. 2 GBO über diese unerfüllbaren Anforderungen hinweggesetzt und auf das Prinzip der grundbuchrechtlichen Mediatisierung der BGB-Gesellschaft durch ihre Gesellschafter abgestellt: Danach genügt es, „*wenn die GbR und ihre Gesellschafter in der notariellen Auflassungsverhandlung benannt sind und die für die GbR Handelnden erklären, dass sie deren alleinige Gesellschafter sind; weiterer Nachweise der Existenz, der Identität und der Vertretungsverhältnisse dieser GbR bedarf es gegenüber dem Grundbuchamt nicht*". So hat der BGH die Entscheidung des Gesetzgebers, die BGB-Gesellschaft über die Behandlung ihrer Gesellschafter als Berechtigte zu einem Grundbuchsubjekt werden zu lassen, praktisch vertretbar umgesetzt. Er hat zugleich die Versuche der Instanzgerichte und von Teilen der Literatur gestoppt, entgegen dem klaren Willen des Gesetzgebers die BGB-Gesellschaft als Käufer faktisch vom Grundbuchverkehr auszuschließen, indem ihr registerartige Nachweise ihrer Existenz, Vertretungsbefugnis und Verhältnisse abverlangt werden, von denen jedem klar war, also auch dem Gesetzgeber, dass sie nicht erbracht werden können. **604**

Mit einer entsprechenden vertraglichen Gestaltung kann also heute ein Grundstückskauf durch eine BGB-Gesellschaft geschlossen und grundbuchlich vollzogen werden. **605**

c) Praktische Ratschläge

In vielen Aspekten ist die BGB-Gesellschaft heute sowohl als Verkäufer als auch als Käufer praktisch grundbuchtauglich. Dennoch müssen die erheblichen Risiken aus der dargestellten Rechtsprechung von den Parteien und ihren Beratern gesehen werden, wie z. B.: **606**

- Die Vertreter der verkaufenden BGB-Gesellschaft müssen Gewissheit haben, wirklich – noch – alle BGB-Gesellschafter zu sein. Infolge der Wirksamkeit der Übereignung sind sie ansonsten Schadensersatzansprüchen übergegangener Gesellschafter ausgesetzt.
- Für die Vertreter der erwerbenden BGB-Gesellschaft gilt dies ebenso. Voraussetzung ist, dass der Grundstückskaufvertrag gemäß der Darstellung in Rn. 602 f. gestaltet wird.

- Die grundbuchrechtliche Mediatisierung der BGB-Gesellschaft durch ihre Gesellschafter macht es anders als bei allen anderen Gesellschaften notwendig, **Veränderungen im Kreis der Gesellschafter zeitgleich grundbuchlich umzusetzen**: Damit Identität zwischen den tatsächlichen und den im Grundbuch eingetragenen Gesellschaftern besteht, ist nach jeder Veränderung unter den Gesellschaftern das Grundbuch zu berichtigen. Anderenfalls können schon ausgeschiedene Gesellschafter noch verfügen oder sind umgekehrt neu eingetretene Gesellschafter mangels Grundbucheintragung von Verfügungen ausgeschlossen.
- Aus Verkäufersicht sollte bei Erwerb durch eine BGB-Gesellschaft darauf geachtet werden, dass die häufig erfolgende Zwangsvollstreckungsunterwerfung nicht nur für die BGB-Gesellschaft erklärt wird, sondern auch durch deren handelnde Gesellschafter im eigenen Namen. Nur in diesem Fall kann der Kaufpreisanspruch, für den die Gesellschafter der BGB-Gesellschaft gemäß § 128 HGB analog haften, im Wege der Zwangsvollstreckung auch gegenüber den handelnden Gesellschaftern unmittelbar auf Basis des notariell beurkundeten Kaufvertrags durchgesetzt werden.
- Sofern der erwerbenden BGB-Gesellschaft für die Finanzierung der Kaufpreiszahlung eine Belastungsvollmacht erteilt wird, sollte aus Erwerbersicht schließlich darauf geachtet werden, dass neben der BGB-Gesellschaft auch deren handelnden Gesellschaftern eine entsprechende Vollmacht erteilt wird. Andernfalls besteht das Risiko, dass das Grundbuchamt bei der Bestellung der Finanzierungsgrundschuld durch die BGB-Gesellschaft aufgrund eines möglichen Gesellschafterwechsels den Fortbestand der Belastungsvollmacht infrage stellt.

4. Veräußerung von Immobilien durch Ein-Objekt-Gesellschaften

607 Handelt es sich beim Veräußerer einer Immobilie um eine sog. Ein-Objekt-Gesellschaft, die sich durch den Abschluss eines Grundstückskaufvertrags zur Übertragung des wesentlichen Gesellschaftsvermögens verpflichtet, sollte für den Abschluss des Grundstückskaufvertrags ein zustimmender Gesellschafterbeschluss gefasst werden, sofern nicht ohnehin sämtliche Gesellschafter bei dem Abschluss des Grundstückskaufvertrags als Beteiligte mitwirken.

608 Ein entsprechendes Zustimmungserfordernis wurde sowohl für die GmbH als auch für Personengesellschaften lange Zeit aus einer analogen Anwendung von § 179a AktG hergeleitet. Auf dieser Grundlage ging man teilweise auch von einem Beurkundungserfordernis für den zu fassenden Gesellschafterbeschluss aus.

609 In einem Grundsatzurteil hat der BGH Anfang 2019 entschieden, dass die Vorschrift des § 179a AktG auf die GmbH nicht analog anwendbar ist.

BGH, NZG 2019, 505.

Auch wenn eine entsprechende Entscheidung des BGH noch aussteht, dürfte dies so auch für Personengesellschaften gelten. 610

Im Innenverhältnis können gleichwohl Zustimmungserfordernisse durch die Gesellschafter bestehen, die sich über die Grundsätze des Missbrauchs der Vertretungsmacht auch auf das Außenverhältnis auswirken können. Sofern Anhaltspunkte für ein Gesamtvermögensgeschäft des Veräußerers bestehen, ist daher dringend zu empfehlen, sich vom Veräußerer einen zustimmenden Gesellschafterbeschluss vorlegen zu lassen. 611

Die Formanforderungen, die an einen solchen zustimmenden Gesellschafterbeschluss bei der GmbH zu stellen sind, werden in der Literatur auch nach der jüngsten BGH-Entscheidung zur Unanwendbarkeit von § 179a AktG auf die GmbH unterschiedlich beurteilt. Teilweise wird weiterhin von einem Beurkundungserfordernis für den zu fassenden Beschluss der Gesellschafterversammlung ausgegangen. 612

Vgl. hierzu DNotI-Report 2019, 193 ff.

Geht man in Bezug auf Personengesellschaften davon aus, dass die Vorschrift des § 179a AktG nicht analog anwendbar ist, dürfte ein privatschriftlich gefasster Gesellschafterbeschluss ausreichend sein, um etwaigen Zustimmungserfordernissen im Innenverhältnis Rechnung zu tragen. 613

III. Das gesetzliche Mängelrecht

Nachstehend werden Tatbestände (siehe Rn. 615 ff.) und Rechtsfolgen (siehe Rn. 684 ff.) des gesetzlichen Mängelrechts unter Hinweis auf die Bedeutung für die Vertragsgestaltung dargestellt. Die Vereinbarung von Garantien folgt in Kapitel F. IV. (siehe Rn. 780 ff.), Beispiele für die Vertragsgestaltung siehe abschließend unter Rn. 964 ff. 614

1. Tatbestände

Mängel des Grundstücks können Sach- (siehe Rn. 616 f.) oder Rechtsmängel (siehe Rn. 671 ff.) sein. 615

a) Sachmangel

§ 434 Abs. 1 BGB definiert im Unterschied zum alten Kaufrecht den Sachmangel nicht positiv, sondern nur negativ so, dass der Kaufsache die geschuldete Beschaffenheit fehlt. 616

Vgl. zu dieser zu praktischen Schwierigkeiten führenden Gesetzestechnik PWW/*Wagner*, BGB, § 434 Rn. 6 f.;
Faust, in: BeckOK BGB, § 434 Rn. 1;
Huber, AcP 209 (2009), 143, 153 f.

Deshalb ist „**Beschaffenheit**" als maßgeblicher Begriff zu bestimmen (siehe Rn. 618 ff.) und dann zu erörtern, ob und welche Beschaffenheit der Verkäufer schuldet (siehe Rn. 624 ff.). 617

aa) Beschaffenheit

618 Der Gesetzgeber hat den Begriff „Beschaffenheit“ ausdrücklich nicht definiert und damit den Streit zu den Termini des alten Kaufrechts „Mangel“ und „zugesicherte Eigenschaft“ nicht entschieden.

> BT-Drucks. 14/6040, S. 213.

619 In der aktuellen Diskussion stehen sich ein **enger, mittlerer und weiter Beschaffenheitsbegriff** gegenüber. Das enge Verständnis erkennt nur der Kaufsache selbst auf eine gewisse Dauer anhaftende Umstände an,

> OLG Hamm, ZGS 2005, 316;
> OLG Hamm, NJW-RR 2003, 1360,

das mittlere weitergehend auch mit der physischen Beschaffenheit und der Umwelt der Sache verknüpfte Umstände,

> Vertreter u. a. mit Unterschieden im Einzelnen siehe
> Palandt/*Weidenkaff*, BGB, § 434 Rn. 9 ff.;
> Erman/*Grunewald*, BGB, § 434 Rn. 3 f.;
> *Westermann*, in: MünchKomm-BGB, § 434 Rn. 9 ff.;
> Staudinger/*Matusche-Beckmann*, BGB (2014), § 434 Rn. 50 ff.;
> *Grigoleit/Herresthal*, JZ 2003, 118, 122,

während schließlich das weite Verständnis,

> Vertreter: Jauernig/*Berger*, BGB, § 434 Rn. 6, 7;
> *Reinicke/Tiedtke*, Kaufrecht, Rn. 300 ff.;
> *Dauner-Lieb/Thiessen*, ZIP 2002, 108, 110;
> *Mertens*, AcP 203 (2003), 818, 834–839;
> *Roth*, NJW 2004, 330 f.;
> *Schröcker*, ZGR 2005, 63, 76 f.;
> *Weiler*, ZGS 2002, 249, 255;
> *v. Giercke/Paschen*, GmbHR 2002, 457, 462;
> *Wolf/Kaiser*, DB 2002, 411, 412;
> *Triebel/Hölzle*, DB 2002, 521, 525;
> Lemke/*D. Schmidt*, Immobilienrecht, § 434 BGB Rn. 13 f.,

jede Anforderung an die Kaufsache wie alle Eigenschaften, Nutzung, vorübergehende, vergangene und zukünftige Umstände anerkennt.

> Vgl. ausführlich *D. Schmidt*, BB 2005, 2763 f.;
> PWW/*Wagner*, BGB, § 434 Rn. 11–23, welcher den Streit als durch den BGH entschieden betrachtet;
> Lemke/*D. Schmidt*, Immobilienrecht, § 434 BGB Rn. 9–14.

620 Der BGH hat sich für einen weiteren Beschaffenheitsbegriff ausgesprochen, welcher neben Faktoren, die der Sache selbst anhaften, auch die Beziehungen der Sache zur Umwelt erfasst. Offengelassen wurde allerdings, ob jeder tatsächliche Bezug zum Kaufgegenstand genügt.

> BGH, NJW 2016, 2874, 2874 f.

621 Aus der nach wie vor bestehenden Unklarheit,

> Palandt/*Weidenkaff*, § 434 Rn. 11;
> *Redeker*, NJW 2012, 2471, 2473,

resultiert folgender **wichtiger praktischer Ratschlag**: Vertraglich sollte ausdrücklich geregelt werden, dass alle Anforderungen an die Kaufsache – naturgemäß bis auf Rechtsmängel – als Beschaffenheit i. S. d. § 434 BGB vereinbart werden, ggf. mit der Klarstellung, dass für den Fall, dass sie nicht zur Beschaffenheit gehören, die Rechtsfolgen eines Fehlens der Beschaffenheit gelten sollen.

Im Unterschied zum alten Recht kommt es für ein Fehlen der Beschaffenheit nicht mehr darauf an, ob die Abweichung der tatsächlichen von der geschuldeten Beschaffenheit „**unerheblich**" ist. **622**

> So ausdrücklich BGH, NJW 2007, 2111, dazu EWiR 2007, 621 *(Klöhn)*;
> OLG Karlsruhe, NJW-RR 2009, 777, 778.

Dieses Kriterium entscheidet nur noch über die Rechtsfolgen, da bei Unerheblichkeit gemäß § 323 Abs. 5 Satz 2 BGB ein Rücktritt ausgeschlossen, **623**

> PWW/*Wagner*, BGB, § 437 Rn. 24;
> Palandt/*Weidenkaff*, BGB, § 437 Rn. 23;
> z. B. bei behebbaren Mängeln, bei einem Beseitigungsaufwand von weniger als 5 % des Kaufpreises (Umkehrschluss aus BGH, NJW 2014, 3229 Rn. 30 ff.),

bzw. der Anspruch auf Schadensersatz statt der Leistung gemäß § 281 Abs. 1 Satz 3 BGB auf den „kleinen Schadensersatz" beschränkt ist.

> PWW/*Wagner*, BGB, § 437 Rn. 30;
> *Lorenz*, in: BeckOK BGB, § 281 Rn. 13; *Faust*, in: BeckOK BGB, § 437 Rn. 139 f.

bb) Geschuldete Beschaffenheit

§ 434 Abs. 1 BGB normiert eine Hierarchie der geschuldeten Beschaffenheit: Erstrangig entscheidet nach Abs. 1 Satz 1 die von den Parteien getroffene Beschaffenheitsvereinbarung (siehe Rn. 625 ff.). Sie versperrt den Rückgriff auf die beiden weiteren Mangeltatbestände, die zweitrangige Eignung für die vorausgesetzte Verwendung nach Abs. 1 Satz 2 Nr. 1 (siehe Rn. 644 ff.) und die drittrangige übliche Beschaffenheit nach Abs. 1 Satz 2 Nr. 2 (siehe Rn. 654 ff.). **624**

> Vgl. insgesamt PWW/*Wagner*, BGB, § 434 Rn. 7;
> *Faust*, in: BeckOK BGB, § 434 Rn. 2;
> Lemke/*D. Schmidt*, Immobilienrecht, § 434 BGB Rn. 7.

(1) Vereinbarung der Beschaffenheit

Kernregelung nahezu jeden Grundstückskaufvertrags wird die ausdrückliche Vereinbarung der Beschaffenheit der Kaufsache sein. **625**

Der Begriff „Beschaffenheitsvereinbarung" gemäß § 434 Abs. 1 Satz 1 BGB ist wörtlich i. S. d. **Konsensualtheorie** als „vertragliche Vereinbarung" zu verstehen. Er setzt mithin beidseitige Willenserklärungen voraus. **626**

BGH, BGHZ 181, Rn. 8;
BGH, NJW 2013, 1074 Rn. 16;
Lemke/*D. Schmidt*, Immobilienrecht, § 434 BGB Rn. 26;
Westermann, in: MünchKomm-BGB, § 434 Rn. 16.

627 Es reichen nicht einseitige, von der anderen Partei nicht angenommene Erklärungen des Verkäufers,

OLG Saarbrücken, Urt. v. 24.5.2007 – 8 U 328/06-85;
LG Stendal, NotBZ 2006, 289, 290,

oder Käufers.

BGH, BGHZ 181, 170 Rn. 8;
OLG Brandenburg, BeckRS 2008, 41807 Rn. 45.

628 Die Beschaffenheitsvereinbarung ist gemäß § 311b Abs. 1 BGB zu beurkunden.

Palandt/*Weidenkaff*, BGB, § 434 Rn. 18;
PWW/*Wagner*, BGB, § 434 Rn. 26;
Lemke/*D. Schmidt*, Immobilienrecht, § 434 BGB Rn. 27.

629 Durch eine Beschreibung von Eigenschaften eines Grundstücks oder Gebäudes vor Vertragsschluss durch den Verkäufer, welche sich nicht in der Vertragsurkunde niederschlägt, wird in der Regel keine Beschaffenheitsvereinbarung herbeigeführt. Der notariellen Beurkundung kann für Beschaffenheitsvereinbarungen eine Zäsurwirkung zugesprochen werden.

BGH, DNotZ 2016, 271, 273; BGH, NJW 2017, 150; BGH, NJW 2018, 1954, dazu *Krüger*, ZfIR 2018, 753, 754 ff.; kritisch zur Zäsur *Brändle*, NJW 2019, 3344; zur Beschaffenheitsvereinbarung beim Grundstückskaufvertrag siehe *Oldenburg*, ZfIR 2016, 613 ff. Weiterhin ist zu beachten, dass ein Sachmangel auch dann angenommen werden kann, wenn Eigenschaften, die der Käufer gemäß § 434 Abs. 1 Satz 2 und 3 BGB erwarten durfte, im notariellen Kaufvertrag nicht aufgeführt werden; siehe BGH, NJW 2018, 1954; BGH, NJW 2019, 2380; zur Beschaffenheitsvereinbarung beim Erwerb vom Bauträger siehe *Jurgeleit*, NJW 2019, 2649.

630 Für die Praxis sind von besonderer Bedeutung die negative Beschaffenheitsvereinbarung (siehe Rn. 631 ff.), die Abgrenzung zur Wissenserklärung (siehe Rn. 637 ff.) und die Unwirksamkeit von Haftungsausschlüssen und -beschränkungen gegenüber Beschaffenheitsvereinbarungen (siehe Rn. 643).

(a) Negative Beschaffenheitsvereinbarung

631 Die dargestellte Ausschlusswirkung von Beschaffenheitsvereinbarungen für die nachrangigen Mängeltatbestände der vorausgesetzten und der üblichen Beschaffenheit gemäß § 434 Abs. 1 Satz 2 Nrn. 1 und 2 BGB gibt den Vereinbarungen der Beschaffenheit für die Vertragsgestaltung eine sehr viel weitergehende Funktion, als sie nach altem Mängelrecht bestand oder jedenfalls praktiziert wurde: Inhalt der Beschaffenheitsvereinbarung kann sein, dass die geschuldete Beschaffenheit für eine einzelne Eigenschaft oder sogar umfassend

die Beschaffenheit der Kaufsache von beiden Parteien gewollt hinter dem Standard der üblichen Beschaffenheit gemäß § 434 Abs. 1 Satz 2 Nr. 2 BGB zurückbleibt. *Harm-Peter Westermann* hat diesen Einsatz als **„negative Beschaffenheitsvereinbarung"** bezeichnet.

Westermann, in: MünchKomm-BGB, § 434 Rn. 23.

Keine negative Beschaffenheitsvereinbarung, sondern vielmehr eine auf eine bestimmte Eigenschaft bezogene Haftungsbeschränkung liegt vor, wenn die Vertragsparteien regeln, dass eine bestimmte Eigenschaft des Kaufobjekts nicht zur vereinbarten Beschaffenheit gehört. **632**

BGH, NJW 2019, 2380, 2382.

Formulierungsbeispiele für negative Beschaffenheitsvereinbarungen folgen unter Rn. 964 ff. Ein Beispiel ist etwa die Regelung in einem Vertrag, dass ein Gebäude stark abgenutzt ist und die Klimatisierung defekt ist. Ist der Zustand starker Abnutzung einschließlich des Ausfalls der Klimatisierung die vereinbarte Beschaffenheit, kann sich der Käufer nicht darauf berufen, dem Alter des Gebäudes nach handele es sich um keine übliche Beschaffenheit, das Gebäude sei insoweit also mangelhaft. Sachlich werden damit schon auf der Ebene der Beschaffenheit weitergehende Anforderungen an die Kaufsache ausgeschlossen, ein eventueller Haftungsausschluss würde dies nur noch unterstreichen. **633**

Diese Funktion der Vereinbarung der Beschaffenheit ist inzwischen im Grundsatz anerkannt. **634**

Vgl. dazu neben *Westermann*, in: MünchKomm-BGB, § 434 Rn. 23 nur BGH, NJW 2008, 1517 Rn. 14 f.;
PWW/*Wagner*, BGB, § 434 Rn. 24,
D. Schmidt, AnwBl. 2008, 484, 487 f.;
D. Schmidt, in: Liber amicorum für Klaus Mock, S. 245, 253 f;
Faust, in: BeckOK BGB, § 444 Rn. 9;
Erman/*Grunewal*d, BGB, § 444 Rn. 2;
Feller, MittBayNot 2003, 81, 87 f.

Sie hat allerdings zwei Voraussetzungen: Die negative Beschaffenheitsvereinbarung muss so deutlich formuliert sein, dass sie wirklich den Willen beider Vertragsparteien und insbesondere des Käufers ausdrückt, die Kaufsache solle nur die niedergelegte und nicht eine früher vom Verkäufer vielleicht auch öffentlich gemäß § 434 Abs. 1 Satz 3 BGB angepriesene Beschaffenheit haben. **635**

Vgl. zu dieser Grenze nur PWW/*Wagner*, BGB, § 434 Rn. 24;
Lorenz, in: MünchKomm-BGB, § 476 Rn. 9;
Lorenz, NJW 2005, 1889, 1894;
Glöckner, JZ 2007, 652, 662;
Lemke/*D. Schmidt*, Immobilienrecht, § 434 BGB Rn. 26.

Speziell gegenüber Verbrauchern ist im Hinblick auf die unzulässige Umgehung von § 476 BGB weiter zu fordern, **636** vgl. dazu neben den soeben genannten PWW/*Wagner*, BGB, § 476 Rn. 8,

dass eine negative Beschaffenheitsvereinbarung, und insbesondere eine solche, die zum Inhalt hat, dass eine weitere Beschaffenheit nicht geschuldet ist, mit dem gesamten Inhalt des Kaufvertrags übereinstimmt. Ist der Vertrag nach Inhalt und Kaufpreis darauf angelegt, dass der Käufer eine den Kaufpreis reflektierende, dem Marktstandard entsprechende Immobilie erhält, z. B. als Renditeobjekt, kann der Sperrwirkung einer umfassenden negativen Beschaffenheitsvereinbarung eines schlechten Zustands entgegenstehen, dass sie mit dem übrigen Vertragsinhalt nicht zu vereinbaren ist. Konsequenz wäre dann, dass die Kaufsache dem Auffangtatbestand (siehe Rn. 654 ff.) der üblichen Beschaffenheit des § 434 Abs. 1 Satz 2 Nr. 2 BGB unterliegt, soweit die Beschaffenheitsvereinbarung unbeachtlich ist.

(b) Wissenserklärung

637 Von der Beschaffenheitsvereinbarung strikt abzugrenzen ist die Wissenserklärung. Sie stellt nur die Erklärung des Verkäufers über seinen Kenntnisstand dar. Daher *„kann der Käufer nicht erwarten, der Verkäufer wolle in vertragsmäßig bindender Weise die Haftung für die Richtigkeit der Angabe übernehmen und für die Folgen des Fehlens der betreffenden Eigenschaft einstehen"*.

BGH, NJW 2008, 1517 Rn. 12 ff., Zitat Rn. 13,
dazu EWiR 2008, 363 *(Lindacher)*;
ebenso OLG Karlsruhe, MittBayNot 2005, 401, 402;
Palandt/*Weidenkaff*, BGB, § 434 Rn. 15;
PWW/*Wagner*, BGB, § 434 Rn. 25;
Lemke/*D. Schmidt,* Immobilienrecht, § 434 BGB Rn. 26.

638 Die Wissenserklärung führt daher allein nach den Regeln der c. i. c. zur Haftung, also nur wenn der Verkäufer die Unrichtigkeit zu vertreten hat.

639 Daraus resultiert eine weitere für die Praxis ausgesprochen bedeutsame und oft übersehene Folge: Als bloße Haftungsgrundlage für c. i. c. hat die Wissenserklärung nicht die Sperrwirkung einer negativen Beschaffenheitsvereinbarung. Folge ist, dass ihre Abgabe die Anwendbarkeit der nachrangigen Tatbestände der Beschaffenheit und insbesondere des Auffangtatbestands der üblichen Beschaffenheit gemäß § 434 Abs. 1 Satz 2 Nr. 2 BGB nicht hindert.

So ausdrücklich BGH, NJW 2008, 1517 Rn. 17, 18;
vgl. zu diesem Zusammenhang *D. Schmidt*, in: Liber amicorum Klaus Mock, S. 245, 255;
Lemke/*D. Schmidt*, Immobilienrecht, § 434 BGB Rn. 26.

640 Das Grundsatzurteil des BGH vom 12.3.2008 zeigt die für den Verkäufer geradezu „umstürzlerischen" Konsequenzen dieser beschränkten Wirkung von Wissenserklärungen: Der dortige Verkäufer eines Gebrauchtwagens wurde von der Haftung für die falsche Wissenserklärung, das Fahrzeug sei unfallfrei, mangels Verschuldens entlastet. Im Ergebnis nützte ihm dies nichts, weil der BGH feststellte, dem Fahrzeug fehle die übliche Beschaffenheit der Unfallfreiheit, die mangels Sperrwirkung der Wissenserklärung geschuldet sei. Daher sei die Klage des Käufers aus Mängelrecht begründet.

BGH, NJW 2008, 1517 Rn. 17 ff.

Die verbreitete Vertragspraxis, dass der Verkäufer dem Käufer sein Wissen über wichtige Eigenschaften des verkauften Grundbesitzes mitteilt, z. B. über das Alter von Gebäuden, das Fehlen von Mängeln oder Probleme mit Mietern, hat daher zur rechtlichen Folge, dass Ansprüche des Käufers wegen Fehlens der üblichen Beschaffenheit nicht gesperrt sind. 641

Daraus ergibt sich folgender **praktischer Ratschlag**: Wenn Wissenserklärungen die Wirkung haben sollen, dass der Verkäufer abschließend auf Grundlage einer Beschaffenheitsvereinbarung haftet, aber mit der zusätzlichen Voraussetzung der Kenntnis verglichen mit § 434 Abs. 1 Satz 1 BGB, dann ist dies ausdrücklich so zu vereinbaren. Dazu ist die Angabe des Verkäufers, ihm sei ein bestimmter Umstand nicht bekannt, ausdrücklich als Beschaffenheit zu vereinbaren (siehe Beispiel unter Rn. 975). Derart wissensabhängige Beschaffenheitsvereinbarungen sind in Verträgen über Grundstückstransaktionen inzwischen Marktstandard. 642

(c) Kassation von Haftungsausschlüssen und Haftungsbeschränkungen

Der Beschaffenheitsvereinbarung kommt eine weitere, vom Gesetzgeber nicht vorgesehene, dafür aber vom BGH in das Kaufrecht eingeführte Funktion zu: Jedenfalls für einen generellen Haftungsausschluss (noch offengelassen für einen auf eine bestimmte Beschaffenheit bezogenen Haftungsausschluss) hat der BGH ausdrücklich festgestellt, dass er die Haftung des Verkäufers aus einer vereinbarten Beschaffenheit, im Gegensatz zu einer nur vorausgesetzten oder üblichen Beschaffenheit, nicht ausschließt bzw. beschränkt. Die Einzelheiten werden im Rahmen des Haftungsausschlusses dargestellt (siehe Rn. 867 f.). 643

(2) Eignung für die nach dem Vertrag vorausgesetzte Verwendung

Viele Anforderungen an die Beschaffenheit werden nicht ausdrücklich vereinbart. Der zweite und dritte Mangeltatbestand des § 434 Abs. 1 BGB gewähren dem Käufer auch für eine nicht vereinbarte, aber zu Recht erwartete Beschaffenheit Mängelrechte. 644

Das Verständnis des zweitrangigen Mangeltatbestands des § 434 Abs. 1 Satz 2 Nr. 1 BGB, die fehlende Eignung „*für die nach dem Vertrag vorausgesetzte Verwendung*", war lange umstritten, dürfte mittlerweile aber höchstrichterlich geklärt sein. In einem Urteil aus 2012 hat sich der BGH sachlich der Auffassung angeschlossen, dass „*[v]ertraglich vorausgesetzt i. S. v. § 434 Abs. 1 Satz 2 Nr. 1 BGB die nicht vereinbarte, aber von beiden Parteien übereinstimmend unterstellte Verwendung der Kaufsache (ist), die von der gewöhnlichen Verwendung (…) abweichen kann.*" 645

BGH, NJW-RR 2012, 1078 Rn. 16 (Zitat);
BGH, BeckRS 2010, 05468;
BGH, NJW 2017, 2817;
PWW/*Wagner*, BGB, § 434 Rn. 36;
Lemke/*D. Schmidt*, Immobilienrecht, § 434 BGB Rn. 35;
Palandt/*Weidenkaff*, BGB, § 434 Rn. 20 ff.

646 Dogmatisch wertet § 434 Abs. 1 Satz 2 Nr. 1 BGB so die **subjektive Geschäftsgrundlage** zur vertraglichen Tatbestandsvoraussetzung auf.

Ähnlich *Schinkels*, ZGS 2004, 226, 228;
zum vorausgesetzten Gebrauch in § 459 Abs. 1 Satz 2 BGB a. F.
ebenso RG, RGZ 131, 343, 351 f. m. w. N.;
BGH, BB 1961, 305;
a. A. Soergel/*Huber*, BGB, § 459 Rn. 69.

647 Demgegenüber war es bisher herrschende Lehre, dass eine vertragliche Vereinbarung erforderlich ist.

Faust, in: BeckOK BGB, § 434 Rn. 51;
Westermann, in: MünchKomm-BGB, § 434 Rn. 18;
Staudinger/*Matusche-Beckmann*, BGB (2014), § 434 Rn. 76;
Grigoleit/Herresthal, JZ 2003, 233, 235;
so wohl auch LG Münster, NJOZ 2008, 434, 436.

648 Der Gesetzgeber hatte das Verständnis insoweit offengelassen.

BT-Drucks. 14/6040, S. 213.

649 § 434 Abs. 1 Satz 2 Nr. 1 BGB zielt auf die Eignung der Sache für die vom Verkäufer erkennbare Verwendung durch den Käufer und nicht auf konkrete Eigenschaften ab.

BGH, NJW 2019, 1937, 1938.

650 Um festzustellen, ob die Parteien nach dem Vertrag eine bestimmte Verwendung der Kaufsache vorausgesetzt haben, sind dabei nicht nur der Vertragsinhalt, sondern auch die Gesamtumstände zu berücksichtigen.

BGH, NJW-RR 2018, 822.

651 Für die Vertragspraxis, speziell bei der „Nachsorge“, ist daher zu beachten, dass so eine gemeinsame Vorstellung der Vertragsparteien, auch ohne Eingang in den Kaufvertrag zu finden, eine vertraglich geschuldete Beschaffenheit begründen kann. Allerdings muss sie zur Wahrung der Form des § 311b Abs. 1 BGB im Vertrag zumindest angedeutet sein.

Erman/*Grunewald*, BGB, § 434 Rn. 16;
Staudinger/*Matusche-Beckmann*, BGB (2014), § 434 Rn. 79
(Anforderungen an die Verwendungsmöglichkeit müssen
der erforderlichen Form entsprechen);
Grigoleit/Herresthal, JZ 2003, 233, 239;
in diese Richtung auch *Reinicke/Tiedtke*, Kaufrecht, Rn. 321.

Kollidieren eine vertraglich vereinbarte Beschaffenheit und eine vorausgesetzte Verwendung miteinander, entspricht es der Hierarchie des § 434 Abs. 1 BGB, dass der vereinbarten Beschaffenheit der Vorrang gebührt. 652

> PWW/*Wagner*, BGB, § 434 Rn. 37;
> *Westermann*, in: MünchKomm-BGB, § 434 Rn. 21;
> **a. A.** Beide Vereinbarungen müssen erfüllt sein, soweit beide miteinander im Einklang stehen, *Faust*, in: BeckOK BGB, § 434 Rn. 49; der Vorrang bestimmt sich durch Auslegung, *Reinicke/Tiedtke*, Kaufrecht, Rn. 324.

Praktischer Ratschlag für die Vertragsgestaltung ist, sich auf keine der beiden Meinungen zu verlassen, sondern jede Beschaffenheit, für die der Verkäufer einstandspflichtig sein soll, gemäß § 434 Abs. 1 Satz 1 BGB ausdrücklich zu vereinbaren. 653

(3) Eignung für die gewöhnliche Verwendung und das Vorliegen der üblichen Beschaffenheit (Normalbeschaffenheit)

Auf den drittrangigen *„objektiven"* Mangeltatbestand des § 434 Abs. 1 Satz 2 Nr. 2 BGB kommt es gemäß der Hierarchie des § 434 Abs. 1 BGB nur an, 654

> *Westermann*, in: MünchKomm-BGB, § 434 Rn. 24,

wenn weder eine Beschaffenheit vereinbart noch eine bestimmte Verwendung vorausgesetzt ist.

> BT-Drucks. 14/6040, S. 213.

Diese Nachrangigkeit darf nicht über die erhebliche Bedeutung dieses Mangeltatbestands hinwegtäuschen. Da in der Praxis viele Eigenschaften als so selbstverständlich eingeschätzt werden, dass sie weder als Beschaffenheit vereinbart noch vorausgesetzt werden, sind sie vertraglich nur über § 434 Abs. 1 Satz 2 Nr. 2 BGB geschuldet. Daraus leitet sich die praktisch wichtige und unentbehrliche Funktion dieses Mangeltatbestands ab, eine ***„Normalbeschaffenheit"*** der Kaufsache zu gewährleisten. 655

> Grundlegend *Grigoleit/Herresthal*, JZ 2003, 118, 123; 233, 235;
> vgl. auch PWW/*Wagner*, BGB, § 434 Rn. 45.

Welche Kriterien an die übliche Beschaffenheit zu stellen sind, ist anhand von Kaufsachen gleicher Kategorie, gleichen Qualitätsstandards, gleichen Einsatzzwecks usw. zu entwickeln, kurz an **Vergleichsprodukten**. 656

> Palandt/*Weidenkaff*, BGB, § 434 Rn. 29;
> PWW/*Wagner*, BGB, § 434 Rn. 44;
> aus der Rechtsprechung vgl. BGH, NJW 2009, 2056 Rn. 9 m. krit. Anm. *Höpfner*;
> OLG Düsseldorf, NJW 2006, 2858, 2859 f. m. w. N.

Diese von der Rechtsprechung vor allem für Kraftfahrzeuge entwickelten Kriterien bedeuten für Immobilien, dass die Kaufsache mit anderen besonders nach Lage, Nutzung, Alter und Größe ähnlichen Immobilien zu vergleichen 657 ist. Dabei ist nicht nur der Standard als solcher zu vergleichen, sondern es sind auch gemäß der Rechtsprechung zu gebrauchten Sachen die Kriterien der Abnutzung einzubeziehen, z. B. des Zustands im Vergleich zum Alter und zur Art der Nutzung.

Vgl. zu Gebrauchtwagen BGH, NJW 2008, 53 Rn. 19 = ZIP 2008, 121,
dazu EWiR 2008, 37 *(Bruns)*;
OLG Düsseldorf, NJW 2006, 2858, 2860;
Lemke/*D. Schmidt*, Immobilienrecht, § 434 BGB Rn. 43.

658 Die **Üblichkeit** ist aus der **Perspektive eines vernünftigen Durchschnittskäufers** aus den Verkehrskreisen zu bestimmen, denen der Käufer angehört.

Faust, in: BeckOK BGB, § 434 Rn. 66 i. V. m. Rn. 59;
Palandt/*Weidenkaff*, BGB, § 434 Rn. 30.

659 Maßgeblich ist also die objektiv berechtigte Käufererwartung. Darin liegt die Limitierung auf die Einhaltung des Stands der Technik.

BGH, NJW 2007, 1351, 1353;
BGH, NJW 2009, 2807, 2808.

660 Einen höheren Standard muss der Käufer als Beschaffenheit vereinbaren.

BGHZ 181, 170 Rn. 14.

661 Für Immobilien sind folgende Besonderheiten zu beachten:

- Der Umfang der Nutzungsalternativen orientiert sich an der bauplanungsrechtlichen Zulässigkeit.

  Müggenborg, NJW 2005, 2810, 2811.

- Für ältere Gebäude ist von besonderer Relevanz die Feststellung im Urteil des BGH vom 27.3.2009, dass es für die Üblichkeit der Beschaffenheit nicht auf das Baujahr, sondern auf das Datum des Vertragsschlusses ankommt.

  BGH, BGHZ 180, 205 Rn. 7 = ZfIR 2009, 560.

  Der BGH hat deshalb für ein Haus mit einer Fassade aus Asbestzementplatten, Baujahr 1980, ausdrücklich gefragt, ob es der Rechtsverkehr zum Zeitpunkt des Vertragsschlusses *„als uneingeschränkt geeignet ansieht für die gewöhnliche bzw. die nach dem Vertrag vorausgesetzte Verwendung"*.

  BGH, ZfIR 2009, 560.

  Korrekt müsste der BGH im Übrigen auf das Datum des Gefahrübergangs abstellen.

  Fischinger/Lettmaier, NJW 2009, 2496, 2497.

  Deshalb folgender **praktischer Ratschlag für ältere Gebäude**: Für ein nicht ausdrücklich als „modernisiert" o. Ä. verkauftes Gebäude ist als Beschaffenheit der Standard zum Zeitpunkt der Errichtung zu vereinbaren.

Anderenfalls führt das Urteil des BGH dazu, dass die Immobilie rechtlich mangelhaft ist, wenn sie nicht dem höheren aktuellen Standard genügt. Unbeschadet dieser Empfehlung halten wir das Urteil des BGH für falsch: Es ist unvereinbar mit der ständigen Rechtsprechung gerade des BGH speziell für Gebrauchtwagen, in denen die Üblichkeit selbstverständlich unter Heranziehung des Alters oder altersabhängiger Kriterien wie Fahrleistung bestimmt wird. Auch bei Gebäuden erwartet unserer Auffassung nach der Markt ohne besondere Regelung, wie z. B. „komplett renoviert" oder „umfassend modernisiert", allein den Standard der Bauzeit.

- Lärmeinwirkungen werden gemäß § 906 BGB bewertet:

  LG Münster, NJW 2009, 3730 f.

- Zur Bedeutung der EnEV und Energieausweises wird verwiesen auf:

  OLG Schleswig, NJW 2015, 2668 Rn. 28 ff.;
  Flatow, NJW 2008, 2886 ff.

(4) Öffentliche Äußerungen des Verkäufers oder Herstellers

§ 434 Abs. 1 Satz 3 BGB hat die Funktion, den Mangeltatbestand der üblichen Beschaffenheit um Eigenschaften zu ergänzen, die der Käufer nach öffentlichen Äußerungen des Verkäufers, des Herstellers oder deren Gehilfen, **662**

> also des Verkäufers und/oder Herstellers,
> *Grigoleit/Herresthal*, JZ 2003, 233, 237;
> PWW/*Wagner*, § 434 Rn. 47 ff.;
> Lemke/*D. Schmidt*, Immobilienrecht, § 434 BGB Rn. 46,

insbesondere in der Werbung oder bei der Kennzeichnung, erwarten kann. Dadurch können zulasten eines Verkäufers, der mit dem Käufer keine entsprechende Beschaffenheit vereinbart hat, Angaben eines Dritten gehen, wenn sie entweder dem Verkäufer zurechenbar oder vom Hersteller abgegeben sind. Die Äußerungen müssen öffentlich abgegeben, d. h. an einen nicht von vornherein bestimmten Personenkreis gerichtet sein.

> Palandt/*Weidenkaff*, BGB, § 434 Rn. 34;
> PWW/*Wagner*, BGB, § 434 Rn. 51 f.;
> *Westermann*, in: MünchKomm-BGB, § 434 Rn. 28.

Sollten die Kaufvertragsparteien bezüglich der Beschaffenheit der Sache eine Vereinbarung getroffen haben, welche von der öffentlichen Vereinbarung abweicht, kann aber nicht auf die öffentliche Äußerung zurückgegriffen werden. **663**

> BGH, NJW 2019, 2380, 2381.

Die Vorschrift des § 434 Abs. 1 Satz 3 BGB kann auch bei Grundstückskaufverträgen Bedeutung gewinnen: Das OLG Hamm sah in einem im Internet veröffentlichten Maklerexposé mit der Angabe des Baujahrs 1950 – statt richtig 1929 – die Begründung einer zu erwartenden Beschaffenheit gemäß § 434 Abs. 1 Satz 2 Nr. 2 über § 434 Abs. 1 Satz 3 BGB. **664**

OLG Hamm, NJW-RR 2010, 1643, 1644; auch nach BGH NJW 2017, 150 gehört das Baujahr eines Gebäudes zu den wertbeeinflussenden Eigenschaften, wobei bei Integration eines älteren Bauteils eine differenzierende Betrachtungsweise vorzunehmen ist.

665 Das Exposé des Maklers wurde dem Verkäufer zugerechnet, weil dieser jedenfalls auch für ihn tätig geworden war.

So auch OLG Saarbrücken, NJW-RR 2013, 1523;
abweichend, abhängig von Zielrichtung der Äußerung siehe *Weiler*, WM 2002, 1784, 1787. Auch der BGH nimmt an, dass zu den Eigenschaften, die der Käufer nach den öffentlichen Äußerungen des Verkäufers erwarten kann, auch Angaben in einem Exposé zählen können.

BGH, NJW 2019, 2380, 2381; BGH, NJW 2018, 1954, 1955; BHG, NJW-RR 2018, 752, 753; BGH, NJW 2017, 150; BGH, NJW-RR 2012, 1078 f.

(5) Verdacht eines Mangels als Mangel

666 Eine besondere Mangelkategorie hat einen Schwerpunkt bei Grundstücken: Schon der Verdacht eines Mangels kann nach gefestigter Auffassung einen Mangel begründen, wenn zur Beschaffenheit der Kaufsache das Vertrauen in ihre Mangelfreiheit gehört.

Siehe nur Palandt/*Weidenkaff*, BGB, § 434 Rn. 58;
PWW/*Wagner*, BGB, § 434 Rn. 32;
Faust, in: BeckOK BGB, § 434 Rn. 73;
Lorenz, NJW 2004, 26;
abweichend, nur Ansprüche aus c. i. c. *Grunewald*, in: Festschrift Konzen, S. 131 ff.

667 Diese Voraussetzung gewinnt deshalb für Grundstücke eine besondere Bedeutung, weil bei ihnen das Vertrauen des Käufers auf das Fehlen besonders gravierender Mängel eine generelle Erwartung darstellt. Verschiedene Entscheidungen bejahen daher einen Mangel schon wegen des Verdachts seines Vorliegens:

- Altlasten:

  BGH, NJW 2018, 389;
  BGH, NJW-RR 2017, 468 f.;
  OLG Celle, OLGR 2009, 3 f.;
  OLG München, NJW 1995, 2566.

- Feuchtigkeit:

  LG Bonn, NJW 2004, 74.

- Hausschwamm:

  Zum alten Kaufrecht BGH, NJW-RR 2003, 772 f. = ZfIR 2004, 100.

(6) Besonderheiten für Flächenangaben

Die Anforderungen zur Vereinbarung der Größe von Grundstücks- und Gebäudeflächen sind zusammen mit Formulierungsbeispielen in Kapitel H. dargestellt (siehe Rn. 977). 668

(7) Beispiele für Mängel von Grundstücken und Gebäuden in der Rechtsprechung

Die folgende beispielhafte Auflistung zeigt die Vielfältigkeit der Erscheinungen, die die Rechtsprechung als Mängel von Immobilien bejaht hat: 669

- Geringere Grundstücksgröße (ca. 10 %) als vereinbart:

  OLG Brandenburg, Urt. v. 28.2.2008 – 5 U 16/07, zitiert nach juris.

- Fehlende Bebaubarkeit und Erschließung des Grundstücks:

  OLG Brandenburg, Urt. v. 17.1.2008 – 5 U 105/06, zitiert nach juris.

- Verdacht auf Altlasten:

  OLG Celle, NJOZ 2009, 3778.

- Verdacht auf Feuchtigkeit:

  BGH, BGHZ 167, 19, 24 = ZIP 2006, 904, dazu EWiR 2006, 549 *(Gsell)*.

- Schimmelbildung infolge Undichtigkeiten:

  OLG Saarbrücken, NJW-RR 2010, 125.

- Durch den Keller bedingter, muffiger Geruch im Haus:

  BGH, NJW-RR 2020, 121.

- Regelmäßig feuchter Keller in einem Altbau:

  OLG Hamm, NJOZ 2017, 951.

- Zu geringer Mietertrag:

  LG Berlin, BauR 2006, 126.

- Baubeschränkungen durch Lage im Denkmalgebiet ohne Rücksicht auf Mehrkosten:

  LG Stendal, NotBZ 2006, 289, 290.

- Denkmalschutzeigenschaft:

  OLG Koblenz, NJW-RR 2019, 367, 368.

Eine umfassende Zusammenstellung enthält: 670

Lemke/*D. Schmidt*, Immobilienrecht, § 434 BGB Rn. 55 f.

b) Rechtsmangel

671 Seit der Kaufrechtsreform sind Rechtsmängel grundsätzlich denselben Rechtsfolgen unterstellt wie Sachmängel, sodass die Unterscheidung beider Mangelformen weitgehend obsolet geworden ist.

Staudinger/*Matusche-Beckmann*, BGB (2014), § 435 Rn. 1, 4.

672 Verschieden ist nur noch der Zeitpunkt, zu dem der Mangel vorliegen muss, um Mängelrechte auszulösen: Für den Sachmangel ist der Besitz-, Nutzen- und Lastenübergang,

PWW/*Wagner*, BGB, § 434 Rn. 33;
Palandt/*Weidenkaff*, BGB, § 434 Rn. 8;
Faust, in: BeckOK BGB, § 434 Rn. 35;
Westermann, in: MünchKomm-BGB, § 434 Rn. 50,

für den Rechtsmangel der Eigentumsübergang maßgeblich.

PWW/*Wagner*, BGB, § 435 Rn. 4;
Faust, in: BeckOK BGB, § 435 Rn. 5;
Pahlow, JuS 2006, 289, 290 f.;
ebenso zum alten Kaufrecht BGH, BGHZ 113, 106, 113 = ZIP 1991, 107,
dazu EWiR 1991, 137 *(Seiler)*;
BGH, NJW-RR 2003, 1318, 1319.

673 Der Rechtsmangel ist definiert als die individuelle Belastung des erworbenen Eigentums mit einem Recht.

Vgl. PWW/*Wagner*, BGB, § 435 Rn. 7;
Lemke/*D. Schmidt*, Immobilienrecht, § 435 BGB Rn. 7;
Westermann, in: MünchKomm-BGB, § 435 Rn. 4;
Staudinger/*Matusche-Beckmann*, BGB (2014), § 435 Rn. 8.

674 Da die Belastung individuell bestehen muss, stellen jedermann treffende rechtliche Beschränkungen keinen Rechtsmangel dar; im Einzelfall kann der ihnen zugrunde liegende Sachverhalt, z. B. eine Baubeschränkung, aber zu einem Sachmangel führen.

BGH, NJW 2013, 2182;
PWW/*Wagner*, BGB, § 435 Rn. 7, 15;
Faust, in: BeckOK BGB, § 435 Rn. 6, 16 m. w. N.;
zum alten Kaufrecht BGH, NJW 1981, 1362 f.

675 Einen Rechtsmangel begründen nur tatsächlich bestehende Rechte,

BT-Drucks. 14/6040, S. 217 unter Verweis auf § 442 a. F.;
PWW/*Wagner*, BGB, § 435 Rn. 8;
Faust, in: BeckOK BGB, § 435 Rn. 8;
Pahlow, JuS 2006, 289, 291;
a. A. offenbar *Peters*, JZ 2006, 979, 980,

sodass die Verteidigung gegen nicht bestehende Rechte dem Käufer obliegt. § 435 findet auf ausländische Rechte gleichermaßen Anwendung.

Palandt/*Weidenkaff*, BGB, § 435 Rn. 8;
zum alten Kaufrecht BGH, NJW 1992, 362 f. für eine Mortgage nach US-Recht.

Rechtsmängel können nicht nur durch dingliche, sondern ebenso durch obligatorische und öffentliche Rechte begründet werden. 676

Zu den **dinglichen Rechten**, die im Rahmen der Due Diligence – insbesondere über die Analyse des Grundbuchs – zu ermitteln sind, gehören alle in Betracht kommenden Rechte, zum **Beispiel:** 677

- Grunddienstbarkeit:

  BGH, NJW-RR 1993, 396.

- Beschränkte persönliche Dienstbarkeit:

  BGH, NJW 2000, 803.

- Eigentumsübertragungsvormerkung:

  RG, RGZ 149, 195, 197.

- Nacherbenvermerk:

  Palandt/*Weidenkaff*, BGB, § 435 Rn. 8.

- Nutzungsbindungen nach dem WEG:

  BGH, NJW 2004, 364.

Obligatorische Rechte führen zu einem Rechtsmangel, wenn sie Verfügungsbefugnis oder Besitz des Käufers beeinträchtigen. Dies gilt vor allem für Nutzungsrechte aus **Miete und Pacht**. Die Analyse der für den verkauften Grundbesitz bestehenden Miet- und Pachtverträge im Rahmen der Due Diligence des Käufers ist also auch von entscheidender Bedeutung dafür, den Bestand ausschließlich der festgestellten Verträge als Beschaffenheit zu vereinbaren, sodass jede nachteilige Abweichung einen Rechtsmangel begründet: Dies gilt sowohl für im Rahmen der Due Diligence nicht offengelegte Verträge als auch für einen aus den vorgelegten Unterlagen nicht ersichtlichen Inhalt, z. B. eine Verlängerung der Laufzeit in einem nicht in den Datenraum eingestellten Nachtrag. 678

Faust, in: BeckOK BGB, § 435 Rn. 14;
Lemke/*D. Schmidt*, Immobilienrecht, § 435 Rn. 10;
jeweils zum alten Kaufrecht BGH, NJW 1991, 2700, dazu EWiR 1991, 879 *(H.-G. Eckert)*;
zu lange Dauer BGH, NJW 1998, 534 f. = ZIP 1997, 2158 = ZfIR 1997, 716: Verlängerungsoption des Mieters, dazu EWiR 1998, 13 *(Grunewald)*.

Für Rechtsmängel durch **öffentliches Recht** ist die Abgrenzung zu Sachmängeln extrem schwierig. 679

Vgl. die Kommentierung jeweils mit ausführlichen Beispielen von Palandt/*Weidenkaff*, BGB, § 435 Rn. 11–13;
PWW/*Wagner*, BGB, § 435 Rn. 13–15;
Lemke/*D. Schmidt*, Immobilienrecht, § 435 BGB Rn. 11–14;
Faust, in: BeckOK BGB, § 435 Rn. 18–20.

680 Die kasuistische Rechtsprechung lässt sich so kategorisieren, dass individuelle Eingriffe insbesondere in die Substanz zu Rechtsmängeln führen, alle auf allgemeinen Gründen beruhende Bindungen zu Sachmängeln, da sie vom Verkäufer nicht beseitigt werden können. Vor diesem Hintergrund ist etwa die Sozialbindung einer Wohnung ein Rechtsmangel,

BGH, NJW 2000, 1256 = ZIP 2000, 626 = ZfIR 2000, 261;
bestätigt durch BGH, BeckRS 2018, 26602,
dazu EWiR 2000, 419 *(Stephan Lorenz)*,

während bloße Baubeschränkungen Sachmängel sind.

LG Stendal, NotBZ 2006, 289, 290;
ebenso, die st. Rspr. zum alten Kaufrecht, z. B.
RG, RGZ 131, 343, 348 f.;
BGH, WM 1979, 101, 102;
bezüglich der Einordnung einer Straßenwidmung als Rechtsmangel
OLG Hamm, NJW-RR 2016, 1253, 1255 f.

681 Die unterlassene Verschaffung des Eigentums begründet keinen Rechtsmangel, sondern eine Nichterfüllung der Hauptleistungspflicht des § 433 Abs. 1 Satz 1 BGB.

BGH, BGHZ 174, 61 Rn. 27 = ZfIR 2008, 574;
OLG Karlsruhe, NJW 2005, 989 ff.;
PWW/*Wagner*, BGB, § 435 Rn. 2;
Faust, in: BeckOK BGB, § 435 Rn. 15.

682 § 435 Satz 2 BGB korrigiert den Grundsatz, dass nur tatsächlich bestehende Rechte zu Rechtsmängeln führen, für im Grundbuch zu Unrecht eingetragene Rechte: Sie müssen vom Verkäufer ebenso zur Löschung gebracht werden wie bestehende Rechte; dies gilt auch für Vormerkungen.

Vgl. zu dieser Bestimmung *Faust*, in: BeckOK BGB, § 435 Rn. 23–24.

683 Für die Vertragsgestaltung folgender **praktischer Ratschlag**: Um den Umfang der Rechtsmängelhaftung zu begrenzen, ist für alle durch die Verkäufer- und Käufer-Due-Diligence festgestellten Belastungen, im Grundbuch eingetragenen, aber auch obligatorischen und öffentlich-rechtlichen, eine ausdrückliche Regelung zu treffen,

Grziwotz/Everts/Heinemann/Koller,
Grundstückskaufverträge, Rn. 832,

ob sie übernommen werden oder zu beseitigen sind. Für nicht im Grundbuch eingetragene Rechte muss der Käufer ansonsten befürchten, dass er wegen Kenntnis oder grob fahrlässiger Unkenntnis gemäß § 442 BGB keine Mängelrechte hat (zur Unanwendbarkeit von § 442 BGB auf im Grundbuch eingetragenen Belastungen siehe Rn. 837 f.).

2. Rechtsfolgen

Die Rechte des Käufers aus Sach- und Rechtsmängeln sind für beide Arten von Mängeln inhaltlich übereinstimmend in § 437 BGB geregelt. **684**

> Zu beachten ist neben § 437 BGB die Einrede nach § 320 Abs. 1 BGB, die dem Verkäufer ebenfalls entgegengehalten werden kann; siehe dazu BGH, NJW 2020, 2104, dazu auch *Looschelders*, NJW 2020, 2074.

§ 437 BGB nimmt eine für das System des Mängelrechts unentbehrliche zentrale Brückenfunktion ein, **685**

> *Faust*, in: BeckOK BGB, § 437 Rn. 2,

indem sie die Mängeltatbestände der § 434 BGB für Sach- und § 435 BGB für Rechtsmängel mit Rechtsfolgen verknüpft. Diese Rechtsfolgen sind nicht in § 437 BGB selbst geregelt, sondern werden durch differenzierte Verweise auf allgemeines Leistungsstörungsrecht und besondere Mängelrechte des Kaufrechts gewonnen. Die Verweise sind jeweils **Rechtsgrundverweisungen**, d. h. zur Feststellung der Mängelrechte ist die in Verweis genommene Bestimmung in allen Tatbestandsvoraussetzungen und Rechtsfolgen anzuwenden.

> Vgl. PWW/*Wagner*, BGB, § 437 Rn. 1;
> *Faust*, in: BeckOK BGB, § 437 Rn. 1;
> *Westermann*, in: MünchKomm-BGB, § 437 Rn. 1.

Die Geltung beginnt zu den schon oben erwähnten unterschiedlichen Zeitpunkten, d. h. für Sachmängel ab Gefahr-, für Rechtsmängel ab Eigentumsübergang. **686**

> Zum Sachmangel siehe PWW/*Wagner*, BGB, § 434 Rn. 33;
> Palandt/*Weidenkaff*, BGB, § 434 Rn. 8;
> *Faust*, in: BeckOK BGB, § 434 Rn. 35;
> *Westermann*, in: MünchKomm-BGB, § 434 Rn. 50;
> zum Rechtsmangel siehe PWW/*Wagner*, BGB, § 435 Rn. 4;
> *Faust*, in: BeckOK BGB, § 435 Rn. 5;
> *Pahlow*, JuS 2006, 289, 290 f.;
> ebenso zum alten Kaufrecht BGH, BGHZ 113, 106, 113 = ZIP 1991, 107,
> dazu EWiR 1991, 137 *(Seiler)*;
> BGH, NJW-RR 2003, 1318, 1319.

Für die Rechtsfolgenseite des Mängelrechts in § 437 BGB besteht ebenso wie für die Tatbestandsseite des § 434 BGB (siehe Rn. 624) ein Rangverhältnis zwischen den in den Nummern 1, 2 und 3 geregelten verschiedenen Rechtsfolgen. Es ist dadurch gekennzeichnet, dass der Käufer primär nur einen Anspruch auf Nacherfüllung gemäß § 437 Nr. 1 BGB hat; „primär" meint, dass der Käufer aufgrund des Rechts des Verkäufers zur zweiten Andienung im gesetzlichen Regelfall zunächst nur Nacherfüllung fordern kann (siehe sogleich **687**

Rn. 689 ff.). Die sekundären Gestaltungsrechte des § 437 Nr. 2 BGB, Rücktritt und Minderung, stehen dem Käufer nur zu, wenn dieses Recht des Verkäufers nicht besteht oder erloschen ist. Die Ansprüche auf Schadens- und Aufwendungsersatz gemäß § 437 Nr. 3 BGB sind insoweit nur drittrangig, als sie gemäß §§ 281 Abs. 1, 284 BGB an die zusätzliche Voraussetzung des Verschuldens gemäß § 280 Abs. 1 BGB geknüpft sind.

Lemke/*D. Schmidt*, Immobilienrecht, § 437 BGB Rn. 13.

688 Nachstehend werden die drei Rechtsbehelfe Nacherfüllung (siehe Rn. 689 ff.), Rücktritt und Minderung (siehe Rn. 716 ff.) sowie Schadens- und Aufwendungsersatz (siehe Rn. 761 ff.) behandelt.

a) Nacherfüllung

689 Sedes materiae für den Anspruch auf Nacherfüllung ist § 439 BGB. Dort ist aber eine wesentliche Voraussetzung für seine Geltendmachung nicht geregelt: Kerninhalt des Mängelrechts ist das **Recht des Verkäufers zur zweiten Andienung**, d. h. der Käufer muss dem Verkäufer im Regelfall erst Gelegenheit zur Nacherfüllung geben, bevor er die Gestaltungsrechte des Rücktritts und der Minderung sowie Schadensersatz anstelle der Leistung oder Aufwendungsersatz geltend machen kann. Das BGB setzt damit ein Regelungskonzept des internationalen Kaufrechts um, wie es in Deutschland aus dem Recht der Allgemeinen Geschäftsbedingungen bekannt ist: Mängel der Kaufsache sollen nicht gleich zu den irreversiblen Sanktionen vor allem des Rücktritts und der Minderung führen, sondern der Verkäufer erhält über das Right to cure das Recht, durch Nacherfüllung den Kaufvertrag mit seinem ursprünglichen Inhalt zur Erfüllung zu bringen. Gesetzliche Grundlage für das allgemein anerkannte Recht des Verkäufers zur zweiten Andienung,

vgl. dazu nur BT-Drucks. 14/6040, S. 220;
BVerfG, ZGS 2006, 470, 472,

ist allein, dass die weiteren Mängelrechte des Käufers den erfolglosen Ablauf einer von ihm gesetzten Frist zur Nacherfüllung als Voraussetzung haben.

Vgl. für den Rücktritt § 323 Abs. 1 BGB, für die Minderung den Verweis in § 441 Abs. 1 BGB auf diese Norm, für den Anspruch auf Schadensersatz § 281 Abs. 1 Satz 1 Halbs. 2 BGB, auf den für den Aufwendungsersatz § 284 BGB verweist, sowie grundsätzlich BGH, BGHZ 162, 219, 222 f. = ZIP 2005, 861, dazu EWiR 2005, 497 *(T. Keil)*;
BGH, NJW 2005, 3211;
Lemke/*D. Schmidt*, Immobilienrecht, § 437 BGB Rn. 14.

690 Dieser Vorrang der Nacherfüllung besteht nur unter bestimmten Voraussetzungen nicht (siehe Rn. 724).

691 Zwar bestehen für Immobilien gegenüber beweglichen Sachen Besonderheiten in der praktischen Geltendmachung von Ansprüchen auf Nacherfüllung (siehe sogleich Rn. 693 ff.). Sie ändern aber nichts daran, dass der Vorrang der Nach-

erfüllung gerade für Immobilientransaktionen erhebliche Bedeutung hat: Auch hier muss es der Käufer hinnehmen, dass er bei Mängeln, die grundsätzlich einer Beseitigung zugänglich sind, dem Verkäufer erst die Möglichkeit der Beseitigung geben muss. Da die Mängelbeseitigung bei Gebäuden häufig finanziell und zeitlich sehr viel aufwendiger ist als bei beweglichen Sachen wie elektrischen Kleingeräten oder Autos, kann die Phase der Nacherfüllung bei Immobilien zu einer effektiv recht langen Bindung zwischen Verkäufer und Käufer führen.

Im Folgenden werden die für Grundstückskaufverträge bestehenden Besonderheiten des Anspruchs auf Nacherfüllung behandelt: die Beschränkung auf Nachbesserung (siehe Rn. 693 ff.), Einwendungen und Einreden des Verkäufers (siehe Rn. 699 ff.) sowie die Rechtsfolgen (siehe Rn. 710 ff.). **692**

aa) Beschränkung auf Nachbesserung

Dem Käufer wird im Regelfall bei einem Mangel am Grundstück oder Gebäude nur ein Anspruch auf Nachbesserung, nicht auf Ersatzlieferung zustehen. Das ihm von § 439 Abs. 1 BGB eingeräumte Wahlrecht hat deshalb keine Bedeutung, weil der Kauf einer Immobilie so in Lage, Größe, Nutzung und/oder Bebauung individualisiert ist, dass eine Ersatzlieferung ausscheidet. **693**

> Vgl. grds. *Grziwotz/Everts/Heinemann/Koller*, Grundstückskaufverträge, Rn. 823 m. w. N. in Fn. 687;
> *Müggenborg*, NJW 2005, 2810, 2812;
> Lemke/*D. Schmidt*, Immobilienrecht, § 439 BGB Rn. 24.

Dieser endgültigen Weichenstellung widerspricht nicht, dass für Stückkäufe unter bestimmten Annahmen zu Recht die Auffassung vertreten wird, Ersatzlieferung sei möglich. **694**

> Vgl. dazu nur BGH, BGHZ 168, 64 Rn. 18–22 = ZIP 2006, 1586, dazu EWiR 2006, 551 *(Bruns)*;
> OLG Braunschweig, NJW 2003, 1053 f.;
> aus der Literatur Palandt/*Weidenkaff*, BGB, § 439 Rn. 15;
> PWW/*Wagner*, BGB, § 439 Rn. 27.

Beim Grundstückskauf fehlt es regelmäßig an der für die Ersatzlieferung bei einem Stückkauf allgemein anerkannten Voraussetzung der Ersetzbarkeit der Kaufsache für Verkäufer und Käufer. **695**

> Vgl. zu dieser Voraussetzung BGH, BGHZ 168, 64 Rn. 18–22 = ZIP 2006, 1586.

Es wird nahezu nie der Sachverhalt gegeben sein, dass der Verkäufer dem Käufer eine vergleichbare Immobilie mit zumutbarem Aufwand beschaffen kann, die der Käufer als Erfüllung annimmt. **696**

> So im Ergebnis auch *Krauß*, Immobilienkaufverträge in der Praxis, Rn. 3140.

697 Damit fehlt es an der Voraussetzung für die Ersetzbarkeit, dass die Parteien nach der Auslegung des Vertrags auch eine gleichwertige Sache als Erfüllung akzeptiert hätten.

> BGH, NJW 2007, 1346, 1347,
> dazu EWiR 2007, 361 *(Reinking)*;
> BGH, BGHZ 168, 64 Rn. 18–22 = ZIP 2006, 1586,
> dazu EWiR 2006, 551 *(Bruns)*.

698 Ersatzlieferung als die eine Form der Nacherfüllung ist daher im Regelfall gemäß § 275 Abs. 1 BGB unmöglich, sodass der Käufer nur Nachbesserung fordern kann.

bb) Einwendungen und Einreden des Verkäufers

699 Nacherfüllung kann vom Verkäufer verweigert werden, wenn sie gemäß § 275 Abs. 1 BGB unmöglich (siehe Rn. 700 f.) oder gemäß §§ 275 Abs. 2 und Abs. 3 BGB für ihn unzumutbar (Rn. 702 ff.) ist. Beide Ausschlusstatbestände spielen bei Grundstückskäufen eine große Rolle. Grund ist schon, dass die Alternative der Ersatzlieferung fehlt, weshalb der Ausschluss des Anspruchs auf Nachbesserung die Nacherfüllung insgesamt ausschließt.

(1) Unmöglichkeit

700 Nachbesserung ist bei Immobilien aufgrund ihrer ausgeprägten Individualisierung häufig unmöglich, wie zwei Beispiele häufiger Mängel zeigen: Ein zu altes Gebäude ist nicht nachbesserungsfähig. Auch eine zu geringe Nutzfläche wird meistens nicht vergrößert werden können, z. B. weil die erlaubte Nutzfläche schon ausgeschöpft ist oder der notwendige bauliche Eingriff den Charakter des Gebäudes verändert, etwa wenn zusätzliche Büroräume bei einem Bürohaus nur zulasten des Eingangsbereichs möglich sind.

701 Die Unmöglichkeit gibt dem Verkäufer eine von Amts wegen zu beachtende Einwendung.

> PWW/*Kramme*, BGB, § 275 Rn. 14.

(2) Unzumutbarkeit

702 Das Recht des Verkäufers, sich auf die Unzumutbarkeit der Leistungserbringung zu berufen, ist in § 439 Abs. 4 BGB dreistufig geregelt, über die beiden Einredetatbestände des § 275 Abs. 2 und 3 BGB sowie die kaufrechtsspezifische Einrede der unverhältnismäßigen Kosten einer Nacherfüllung des § 439 Abs. 4 BGB.

> Zum Charakter als Einrede vgl. zu § 275 Abs. 2 und 3 BGB
> Palandt/*Grüneberg*, BGB, § 275 Rn. 32;
> PWW/*Kramme*, BGB, § 275 Rn. 28, 29;
> zu § 439 Abs. 3 BGB Palandt/*Weidenkaff*, BGB, § 439 Rn. 14;
> PWW/*Wagner*, BGB, § 439 Rn. 29.

Das Verhältnis der beiden Einreden aus dem allgemeinen Leistungsstörungsrecht zur speziellen des Kaufrechts ist schwer zu bestimmen. Richtig scheint die Differenzierung zu sein, dass die Leistungsverweigerungsrechte des § 275 Abs. 2 und 3 BGB aufgrund ihrer Nähe zur Unmöglichkeit des § 275 Abs. 1 BGB höhere Anforderungen stellen als die Berufung des Verkäufers auf unverhältnismäßige Kosten der Nacherfüllung gemäß § 439 Abs. 4 BGB. 703

So BT-Drucks. 14/6040, S. 232;
PWW/*Wagner*, BGB, § 439 Rn. 30;
Bitter/*Meidt*, ZIP 2001, 2114, 2120;
P. Huber, NJW 2002, 1004, 1007;
a. A. wohl *Westermann*, in: MünchKomm-BGB, § 439 Rn. 33.

Im Folgenden wird aufgrund der geringeren Voraussetzungen nur die kaufrechtsspezifische Einrede erörtert. 704

Zur Diskussion über die Anwendbarkeit von § 275 Abs. 2 und 3 BGB im Kaufrecht, speziell zur Frage, ob der Kaufpreis die Obergrenze bildet vgl. *Ackermann*, JZ 2002, 378, 382 ff.;
Canaris, JZ 2004, 214 ff. m. w. N.

§ 439 Abs. 4 BGB eröffnet zwei Varianten der **Einrede der Unverhältnismäßigkeit**: Die relative bezieht sich nur auf die vom Käufer gewählte Art der Nacherfüllung, 705

vgl. dazu nur PWW/*Wagner*, BGB, § 439 Rn. 30;
Faust, in: BeckOK BGB, § 439 Rn. 54,

die absolute auf die Unverhältnismäßigkeit jeder Form der Nacherfüllung. Da für Grundstücksverkäufe die Ersatzlieferung regelmäßig unmöglich ist (siehe Rn. 693 ff.), kann dem verbleibenden Anspruch des Käufers auf Nachbesserung nur die absolute Unverhältnismäßigkeit entgegengehalten werden. Zwar stellt § 475 Abs. 4 Satz 1 nun klar, dass im Fall von Verbrauchsgüterkäufen die andere Art der Nacherfüllung nicht verweigert werden kann, sobald die eine Art der Nacherfüllung nach § 275 Abs. 1 BGB ausgeschlossen ist oder nach § 275 Abs. 2 oder 3 BGB oder § 439 Abs. 4 Satz 1 BGB verweigert werden kann. Die Norm gilt jedoch gemäß § 474 Abs. 1 Satz 1 BGB nicht für Grundstücke, sondern nur für den Kauf beweglicher Sachen.

Vor der Gesetzesänderung dazu BGH, NJW 2012, 1073;
in Umsetzung von EuGH, NJW 2011, 2269.

Die Voraussetzungen der absoluten Unverhältnismäßigkeit werden in Rechtsprechung und Literatur ausgesprochen unterschiedlich bestimmt. Die weitaus überwiegende Meinung stellt auf den Wert der Sache in mangelfreiem Zustand bzw. den mangelbedingten Minderwert ab und versucht daraus Wertgrenzen zu ermitteln. 706

BGH, BGHZ 200, 350 Rn. 40
= NJW 2015, 468;
Palandt/*Weidenkaff*, BGB, § 439 Rn. 16a m. w. N;
Teller hält die Auslegung der Kriterien des „Werts der Sache" sowie der „Bedeutung des Mangels" in NJW 2019, 2121 für schwer einschätzbar.

707 Für Grundstückskaufverträge hat der BGH entschieden, dass

> „(...) als erster Anhaltspunkt davon ausgegangen werden [kann], dass die Kosten der Mängelbeseitigung unverhältnismäßig sind, wenn sie entweder den Verkehrswert des Grundstücks in mangelfreiem Zustand oder 200 % des mangelbedingten Minderwerts übersteigen."

BGH, BGHZ 200, 350, Ls. 3.

708 Allerdings verbietet sich eine schematische Betrachtung. So kann der Verkehrswert des Grundstücks eine ungeeignete Bezugsgröße sein, etwa wenn sich die Mängel *„nur auf das Gebäude, nicht aber auf Grund und Boden auswirken oder (...) nur einen Teil des Gebäudes betreffen."*

BGH, BGHZ 200, 350 Rn. 44.

709 In jedem Fall ist eine umfassende Abwägung aller Umstände des Einzelfalls notwendig. Dabei kann auch ein etwaiges Verschulden des Verkäufers, wie etwa das arglistige Verschweigen von Mängeln, berücksichtigt werden. In diesem Fall sind dem Verkäufer höhere Aufwendungen zumutbar.

BGH, BGHZ 200, 350 Rn. 45.

cc) Rechtsfolgen

710 Gemäß § 439 Abs. 2 BGB hat der Verkäufer *„die zum* ***Zwecke der Nacherfüllung erforderlichen Aufwendungen****, insbesondere Transport-, Wege-, Arbeits- und Materialkosten zu tragen"*. Die Konsequenzen aus dieser Bestimmung sind ausgesprochen umstritten und Gegenstand einer Vielzahl von Rechtsstreitigkeiten, die teilweise bis zu Vorlagebeschlüssen zum EuGH geführt haben. Speziell für Grundstückstransaktionen ist wichtig:

(1) Schäden an anderen Sachen des Käufers

711 Werden durch einen Mangel des Gebäudes andere Sachen des Käufers beschädigt, z. B. weil infolge des Bruchs einer Wasserleitung in einem zur Eigennutzung verkauften Bürogebäude die Serveranlage des Käufers Schaden nahm, sind diese Schäden nicht über § 439 BGB, sondern nur im Wege des Schadensersatzes gemäß § 437 Nr. 3 BGB ersatzfähig.

Einhellig anerkannt siehe PWW/*Wagner*; BGB, § 439 Rn. 13;
Lemke/*D. Schmidt*, Immobilienrecht, § 439 BGB Rn. 12;
Faust, in: BeckOK BGB, § 439 Rn. 36;
Staudinger/*Matusche-Beckmann*, BGB (2014), § 439 Rn. 46;
ebenso zu § 634 a. F. BGH, BGHZ 96, 221, 225 f.,
dazu EWiR 1986, 201 *(Hensen)*.

(2) Verbesserungen der Kaufsache durch den Käufer

712 Gerade bei Grundstückskaufverträgen gewinnt der allgemeine Streit zu § 439 BGB erhebliche Bedeutung, ob im Rahmen der Nachbesserung durch den

Verkäufer auch vom Käufer vorgenommene Aufwendungen für Änderungen, speziell Verbesserungen der Kaufsache ersetzt werden müssen. Hat der Käufer z. B. mit hohem Aufwand die Büroräume mit Doppelfußboden für die Verlegung von Kabeln versehen, und tritt jetzt der soeben erwähnte Wasserschaden ein, stellt sich die Frage, ob Nachbesserung durch den Verkäufer nur die Wiederherstellung des ursprünglichen oder des deutlich aufwendigeren vom Käufer herbeigeführten Zustands bedeutet. Vom Zweck der Nacherfüllung des § 439 BGB, dass der Verkäufer seine Verpflichtung zur nachträglichen vertragsgemäßen Lieferung zu erfüllen hat, ist der Anspruch beschränkt auf die Wiederherstellung des ursprünglichen Zustands, den darüber hinausgehenden Aufwand kann der Käufer nur als Schadensersatz gemäß § 437 BGB ersetzt verlangen.

> Staudinger/*Matusche-Beckmann*, BGB (2014), § 439 Rn. 47;
> **differenzierend** in Bezug auf „andere Veränderungen" siehe *Faust*, in: BeckOK BGB, § 439 Rn. 41, 95 ff.;
> zu § 633 a. F. BGH, BGHZ 96, 221, 225,
> dazu EWiR 1986, 201 *(Hensen)*.

Vorsorglich ist darauf hinzuweisen, dass eine Übertragung der Grundsätze des Urteils des EuGH vom 16.6.2011 bzw. daran anschließend des BGH vom 17.10.2012 zum Verbrauchsgüterkauf zur Folge hätte, dass der Verkäufer zur Wiederherstellung der Veränderung verpflichtet ist. Das Urteil erklärt den Verkäufer für verpflichtet, im Rahmen der Ersatzlieferung – Streitgegenstand waren Fliesen – die Ein- und Ausbaukosten schon im Rahmen der Nacherfüllung und nicht erst als Schadensersatz zu tragen (siehe sogleich). Nur so wäre die maßgebliche Erwägung des EuGH umgesetzt, der Käufer solle durch die von ihm entschiedene Ersatzlieferung in die *„Situation […]* (gebracht werden), *die vorgelegen hätte, wenn der Verkäufer von vornherein ein vertragsgemäßes Verbrauchsgut geliefert hätte*". 713

> EuGH, ZIP 2011, 1265 Rn. 54 – „Gebrüder Weber",
> dazu EWiR 2011, 489 *(Klees)*;
> BGH, BGHZ 195, 135 = NJW 2013, 220;
> dazu *Lorenz*, NJW 2013, 207.

Infolge der Neuregelung des § 439 Abs. 3 BGB zur Umsetzung der genannten EuGH-Entscheidung kommt nun eine analoge Anwendung dieser Norm in Betracht. Folge hiervon wäre ein Anspruch auf Ersatz der für die Verbesserung des mangelhaften Kaufgegenstands erforderlichen Aufwendungen. 714

> Eine analoge Anwendung des § 439 Abs. 3 BGB wird in bestimmten Fällen vertreten von *Faust*, in: BeckOK BGB, § 439 Rn. 95 ff.

In direkter Anwendung hat die Norm des § 439 Abs. 3 BGB für Grundstückstransaktionen keine Bedeutung: Da Kaufgegenstand das Gebäude insgesamt ist, betreffen Ein- und Ausbaukosten unmittelbar die Kaufsache, sind also vom Verkäufer bereits nach § 439 Abs. 1 BGB zu tragen. 715

b) Gestaltungsrechte Rücktritt und Minderung

716 Beiden Gestaltungsrechten ist gemeinsam, dass sie im Regelfall nur nach dem erfolglosen Ablauf einer Frist zur Nacherfüllung ausgeübt werden können. Vorab wird daher dargestellt, welche Anforderungen an eine angemessene Frist zur Nacherfüllung zu stellen sind (siehe Rn. 717 ff.) und unter welchen Voraussetzungen eine Fristsetzung nicht erforderlich ist (siehe Rn. 724 ff.). Anschließend werden das Verhältnis beider Rechtsbehelfe zueinander (siehe Rn. 737 f.) sowie Minderung (siehe Rn. 739 ff.) und Rücktritt (siehe Rn. 752 ff.) selbst behandelt.

aa) Angemessene Fristsetzung

717 Eine angemessene Frist zur Nacherfüllung muss so bemessen sein, dass ein grundsätzlich leistungsbereiter Verkäufer die Nacherfüllung rechtzeitig vornehmen kann.

> Palandt/*Weidenkaff*, BGB, § 439 Rn. 7.

718 Sie beginnt mit der Aufforderung, einen Mangel umgehend zu beseitigen;

> BGH, NJW 2009, 3153, 3154 = ZIP 2009, 2101,
> dazu EWiR 2010, 12 *(T. Keil)*;

dazu muss sie den gerügten Mangel nennen.

> LG Hanau, NJW-RR 2003, 1561, 1562;
> Palandt/*Weidenkaff*, BGB, § 437 Rn. 24;
> PWW/*Wagner*, BGB, § 437 Rn. 16.

719 Für die Fristsetzung ist keine bestimmte Zeitangabe bzw. ein bestimmter (End-)Termin notwendig.

> BGH, NJW 2016, 3654, 3654 f.

720 Für die Angemessenheit der Frist ist primär auf eine Vereinbarung der Parteien abzustellen. Bei fehlender Einigung der Parteien beurteilt sich die Angemessenheit ihrer Länge aufgrund der Umstände des Einzelfalles nach objektiven Maßstäben. Hierbei ist die Dauer der Mängelbeseitigung zu berücksichtigen, inklusive der Zeit, die dem Verkäufer bereits zur Verfügung stand, und das konkrete Interesse des Käufers an einer umgehenden Mängelbeseitigung.

> *Lorenz*, in: BeckOK BGB, § 281 Rn. 17;
> zum alten Recht BGH, NJW 1985, 2640, 2641,
> dazu EWiR 1985, 647 *(Medicus)*.

721 Die Setzung einer zu kurzen Frist ist im Regelfall nicht unwirksam, sondern setzt eine längere angemessene Frist in Gang.

> *H. Schmidt*, in: BeckOK BGB, § 323 Rn. 18;
> Palandt/*Weidenkaff*, BGB, § 439 Rn. 7.

722 Eine objektiv zu kurze Frist, die vom Schuldner vorgeschlagen wurde, kann als angemessen betrachtet werden.

> BGH, NJW 2016, 3654.

Bei Grundstückskaufverträgen ist für die Angemessenheit der Fristsetzung zu beachten, dass die Mängelbeseitigung bei Gebäuden sowohl finanziell als auch zeitlich aufwendig und langwierig ist. Dementsprechend erscheint es zweifelhaft, wie in anderen Bereichen üblich, von bestimmten Regelfristlängen auszugehen. Soweit ersichtlich gibt es daher in der Rechtsprechung keine einheitlichen Kriterien zur Fristlänge, vielmehr erfolgt die Festlegung für den Einzelfall. 723

bb) Entbehrlichkeit einer Frist

Da das Recht des Verkäufers auf die zweite Andienung nur in der Form geschützt ist, dass der Käufer die Gestaltungsrechte des Rücktritts und der Minderung – und gleichstehend der Ansprüche auf Schadens- und Aufwendungsersatz – erst nach Setzung einer Frist zur Nacherfüllung ausüben darf, entfällt der Vorrang der Nacherfüllung, wenn der Käufer von der Notwendigkeit der Fristsetzung entbunden ist. Das Gesetz enthält dazu eine gestufte Regelung, indem die Bestimmungen des allgemeinen Schuldrechts, die dem Käufer einen Rücktritt bzw. die Forderung von Schadensersatz ohne vorherige Fristsetzung gestatten, die §§ 323 Abs. 2 bzw. 281 Abs. 2 BGB, erweitert werden um die kaufrechtsspezifische Norm des § 440 BGB. Für Grundstückskaufverträge sind wesentlich folgende Anwendungsfälle: 724

(1) Verweigerung der Nacherfüllung

Die Voraussetzung der Verweigerung der Nacherfüllung gemäß §§ 440 Alt. 1, 439 Abs. 4 BGB ist erfüllt, wenn der Verkäufer **„eindeutig"** zum Ausdruck bringt, er werde seinen Vertragspflichten nicht nachkommen; das bloße Bestreiten von Mängeln reicht dafür nicht ohne weiteres aus. 725

> BGH, NJW 2006, 1195 Rn. 24 f., dazu EWiR 2006, 227 *(Reinking)*;
> BGH, NJW-RR 2009, 667 Rn. 12; KG, ZGS 2007, 78;
> OLG Saarbrücken, NJW-RR 2015, 48, 50;
> PWW/*Wagner*, BGB, § 440 Rn. 7 m. w. N.

(2) Fehlschlagen der Nachbesserung

Der Tatbestand des Fehlschlagens der Nachbesserung gemäß § 440 Alt. 2 BGB ist der wesentliche Grund, warum der Käufer die Rechte des § 437 Nr. 2 und 3 BGB ohne Fristsetzung ausüben darf. Er ist grundsätzlich erfüllt, wenn der Mangel nach Ablauf einer angemessenen Frist nicht beseitigt ist. 726

> *Westermann*, in: MünchKomm-BGB, § 440 Rn. 10.

Die Festlegung, wann danach speziell bei Grundstücksverkäufen die Nachbesserung **„fehlgeschlagen"** ist, ist ausgesprochen schwierig. 727

Nach § 440 Satz 2 BGB gilt eine Nachbesserung *„nach dem erfolglosen zweiten Versuch als fehlgeschlagen, wenn sich nicht insbesondere aus der Art der Sache oder des Mangels oder den sonstigen Umständen etwas anderes ergibt"*. Diese Bestimmung ist in zwei Richtungen offen: Es ist schon fraglich, ob daraus 728 abzuleiten ist, dass dem Verkäufer immer **zwei Versuche** zustehen. Wir halten dies für richtig.

> Im Ergebnis KG, NJW-RR 2010, 706, 707;
> OLG Koblenz, NJW-RR 2010, 1501, 1502;
> OLG Hamm, NJW-RR 2011, 1423;
> ebenso m. w. N. auch der Gegenmeinung
> PWW/*Wagner*, BGB, § 440 Rn. 11.

729 Allerdings vertritt eine starke Literaturmeinung die Auffassung, dem Verkäufer stehe nur ein Nachbesserungsversuch zur Verfügung.

> Jauernig/*Berger*, BGB, § 440 Rn. 4;
> Palandt/*Weidenkaff*, BGB, § 440 Rn. 2.

730 Offenheit besteht auch in die andere Richtung, dass mehr als zwei Versuche gestattet sind. Der zitierte Wortlaut ist dabei so zu verstehen, dass die erste Alternative dem Verkäufer ggf. mehr Versuche bei komplexen Kaufsachen, die zweite Alternative bei schwer zu beseitigenden Mängeln und die dritte Alternative generell bei besonderen Einzelfallumständen gestattet.

> PWW/*Wagner*, BGB, § 440 Rn. 13;
> Lemke/*D. Schmidt*, Immobilienrecht, § 441 BGB Rn. 11.

731 Beispiel ist eine unverschuldete Störung der Produktionsanlagen des Verkäufers.

> Vgl. BGH, NJW 2007, 504 Rn. 15,
> dazu EWiR 2007, 325 *(Lindacher)*;
> OLG Saarbrücken, NJW 2009, 369, 371.

732 Speziell bei gravierenden Gebäudemängeln dürften die ersten beiden Alternativen des § 440 BGB in Betracht kommen, mit dem Ergebnis, dass dem Verkäufer auch mehr als zwei Nachbesserungsversuche zur Verfügung stehen.

(3) Unzumutbarkeit der Nacherfüllung

733 Die Fallgruppe der Unzumutbarkeit der Nacherfüllung gewinnt durch die Entwicklung der Rechtsprechung eine Bedeutung, mit der der Gesetzgeber der Schuldrechtsreform vermutlich nicht gerechnet hat. Es ist inzwischen ständige Rechtsprechung des BGH, dass Unzumutbarkeit bei einem berechtigten Verlust des Vertrauens des Käufers in den Verkäufer vorliegt, und dass dieser vor allem bei einer vorausgegangenen **arglistigen Täuschung des Verkäufers** gegeben ist.

> BGH, NJW 2007, 835 Rn. 12 f.;
> BGH, NJW 2008, 1371 Rn. 19 f. = ZIP 2008, 460,
> dazu EWiR 2008, 455 *(Theis)*;
> BGH, NJW 2009, 2532 Rn. 17; BGH, BeckRS 2017, 110546;
> alle Entscheidungen jeweils zu § 323 Abs. 2 Nr. 3 BGB;
> OLG Karlsruhe, NJW 2008, 925, 926;
> Palandt/*Weidenkaff*, BGB, § 440 Rn. 8, wonach sich die Entbehrlichkeit der Fristsetzung bereits aus § 281 Abs. 2, 2. Alt., § 323 Abs. 2 Nr. 3 BGB ergibt; PWW/*Wagner*, BGB, § 440 Rn. 9;
> **a. A.** *Gutzeit*, NJW 2008, 1359 ff.;
> *Schroeter*, AcP 207 (2007), 28, 53 f.

Zudem führen etwa besonders viele oder gravierende Mängel oder ein gestörtes Vertrauensverhältnis zwischen den Vertragsparteien zur Unzumutbarkeit. 734

BGH, NJW 2015, 1669 Rn. 22 f.;
Palandt/*Weidenkaff*, BGB § 440 Rn. 8;
zu gravierenden Mängeln vgl. *Faust*, in: BeckOK BGB, § 440 Rn. 43.

Die weiter diskutierte Fallgruppe der **Notwendigkeit sofortiger Mängelbeseitigung,** 735

speziell angenommen für die Heilbehandlung eines Haustieres,
z. B. BGH, NJW 2005, 3211, 3212 f. zu § 281 Abs. 2 BGB;
LG Essen, NJW 2004, 527 f.;
PWW/*Wagner*, BGB, § 440 Rn. 9 m. w. N.;
Palandt/*Weidenkaff*, BGB, § 440 Rn. 8,

dürfte bei Grundstückskaufverträgen regelmäßig keine Bedeutung für die Begründung des Rechts des Käufers haben, ohne vorherige Fristsetzung zurücktreten oder mindern zu können, bzw. stattdessen Schadensersatz statt der Leistung zu fordern. Sie dürfte dem Käufer allenfalls ein Recht zur Selbstvornahme auf Kosten des Verkäufers gewähren, unbeschadet der Richtigkeit der Rechtsprechung, dass der Käufer die Kosten einer Selbstvornahme nicht verlangen kann, wenn er dem Verkäufer keine Frist zur Nacherfüllung gesetzt hat.

Ständige Rechtsprechung des BGH, z. B. BGH, BGHZ 162, 219, 224 = ZIP 2005, 861,
dazu EWiR 2005, 497 *(T. Keil)*;
BGH, NJW-RR 2009, 667 Rn. 14.

Für die Bewertung der Unzumutbarkeit ist der Erkenntnisstand des Käufers im Zeitpunkt der Ausübung seiner Gestaltungsrechte entscheidend. 736

BGH, NJW 2017, 1666, 1668 f.

cc) Verhältnis von Rücktritt und Minderung

Wegen ihrer Rechtsfolgen schließen Rücktritt und Minderung einander aus: Der Käufer muss sich daher entscheiden, ob er über den Rücktritt den Kaufvertrag abwickeln oder über die Minderung unter einer Reduzierung des Kaufpreises aufrechterhalten will. 737

PWW/*Wagner*, BGB, § 437 Rn. 18.

Dieses Verhältnis der Ausschließlichkeit gilt auch im Verhältnis zum Schadens- bzw. Aufwendungsersatz statt der Leistung, naturgemäß aber nicht für die Ansprüche auf **Schadensersatz** wegen Pflichtverletzung gemäß § 280 Abs. 1 BGB, die auch **„neben der Leistung"** geltend gemacht werden können. 738

Vgl. zur Gegenüberstellung § 280 Abs. 1 und Abs. 3 BGB und dazu *Lorenz,* in: BeckOK BGB, § 280 Rn. 25–30;
nach Minderung ist ein Anspruch auf Schadensersatz statt der Leistung ausgeschlossen, BGH, NJW 2018, 2863, 2867 ff;
mit einer differenzierenden Betrachtung siehe *Stöber*, NJW 2017, 2785.

dd) Minderung

739 Über das Gestaltungsrecht der Minderung werden viele Mängel von Immobilien endgültig abgewickelt. Diese erhebliche Bedeutung resultiert daraus, dass in der Praxis vielfach der Rücktritt ausgeschlossen oder deutlich über das Gesetz hinausgehend beschränkt wird. Grund ist die Schwierigkeit, einen Grundstücksverkauf nach längerer Zeit rückabzuwickeln, da der dann stattzufindende Ausgleich, z. B. für Investitionen des Käufers, von diesem abgeschlossene Mietverträge und eingenommene Mieten, rechtlich und wirtschaftlich schwierig ist. Auch macht eine Rückabwicklung nur Sinn, wenn der Verkäufer zur Rückzahlung des Kaufpreises in der Lage ist und der Käufer die Immobilie entbehren sowie seine Finanzierung zurückführen kann. Deshalb ist es gängige Vertragspraxis (siehe das Beispiel unter Rn. 1000), den Rücktritt entweder auszuschließen oder erheblich zu beschränken, z. B. auf unzumutbare Nutzungsbeeinträchtigungen. Unter einer solchen Regelung ist die praktisch bedeutsame Rechtsfolge eines Mangels bei fehlgeschlagener oder unmöglicher Nacherfüllung die Minderung; vielfach verständigen sich die Parteien auch nach Abschluss des Vertrags auf eine Abgeltung der Ansprüche auf Nacherfüllung gegen eine Minderung des Kaufpreises.

740 In § 441 Abs. 3 BGB ist die Minderung definiert als die Herabsetzung des Kaufpreises in dem Verhältnis, *„in welchem zur Zeit des Vertragsschlusses der Wert der Sache in mangelfreiem Zustand zu dem wirklichen Wert gestanden haben würde*“. Ziel dieser nicht unkomplizierten Bestimmung ist, das vertragliche Äquivalenzverhältnis im Hinblick auf die Relation des Kaufpreises zum wirklichen Wert der Immobilie fortzusetzen. Der Kaufpreis soll nur in dem Umfang herabgesetzt werden, der bezogen auf die mangelfreie Immobilie dem Verhältnis des Kaufpreises zum Verkehrswert entspricht. Effektiv führt diese proportionale Berechnung dazu, dass nur bei einer Übereinstimmung von Kaufpreis und Verkehrswert der Mangel voll angerechnet wird. Ist hingegen der Verkehrswert höher als der Kaufpreis, wird der Mangel nur proportional, hingegen nicht von der absoluten Zahl her, in voller Höhe vom Kaufpreis abgesetzt, während im umgekehrten Falle eines den Verkehrswert übersteigenden Kaufpreises der Abzug in absoluten Zahlen höher ausfällt.

Vgl. PWW/*Wagner*, BGB, § 441 Rn. 12;
Faust, in: BeckOK BGB, § 441 Rn. 7 ff.

741 Diese Relation führt dazu, dass der Abzug für den Mangel **nicht** prinzipiell, sondern eher ausnahmsweise mit der **Höhe der Nacherfüllungskosten** identisch ist.

Vgl. BT-Drucks. 14/6040, S. 235;
Palandt/*Weidenkaff*, BGB, § 441 Rn. 15;
Staudinger/*Matusche-Beckmann*, BGB (2014), § 441 Rn. 22;
Lemke/*D. Schmidt*, Immobilienrecht, § 441 BGB Rn. 14.

Sachlich findet dies seine Rechtfertigung darin, dass die Minderung subsidiär zur Nacherfüllung stattfindet und damit auch und gerade die Fälle regelt, in denen eine Nacherfüllung ausscheidet. 742

Soweit im Einzelfall die Nacherfüllungskosten angesetzt werden können, z. B. weil die Nacherfüllung ohne weiteres möglich ist, kann sich der Betrag der Minderung zusätzlich um den dauerhaften merkantilen Minderwert erhöhen. 743

OLG Frankfurt/M., NJW-RR 2010, 524, 526 f;
zum merkantilen Minderwert bei Immobilienkaufverträgen sowie insbesondere zur Berechnung des Wertes, wonach auf den Verkehrswert abzustellen ist, *Walter/Korves*, NJW 2016, 1985.

Das Urteil des OLG Frankfurt gibt dafür ein gutes Beispiel: Hier wurde für den Verkauf von Bauland, das wegen einer unterirdischen Bunkerruine mangelhaft war, die Minderung aus dem Wert der Nacherfüllung berechnet, d. h. der Beseitigungskosten, und einem Minderwert, weil das Grundstück auch nach der Beseitigung des Bunkers – wegen des Verdachts weiterer Mängel – mit einem **„psychologischen Minderwert"** belastet sei. 744

Im Unterschied zum Rücktritt kann Minderung auch für **unerhebliche Mängel** geltend gemacht werden. 745

BGH, NJW 2018, 2863, 2865;
BT-Drucks. 14/6040, S. 235;
PWW/*Wagner*, BGB, § 441 Rn. 7.

Sie stellt nach der Schuldrechtsreform wie der Rücktritt ein **Gestaltungsrecht** dar. 746

BT-Drucks. 14/6040, S. 234 f.;
PWW/*Wagner*, BGB, § 441 Rn. 5.

Deshalb führt ihre Erklärung unmittelbar zur Umgestaltung des Schuldverhältnisses und zum Erlöschen des Wahlrechts des Käufers zwischen Minderung auf der einen und Rücktritt bzw. Schadensersatz statt der Leistung auf der anderen Seite. 747

So für den Rücktritt *Westermann*, in: MünchKomm-BGB, § 441 Rn. 4;
für Schadensersatz *Lögering*, MDR 2009, 664, 666;
partiell abweichend, aber nicht überzeugend
OLG Stuttgart, ZGS 2008, 479, 480.

Auch der BGH betont nun, dass der Käufer von der Minderungserklärung keinen Abstand nehmen kann. Er kann zudem nicht zusätzlich zur Minderung großen Schadenersatz geltend machen, da er sein „Wahlrecht" verbraucht hat. 748

BGH, NJW 2018, 2863, 2865 ff.;
kritisch dazu *Stöber*, NJW 2018, 2834.

Allerdings gilt die Rechtsfolge des Erlöschens von Schadensersatzansprüchen nicht, wenn der Käufer deshalb nicht mindern kann, *„weil der Betrag der* 749

Minderung in Anwendung der in § 441 Abs. 3 Satz 1 BGB bestimmten Berechnungsmethode nicht ermittelt werden kann".

BGH, NJW 2011, 1217 Rn. 35.

750 Ein Teil der Literatur zieht daraus – dogmatisch zutreffend – die weitere Konsequenz, dass der Käufer an eine Bezifferung der Minderung gebunden ist.

Palandt/*Weidenkaff*, BGB, § 441 Rn. 18;
PWW/*Wagner*, BGB, § 441 Rn. 9;
a. A. Erman/*Grunewald*, BGB, § 441 Rn. 2;
Westermann, in: MünchKomm-BGB, § 441 Rn. 5;

751 **Praktischer Ratschlag**: Der Käufer sollte, statt einen Betrag zu nennen, für die Höhe der Minderung auf § 441 Abs. 3 BGB verweisen und ggf. nur zusätzlich zur Begründung, nicht als Inhalt der Minderung einen Hinweis auf die von ihm vermutete Höhe geben.

Lemke/*D. Schmidt*, Immobilienrecht, § 441 BGB Rn. 9.

ee) Rücktritt

752 Der Rücktritt gemäß den §§ 437 Nr. 2 Alt. 1, 323, 326 Abs. 5 BGB wandelt den auf Erfüllung gerichteten Kaufvertrag in ein **Rückabwicklungsschuldverhältnis nach §§ 346–348 BGB** um. Der Käufer ist danach verpflichtet, das Grundstück so zurückzugeben, wie er es erhalten hat, der Verkäufer, es gegen Rückzahlung des Kaufpreises entgegenzunehmen. Für Grundstücke bestehen zwei Besonderheiten:

- Hat der Käufer das Grundstück zur Finanzierung des Kaufpreises bzw. für Investitionen mit **Grundpfandrechten belastet**, könnte die Pflicht zur Rückgabe gemäß § 346 Abs. 2 Nr. 2 BGB ausgeschlossen sein: Danach hat der Schuldner statt der Rückgewähr oder Herausgabe Wertersatz zu leisten, „*soweit er den empfangenen Gegenstand [...] belastet*" hat. Zu ergänzen ist diese Norm nach der Rechtsprechung um das ungeschriebene Tatbestandsmerkmal einer Unmöglichkeit der Rückgabe ohne Belastungen. Daher ist der Käufer vorrangig zur Beseitigung der Belastungen verpflichtet; erst wenn sie scheitert, hat er dem Verkäufer Wertersatz zu leisten.

  BGH, NJW 2009, 63, 65 = ZIP 2009, 224 = ZfIR 2009, 293,
  dazu EWiR 2008, 739 *(Grunewald)*;
  ebenso Palandt/*Grüneberg*, BGB, § 346 Rn. 8 a.

- Die **Herausgabe gezogener Nutzungen** spielt gerade bei Grundstücken eine besondere Rolle, herauszugeben sind gemäß § 346 Abs. 1 BGB z. B. **Miet- und Pachteinnahmen**.

  OLG Rostock, Urt. v. 10.9.2009 – 3 U 229/08, Rn. 83, zitiert nach juris;
  vgl. zu eingenommenen Mieten als Nutzungen BGH, NJW 1995, 454;
  Palandt/*Ellenberger*, BGB, § 99 Rn. 4;
  BGH, NJW 2016, 2428, 2429;
  BGH, NJW 2017, 2406, 2407: Es sind stets nur tatsächlich gezogene Nutzungen herauszugeben.

Sofern die Nutzungen beispielsweise bei einer Eigennutzung nicht gemäß § 346 Abs. 1 BGB herausgegeben werden können, erfolgt die Berechnung des Nutzungswertersatzanspruchs gemäß § 346 Abs. 2 BGB auch bei Grundstücken vom Erwerbspreis zeitanteilig linear.

BGH, NJW 2017, 3438, 3441.

Die entscheidende negative Tatbestandsvoraussetzung für einen Rücktritt wegen Mängeln liegt gemäß § 323 Abs. 5 Satz 2 BGB darin, dass keine **unerhebliche Pflichtverletzung** vorliegen darf. Unerheblich sind nach der Gesetzesbegründung Pflichtverletzungen so geringen Ausmaßes, dass *„das Leistungsinteresse des Gläubigers im Grunde nicht gestört ist"*. 753

BT-Drucks. 14/6040, S. 140.

Dies festzustellen erfordert eine **„umfassende Interessenabwägung"**, 754

BGH, NJW 2017, 153, 155;
BGH, NJW 2013, 1431, 1433;
Palandt/*Grüneberg*, BGB, § 281 Rn. 47,

in die die Auswirkungen auf Funktion, Beschaffenheit und Wert der Kaufsache sowie besonders die Möglichkeit und der Aufwand einer Mängelbeseitigung einzufließen haben.

OLG Köln, Urt. v. 27.3.2008 – 15 U 175/07, Rn. 57 m. w. N., zitiert nach juris;
OLG Stuttgart, NJW-RR 2010, 412, 415;
PWW/*Wagner*, BGB, § 437 Rn. 24 m. w. N.;
Faust, in: BeckOK BGB, § 437 Rn. 29 ff.

Dabei sind mehrere Mängel in ihrer Gesamtheit zu würdigen. Indiz für die Wesentlichkeit kann sein, dass die Beschaffenheit ausdrücklich vereinbart war, also nicht nur eine übliche Beschaffenheit fehlte. 755

BGH, NJW-RR 2010, 1289, 1291;
BGH, NJW 2013, 1365, 1366.

Akzeptiert der Käufer zunächst bestimmte Mängel, ist es ihm zudem nicht zuzumuten, bei Kenntniserlangung von weiteren Mängeln am Vertrag festzuhalten. 756

OLG Hamm, NJW-RR 2017, 1013, 1015.

Auch hier gilt wie im Zusammenhang mit dem Fehlschlagen der Nachbesserung, dass der arglistig handelnde Verkäufer besonders streng behandelt wird, indem eine unerhebliche Pflichtverletzung „in der Regel" bei **arglistiger Täuschung des Verkäufers** über Mängel ausscheidet. 757

Grundlegend BGH, BGHZ 167, 19 Rn. 7–13 = ZIP 2006, 904, dazu EWiR 2006, 549 *(Gsell)* und m. abl. Anm. *Roth*, JZ 2006, 1026, 1027 f.;
Faust, in: BeckOK BGB, § 437 Rn. 33 (anders noch in der 2. Aufl.);
Lorenz, NJW 2006, 1925 ff.

758 Diese allgemeinen Kriterien gelten auch für Grundstückskaufverträge.

759 Die **Darlegungs- und Beweislast** dafür, dass ein Mangel nur unerheblich ist und mithin einen Rücktritt des Käufers ausschließt, trägt der Verkäufer.

> OLG Karlsruhe, MittBayNot 2005, 401, 403.

760 Soweit beim **Verkauf mehrerer Immobilien** nur ein Teil Mängel aufweist, ist der Rücktritt vom gesamten Kaufvertrag gemäß § 323 Abs. 5 Satz 1 BGB nur möglich, wenn aufgrund der mangelhaften Immobilien am gesamten Kauf kein Interesse mehr besteht. Dieses Gesamtrücktrittsrecht wird bei einem Immobilienportfolio im Regelfall nur in Betracht kommen, wenn die einzelnen Immobilien in ihrer Nutzung zusammenhängen, nicht aber, wenn Immobilien an verschiedenen Orten nur in einem Vertrag verkauft worden sind.

c) Schadens- und Aufwendungsersatz

761 Die Schadensersatzhaftung des Verkäufers kann an eine Vielzahl von unterschiedlichen Pflichtverletzungen anknüpfen. Im Rahmen dieses Buchs können nur einige wenige Grundsätze erörtert werden: Die Haftung des Verkäufers für falsche oder unterlassene Informationen über Eigenschaften der Kaufsache (siehe Rn. 762 ff.), verschuldete Mängel (siehe Rn. 772 ff.) und für Fehler im Rahmen der Nacherfüllung (siehe Rn. 779).

aa) Unterlassene oder falsche Informationen über Eigenschaften der Kaufsache

762 Die in der Praxis bedeutende Fallgruppe der Haftung des Verkäufers dafür, dass er Mängel pflichtwidrig nicht offenbart hat, setzt sich rechtlich aus sehr unterschiedlichen Tatbeständen zusammen: der Haftung wegen Arglist (siehe Rn. 466 ff.), der Verletzung von Informationspflichten unterhalb der Arglist (siehe Rn. 763 ff.) und einer gesteigerten Sorgfaltspflicht des Verkäufers, z. B. wegen Übernahme einer Beratung (siehe Rn. 767 ff.).

(1) Haftung wegen sonstiger Informationspflichtverletzungen

763 Unterhalb der Arglist besteht aufgrund der Sperrwirkung des Mängelrechts **keine Haftung des Verkäufers aus c. i. c.** wegen unterlassener oder falscher Informationen im Hinblick auf **Eigenschaften der Kaufsache**.

> BGH, BGHZ 180, 205 Rn. 19–23 = ZfIR 2009, 560;
> ebenso aus der Literatur z. B. Palandt/*Weidenkaff* BGB, § 437 Rn. 51 a f.;
> PWW/*Wagner*, BGB, § 437 Rn. 76 f.;
> Lemke/*D. Schmidt*, Immobilienrecht, § 437 BGB Rn. 64;
> **a. A.**, d. h. für eine generelle Konkurrenz von Mängelrecht und c. i. c., *Faust*, in: BeckOK BGB, § 437 Rn. 199;
> *Häublein*, NJW 2003, 388, 391 ff.

Hintergrund dieser herrschenden Meinung ist, dass anderenfalls das Mängelrecht mit seinen spezifischen Voraussetzungen zu einem großen Teil von den allgemeinen Regeln des Verschuldens bei Vertragsschluss überlaufen würde. 764

Vom BGH nicht entschieden, muss dieser **Vorrang des Mängelrechts** auch für **Rechtsmängel** gelten. 765

> So ausdrücklich Palandt/*Grüneberg*, BGB, § 311 Rn. 17;
> PWW/*Wagner*, BGB, § 437 Rn. 76;
> Staudinger/*Matusche-Beckmann*, BGB (2014), § 437 Rn. 73.

Eine Sonderbehandlung von Rechtsmängeln ist aufgrund der über § 437 BGB weitgehenden Gleichstellung nicht gerechtfertigt. 766

(2) Gesteigerte Sorgfaltspflichten des Verkäufers

Es gibt eine erhebliche Tendenz in der Literatur, trotz der Sperrwirkung des Mängelrechts die bisherigen Grundsätze zur Haftung des Verkäufers aufgrund gesteigerter Sorgfaltspflichten weiter anzuerkennen. Dazu gehören folgende Tatbestände: 767

(a) Gesteigerte Beratungspflichten aufgrund des Auftretens des Verkäufers

Es ist ständige Rechtsprechung, dass ein Verkäufer, der über die Pflichtenstellung eines Verkäufers hinaus den Käufer berät, bei einer Verletzung dieser Nebenpflicht ungeachtet des Vorrangs des Mängelrechts aus c. i. c. haften kann. Beispiele sind ein explizites Auftreten des Verkäufers als *„Berater und Fachmann“*, 768

> siehe zum alten Kaufrecht BGB, BGHZ 88, 130, 134 f. = ZIP 1983, 1076 – „Kleber“;
> ebenso BGH, WM 1977, 1027, 1028 – „Pflanzenschutzmittel“: „Netz von Beratungsstellen“,

oder die Erstellung eines *„persönlichen Berechnungsbeispiels“* zur Finanzierung der Kaufsache.

> Zum alten Kaufrecht BGH, NJW 2004, 64, 65 = ZIP 2003, 2367 = ZfIR 2004, 242, dazu EWiR 2004, 545 *(Himmelmann)*;
> BGH, NJW 2008, 506 Rn. 20 f.;
> vgl. zu weiteren Beispielen PWW/*Wagner*, BGB, § 437 Rn. 59.

(b) Ständige Geschäftsverbindung

Eine Haftung des Verkäufers für eine falsche Auskunft kann sich auch aus einer längeren Geschäftsverbindung ergeben. Die Rechtsprechung des BGH zum alten Kaufrecht, dass der Verkäufer einen mit ihm in einer längeren Geschäftsverbindung stehenden Käufer über wichtige Änderungen der Beschaffenheit hinzuweisen hat, unabhängig davon, ob diese zur Mangelhaftigkeit führen, bleibt nach unserem Verständnis weiter gültig. 769

BGH, BGHZ 107, 331, 336 f. = ZIP 1990, 520 – „Wellpappe“,
dazu EWiR 1989, 791 *(Tiedtke)*;
BGH, BGHZ 132, 175, 177 = ZIP 1996, 756 – „Bernina Bergleder“,
dazu EWiR 1996, 563 *(v. Gerkan)*.

(c) Selbstständiger Beratungsvertrag

770 Richtigerweise gilt auch die Rechtsprechung des BGH fort, dass der Verkäufer nicht nur aus einer Nebenpflicht, sondern aus einem selbstständigen Beratungsvertrag neben dem Mängelrecht haftet, wenn die Beratungsleistung eine solche Bedeutung gewonnen hat, dass sie zu einer Verpflichtung eigener Art neben dem Kaufvertrag geworden ist; dazu bedarf es besonderer Umstände.

Zu dieser Rechtsprechung zum alten Kaufrecht siehe nur
BGH, BGHZ 140, 111, 115 = ZIP 1999, 193 = ZfIR 1999, 180,
dazu EWiR 1999, 107 *(Himmelmann)*;
zuletzt BGH, NJW 2008, 2852 Rn. 11 f.,
dazu EWiR 2008, 733 *(M. Becker)*;
für die Fortgeltung nach neuem Kaufrecht vgl. bejahend
Palandt/*Grüneberg*, BGB, § 311 Rn. 16;
Westermann, in: MünchKomm-BGB, § 437 Rn. 58;
Staudinger/*Matusche-Beckmann*, BGB (2014), § 437 Rn. 92;
und verneinend *Mertens*, AcP 203 (2003), 818, 849 ff.;
Schaub, AcP 202 (2002), 757, 782 f.

771 Der selbstständige Beratungsvertrag gewährt eigenständige Ansprüche, die gemäß **§§ 195 ff. BGB**, nicht gemäß § 438 BGB **verjähren**.

So zum neuen Kaufrecht; PWW/*Wagner*, BGB, § 437 Rn. 78;
Westermann, in: MünchKomm-BGB, § 438 Rn. 10;
Staudinger/*Matusche-Beckmann*, BGB (2014), § 438 Rn. 26;
ebenso die Rechtsprechung zum alten Kaufrecht
BGH, NJW 1999, 1540, 1541,
dazu EWiR 1999, 869 *(H. P. Westermann)*;
BGH, NJW 2008, 506 Rn. 7 = ZfIR 2008, 334.

bb) Verschuldete Mängel

772 Die explizite Regelung in § 433 Abs. 1 Satz 2 BGB, dass nach neuem Schuldrecht die Verpflichtung des Verkäufers zur Lieferung der Kaufsache frei von Sach- und Rechtsmängeln eine Hauptleistungspflicht ist, prägt die Haftung des Verkäufers für Mängel: Trifft den Verkäufer ein Verschulden, haftet er auf Schadensersatz; umgekehrt kann er mängelrechtlich ohne Verschulden nicht auf Schadensersatz in Anspruch genommen werden.

BT-Drucks. 14/1640, S. 210;
BGH, BGHZ 163, 234, 238 f.;
PWW/*Wagner*, BGB, § 437 Rn. 45.

773 Die danach entscheidende Frage, wann der Verkäufer einen Mangel zu vertreten hat, ist nach zwei Fallgruppen zu differenzieren, Verursachung (siehe Rn. 774 f.) und Kenntnis (siehe Rn. 776 ff.) des Mangels.

(1) Vom Verkäufer zu vertretende Verursachung des Mangels

Der Verkäufer hat jeden Mangel zu vertreten, den er oder seine ihm gemäß § 278 BGB zuzurechnenden **Erfüllungsgehilfen** schuldhaft verursacht haben. Bei beweglichen Sachen wird danach differenziert, ob der Verkäufer Hersteller oder Händler ist. 774

> Vgl. dazu, nur mit unterschiedlichen Ergebnissen,
> PWW/*Wagner*, BGB, § 437 Rn. 47 ff.;
> *Faust*, in: BeckOK BGB, § 437 Rn. 99–101, jeweils m. ausf. Nachw.

Auf dieser Grundlage entwickelt sich folgende Struktur der **Haftung des Verkäufers von Immobilien**, die allerdings nicht auf Rechtsprechung gestützt werden kann: 775

- Beim Verkauf einer **Bestandsimmobilie**, die ein Dritter, z. B. ein Generalunternehmer, gebaut hat, sind eventuelle Mängel nicht vom Verkäufer zu vertreten. Im Verhältnis zum Käufer sind die vom Verkäufer beauftragten Architekten, Unternehmer usw. keine Erfüllungsgehilfen im Hinblick auf die Pflicht, dem Käufer eine mangelfreie Immobilie zu liefern. Der Verkäufer steht insoweit einem Händler gleich, dem der Hersteller nach der bisher noch herrschenden Meinung nicht als Erfüllungsgehilfe zugerechnet wird.

  > Bisher in Rechtsprechung und Literatur praktisch nicht behandelt;
  > wie hier PWW/*Wagner*, BGB, § 437 Rn. 48 ff.;
  > speziell zur Haftung des Händlers vgl. BGH, BGHZ 200, 337, Rn. 31;
  > *Faust*, in: BeckOK BGB, § 437 Rn. 99;
  > *Huber*, in: Festschrift Ulmer, S. 1165, 1187;
  > *Schubel/Koch*, DB 2004, 119, 123;
  > **a. A.**, d. h. der Händler haftet wegen der Zurechnung des Herstellers als Erfüllungsgehilfe, PWW/*Kramme*, BGB, § 278 Rn. 21;
  > *Grundmann*, in: MünchKomm-BGB, § 278 Rn. 31;
  > *Peters*, ZGS 2010, 24, 27;
  > *Schroeter*, JZ 2010, 495, 497 f.

  Im Übrigen sind wir der Auffassung, dass selbst unabhängig vom Meinungsstreit über die Haftung des Händlers der gewerbliche wie private Verkäufer einer Immobilie nicht für Baumängel haften kann, soweit sein einziger Beitrag zur Herstellung darin liegt, einen sachkundigen Dritten beauftragt zu haben. Ansonsten würde jeder Verkäufer einer Immobilie einem Bauträger gleichgestellt werden.

- In Analogie zur Haftung des Herstellers beweglicher Sachen werden dem Verkäufer alle Mängel zugerechnet, wenn er die Immobilie zum Zweck des Verkaufs bebaut hat, unabhängig davon, ob er selbst oder ein Dritter die Bauleistung erbracht hat.

- Eine zeitliche Abgrenzung ist notwendig, wenn ein Eigentümer für den eigenen Bestand gebaut hat, z. B. zur Selbstnutzung oder Vermietung, und die Immobilie nach längerem Halten verkauft. Unserer Ansicht nach ist der Eigentümer wie ein normaler Verkäufer ab dem Zeitpunkt zu behandeln, zu dem er seine Eigenschaft als Hersteller verliert. Diese Zäsur sollte analog der Rechtsprechung zur „Neuheit“ von Gebäuden gelegt werden (siehe Rn. 561), d. h. schon nach spätestens ca. zwei Jahren ist der Eigentümer von der Herstellerhaftung befreit. Mit dem Ende der Neuheit gilt für den Verkauf von Immobilien uneingeschränkt Kaufrecht, sodass keine Rechtfertigung für eine werkvertragliche Zurechnung von Erfüllungsgehilfen mehr besteht.

(2) Kenntnis oder Erkennbarkeit des Mangels

776 Gemäß den allgemeinen Regeln hat der Verkäufer bei Vertragsschluss erkannte oder erkennbare Mängel zu vertreten, er haftet also auf Schadensersatz. Für den Umfang der Sorgfaltspflichten ist entscheidend, ob der Verkäufer zur Untersuchung der Immobilie verpflichtet ist, mit der Konsequenz, dass er auch für nicht erkannte Mängel haftet, wenn er sie bei einer ordnungsgemäßen Untersuchung erkannt hätte. Dies ist zu verneinen, analog der Rechtsprechung, nach der den Händler eine Untersuchungspflicht nur ausnahmsweise trifft.

> PWW/*Wagner*, BGB, § 437 Rn. 51;
> *Faust*, in: BeckOK BGB, § 437 Rn. 103;
> *Westermann*, in: MünchKomm-BGB, § 437 Rn. 30;
> ausführlich *Stoppel*, ZGS 2006, 49 ff.;
> zum alten Kaufrecht BGH, NJW 1981, 1269, 1270.

777 Eine Ausnahme besteht nur für den sachkundigen Verkäufer, soweit sich ihm ein Verdacht auf Mängel aufdrängt. Vergleichbar zur erhöhten Sorgfaltspflicht eines Gebrauchtwagenhändlers ist von einem Immobilienunternehmen zu erwarten, einem konkreten Verdacht auf Mängel vor einem Verkauf nachzugehen.

> Vgl. zu dieser generellen Rechtslage
> BGH, NJW 2014, 211, 24 ff.;
> PWW/*Wagner*, BGB, § 437 Rn. 51;
> zum alten Kaufrecht BGH, BGHZ 74, 383, 392.

778 Beim Verkauf von Immobilien hat der Verkäufer grundsätzlich nicht die Pflicht, das Grundbuch zu prüfen, da der Käufer selbst Einsicht nehmen kann.

> PWW/*Wagner*, BGB, § 437 Rn. 51;
> Erman/*Grunewald*, BGB, § 433 Rn. 31.

cc) Fehler im Rahmen der Nacherfüllung

779 Der Verkäufer kann im Rahmen der Nacherfüllung auf Schadensersatz sowohl dafür haften, dass er die Nacherfüllung verspätet oder nicht durchgeführt hat, als auch dafür, dass er im Rahmen der Nacherfüllung Schäden verursacht hat, sei es, dass er den Mangel nicht beseitigt, der Kaufsache einen anderen Mangel zugefügt oder bei Ausführung der Nacherfüllung den Verkäufer ge-

schädigt hat. Die einzelnen Fallgruppen sind nicht immobilienspezifisch, sodass auf eine Darstellung hier verzichtet wird.

Vgl. nur die Varianten bei PWW/*Wagner*, BGB, § 437 Rn. 40–42 m. w. N; 52.

IV. Garantien

Garantien erfüllen in Grundstückskaufverträgen wie in Unternehmenskaufverträgen, zwei verschiedene Funktionen: In manchen Verträgen wird entsprechend angloamerikanischer Tradition die Haftung des Verkäufers, insbesondere für Mängel, umfassend über Garantien geregelt, sie ersetzen mithin das gesetzliche Mängelrecht. In Verträgen wiederum, die auf dem gesetzlichen Mängelrecht basieren, werden einzelne Themen durch Garantien geregelt, entweder weil das Mängelrecht nicht passt oder weil wegen der Bedeutung die Haftung verschärft sein soll. Für den ersten Grund sind typisch die Regelungen zu Steuerrisiken, die fast immer als Garantien ausgestaltet werden, für den zweiten Grund Regelungen zur strikte(re)n Haftung des Verkäufers für die Erträge des verkauften Renditeobjekts. **780**

Trotz der Änderung von § 443 BGB durch das Verbraucherrechtegesetz mit Wirkung vom 13.6.2014 ist die Regelung der Garantie in den §§ 276 Abs. 1 Satz 1, 442 Abs. 1 Satz 2 letzter Halbs., 443, 444 letzter Halbs. und 445 letzter Halbs. BGB wenig befriedigend. Speziell § 443 BGB als lex specialis für mängelrechtliche Garantien hilft der Praxis zu wenig. **781**

Im Folgenden werden die wesentlichen Rechtsfragen zu mängelrechtlichen Garantien dargestellt (siehe Rn. 783 ff.), daraus abgeleitet folgen Hinweise zur Vertragsgestaltung (siehe Rn. 814 f.). **782**

1. Rechtliche Grundsätze

Die gesetzliche Regelung der **„Garantie“** in § 443 BGB ist unklar formuliert und ignoriert wesentliche in jahrzehntelanger Praxis entwickelte Usancen der Gestaltung von Garantien. Dies gilt vor allen Dingen für die grundlegende Differenzierung zwischen **selbstständigen und unselbstständigen Garantien**, die in § 443 BGB nicht aufgenommen ist und für die deshalb auf Basis dieser Bestimmung alle denkbaren Auffassungen vertreten werden, z. B. dass § 443 BGB nur eine der beiden Formen regelt oder dass es diese Differenzierung überhaupt nicht mehr gibt. **783**

Vgl. im Einzelnen PWW/*Wagner*, BGB, § 443 Rn. 1, 8.

Die Praxis orientiert sich daher an den von Rechtsprechung und Literatur entwickelten Grundsätzen und allenfalls sekundär an der gesetzlichen Bestimmung des § 443 BGB, nämlich nur insoweit, wie diese überhaupt einen Regelungsgehalt hat. Auf dieser Basis werden anschließend die Differenzierungen zwischen selbstständigen und unselbstständigen Garantien (siehe Rn. 785 ff.) und Beschaffenheits- und Haltbarkeitsgarantien (siehe Rn. 800 ff.) **784** dargestellt. Dabei wird auch auf den Inhalt von Garantien, insbesondere ihre Verschuldensunabhängigkeit eingegangen.

a) Selbstständige und unselbstständige Garantien

785 Ungeachtet des Schweigens von § 443 BGB ist die Differenzierung zwischen selbstständigen und unselbstständigen Garantien bis heute von grundlegender Bedeutung.

> Vgl. zum Stand der Diskussion PWW/*Wagner*, BGB, § 443 Rn. 8 f.
> Anders als hier wird die Differenzierung teilweise für obsolet erklärt, z. B. von *Faust*, in: BeckOK BGB, § 443 Rn. 17; Staudinger/*Matusche-Beckmann*, BGB (2014), § 443 Rn. 12.
> Diese Auffassungen können schon deshalb nicht überzeugen, weil sie die bis heute ständige Vertragspraxis nicht berücksichtigen.

786 Sie kann schon deshalb vom Gesetzgeber des § 443 BGB nicht aufgehoben worden sein, weil ihr zwei verschiedene sachliche Anliegen der Privatautonomie zugrunde liegen:

aa) Unselbstständige Garantie

787 Die unselbstständige Garantie hat ihre Grundlage im gesetzlichen Mängelrecht, modifiziert aber die gesetzlichen Voraussetzungen oder Rechtsfolgen zugunsten des Käufers.

> Vgl. dazu PWW/*Wagner*, BGB, § 443 Rn. 11.

788 Für sie ist daher charakteristisch, dass sich die Ansprüche des Käufers grundsätzlich nach dem gesetzlichen Mängelrecht richten, und die Garantie nur insoweit zur Anwendung kommt, wie sie dazu abweichende Regelungen enthält.

> So für die Beschaffenheitsgarantie *Faust*, in: BeckOK BGB, § 443 Rn. 43;
> *Westermann*, in: MünchKomm-BGB, § 443 Rn. 19.

789 Die Erweiterung der gesetzlichen Rechte des Käufers durch die Garantie kann jeden beliebigen Inhalt haben. Typisch ist die Begründung von Schadensersatzansprüchen unabhängig von einem **Verschulden des Verkäufers**. Dazu ist notwendig, dass der Verkäufer die Erklärung abgibt, für das Vorhandensein der Beschaffenheit und die Folgen aus deren Fehlen einstehen zu wollen, was wenigstens die **Abgabe einer Zusicherung nach § 459 BGB a. F.** erfordert.

> BGH, BGHZ 170, 86 Rn. 20 = ZIP 2007, 583, dazu EWiR 2007, 361 *(Reinking)*;
> OLG Rostock, NJW 2007, 3290;
> OLG Brandenburg, MDR 2008, 1094;
> OLG Düsseldorf, NJW-RR 2013, 716.

790 „Garantiert" wird die Beschaffenheit daher nur durch eine Erklärung, die deutlich über eine bloße Beschaffenheitsvereinbarung hinausgeht: Diese verlangt nur die Einigung auf eine bestimmte Eigenschaft der Kaufsache, jene

die zusätzliche Verpflichtung des Verkäufers gegenüber dem Käufer, für das Vorhandensein dieser Eigenschaft unbedingt einstehen zu wollen.

Die Garantie ist aber nicht begriffsnotwendig mit einer verschuldensunabhängigen Haftung des Verkäufers verbunden, 791

> **a. A.** Palandt/*Weidenkaff*, BGB, § 443 Rn. 12,

im Gegenteil darf deren Annahme nur mit Vorsicht erfolgen.

> Vgl. BGH, BGHZ 170, 86 Rn. 20 f. 20 = ZIP 2007, 583;
> OLG Brandenburg, NJW-RR 2014, 335;
> OLG Rostock, NJW 2007, 3290;
> *Faust*, in: BeckOK BGB, § 443 Rn. 47, 52.

Eine Garantie kann vielmehr auch darin liegen, dass der Verkäufer dem Käufer sonstige Rechte über die gesetzlichen hinaus gewährt. 792

> BT-Drucks. 14/6857, S. 61.

Beispiel für Mobilien ist eine Pkw-Mobilitäts-Garantie mit dem Inhalt der Stellung eines Ersatzwagens. 793

> Staudinger/*Matusche-Beckmann*, BGB (2014), § 443 Rn. 18.

Für Grundstückskaufverträge kommt als Inhalt einer Garantie außerhalb der verschuldensunabhängigen Haftung eine erleichterte Anspruchsdurchsetzung für den Käufer in Betracht, z. B. die Garantie eines bezifferten Schadensersatzes für einen Mietausfall. 794

> Vgl. *D. Schmidt*, AnwBl 2008, 484, 491.

Eine unselbstständige **Garantie des Verkäufers** liegt nur vor, wenn er sich über die gesetzlichen Rechtsfolgen hinaus verpflichtet. 795

> Staudinger/*Matusche-Beckmann*, BGB (2014), § 443 Rn. 12.

Für die **Garantie eines Dritten** reicht es, wenn sie sich mit den gesetzlichen Rechtsfolgen deckt, da diese den Dritten nur aufgrund der Garantie treffen. 796

> Staudinger/*Matusche-Beckmann*, BGB (2014), § 443 Rn. 20.

Unselbstständige mängelrechtliche Garantien unterliegen aufgrund ihrer Basis im Gesetz der **Verjährung gemäß § 438 BGB**. 797

> PWW/*Wagner*, BGB, § 443 Rn. 11;
> *Faust*, in: BeckOK BGB, § 443 Rn. 48 mit Differenzierung von Beschaffenheits- und Haltbarkeitsgarantie;
> Palandt/*Weidenkaff*, BGB, § 443 Rn. 15 für unselbstständige Beschaffenheitsgarantie § 438, aber für selbstständige § 195 BGB;
> **a. A.** für die Beschaffenheits- und Haltbarkeitsgarantie *Grützner/Schmidl*, NJW 2007, 3610, 3613, 3614;
> Jauernig/*Berger*, BGB, § 443 Rn. 15;
> zum Streitstand siehe *Westermann*, in: MünchKomm-BGB, § 443 Rn. 22.

bb) Selbstständige Garantie

798 Eine selbstständige Garantie begründet unabhängig vom gesetzlichen Mängelrecht Verpflichtungen des Garantiegebers, schafft also den Rechtsgrund selbst.

> So PWW/*Wagner*, BGB, § 443 Rn. 7;
> *Grützner/Schmidl*, NJW 2007, 3610 f.;
> *Knott*, NZG 2002, 249, 255;
> *Schröcker*, ZGR 2005, 63, 91 f.;
> ebenso zum alten Kaufrecht BGH, ZIP 2006, 1351 Rn. 20.

799 Sie wird vor allem gewählt, wenn die Parteien entweder insgesamt oder für einen bestimmten Bereich, z. B. für steuerrechtliche Risiken oder zum Schutz der Renditeerwartungen des Käufers, eine abschließende, vom Gesetz unabhängige Regelung wünschen. Ihr Hauptanwendungsgebiet ist der Unternehmenskaufvertrag,

> *Knott*, NZG 2002, 249, 255 m. w. N.;
> zum alten Kaufrecht vgl. BGH, ZIP 2006, 1351,

sie wird aber auch in komplexen Grundstückskaufverträgen eingesetzt. Aufgrund der Selbstständigkeit **verjähren** die Garantieansprüche nicht mängelrechtlich nach § 438 BGB, sondern nach **§§ 195 ff. BGB**.

> PWW/*Wagner*, BGB, § 443 Rn. 10;
> *Grützner/Schmidl*, NJW 2007, 3610, 3612;
> *Stadler*, CR 2006, 77, 79;
> zum alten Kaufrecht BGH, WM 1977, 365, 366.

b) Beschaffenheitsgarantie versus Haltbarkeitsgarantie

800 § 443 BGB regelt – unvollkommen – zwei Formen der Garantie, für die Erfüllung von Anforderungen an eine Sache innerhalb und außerhalb des Mängelrechts (Abs. 1) und für den Fortbestand einer bestimmten Beschaffenheit für eine bestimmte Dauer (Abs. 2).

aa) Garantie für das Vorliegen von Anforderungen, speziell einer bestimmten Beschaffenheit

801 Durch das Verbraucherrechtegesetz wurde § 443 BGB so geändert, dass die Garantie nicht nur im Hinblick auf eine Beschaffenheit gegeben werden kann, sondern auch für Anforderungen außerhalb des Mängelrechts. Aus der Neufassung dürfte folgen, dass der teilweise schon bisher vertretene **einheitliche kaufrechtliche Garantiebegriff** nunmehr gesetzlich anerkannt ist.

> PWW/*Wagner*, BGB, § 443 Rn. 6,
> so schon vorher
> Palandt/*Weidenkaff*, BGB, § 443 Rn. 9;
> *v. Gierke/Paschen*, GmbHR 2002, 457, 459 ff.;
> *Müller*, NJW 2002, 1026 f.;
> offenbar ähnlich OLG Hamm, NJW-RR 2005, 1220, 1221.

Er umfasst, wie oben dargelegt, sowohl die **unselbstständige** als auch die **selbstständige Garantie**, für beide gelten die oben dargestellten Grundsätze. 802

Unabhängig von der Erweiterung des Garantiebegriffs im neu gefassten § 443 BGB, der nunmehr auch sonstige Anforderungen einschließt, dürfte die Beschaffenheitsgarantie weiter im Vordergrund stehen, auf sie wird sich daher im Folgenden beschränkt. Die Beschaffenheitsgarantie hat, in Abgrenzung zur Haltbarkeitsgarantie, ihren zeitlichen Bezugspunkt im **Gefahrübergang**. 803

> PWW/*Wagner*, BGB, § 443 Rn. 14;
> Palandt/*Weidenkaff*, BGB, § 443 Rn. 14;
> *Faust*, in: BeckOK BGB, § 443 Rn. 14.

Der wesentliche Inhalt des § 443 BGB, dass dem Käufer im Garantiefall die Rechte aus der Garantie zustehen, ist selbstverständlich. 804

Deutlich schwieriger ist die zweite Alternative, dass die Garantie auch Ansprüche wegen des Fehlens von Eigenschaften zugesteht, „*die in der […] einschlägigen Werbung beschrieben sind*“. Richtigerweise hat sie analog dem Grundinhalt einer unselbstständigen Garantie bloß den Inhalt, dass der Käufer aus der ihm – außerhalb der Werbung – gewährten Garantie in jedem Fall die Rechte hat, die sich aus der Werbung im Hinblick auf die garantierte Eigenschaft ergeben. 805

> PWW/*Wagner*, BGB, § 443 Rn. 15;
> *Faust*, in: BeckOK BGB, § 443 Rn. 22;
> *Westermann*, in: MünchKomm-BGB, § 443 Rn. 12, mit Hinweis darauf, dass die Werbung unter Umständen als Garantie anzusehen ist;
> Staudinger/*Matusche-Beckmann*, BGB (2014), § 443 Rn. 35;
> Palandt/*Weidenkaff*, BGB, § 443 Rn. 6.

Damit setzt die Garantie voraus, dass garantierte und beworbene Beschaffenheit in einem sachlichen Zusammenhang stehen, 806

> *Westermann*, in: MünchKomm-BGB, § 443 Rn. 12,

wie im Beispiel, dass in der Garantie ein Ersatzwagen nur für maximal eine Woche, nach der Werbung aber für die gesamte Dauer der Reparatur gewährt wird.

§ 443 BGB regelt die Beschaffenheitsgarantie für den **Sachkauf** und für **Sachmängel**. 807

> Palandt/*Weidenkaff*, BGB, § 443 Rn. 9;
> PWW/*Wagner*, BGB, § 443 Rn. 3.

Aufgrund des offenen Wortlauts von § 443 BGB sind **Rechtsmängel** eingeschlossen, auch wenn das Verbraucherrechtegesetz eine solche Erweiterung nicht offen ausspricht. 808

> PWW/*Wagner*, BGB, § 443 Rn. 3.

809 Für die Auslegung der Beschaffenheitsgarantie sind zwei Abgrenzungen von Bedeutung:

- Für den Verkauf von Kraftfahrzeugen und Motorrädern ist anerkannt, dass Vereinbarungen bestimmter grundlegender Eigenschaften wie Unfallfreiheit,

  OLG Brandenburg, Urt. v. 26.6.2008 – 12 U 236/07, Rn. 17, zitiert nach juris,

  oder Gesamtfahrleistung,

  OLG Rostock, NJW 2007, 3290,

  jedenfalls bei einem gewerblichen Verkäufer die Übernahme einer Garantie begründen. Dies wird abgeleitet aus der jedenfalls dem gewerblichen Verkäufer bekannten besonderen Bedeutung dieser Eigenschaften für den Kaufentschluss des Käufers. Es ist bisher nicht entschieden, kann aber unserer Ansicht nach nicht ausgeschlossen werden, dass diese Rechtsprechung auf entsprechende Basiseigenschaften eines Grundstücks und speziell eines Gebäudes übertragen wird, wie z. B. auf die in Grundstückskaufverträgen üblichen Regelungen wie „kein Schwamm" oder „kein Eindringen von Grundwasser".

  Vgl. dazu *D. Schmidt*, AnwBl. 2008, 484, 491.

  Umgekehrt scheidet die Annahme einer Garantie aus, wenn der Verkäufer erklärt, ihm seien keine Mängel bekannt,

  bloße Wissenserklärung siehe OLG Brandenburg, Urt. v. 15.5.2008 – 5 U 88/07, Rn. 32, zitiert nach juris; OLG Hamm, MDR 2005, 500,

  oder er dem Käufer auf dessen Wunsch ein Gutachten übergibt.

  Für einen Oldtimer OLG Brandenburg, MDR 2008, 1094, 1095; für ein Grundstück dürfte nichts anderes gelten.

bb) Haltbarkeitsgarantie

810 Die Vereinbarung einer Haltbarkeitsgarantie wird bei Grundstücksverkäufen nur eher selten in Betracht kommen. Sie hat entsprechend der früheren sog. Garantiefrist zum Inhalt, dass der Verkäufer für alle Mängel einsteht, die nach Gefahrübergang innerhalb der Dauer der Haltbarkeitsgarantie auftreten.

OLG Koblenz, ZGS 2006, 36, 37;
Westermann, in: MünchKomm-BGB, § 443 Rn. 9.

811 Wichtig ist, dass sich aus der Haltbarkeitsgarantie keine weitergehende Rechtsfolge ableiten lässt, insbesondere **keine verschuldensunabhängige Haftung**.

Deutlich *Westermann*, in: MünchKomm-BGB, § 443 Rn. 9.

Im Einzelfall kann die Haltbarkeitsgarantie eine lange Laufzeit haben, der BGH hat für Aluminium-Dächer 40 Jahre für durchaus zulässig erklärt. 812

BGH, NJW 2008, 2995 Rn. 16 f.,
dazu EWiR 2009, 283 *(Gaugenrieder)*.

Die Haltbarkeitsgarantie ist strikt von der **Verjährungsfrist** zu unterscheiden, die erst mit Auftreten des Garantiefalls innerhalb der Laufzeit der Haltbarkeitsgarantie beginnt. 813

BGH, NJW 2008, 2995 Rn. 16 f.,
dazu EWiR 2009, 283 *(Gaugenrieder)*;
Faust, in: BeckOK BGB, § 443 Rn. 48;
Grützner/Schmidl, NJW 2007, 3610, 3613 f;
Lemke/*D. Schmidt*, Immobilienrecht, § 443 Rn. 16.

2. Praktische Hinweise

Die Unverlässlichkeit der gesetzlichen Regelung zur Garantie gibt die Anforderung an die Vertragsgestaltung vor: **Inhalt und Rechtsfolgen jeder einzelnen Garantie sind ausdrücklich niederzulegen**. Speziell bei einer selbstständigen Garantie ist daher im Kaufvertrag die Selbstständigkeit ausdrücklich zu regeln, wobei es Geschmacksfrage ist, ob auf § 311 BGB Bezug genommen wird, verbunden mit der umfassenden Regelung aller Rechtsfolgen aus der Garantie, vorsorglich auch der Verjährung. Selbstverständlich ist es auch bei selbstständigen Beschaffenheitsgarantien zulässig, vielfach sogar ratsam, nur einzelne Rechtsfolgen ausdrücklich zu regeln und im Übrigen auf das gesetzliche Mängelrecht zu verweisen. 814

Bei unselbstständigen Garantien sollte die Unselbstständigkeit entweder durch Gebrauch dieses Worts oder durch eine sonst klare Anknüpfung ausdrücklich niedergelegt sein, z. B. indem die garantierte Rechtsfolge explizit als Verschärfung der gesetzlichen Mängelansprüche geregelt wird. Dies kann etwa so geschehen, dass für Schadensersatzansprüche aus gesetzlichen Mängelrechten ausdrücklich eine verschuldensunabhängige Haftung oder eine das Gesetz übersteigende sonstige Rechtsfolge vereinbart wird. 815

V. Zurechenbarkeit und Ausschluss der Haftung

Mängelrechte können ausgeschlossen oder beschränkt sein, wenn die geregelten Risiken gemäß § 442 BGB (siehe Rn. 817 ff.) oder aufgrund eines Haftungsausschlusses (siehe Rn. 851 ff.) in die Risikosphäre des Käufers fallen. Ergänzend ist zu beachten, unter welchen Voraussetzungen dem Verkäufer als Folge der Öffnung eines Datenraums oder dem Käufer aufgrund einer Due Diligence Mängel zugerechnet werden (siehe Rn. 845 ff.). 816

1. Ausschluss von Mängelrechten wegen Kenntnis oder grob fahrlässiger Unkenntnis des Käufers

817 § 442 BGB schließt Mängelrechte des Käufers aus, wenn er den Mangel bei Vertragsschluss kannte (Abs. 1 Satz 1, siehe Rn. 818 ff.) oder unter weiteren Voraussetzungen infolge grober Fahrlässigkeit nicht kannte (Abs. 1 Satz 2, siehe Rn. 827 ff.). Beide Ausschlüsse gelten nicht für im Grundbuch eingetragene Rechte (Abs. 2, siehe Rn. 835 ff.). Sie sind in der Praxis von erheblicher Bedeutung, weshalb ihre Abbedingung oder zumindest Beschränkung häufig intensiv verhandelt wird (siehe Rn. 839 ff.).

a) Kenntnis des Käufers

818 Der Grundtatbestand des § 442 Abs. 1 Satz 1 BGB ordnet nach dem **strikten Alles-oder-Nichts-Prinzip** den Ausschluss aller Rechte des Käufers wegen der Mängel an, die ihm bei Vertragsschluss bekannt waren. Die Norm gilt umfassend für **Sach- und Rechtsmängel** unter Einschluss der Ansprüche auf Schadensersatz gemäß § 437 Nr. 3 BGB sowie aller Ansprüche aus Nebenpflichten mit Bezug auf die Beschaffenheit der Kaufsache.

> Vgl. nur PWW/*Wagner*, BGB, § 442 Rn. 2.

819 Die einzige selbstverständliche Einschränkung liegt darin, dass ausdrücklich im Vertrag aufgenommene Verpflichtungen des Verkäufers zur Mängelbeseitigung, z. B. zur Reparatur der Klimaanlage, nicht zum Haftungsausschluss führen.

> Palandt/*Weidenkaff*, BGB, § 442 Rn. 9;
> Erman/*Grunewald*, BGB, § 442 Rn. 9.

820 Für die Vertragspraxis und vor allem für nachvertragliche Streitigkeiten ist wesentlich, dass die Anforderungen an die Kenntnis des Käufers von einem Mangel hoch sind. Notwendig ist nicht nur Kenntnis aller **tatsächlichen** zur Mangelhaftigkeit führenden Umstände, sondern auch aller dafür wichtigen **rechtlichen Faktoren**.

> Palandt/*Weidenkaff*, BGB, § 442 Rn. 7;
> PWW/*Wagner*, BGB, § 442 Rn. 6;
> Lemke/*D. Schmidt*, Immobilienrecht, § 442 BGB Rn. 6.

821 Fehlt die Kenntnis nur eines dieser Faktoren oder liegt ein bloßer Mangelverdacht vor, ist nicht Abs. 1 Satz 1, sondern allenfalls Abs. 1 Satz 2 anwendbar.

> Palandt/*Weidenkaff*, BGB, § 442 Rn. 7;
> PWW/*Wagner*, BGB, § 442 Rn. 6;
> *Faust*, in: BeckOK BGB, § 442 Rn. 20;
> zum alten Kaufrecht BGH, NJW 1991, 2700,
> dazu EWiR 1991, 879 *(H.-G. Eckert)*.

822 Der Ausschluss der Mängelrechte gilt auch, wie der Gegenschluss zu § 442 Abs. 1 Satz 2 BGB zeigt, für den Fall eines **arglistigen Verschweigens** des Mangels durch den Verkäufer.

PWW/*Wagner*, BGB, § 442 Rn. 6;
Lemke/*D. Schmidt*, Immobilienrecht, § 442 BGB Rn. 6;
Faust, in: BeckOK BGB, § 442 Rn. 15;
zum alten Kaufrecht BGH, NJW 1978, 2240.

Diese gesetzliche Regelung ist deshalb gerechtfertigt, weil ein Käufer, der einen Mangel kennt, auch bei Arglist des Verkäufers nicht schützenswert ist: Aufgrund seiner positiven Kenntnis kann er in seinem Vertrauen auf das Nichtbestehen des Mangels nicht getäuscht worden sein. 823

Der scheinbar klare zeitliche Anknüpfungspunkt „*bei Vertragsschluss*" wirft in der Praxis Probleme auf, da das damit gemeinte Zustandekommen des Vertrags bei gestuften Entstehungstatbeständen, z. B. bei einem Genehmigungsvorbehalt, zu Abgrenzungsproblemen führt. 824

Dazu siehe detailliert PWW/*Wagner*, BGB, § 442 Rn. 7;
Faust, in: BeckOK BGB, § 442 Rn. 9;
Westermann, in: MünchKomm-BGB, § 442 Rn. 6.

Aus unserer Sicht kommt es als Faustregel darauf an, ob der Käufer schon gebunden ist oder den Kaufvertrag durch einen Rechtsakt noch zur Wirksamkeit bringen muss. 825

Im Einzelnen sehr streitig, siehe die o. g. Literatur.

Bei dem in diesem Zusammenhang erörterten gestuften Tatbestand der Heilung eines formnichtigen Grundstückskaufvertrags gemäß § 311 b Abs. 1 Satz 1 BGB durch Eintragung kommt es nur auf die **Kenntnis des Käufers** bei **Vertragsschluss, nicht bei Eintragung** an. 826

BGH, NJW 2011, 2953 Rn. 12–15
unter Darstellung des Streitstands.

b) Grob fahrlässige Unkenntnis

Ausgangspunkt ist ebenfalls die vollständige Kenntnis des Käufers aller maßgeblichen Faktoren, d. h. das Fehlen dieser vollständigen Kenntnis muss dem Käufer aufgrund grober Fahrlässigkeit zurechenbar sein. 827

Vgl. Palandt/*Weidenkaff*, BGB, § 442 Rn. 10 f.

Grobe Fahrlässigkeit liegt vor, wenn der Käufer bei seiner Obliegenheit, sich eigenverantwortlich über die Kaufsache zu informieren, die im Verkehr erforderliche Sorgfalt in besonders hohem Maße verletzt hat. 828

PWW/*Wagner*, BGB, § 442 Rn. 8.

Sie scheidet aus, soweit er sich auf Informationen des Verkäufers verlassen hat. 829

Palandt/*Weidenkaff*, BGB, § 442 Rn. 11;
Staudinger/*Matusche-Beckmann*, BGB (2014), § 442 Rn. 25.

830 Kernfrage ist, ob und inwieweit der Käufer zur Vermeidung des Vorwurfs grober Fahrlässigkeit zur Untersuchung der Kaufsache verpflichtet ist. Hier entspricht es inzwischen im Grundsatz der herrschenden Meinung, entgegen früher sehr weitgehender Rechtsprechung,

> siehe die Beispiele bei *Faust*, in: BeckOK BGB, § 442 Rn. 23,

dass eine solche **Untersuchungspflicht** nur ausnahmsweise besteht.

> Palandt/*Weidenkaff*, BGB, § 442 Rn. 13;
> PWW/*Wagner*, BGB, § 442 Rn. 8;
> *Faust*, in: BeckOK BGB, § 442 Rn. 23 ff.

831 Ein gutes Beispiel für einen Grundstückskauf gibt das Urteil des BGH vom 10.6.1988, das auch bei einem Kaufpreis von über DM 3 Mio. eine Einsichtspflicht des Käufers in Bau- und Grundakten verneint hat.

> BGH, NJW-RR 1988, 1290, 1291.

832 Eine Untersuchungspflicht besteht nur noch, wenn der Käufer Anlass zu Misstrauen hat oder besondere Umstände vorliegen,

> PWW/*Wagner*, BGB, § 442 Rn. 8,

wie die Klärung der rechtlichen Voraussetzungen eines Großbauvorhabens durch den sachkundigen Grundstückskäufer,

> zum alten Kaufrecht RG, RGZ 131, 343, 354,

oder bei einer extremen Wertdifferenz zu Katalogwerten bei der Ebay-Versteigerung von Sammlerbriefmarken.

> OLG Karlsruhe, NJW-RR 2007, 1210, 1211.

833 Speziell zur Durchführung einer Due Diligence siehe sogleich unter Rn. 845 ff.

834 Grobe Fahrlässigkeit schadet dem Käufer nicht, wenn der Verkäufer den Mangel **arglistig verschwiegen** (siehe Rn. 495 ff.) oder eine **Garantie** für die Beschaffenheit der Sache übernommen hat. Dabei ist der zweite Ausschlusstatbestand ebenso wie in § 444 Alt. 2 BGB so zu lesen, dass die Garantie gerade für den konkreten Mangel abgegeben sein muss.

c) Rechte im Grundbuch

835 Nach der Ausschlussregelung in § 442 Abs. 2 BGB kommt es auf eine – grob fahrlässig fehlende – Kenntnis des Käufers für im Grundbuch eingetragene Rechte nicht an, d. h. sie sind trotz Kenntnis oder grob fahrlässiger Unkenntnis vom Verkäufer zu beseitigen. Für die Differenzierung zwischen **Asset und Share Deal** ist wesentlich, dass § 442 Abs. 2 BGB nur für Kaufverträge über Grundstücke und allenfalls der Immobiliarhaftung gemäß § 1120 BGB unterliegende beweglichen Sachen gilt,

Palandt/*Weidenkaff*, BGB, § 442 Rn. 20;
PWW/*Wagner*, BGB, § 442 Rn. 12;
Lemke/*D. Schmidt*, Immobilienrecht, § 442 Rn. 12;
Faust, in: BeckOK BGB, § 442 Rn. 30;
zum alten Kaufrecht RG, RGZ 57, 1, 4;
BGH, WM 1961, 482, 484 m. w. N.,

nicht aber für Anteilskaufverträge. Umstritten ist nur die Rechtslage für **Share Deals von Objektgesellschaften**, deren einziges Vermögen das betreffende Grundstück ist. Hier wird vielfach eine entsprechende Anwendung bejaht.

Faust, in: BeckOK BGB, § 442 Rn. 30;
zum alten Kaufrecht RG, RGZ 120, 283, 288;
a. A. PWW/*Wagner*, BGB, § 442 Rn. 12.

Wir halten diese Ausdehnung für falsch, weil § 442 Abs. 2 BGB an die Abwicklung eines Grundstückskaufs und die dieser immanenten Löschung von Belastungen anknüpft; beide Voraussetzungen liegen bei einem Share Deal nicht vor. **836**

Eingetragene Rechte i. S. d. § 442 Abs. 2 BGB sind alle in Abteilung II und III des Grundbuchs eingetragenen Rechte einschließlich Vormerkungen. **837**

BT-Drucks. 14/6040, S. 237;
PWW/*Wagner*, BGB, § 442 Rn. 12.

Richtiger Ansicht nach gehören dazu aber nur konstitutiv eingetragene Rechte, sodass bei nur nachrichtlichen Eintragungen im Grundbuch wie des Insolvenz-, Testamentsvollstrecker- oder eines Entwicklungsvermerks die Voraussetzung nicht erfüllt ist. **838**

PWW/*Wagner*, BGB, § 438 Rn. 15, § 442 Rn. 12.

d) Praktische Ratschläge

§ 442 BGB hat in der Praxis erhebliche Bedeutung. Dies resultiert schon daraus, dass vielfach ausgesprochene Grauzonen im Hinblick auf das Wissen des Käufers bestehen, zumal ein an einem Erwerb interessierter Käufer häufig wenig motiviert ist, den Erfolg der Vertragsverhandlungen durch ausdrücklichen Hinweis auf Mängel zu gefährden; stattdessen wird er speziell bei einem leistungsfähigen Verkäufer auf die nachträgliche Geltendmachung von Mängelrechten vertrauen. Rechtlich kommt hinzu, dass § 442 BGB die Folgen einer vorhandenen oder vorwerfbar fehlenden Kenntnis von Mängeln abschließend regelt, mit der Konsequenz, dass das **allgemeine Leistungsstörungsrecht** und das **Mitverschulden** gemäß § 254 BGB nicht zur Anwendung kommen. **839**

Palandt/*Weidenkaff*, BGB, § 442 Rn. 5;
PWW/*Wagner*, BGB, § 442 Rn. 3;
Staudinger/*Matusche-Beckmann*, BGB (2014), § 442 Rn. 46;
zum alten Kaufrecht BGH, NJW 1978, 2240;
a. A. für Mitverschulden, wenn § 442 BGB nicht angewendet wird, *Westermann*, in: MünchKomm-BGB, § 442 Rn. 3.

840 Für den Verkäufer besteht die weitere Hürde, dass er darlegungs- und beweispflichtig für die Kenntnis bzw. grob fahrlässige Unkenntnis des Käufers ist.

BGH, Grundeigentum 2012, 749;
OLG Karlsruhe, MittBayNot 2005, 401, 404;
OLG Köln, NotBZ 2005, 300;
LG Berlin, BauR 2006, 126, 127.

841 Vor diesem Hintergrund wird oft versucht, § 442 BGB zugunsten des Käufers auszuschließen oder einzuschränken. Vielfach werden die Verhandlungen dazu mit denen über die Zurechenbarkeit eines Datenraums und einer Due Diligence verbunden, siehe sogleich.

842 Unabhängig von den Besonderheiten der Regelung zu Datenraum und Due Diligence ist ein Ausschluss von § 442 Abs. 1 Satz 1 BGB aus Sicht des Verkäufers in keinem Fall empfehlenswert. Nur durch diese Bestimmung schützt er sich vor der Gefahr, dass der Käufer ihm bekannte Mängel in die Verhandlungen nicht einführt, um nach Vertragsschluss seine Rechte deshalb konsequent durchzusetzen. Dadurch verliert der Verkäufer die Chance, die Mängel in den Verhandlungen aufgrund des Erwerbsinteresses des Käufers günstig „einzupreisen" oder bei zu hohen Kosten der Mängelbeseitigung auf den Verkauf zu verzichten. Auch einen Ausschluss des § 442 Abs. 1 Satz 2 BGB sollte der Verkäufer nur mit äußerster Vorsicht akzeptieren, da die sehr hohen Anforderungen an die vollständige Kenntnis des Käufers vielfach einer Anwendbarkeit von Satz 1 entgegenstehen und mithin ein Ausschluss der Haftung nur auf Satz 2 gestützt werden kann.

2. Zurechenbarkeit des Datenraums und der Due Diligence

843 Die Öffnung eines Datenraums durch den Verkäufer und die auf seiner Grundlage vorgenommene Due Diligence des Käufers können in beide Richtungen zu einer Zurechnung führen. Fehler und Unvollständigkeiten des Datenraums können für den Verkäufer haftungsbegründend (siehe Rn. 844), eine unvollständig oder mangelhaft vorgenommene Due Diligence für den Käufer haftungsausschließend (siehe Rn. 845 ff.) wirken. Die Schwierigkeit der Rechtslage wie der Bewertung der Risikolage ist oft ein Grund, eine vertragliche Regelung zu treffen, häufig aber auch, in der Tendenz eher zunehmend, darauf zu verzichten.

a) Zurechenbarkeit des Datenraums auf den Verkäufer

844 Ohne ausdrückliche Regelung gilt, dass der Verkäufer für **Vollständigkeit und Richtigkeit des Datenraums** nach den allgemeinen Regeln haftet. Für die im Vordergrund stehenden Mängelrechte bedeutet dies:

- In den Datenraum nicht aufgenommene für die Kaufentscheidung des Käufers wesentliche Informationen können unter den oben dargestellten Voraussetzungen zur Arglisthaftung des Verkäufers führen, d. h. vor allem wenn der Verkäufer den Mangel und seine Bedeutung für den Käufer kennt (siehe dazu Rn. 495 ff.).

- Unterhalb der Schwelle der Arglist haftet der Verkäufer für Mängel, wenn er die ihnen zugrunde liegenden Tatsachen trotz Kenntnis oder bei vorwerfbarer Unkenntnis nicht in den Datenraum aufnehmen ließ (siehe die Fallgruppe unter Rn. 776, dass der Verkäufer für alle ihm – vorwerfbar nicht – bekannten Mängel haftet).
- Darüber hinaus steht einer Haftung des Verkäufers wegen c. i. c. in Form der vorwerfbaren Unvollständigkeit des Datenraums der Vorrang des Mängelrechts entgegen (siehe dazu Rn. 472 ff.).

b) Zurechenbarkeit der Due Diligence auf den Käufer

Ohne besondere Vereinbarung können – mögliche – Ergebnisse einer Due Diligence dem Käufer zuzurechnen sein und zu einem Haftungsausschluss gemäß § 442 Abs. 1 Satz 2 BGB führen. Dazu muss den Käufer die Pflicht getroffen haben, eine sorgfältige Due Diligence durchzuführen. Die Rechtslage wird sehr kontrovers beurteilt. **845**

Wir sind der Auffassung, dass abgesehen von den schon zu § 442 Abs. 1 Satz 2 BGB behandelten Ausnahmefällen der Käufer regelmäßig nicht zur Durchführung einer Due Diligence verpflichtet ist. **846**

> Palandt/*Weidenkaff*, BGB, § 442 Rn. 11;
> *Westermann*, in: MünchKomm-BGB, § 453 Rn. 55;
> *Müller*, NJW 2004, 2196, 2198;
> *Böttcher*, ZGS 2007, 20;
> *Faust*, in: BeckOK BGB, § 442 Rn. 23 f. m. w. N.
> zum Streitstand;
> **a. A.** *Vogt*, DStR 2001, 2027, 2031;
> *Faust*, in: BeckOK BGB, § 442 Rn. 23 m. w. N. zum Streitstand.

Davon unabhängig ist, ob Vorstand oder Geschäftsführung die **Organpflicht** hat, eine Due Diligence durchführen zu lassen, ihre unterlassene oder mangelhafte Durchführung also eine Organpflichtverletzung darstellen kann. **847**

> Beispiel siehe OLG Oldenburg, NZI 2007, 305, 306 f. (zur Haftung des Geschäftsführers einer GmbH im Falle des Erwerbs aus einer Insolvenz);
> Baumbach/Hueck/*Beurskens*, GmbHG, § 43 Rn. 30 (Due Diligence beim Unternehmenskauf als „best practices"), Rn. 37 (in Bezug auf § 93 Abs. 1 Satz 2 AktG);
> für eine Verpflichtung zur Durchführung der Due Diligence siehe Bork/Schäfer/*Klöhn*, GmbHG, § 43 Rn. 40 (Der Geschäftsführer muss annehmen dürfen, auf der Grundlage angemessener Informationen zu handeln; beim Unternehmenskauf ist Due Diligence durchzuführen);
> *Hopt/Roth*, in: GroßKomm AktG, § 93 Rn. 212 (Due Diligence notwendig);
> Michalski/Heidinger/Leible/J. Schmidt/*Ziemons*, GmbHG, § 43 Rn. 144, 182 (Due Diligence außer bei Übernahme einer börsennotierten Gesellschaft);

Kiethe, NZG 1999, 976, 982;
gegen eine durchgängige Verpflichtung siehe *Böttcher*, NZG 2005, 49 ff. m. w. N. (zur Haftung des Vorstands einer AG bei unterlassener Due Diligence); *ders.*, NZG 2007, 481, 482 ff.; *Fleischer*, ZHR 172 (2008), 538, 542; *ders.*, NJW 2009, 2337, 2338.

848 Nach unserem Verständnis ist damit zugleich die Vorentscheidung dafür getroffen, dass dem Käufer auch die bloß unsorgfältige Vornahme der Due Diligence nicht schadet.

PWW/*Wagner*, BGB, § 442 Rn. 8;
Müller, NJW 2004, 2196, 2198 f.;
Fleischer/Körber, BB 2001, 841, 847 f.;
Schmitz, RNotZ 2006, 561, 582 f. m. w. N.

849 Anders sieht es nur dann aus, wenn er gemäß den allgemeinen Anforderungen des § 442 Abs. 1 Satz 2 BGB bei der Due Diligence gewonnene Erkenntnisse grob fahrlässig ignoriert. Wenn der Käufer also z. B. ein Altlastengutachten im Datenraum nicht nur sieht, sondern auch prüft und sich dann grob fahrlässig der Einsicht verschließt, dass die dort festgestellten erheblichen Schadstoffe die konkrete Nutzung eines Grundstücks als Kinderspielplatz im Rahmen eines großen Bauvorhabens ausschließen, dann muss er sich diese grobe Fahrlässigkeit gemäß § 442 Abs. 1 Satz 2 BGB ohne Rücksicht auf die Besonderheiten einer Due Diligence zurechnen lassen.

So im Ergebnis *Faust*, in: BeckOK BGB, § 442 Rn. 25;
speziell für eine Due Diligence *H.P. Westermann*, ZHR 169 (2005), 248, 263–266.

850 Eine ausdrückliche vertragliche Regelung sollte sich an diesen Grundsätzen orientieren.

3. Haftungsausschluss

851 Die Zulässigkeit eines Haftungsausschlusses ist in § 444 BGB indirekt durch die Einschränkung anerkannt, dass sich der Verkäufer auf ihn beim arglistigen Verschweigen eines Mangels oder der Übernahme einer Garantie für die Beschaffenheit der Sache nicht berufen kann. Bedeutung (siehe Rn. 852), Inhalt und Umfang (siehe Rn. 853 ff.) sowie Grenzen (siehe Rn. 859) werden nachfolgend behandelt.

a) Bedeutung

852 Die Bedeutung von Haftungsausschlüssen ist durch die Anerkennung der **negativen Beschaffenheitsvereinbarung** zurückgegangen. Im Falle einer negativen Beschaffenheitsvereinbarung (siehe Rn. 631 ff.) scheitern Ansprüche des Käufers schon am Fehlen eines Mangels und nicht erst auf der Stufe des Haftungsausschlusses. Verstärkt wird dieser Bedeutungsrückgang durch die aktuelle Rechtsprechung des BGH (siehe Rn. 860).

b) Inhalt und Umfang

Ein Haftungsausschluss wirkt schon ab dem Zeitpunkt seiner Vereinbarung. 853

Palandt/*Weidenkaff*, BGB, § 444 Rn. 6;
PWW/*Wagner*, BGB, § 444 Rn. 6;
Faust, in: BeckOK BGB, § 444 Rn. 13;
Westermann, in: MünchKomm-BGB, § 444 Rn. 11.

Die Rechtsprechung zum alten Kaufrecht sah ihn erst **ab Gefahrübergang** als wirksam an, sodass der Käufer vor Gefahrübergang die Ware als mangelhaft zurückweisen konnte; 854

BGH, NJW 1997, 652 = ZIP 1997, 242 = ZfIR 1997, 73,
dazu EWiR 1997, 691 *(Honsell)*;

dies ist mit seiner Funktion nicht vereinbar, die Rechtsfolgen aus Mängeln abschließend zu regeln.

Lemke/*D. Schmidt*, Immobilienrecht, § 444 BGB Rn. 6.

In der Regel gilt der Haftungsausschluss nur für Mängel, die bis Vertragsschluss, nicht erst in der Zeit zwischen Vertragsschluss und Gefahrübergang entstanden sind. 855

Palandt/*Weidenkaff*, BGB, § 444 Rn. 6;
PWW/*Wagner*, BGB, § 444 Rn. 6;
Staudinger/*Matusche-Beckmann*, BGB (2014), § 444 Rn. 26;
Zimmermann/Bischoff, NJW 2003, 2506 f.;
ebenso zum alten Kaufrecht siehe BGH, NJW 2003, 1316 f. =
ZIP 2003, 532 = ZfIR 2003, 233,
dazu EWiR 2003, 507 (*Gsell*).

Bis Gefahrübergang soll grundsätzlich der Käufer das Risiko einer Verschlechterung der Kaufsache nach Vertragsschluss tragen. Abweichende Regelungen sind jeweils möglich, aber eher die Ausnahme. Für die Haftungsbeschränkung gilt Vorstehendes entsprechend. 856

Eine Haftungsbeschränkung kann jeden beliebigen Inhalt haben. Verbreitet sind Haftungshöchstgrenzen **(Deckel, Cap)** und Mindestbeträge (Bagatell-Klausel, De minimis). 857

Vgl. im Einzelnen *Hilgard*, BB 2004, 1233 ff.

Die Beschränkung kann auch in der Vereinbarung besonderer Anforderungen für die Geltendmachung einer Haftung bestehen, z. B. der Vorlage eines Sachverständigengutachtens. 858

c) Grenzen

Der Inhalt des § 444 BGB drückt schon aus, dass für das Verständnis des Haftungsausschlusses die Kenntnis seiner Grenzen grundlegend ist. Diese Grenzen sind von der Rechtsprechung des BGH in den letzten Jahren deutlich erweitert worden. Im Einzelnen: 859

aa) Unwirksamkeit bei Arglist

860 Ausdrücklich im Gesetz geregelt, und der Systematik der §§ 442, 444, 445 BGB entsprechend (siehe Rn. 478 ff.), greift ein Haftungsausschluss nicht bei Arglist. Durch die Einleitung des letzten Halbsatzes mit „soweit" ist klargestellt, dass diese Einschränkung nur gilt, wenn gerade der konkrete Mangel arglistig verschwiegen wurde.

> So schon zur a. F. RG, RGZ 62, 122, 123 ff.;
> siehe heute *Faust*, in: BeckOK BGB, § 444 Rn. 17;
> Erman/*Grunewald*, BGB, § 444 Rn. 9;
> *Westermann*, in: MünchKomm-BGB, § 444 Rn. 11;
> Staudinger/*Matusche-Beckmann*, BGB (2014), § 444 Rn. 46.

861 Arglist schließt die Berufung auf einen Haftungsausschluss dabei unabhängig davon aus, ob der Käufer den Kaufvertrag auch in Kenntnis des Mangels geschlossen hätte, die Arglist also nicht kausal für den Vertragsschluss war.

> BGH, BGHZ 190, 272 Rn. 10–13 unter Hinweis, dass insoweit die Rechtslage zu § 123 BGB abweicht;
> zur Unerheblichkeit der Ursächlichkeit u. a. auch BGH, NJW-RR 2017, 468, 469;
> mit Hinweis auf die Übertragbarkeit dieser Rechtsprechung auf das arglistige Verschweigen eines Rechtsmangels siehe BGH, BeckRS 2018, 26602.

862 Selbst wenn von mehreren Verkäufern nur einer einen Mangel arglistig verschweigt, können sich die anderen Verkäufer ebenso wenig auf einen etwaigen Haftungsausschluss berufen.

> BGH, DNotZ 2016, 918, 920.

bb) Unwirksamkeit gegenüber Garantien

863 Gleichfalls der gewöhnlichen Regelungsstruktur entspricht die Unwirksamkeit eines Haftungsausschlusses gegenüber einer Garantie. Die Selbstverständlichkeit dieser Einschränkung darf aber nicht darüber hinwegtäuschen, dass sie durch die Änderung des § 444 BGB infolge des FernAbsatzÄndG,

> Gesetz zur Änderung der Vorschriften über Fernabsatzverträge bei Finanzdienstleistungen v. 2.12.2004, BGBl I 2004 S. 3102, Art. 1, Nr. 6,

bei richtiger vertraglicher Gestaltung keine Bedeutung mehr entfaltet: Der Ersatz der früheren Konjunktion „wenn", wie sie sich heute noch in § 442 Abs. 1 Satz 2 BGB befindet, durch „soweit" soll erlauben, die Garantie von vornherein eingeschränkt zu gewähren.

> Vgl. zur umfänglichen Diskussion nur *Faust*, ZGS 2002, 271 ff.

864 Mit anderen Worten: Eine unbeschränkt gegebene Garantie kann nicht z. B. an späterer Stelle im Vertrag in der Haftung eingeschränkt werden, wohl aber kann die Garantie von vornherein nur eingeschränkt gewährt werden. Ein

Beispiel ist die Garantie bestimmter Mieterträge beschränkt auf einen Zeitraum von maximal drei Jahren und einen Höchstbetrag von 150.000 € p. a.

Vgl. zur Zulässigkeit solcher eingeschränkten Garantien nur PWW/*Wagner*, BGB, § 444 Rn. 4;
Palandt/*Weidenkaff*, BGB, § 444 Rn. 12;
ausführlich *Westermann*, in: MünchKomm-BGB, § 444 Rn. 14 ff;
dazu auch *Drescher/Anker*, NZBau 2017, 583.

cc) Unwirksamkeit formularmäßiger Haftungsausschlüsse in Veräußerungsverträgen über im Bau befindliche oder neuerrichtete Häuser

Bei der Vertragsgestaltung sollte berücksichtigt werden, dass eine ständige Rechtsprechung des BGH zum alten Kaufrecht fortgelten kann: **865**

Formelhafte Haftungsausschlüsse bei Verträgen über noch zu errichtende, im Bau befindliche oder neu errichtete Häuser halten wegen Unangemessenheit einer richterlichen Inhaltskontrolle nach § 242 BGB nicht stand.

Vgl. m. w. N. BGH, BGHZ 62, 251; BGH, BGHZ 67, 103 f.;
BGH, BGHZ 98, 100, 108 = ZIP 1986, 1199, dazu EWiR 1986, 871 *(Bunte)*.
Zur Fortgeltung tendiert *Faust, in:* BeckOK BGB, § 444 Rn. 12;
anders OLG Hamm, IBR 2012, 266 für den Fall fehlender Personenidentität zwischen Grundstücksverkäufer und Werkunternehmer: Solange ein Gewährleistungsschuldner verbleibt, ist der Haftungsausschluss nicht gemäß § 242 BGB unwirksam.

Letztendlich verbirgt sich dahinter die Erwägung, dass es mit dem Inhalt eines **866** Vertrags über den Verkauf eines noch zu errichtenden oder neu errichteten Gebäudes nicht vereinbar ist, wenn der Verkäufer formelhaft die Mängelrechte so ausschließt, als ob es sich um einen Altbau handelt. Demgemäß gilt diese Rechtsprechung nicht für Altbauten.

BGH, BGHZ 98, 100, 108 = ZIP 1986, 1199.

dd) Unwirksamkeit gegenüber einer Vereinbarung der Beschaffenheit

Seit dem Urteil des BGH vom 29.11.2006, **867**

VIII ZR 92/06, BGHZ 170, 86 = ZIP 2007, 583,
dazu EWiR 2007, 361 *(Reinking)*,

ist in der Rechtsprechung anerkannt, dass ein genereller Haftungsausschluss nicht für eine vereinbarte – im Gegensatz zu einer vorausgesetzten und üblichen – Beschaffenheit gilt.

Ebenso BGH, NJW 2013, 1733 Rn. 15;
BGH, DNotZ 2016, 271, 272;
BGH, NJW 2017, 150, 151;
BG, NJW 2018, 1954, 1956;
OLG Hamm, BeckRS 2009, 28076;
OLG Frankfurt/M., NJW-RR 2007, 1423, 1424, abweichend aber bei Hinzutritt einer Garantie;

KG, NJW-RR 2012, 290, 291;
OLG Saarbrücken, NJW-RR 2012, 1080;
OLG Brandenburg, NJW-RR 2014, 335, 337;
so auch Palandt/*Weidenkaff*, BGB, § 444 Rn. 8;
kritisch *Gutzeit*, NJW 2007, 1350;
Lemke/*D. Schmidt*, Immobilienrecht, § 444 Rn. 8;
Emmert, NJW 2006, 1765 f. m. w. N.

868 Dies ist auch der Fall, wenn keine ausdrückliche Erklärung der Parteien vorliegt, sondern sich die Beschaffenheitsvereinbarung aus den Umständen ergibt.

Siehe dazu BGH, DNotZ 2016, 271, 272.

869 Außerdem ist auch im Fall eines vereinbarten Gewährleistungsausschlusses und einer zusätzlichen Vereinbarung der Rechtsmängelfreiheit der Kaufsache davon auszugehen, dass der Haftungsausschluss nicht für Rechtsmängel, sondern nur für Sachmängel gilt.

BGH, BeckRS 2017, 110546.

870 Zudem hat der BGH entschieden, dass ein umfassender Haftungsausschluss in einem Grundstückskaufvertrag auch die nach öffentlichen Äußerungen des Verkäufers zu erwartenden Eigenschaften eines Grundstücks oder des jeweiligen Gebäudes erfasst.

BGH, NJW 2017, 150, 151;
BGH, NJW-RR 2018, 752, 754;
BGH, NJW 2019, 2380, 2382;
dazu auch BGH, NJW 2018, 146, 147.

871 Diese Rechtsprechung überrascht in zweierlei Hinsicht: Sie beschränkt den Einsatz von Haftungsausschlüssen durchgreifend; da sie gegenüber einer vereinbarten Beschaffenheit nicht wirken, haben sie den wohl wesentlichsten Anwendungsbereich verloren. Zudem hat der BGH ausdrücklich offengelassen, ob ein Haftungsausschluss zulässig ist, der sich explizit auf eine bestimmte vereinbarte Beschaffenheit bezieht. Ebenso verwundert, wie offensichtlich contra legem diese Rechtsprechung ist: Wenn der Gesetzgeber ausdrücklich einem Haftungsausschluss die Wirksamkeit gegenüber einer Garantie versagt, hat er so deutlich wie möglich zum Ausdruck gebracht, dass unterhalb einer Garantie die Haftung ausgeschlossen werden kann. Anderenfalls hätte er ohne weiteres regeln können – und müssen –, dass die Haftung nicht ausgeschlossen werden kann, soweit eine Beschaffenheit garantiert oder vereinbart ist.

Ebenfalls kritisch u. a. *Faust*, in: BeckOK BGB, § 444 Rn. 6.

872 Ungeachtet dessen hat die Vertragspraxis von der Rechtsprechung des BGH auszugehen. Es kann nur folgender **praktischer Ratschlag** gegeben werden: Da bisher ungeklärt ist, ob wenigstens ein Haftungsausschluss und eine Haftungsbeschränkung wirksam sind, die sich explizit auf eine bestimmte Vereinbarung der Beschaffenheit beziehen, sollte für Beschaffenheitsvereinbarungen zukünftig derselbe Weg gegangen werden, wie er für Garantien im Gesetz durch den Wechsel der Konjunktion von *„wenn“* in *„soweit“* anerkannt ist: Die Vereinbarung der Beschaffenheit sollte unmittelbar mit einer begrenzten

Rechtsfolge ausgestattet werden. Dies müsste der Rechtsprechung standhalten, sicher ist dies aber nicht. Ferner bleibt, eine negative die übliche Beschaffenheit unterschreitende Beschaffenheit zu vereinbaren, und so den Anwendungsbereich des Mängelrechts zu beschränken (siehe hierzu bereits ausführlich Rn. 631 ff.).

ee) AGB-Kontrolle bei formularmäßigem Haftungsausschluss

Zudem gilt es einen in AGB vereinbarten Haftungsausschluss auf seine Wirksamkeit im Wege einer AGB-Inhaltskontrolle zu überprüfen. Hierbei ist insbesondere auf § 309 Nr. 7 a) und b) BGB sowie § 307 Abs. 2 Nr. 2 BGB hinzuweisen (Erreichung des Vertragszwecks gefährdet). 873

> Dazu ausführlich *Drescher/Anker*, NZBau 2017, 583.

VI. Übergang von Besitz, Nutzen und Lasten

§ 446 BGB knüpft den Übergang von Nutzen und Lasten an die **Übergabe**, d. h. die Verschaffung des unmittelbaren Besitzes, 874

> vgl. PWW/*Wagner*, BGB, § 446 Rn. 11 i. V. m. § 433 Rn. 14;
> Erman/*Grunewald*, BGB, § 446 Rn. 5,

und bei entsprechender Vereinbarung des mittelbaren Besitzes.

> Vgl. PWW/*Wagner*, BGB, § 446 Rn. 11 i. V. m. § 433 Rn. 15;
> Erman/*Grunewald*, BGB, § 446 Rn. 5.

Diese Rechtsfolge des § 446 BGB, d. h. Gefahr als auch Nutzen und Lasten vor Übereignung mit der Besitzverschaffung übergehen zu lassen, stellt bei Grundstücksverkäufen den absoluten Regelfall dar: Da die Umschreibung relativ lange dauert, ist es gängige Praxis, die Übergabe nach Zahlung des Kaufpreises stattfinden zu lassen. Diese wiederum erfolgt ebenfalls im Regelfall mit der Eintragung der Eigentumsübertragungsvormerkung, teilweise wird auch vereinbart, dass bereits deren Sicherstellung genügen soll (siehe dazu Rn. 919 f.). Der Käufer erhält so den Besitz deutlich vor dem Eigentumsübergang. 875

Angesichts ihrer Bedeutung sollte die Übergabe in jedem Grundstückskaufvertrag ausdrücklich geregelt werden. Ihr Zeitpunkt richtet sich oft danach, ob die Vertragsparteien Nutzen und Lasten, insbesondere die Mieteinahmen, für erheblich ansehen oder nicht. In einfachen Fällen ist es am Sinnvollsten, den Übergang am auf die Zahlung des Kaufpreises folgenden Monatsersten stattfinden zu lassen; dies erleichtert die Abrechnung. Soll die Übergabe stichtagsgenau, also üblicherweise am Tag nach der Kaufpreiszahlung, erfolgen, empfiehlt sich, eine Pro-rata-Abwicklung für den laufenden Monat vorzusehen. Anderenfalls müsste eine regelmäßig kaum zu leistende konkrete Abrechnung der Einnahmen und Ausgaben auf einen bestimmten Tag eines Monats stattfinden. 876

Eine **Übergabe vor Zahlung des Kaufpreises** sollte nur unter äußerster Vorsicht bei zwingenden Gründen erfolgen. Es ist in der Praxis relativ schwierig, 877 einen Käufer, der den Besitz schon erhalten hat und dann den Kaufpreis nicht zahlt, des Besitzes wieder zu entsetzen. Dies gilt nicht nur bei Wohn-, sondern auch bei Gewerbeimmobilien. Speziell wenn die Gewerbeimmobilie erhebliche Einnahmen und Kosten generiert, ist der Eigentümer in der Gefahr, die Einnahmen vom Käufer nicht zurückzuerhalten, die Kosten aber tragen zu müssen, weil er als Eigentümer für sie haftet. So ist zu Recht vom BGH entschieden worden, dass die Vereinbarung einer Übergabe vor Zahlung des Kaufpreises eine **ungesicherte Vorleistung des Verkäufers** darstellt, die zur Haftung des Notars führt, wenn er nicht ausreichend belehrt hat.

BGH, NJW 2008, 1319, 1320 = ZfIR 2008, 370.

878 Deshalb ist die von den Parteien gewünschte Übergabe der Kaufsache vor Zahlung des Kaufpreises einer der Fälle, in denen die Einrichtung eines Notaranderkontos zulässig ist und sich nach unserer Auffassung empfiehlt.

VII. Fälligkeit und Zahlung des Kaufpreises

879 Die Besonderheit des Eigentumserwerbs an einem Grundstück, der Vollzug durch die Eintragung des Käufers als Eigentümer im Grundbuch, schließt die übliche privatautonome Regelung der Fälligkeit des Kaufpreises in Anknüpfung an eine Handlung der Parteien aus.

Grziwotz/Everts/Heinemann/Koller, Grundstückskaufverträge, Rn. 604.

880 Die Praxis hat zum Ausgleich feste Formen der Abwicklung entwickelt, die allerdings ungeachtet ihrer weiten Verbreitung bei komplizierteren Geschäften einer erheblichen Anpassung an den Einzelfall bedürfen. Fälligkeitsvoraussetzungen können sich ohne Weiteres über mehrere Vertragsseiten erstrecken. Im Folgenden wird nach der Abwicklung ohne (siehe Rn. 881 ff.) und mit Notaranderkonto (siehe Rn. 888 ff.) differenziert.

1. Vollzug ohne Notaranderkonto

881 Die Abwicklung ohne Notaranderkonto ist der Regelfall. Der Notar hat sowohl die Zahlung des Kaufpreises durch den Käufer bzw. der finanzierenden Bank als auch die Ablösung der auf dem Grundstück lastenden Grundpfandrechte abzuwickeln. Dazu hat er den **Eintritt der Fälligkeitsvoraussetzungen** zu überwachen, für die er einen entsprechenden Auftrag im Vertrag erhalten hat. Diese hat er entweder selbst formuliert oder bei anwaltlich entworfenen Verträgen geprüft. Liegen sie vor, verschickt er an den Käufer und ggf. die ihn finanzierende Bank eine Fälligkeitsmitteilung. Wenn der Notar alle Fälligkeitsvoraussetzungen überwacht, ist ihr Zugang beim Käufer die zeitlich letzte Fälligkeitsvoraussetzung.

882 Die notarielle Überwachung ist beschränkt auf die normalen Fälligkeitsvoraussetzungen wie die Einholung von Löschungsunterlagen für die Löschung von Belastungen oder die Einholung von privatrechtlichen Genehmigungen/ Negativattesten zu Vorkaufsrechten. Soweit zusätzliche Fälligkeitsvorausset-

zungen wie eine Abnahme von Bauleistungen oder die Erteilung einer Baugenehmigung bestehen, müssen die Vertragsparteien deren Eintritt selbst feststellen, da deren Überwachung mit dem Notaramt nicht vereinbar ist. Der Notar beschränkt sich dann auf die Mitteilung des Eintritts der von ihm zu überwachenden Fälligkeitsvoraussetzungen. Zusätzlich gibt er an, wie der Kaufpreis zu zahlen ist, z. B. in Höhe von 150.000 € auf das an erster Stelle, in Höhe von 400.000 € auf das an zweiter Stelle eingetragene Grundpfandrecht und den Restbetrag von 178.566 € an den Verkäufer.

Die vom Notar zu überwachenden Fälligkeitsvoraussetzungen müssen gewähr- **883**
leisten, dass alle aus der Sphäre des Verkäufers resultierenden Hindernisse für die Eigentumsumschreibung auf den Käufer ausgeräumt sind. Hierzu gehört nicht die Erteilung der **steuerlichen Unbedenklichkeitsbescheinigung,** weil sie von der Zahlung der **Grunderwerbsteuer** durch den Käufer abhängig ist und daher in dessen Risikosphäre fällt. Die vertragliche Regelung der Fälligkeitsvoraussetzungen ist fehlerhaft, wenn es möglich ist, dass nach Fälligstellung die Eigentumsumschreibung aus Gründen nicht stattfindet, die aus der Sphäre des Verkäufers stammen und die der Notar hätte voraussehen können. Deshalb sind folgende Fälligkeitsvoraussetzungen zwingend aufzunehmen:

- Die Eintragung der Eigentumsübertragungsvormerkung oder, wenn entsprechend geregelt, deren Sicherstellung (dazu siehe Rn. 919 f.).
- Der Ablauf von Ausübungsfristen für gesetzliche oder privatrechtliche Vorkaufsrechte, alternativ die Hergabe von Negativattesten oder Verzichtserklärungen.
- Die Erteilung aller für die Wirksamkeit des Vertrags erforderlichen Genehmigungen.
- Grundsätzlich das Erlöschen von Rücktrittsrechten, es sei denn, die Parteien nehmen bei sehr lang laufenden Rücktrittsrechten einen späteren Rücktritt ausnahmsweise in Kauf; über die damit verbundenen Gefahren ist sorgfältig zu belehren.
- Der Eintritt von aufschiebenden, hingegen im Regelfall nicht der Eintritt von auflösenden Bedingungen, es sei denn, ihr Eintritt bzw. Nichteintritt ist kurzfristig zu erwarten; auch hier sollten die Parteien über das Risiko belehrt werden.
- Vorlage aller Löschungsbewilligungen für vom Verkäufer abzulösende Belastungen, vor allem für Grundpfandrechte, bei Briefgrundpfandrechten zusätzlich des Briefs.

Dieser Katalog beansprucht keine Vollständigkeit, sondern ist im Einzelfall **884**
zu ergänzen.

Genehmigungen können sehr vielfältig sein. Es kommen nicht nur typische **885**
immobilien- oder öffentlich-rechtliche Genehmigungen in Betracht, wie auf-

grund der sanierungs- oder entwicklungsrechtlichen Regelungen des BauGB, des Denkmalschutzes, der Naturschutzgesetze, sondern bei entsprechend großen Kaufverträgen auch kartellrechtliche Genehmigungen. Auch besondere öffentlich-rechtliche Genehmigungsvoraussetzungen für Immobiliengeschäfte, speziell im Kommunal- und Sozialrecht sind zu beachten.

Einen Überblick über kommunalrechtliche Verfügungsbeschränkungen und Genehmigungserfordernisse liefert
Schöner/Stöber, Grundbuchrecht, Rn. 4075 ff.;
siehe zum Sozialrecht nur § 85 Abs. 2 Satz 1 SGB IV.

886 Gleichermaßen müssen alle **gewillkürten Genehmigungen**, etwa von Aufsichtsräten, Verwaltungsräten usw. vorliegen. Gleiches gilt für gesellschaftsrechtliche Zustimmungserfordernisse, z. B. der Gesellschafter einer Personengesellschaft,

Baumbach/Hopt/*Roth*, HGB, § 114 Rn. 3,

oder der Gesellschafterversammlung einer GmbH,

Scholz/*Priester/Tebben*, GmbHG, § 53 Rn. 176,

wenn die veräußerten Immobilien der wesentliche Bestandteil des Gesellschaftsvermögens sind und die entsprechende Zustimmung nicht bereits vor dem Vertragsabschluss eingeholt worden ist (vgl. hier auch Rn. 607 ff.).

887 Da viele immobilienrechtliche Risiken nicht über das Mängelrecht, sondern über aufschiebende Bedingungen und Rücktrittsrechte gelöst werden, können im Einzelfall zwischen Beurkundung und Eintritt aller Fälligkeitsvoraussetzungen ein oder zwei Jahren liegen.

2. Vollzug mit Notaranderkonto

888 Der Vollzug über Notaranderkonto ist aufgrund der Novellierung des Beurkundungsgesetzes in 1998 erheblich zurückgegangen. Er erfordert gemäß § 57 Abs. 2 Nr. 1 BeurkG *„ein berechtigtes Sicherungsinteresse der am Verwahrungsgeschäft beteiligten Personen“*. Diese Voraussetzung bestimmt sich nach objektiven Kriterien, der bloße Wunsch der Vertragsparteien nach einer Verwahrung reicht nicht.

BGH, Urt. v. 16.11.2020 – NotSt(Brfg) 2/19;
Frenz/Miermeister/*Hertel*, BNotO, § 57BeurkG Rn. 6;
Winkler, BeurkG, § 57 BeurkG Rn. 10;
Lerch, BeurkG, zu a. F. § 54a Rn. 2.

889 Diese können nur dann auf einer Abwicklung über Notaranderkonto bestehen, wenn ihre Absicherung anderenfalls nicht oder nur durch Gewährung von Sicherheiten außerhalb der Kaufsache oder durch Einschaltung eines anderen Treuhänders möglich wäre.

BGH, Urt. v. 16.11.2020 – NotSt(Brfg) 2/19;
Frenz/Miermeister/*Hertel*, BNotO, § 57 BeurkG Rn. 7.

Es haben sich bestimmte Fallgruppen auf Grundlage eines Rundschreibens 890
der Bundesnotarkammer (Nr. 1/96 v. 11.1.1996) herausgebildet, deren wichtigste die Besitzeinräumung vor Kaufpreisfälligkeit ist.

Frenz/Miermeister/*Hertel*, BNotO, § 57 BeurkG Rn. 9 ff.;
Winkler, BeurkG, § 57 Rn. 17.

Eine weitere Fallgruppe, in der die Rechtsprechung ein *„berechtigtes Sicherungs-* 891
interesse" i. S. d. § 57 Abs. 2 Nr. 1 BeurkG kürzlich anerkannt hat, ist die Anzahlung auf den Kaufpreis durch den Käufer. In der Praxis wird eine solche Anzahlung von Verkäufern insbesondere dann verlangt, wenn die Bonität des Käufers schlecht oder zumindest ungeklärt ist. Die Anzahlung dient dabei primär der teilweisen Erfüllung der Kaufpreisschuld des Käufers; kommt es wegen Nichtzahlung des restlichen Kaufpreises zu einem Rücktritt des Verkäufers wegen Zahlungsverzugs des Käufers, sichert die Anzahlung zugleich aber regelmäßig auch die Schadensersatzansprüche des Verkäufers ab. Das *„berechtigte Sicherungsinteresse"* wird von der Rechtsprechung in dieser Konstellation vor allem darin gesehen, dass bei Vereinbarung einer Anzahlung, die zur Disposition der Beteiligten stehe, für den Käufer das Risiko einer ungesicherten Vorleistung bestehe, wenn man von einer Abwicklung der Anzahlung über ein Notaranderkonto absieht.

Vgl. BGH, Urt. v. 16.11.2020 – NotSt(Brfg) 2/19, Rn. 39 ff.

Die Abwicklung über Notaranderkonto hat den Vorzug, dass der Kaufpreis 892
in einem frühen Stadium zur Verfügung steht. Der Verkäufer ist also im Hinblick auf die finanzielle Leistungsfähigkeit und Vertragstreue des Käufers gesichert. Vor diesem Hintergrund kann die übrige Abwicklung in der Regel mit geringerem Zeitdruck durchgeführt werden. Wichtig ist, die Zinsen des Guthabens auf dem Notaranderkonto angemessen zuzuordnen. Regelmäßig ist es sachgerecht, wenn sie vor Übergabe dem Käufer, danach dem Verkäufer zustehen. Zu beachten ist dabei jedoch, dass die Zinsen heutzutage gerade bei größeren Hinterlegungsbeträgen meist negativ sind. In diesem Fall einigen sich die Parteien häufig auch darauf, die Negativzinsen hälftig zu teilen.

VIII. Hinweise zur notariellen Beurkundung und Abwicklung

Die Tätigkeit des Notars ist nicht nur von Bedeutung, wenn er den Vertrag 893
wie bei kleineren Grundstücksgeschäften der Regelfall selbst entworfen hat. Sie darf auch nicht unterschätzt werden, wenn bei sehr großen Transaktionen der Vertrag wie häufig von den Anwälten der Vertragsparteien entworfen und ausgehandelt wird. Unsere eigene Praxis als Rechtsanwälte zeigt uns, dass bei der anwaltlichen Interessenwahrnehmung die besonderen Anforderungen an die Abwicklung eines Grundstückskaufvertrags nicht im Fokus stehen, während sich der Notar darauf konzentriert.

Im Folgenden geben wir einige Hinweise zum Umfang der Beurkundungs- 894
pflicht (siehe Rn. 895 ff.) und zur notariellen Abwicklung (siehe Rn. 913 ff.), die nicht den Anspruch haben, eine vollständige Übersicht zu geben. Vielmehr

sollen sie Probleme ansprechen, die aus unserer Sicht in der Praxis immer wieder erhebliche Schwierigkeiten bereiten.

1. Umfang der Beurkundungspflicht

895 Tatsächliche oder behauptete Beurkundungsmängel lassen nicht selten Streit über die Wirksamkeit des Grundstückskaufvertrags entstehen. Im Extremfall wird dessen Formunwirksamkeit gerichtlich festgestellt. Zwei Beurkundungsmängel stehen im Vordergrund, Unvollständigkeit des Verlesens (siehe Rn. 896 ff.) und der Beurkundung (siehe Rn. 904 ff.).

a) Vollständiges Verlesen

896 Nach § 13 Abs. 1 Satz 1 BeurkG muss die Niederschrift den Beteiligten in Gegenwart des Notars vorgelesen und anschließend von ihnen genehmigt und eigenhändig unterschrieben werden. Diese Pflicht umfasst den **gesamten Vertrag**, also auch **alle Anlagen**, die nach dem Willen der Vertragsparteien Vertragsbestandteil sind. Davon gibt es nur drei Ausnahmen:

- Die in § 13 Abs. 1 Satz 1 Halbs. 2 BeurkG ausdrücklich erwähnten „*Karten, Zeichnungen oder Abbildungen*" müssen – und können – ihrer Eigenart nach nicht verlesen werden, sondern werden stattdessen den Beteiligten zur Durchsicht vorgelegt. Es ist Geschmackssache, ob der Notar sie abzeichnen lässt. Obwohl öfter praktiziert, halten wir dies nicht immer für sinnvoll oder erforderlich.
- § 13a BeurkG gestattet eine eingeschränkte Beifügungs- und Vorlesungspflicht für Dokumente,

  zur Beifügungspflicht siehe Frenz/Miermeister/*Limmer*, BNotO, § 13a BeurkG Rn. 9; zur Vorlesepflicht siehe Frenz/Miermeister/*Limmer*, BNotO, § 13a BeurkG Rn. 7 f.,

  die selber eine **notarielle Niederschrift** darstellen: Für sie reicht es aus, wenn sich die Parteien nach entsprechender Belehrung durch den Notar damit einverstanden erklären, dass auf sie ohne Verlesung verwiesen wird. Sie müssen allerdings im Beurkundungstermin in Urschrift, Ausfertigung oder beglaubigter Abschrift vorliegen,

  Frenz/Miermeister/*Limmer*, BNotO, § 13a BeurkG Rn. 8; *Winkler*, BeurkG, § 13a Rn. 55,

  sonst ist der Verweis nicht möglich. Auf nur **notariell beglaubigte Erklärungen** kann nicht verwiesen werden; sie sind daher zu verlesen.

  Frenz/Miermeister/*Limmer*, BNotO, § 13a BeurkG Rn. 6; *Winkler*, BeurkG, § 13a Rn. 36.

  Zu beachten ist, dass die Urkunde, auf welche gemäß § 13a BeurkG verwiesen wird, nach den §§ 6 ff. BeurkG errichtet worden sein muss, es aber nicht auf die materiell-rechtliche Wirksamkeit der Erklärung ankommt.

  OLG Braunschweig, DNotZ 2020, 113.

- Nach § 14 Abs. 1 Satz 1 BeurkG brauchen *„Bilanzen, Inventare, Nachlassverzeichnisse oder sonstige Bestandsverzeichnisse über Sachen, Rechte und Rechtsverhältnisse“*, die in ein Schriftstück aufgenommen worden sind, auf das in der Niederschrift verwiesen wird, *„nicht vorgelesen zu werden, wenn die Beteiligten auf das Vorlesen verzichten“*. Dies gilt auch für Erklärungen, die bei der Bestellung einer Hypothek, Grundschuld und gleichstehenden Rechten aufgenommen werden. Als Ersatz für das Verlesen sind diese Urkunden nach § 14 Abs. 2 BeurkG den Beteiligten zur Kenntnisnahme vorzulegen und von ihnen auf jeder einzelnen Seite zu unterschreiben. Dies kann bedeuten, dass Hunderte oder Tausende von Seiten unterschrieben werden müssen, z. B. wenn umfänglichste Grundbuch- oder Bilanzunterlagen in den Vertrag aufgenommen werden sollen.

  Für das Verständnis von § 14 BeurkG sind dessen enge Grenzen entscheidend: Die Beispiele *„Bilanzen“* oder *„Inventare“* beschränken den Anwendungsbereich auf echte Bestandsverzeichnisse, d. h. Inbegriffe von existenten Dingen, Rechten oder Rechtsverhältnissen.

  > Frenz/Miermeister/*Limmer*, BNotO, § 14 BeurkG Rn. 4;
  > *Winkler*, BeurkG, § 14 Rn. 2.

  Nicht dazu gehören Sachen, Rechte oder Rechtsverhältnisse, die noch herzustellen sind.

  > Frenz/Miermeister/*Limmer*, BNotO, § 14 BeurkG Rn. 5.

  Daher müssen insbesondere **Baubeschreibungen**,

  > Frenz/Miermeister/*Limmer*, BNotO, § 14 BeurkG Rn. 5;
  > *Winkler*, BeurkG, § 14 Rn. 27,

  und andere Bauunterlagen verlesen werden, ferner zu begründende Rechte oder Rechtsgeschäfte, z. B. Entwürfe von Erklärungen oder Verträgen. Wenn also etwa die Verpflichtung beurkundet werden soll, einen Vertrag eines bestimmten Inhalts abzuschließen, muss der Vertragsentwurf verlesen werden, mag er auch 250 Seiten stark und auf Englisch geschrieben sein.

Von der Pflicht zur Verlesung ausgenommen sind alle Unterlagen, die nach **897**
dem Willen der Vertragsparteien kein Vertragsbestandteil sind, sondern nur zur Information oder auch zur Erleichterung der Beweisführung in späteren Rechtsstreitigkeiten der Urkunde beigefügt werden sollen.

> Frenz/Miermeister/*Limmer*, BNotO, § 13 BeurkG Rn. 11;
> *Winkler*, BeurkG, § 13a Rn. 20–29.

Hintergrund ist Sinn und Zweck des § 13 BeurkG, dass nur die vertraglichen **898**
Erklärungen der Vertragsparteien zu protokollieren und zu verlesen sind.

> Frenz/Miermeister/*Limmer*, BNotO, § 13 BeurkG Rn. 3;
> *Winkler*, BeurkG, § 13 Rn. 2.

Auf diese Unterlagen wird im Rechtssinne „nicht verwiesen“, sondern sie **899**
werden nur in Bezug genommen, auf sie wird nur hingewiesen.

> Vgl. die Terminologie bei *Winkler*, BeurkG, § 13a Rn. 20.

900 Zwischen dem Verweis i. S. d. Einbeziehung in den Vertrag und der bloßen Bezugnahme auf Anlagen in der Urkunde muss sorgfältig differenziert werden, z. B. durch verschiedene Bezeichnungen, einmal als „Anlage", einmal als „Beistück", oder sonst durch einen geeigneten Zusatz, wie etwa „Beifügung nur zu Beweiszwecken". Die Differenzierung zwischen beiden Arten von der Urkunde beizufügenden Schriftstücken steht dabei nicht im Ermessen der Parteien, sondern ist vom Gesetz vorgegeben und daher vom Notar zu prüfen, sodass ein Fehler zu einer Amtspflichtverletzung des Notars führen kann.

901 Zwei **Beispiele** zeigen den Unterschied:

- Wird ein Asset Deal beurkundet, zu dem auch eine Vielzahl von Mobilien gehört, z. B. beim Verkauf eines Fabrikationsbetriebes mit Grundstück, Maschinen und Vorräten, müssen die Unterlagen, in denen die Mobilien aufgelistet sind, wie **Inventare und Bestandsverzeichnisse** oder **Jahresabschlussberichte**, beurkundet werden, d. h. verlesen oder gemäß § 14 BeurkG protokolliert werden. Sie sind notwendiger Vertragsbestandteil.
- Wird in einem Share Deal auf schon geprüfte Jahresabschlüsse verwiesen, z. B. als Grundlage für Mängelrechte, brauchen diese nicht verlesen zu werden, weil sie nicht Vertragsbestandteil werden, sondern nur der Erläuterung des Kaufgegenstands oder vertraglicher Regelungen dienen. Soweit sich der Verkäufer allerdings verpflichtet, bestimmte Bilanzkriterien erst herzustellen, z. B. Risiken herauszunehmen, muss diese „Planbilanz" verlesen werden (zur Übergabebilanz siehe Rn. 939 ff.).

902 Wird die ratio legis des § 13 BeurkG berücksichtigt, ist in den meisten Fällen die Differenzierung gut zu treffen. In Zweifelsfällen sollte unbedingt verlesen werden.

> Einen Überblick liefert Frenz/Miermeister/*Limmer*, BNotO, § 9 Rn. 12 ff. BeurkG; dazu auch *Winkler*, BeurkG, § 13a Rn. 20 ff.

903 Es empfiehlt sich für die Vertragsparteien und ihre anwaltlichen Berater, auf die sorgfältige Verlesung zu achten. Ihr – angebliches – Fehlen wird nicht selten zum Anlass genommen, die Wirksamkeit einer Beurkundung anzuzweifeln.

b) Vollständigkeit der Beurkundung

904 Immobilientransaktionen bestehen häufig aus mehr als einem Vertrag. Es werden etwa als wirtschaftliche Basis für den Verkauf **Mietverträge**, speziell beim **Sale-and-Lease-Back**, oder **Bauverträge** für Ausbauleistungen des Verkäufers geschlossen. Denkbar ist auch die Gründung eines **Joint Ventures** durch die Vertragsparteien zur Bewirtschaftung und Verwertung der Immobilie. Sobald mehrere Verträge geschlossen werden, ist der fundamentale Grundsatz des § 311b Abs. 1 BGB zu beachten: Unter die Beurkundungspflicht fallen nicht nur der Grundstückskaufvertrag, sondern alle Rechtsgeschäfte, die mit ihm eine Einheit bilden.

BGH, BGHZ 76, 48;
Palandt/*Grüneberg*, BGB, § 311b Rn. 32;
Dazu auch *Singbartl/Zintl*, ZfIR 2017, 34, 35 f.

Sonst würde nicht der gesamte Vertrag i. S. d. § 311b Abs. 1 BGB beurkundet werden. Der Verstoß gegen diesen Grundsatz der einheitlichen Beurkundung ist der Hauptgrund, warum Grundstückskaufverträge immer wieder dem Verdikt der tatsächlichen oder zumindest vertretbar behaupteten Formnichtigkeit unterfallen. Die Vertragsparteien und ihre anwaltlichen Berater sollten also im eigenen Interesse darauf achten, dass **alle Bestandteile eines einheitlichen Rechtsgeschäfts** beurkundet werden, mag dadurch die Beurkundung auch teurer werden. 905

Für die Einheitlichkeit von Rechtsgeschäften gelten folgende Regeln: 906

- Einheitlichkeit liegt immer vor, wenn der Grundstückskaufvertrag und die weiteren, für sich betrachtet nicht formpflichtigen Rechtsgeschäfte in ihrer Existenz nach dem Willen der Parteien voneinander abhängen, in der Formulierung der Rechtsprechung „*miteinander stehen und fallen sollen*".

  BGH, BGHZ 76, 48;
  BGH, BGHZ 101, 396;
  BGH, NJW 2004, 3330;
  BGH, BGHZ 186, 345 = ZfIR 2011, 17.

  Dies gilt grundsätzlich auch, wenn das formfreie Rechtsgeschäft mit einem Dritten abgeschlossen wird.

  BGH, BGHZ 11, 90, 101 f.;
  BGH, NJW-RR 1989, 198, 199;
  ausführlich Palandt/*Grüneberg*, BGB, § 311 b Rn. 34 m. w. N.

- Im Falle einer nur einseitigen Abhängigkeit differenziert die Rechtsprechung:

  – Ein anderes für sich betrachtet nicht beurkundungspflichtiges Rechtsgeschäft ist mit zu beurkunden, wenn der Grundstückskaufvertrag im Vertrauen darauf geschlossen wird, dass auch das andere Rechtsgeschäft wirksam zustande kommt, mit anderen Worten also, wenn der Grundstückskaufvertrag mit dem anderen Rechtsgeschäft steht und fällt.

    BGH, NJW 2000, 951
    = ZIP 2000, 232 = ZfIR 2000, 315,
    dazu EWiR 2000, 323 *(Pohlmann)*;
    BGH, NJW-RR 2009, 953 Rn. 14;
    vgl. *Seeger*, MittBayNot 2003, 11, 12.

  – Hingegen ist eine Beurkundung nicht erforderlich, wenn nur das nicht dem Formerfordernis unterliegende Rechtsgeschäft allein im Vertrauen auf das Zustandekommen des Grundstückskaufvertrags geschlossen wird.

Deutlich BGH, NJW 2000, 951 = ZIP 2000, 232 = ZfIR 2000, 315;
BGH, DNotZ 2002, 944 f.;
BGH, NJW-RR 2009, 953 Rn. 14.

Da das andere Rechtsgeschäft, z. B. der Mietvertrag, für sich betrachtet keiner besonderen Form unterliegt, wird es nicht allein dadurch beurkundungspflichtig, dass Vermieter und Mieter den Mietvertrag allein abschließen, weil zusätzlich ein Grundstückskaufvertrag zustande kommt.

907 Für die vorstehende Feststellung der Einheitlichkeit, des miteinander Stehens und Fallens, ist entscheidend, dass zwar der Wille der Parteien Beachtung findet, aber nur in objektivierter Form:

BGH, NJW 1994, 721.

908 Wenn die Parteien die Erklärung abgeben, zwei Rechtsgeschäfte hingen nicht derart voneinander ab, obwohl dies nach dem Gesamtinhalt des Rechtsgeschäfts nicht sein kann, ist ihr Wille nicht beachtlich. Ein Beispiel ist das klassische Sale-and-Lease-Back-Geschäft, d. h. im Zusammenhang mit dem Grundstückskaufvertrag, aber in einer anderen Urkunde und auch zeitlich etwas getrennt, schließen die Vertragsparteien einen Mietvertrag über das Objekt so ab, dass der Verkäufer das Objekt vom Käufer anmietet. Hier wird eine solche Abhängigkeit im Regelfall immer gegeben sein:

Vgl. Beck'sches Notar-Handbuch/*Heckschen*, § 9 Sonderformen des Immobilienerwerbs, Rn. 55;
v. Westphalen, MittBayNot 2004, 13, 15 f.

909 In den meisten Fällen wird der Käufer die Kaufsache überhaupt nur erwerben, weil er durch den Abschluss des Mietvertrags mit dem Verkäufer unmittelbare Einnahmen aus dem Objekt generieren kann. In anderen Fällen wird auch der Verkäufer auf die weitere Nutzung des Objekts angewiesen sein, z. B. weil es seine Hauptverwaltung beherbergt. Es genügt der Wille einer Vertragspartei, formpflichtiges und formfreies Rechtsgeschäft einheitlich zu behandeln, wenn die andere Partei diesen Willen kannte und hingenommen hat.

BGH, BGHZ 76, 43, 49.

910 Die Beurkundung kann auch bei Mietverträgen eine Rolle spielen, nämlich bei Buy-and-Lease-Verfahren, wenn der Leasinggeber die Immobilie erst beschaffen muss. Gleiches gilt im Fall eines Mietvertrags mit Vorkaufsrecht.

Singbartl/Zintl, ZfIR 2017, 34, 36 m. w. H. u. a. zu Grundstückgeschäften im Zusammenhang mit städtebaulichen Verträgen und Maklerverträgen.

911 Zu beachten ist weiter, dass die bloße Beurkundung aller Verträge, die zum einheitlichen Rechtsgeschäft gehören, nicht genügt, wenn die Verträge in unterschiedlichen Urkunden niedergelegt sind. Nach der Rechtsprechung des BGH ist zusätzlich erforderlich, dass, soweit möglich, in die einzelnen Verträge eine Bezugnahme auf den jeweils anderen Vertrag aufgenommen wird.

BGH, BGHZ 104, 18, 22 f. = ZIP 1988, 720,
dazu EWiR 1988, 759 *(Sonnenschein)*;
BGH, NJW 2000, 951 = ZIP 200, 232,
dazu EWiR 2000, 323 *(Pohlmann)*.

Steht also beim Abschluss des ersten Vertrags fest, dass der zweite demnächst geschlossen wird, ist schon im ersten Vertrag ein Hinweis auf den zweiten und im zweiten Vertrag ein Hinweis auf den ersten aufzunehmen. Nur wenn sich die Parteien erst nach Beurkundung des ersten Vertrags entschließen, im Zusammenhang damit noch einen zweiten Vertrag zu schließen, reicht der Verweis im zweiten Vertrag; 912

BGH, BGHZ 104, 18, 23 = ZIP 1988, 720;

bei vorsichtiger Vertragsabfassung sollte er allerdings so gestaltet werden, dass die Parteien ausdrücklich erklären, beim Abschluss des ersten Vertrags mit dem Abschluss des zweiten noch nicht gerechnet zu haben.

2. Notarieller Vollzug

Grundlage des heutigen notariellen Vollzugs ist der Ersatz der Eigentumsumschreibung als Fälligkeitsvoraussetzung durch die Eintragung der Eigentumsübertragungsvormerkung (siehe Rn. 914 ff.) oder deren Sicherstellung (siehe Rn. 919 ff.). 913

a) Sicherungswirkung der Eigentumsübertragungsvormerkung

Die Eigentumsübertragungsvormerkung „verdinglicht" den Anspruch des Käufers auf Übereignung in zwei Richtungen (siehe generell zur Vormerkung Rn. 181 ff.): 914

- Zwischenzeitliche vertragswidrige Verfügungen des Verkäufers, z. B. ein zweiter Verkauf oder die Bestellung eines Grundpfandrechts, sind dem Käufer gegenüber relativ unwirksam.

  § 883 Abs. 2 Satz 1 BGB stellt einen Anwendungsfall der relativen Unwirksamkeit dar, vgl. BGH, BGHZ 60, 46, 49 f.;
  PWW/*Huhn*, BGB, § 883 Rn. 17.

  Der Inhaber der Eigentumsübertragungsvormerkung kann daher gemäß § 888 Abs. 1 BGB einen Anspruch auf Erteilung der Zustimmung zur Löschung der vormerkungswidrigen Eintragung gerichtlich geltend machen.

  BGH, NJW-RR 2007, 1247, 1248 = ZfIR 2007, 687,
  dazu EWiR 2007, 431 *(Kesseler)*;
  BGH, DNotZ 2011, 125, 126 f. = ZfIR 2010, 60;
  Palandt/*Herrler*, BGB, § 888 Rn. 4.

  Bei Verzug der Zustimmung durch den vormerkungswidrig Eingetragenen haftet dieser auf Ersatz des Verzögerungsschadens gemäß §§ 280 Abs. 1, 2, 286 und § 288 BGB, BGH, NJW 2016, 2104 ff.

- Bei einer zwischenzeitlichen Insolvenz des Verkäufers bleibt die eingetragene Eigentumsübertragungsvormerkung dem Insolvenzverwalter gegenüber gemäß § 106 Abs. 1 InsO wirksam, mit der Folge, dass der Insolvenzverwalter das Grundstück an den Käufer herausgeben und übereignen muss; soweit noch ausstehend, natürlich nur gegen Zahlung des fälligen Kaufpreises.

  Zur Sicherungswirkung der Vormerkung gegenüber Zwangsvollstreckungen vgl. bei vorrangiger Vormerkung BGH, NJW 1996, 3147, 3148 = ZIP 1996, 1516, dazu EWiR 1996, 771 *(M. Huber)*; bei nachrangiger Vormerkung vgl. BGH, NJW 2007, 2993, 2994 = ZfIR 2007, 549.

915 Diese notarielle Abwicklung gewährt allerdings keine vollständige Sicherheit, sondern unterliegt einem – in der Praxis weitgehend ignorierten – „Restrisiko“. Da die Vormerkung ausschließlich den vertraglichen Anspruch des Käufers auf Übereignung sichert, hilft sie dem Käufer nicht, wenn dieser Anspruch mangels Wirksamkeit des Kaufvertrags nicht besteht. In der Praxis ist der wichtigste Grund für die **Unwirksamkeit des Grundstückskaufvertrags** ein zur Nichtigkeit führender Beurkundungsfehler, vor allem wegen Nichteinhaltung der Form des § 311b Abs. 1 BGB.

Siehe als Beispiele aus der Rspr.:
OLG Brandenburg, NotBZ 2007, 370, 371;
OLG Oldenburg, BeckRS 2006, 04138;
OLG Naumburg, Urt. v. 30.5.2000 – 11 U 250/99, zitiert nach juris;
OLG Hamm, DNotZ 2000, 722;
OLG Celle, BeckRS 1999, 30077325.

916 Wesentlich seltener kommt es wegen eines sonstigen Unwirksamkeitsgrunds zur Nichtigkeit, z. B. wegen unerkannter Geisteskrankheit von Verkäufer oder Käufer bzw. ihres Vertreters.

917 Die Unwirksamkeit des Grundstückskaufvertrags hat für den Käufer die ausgesprochen gefährliche Konsequenz, dass er auch nach Zahlung des Kaufpreises und vor allem ungeachtet von dessen Rückzahlung zur Löschung der Vormerkung verpflichtet ist: Diese sichert nur seinen Anspruch auf Übereignung, nicht aber, wie vom BGH ausdrücklich entschieden,

BGH, BGHZ 150, 138, 143 = ZIP 2002, 858 = ZfIR 2002, 539;
BGH, NZI 2009, 235, 237 = ZIP 2009, 428 = ZfIR 2009, 289, dazu EWiR 2009, 417 *(Dahl)*;
ebenso wird die Vormerkung gegenstandslos, wenn der Verkäufer zurücktritt, Staudinger/*Staudinger/Kesseler*, BGB (2020), § 886 Rn. 25.

auch den Anspruch auf Rückzahlung des Kaufpreises für den Fall der Unwirksamkeit des Kaufvertrags.

918 Dennoch, im Ergebnis gewährt die Vormerkung eine weitreichende und in der Praxis akzeptierte Sicherung des Käufers dagegen, dass der Verkäufer vor Umschreibung Zwischenverfügungen tätigt oder insolvent wird.

b) Bloße Sicherstellung der Eintragung der Vormerkung

Teilweise ist den Parteien die Zeit bis zur Eintragung der Vormerkung noch zu lang. Das gilt speziell bei Transaktionen mit sehr hohen Kaufpreisen und entsprechend hohen Sollzinsen oder Mieteinnahmen aus der Kaufsache. Daher können die Parteien für eine Vorverlegung der Fälligkeit nutzen, dass der Eintragung der Vormerkung deren Sicherstellung durch den Eintritt der **Bindungswirkung gemäß § 878 BGB** gleichsteht. 919

Palandt/*Herrler*, BGB, § 878 Rn. 16;
Kohler in: MünchKomm-BGB, § 878 Rn. 24.

Dies gilt nicht nur gegenüber begünstigten Dritten, sondern wegen § 91 Abs. 2 InsO auch gegenüber dem Insolvenzverwalter. 920

Vgl. generell zu § 91 Abs. 2 InsO nur *Kayser/Thole*, InsO, § 91 Rn. 52 ff.

In Übereinstimmung mit den Empfehlungen der Bundesnotarkammer halten wir die Sicherstellung der Eintragung nur für gegeben, wenn der Notar **Grundbuch und Grundakten (ohne Geschäftsgang)** geprüft hat, und dies nur nach einer im Vertrag ausdrücklich zu vereinbarenden Zeit nach Eingang des Eintragungsantrags beim Grundbuch. Diese Frist sollte sieben bis zehn Werktage betragen, um möglichst sicherzustellen, dass sich nicht noch vorrangige Eintragungsanträge im Geschäftsgang befinden, den der Notar jedenfalls bei Großstadtgrundbuchämtern nicht prüfen kann. Bei ländlichen Grundbuchämtern sollte dem Notar auch die Prüfung des Geschäftsgangs auferlegt werden, jedenfalls wenn er mit den örtlichen Verhältnissen vertraut ist. Diese Frist wird von den Parteien in der Praxis – zu – oft verkürzt, über das darin liegende Risiko sollte belehrt werden. 921

Rundschreiben 05/99 der Bundesnotarkammer an alle Notarkammern, abgedruckt in DNotZ 1999, 369 ff.

Über das Ergebnis seiner Einsichtnahme hat der **Notar** eine **gutachterliche Äußerung**, oft nicht zutreffend „Notarbestätigung" genannt, abzugeben mit dem Inhalt, dass er Grundbuch und Grundakten geprüft und dabei keine Erkenntnisse, insbesondere keine Eintragungen und Eintragungsanträge festgestellt hat, die einer ranggerechten Eintragung der von ihm gestellten Anträge entgegen stehen. Die Äußerung ist mit den konkreten Uhrzeiten sowohl der Einreichung der Anträge durch den Notar als auch des Zeitpunkts seiner Prüfung der Grundbücher und Grundakten zu versehen. Die Bedeutung einer sorgfältigen notariellen Prüfung der Sicherstellung der Eintragung darf nicht unterschätzt werden. Selbst bei Vertrauen in die Seriosität des Verkäufers kann nie ausgeschlossen werden, dass ein Dritter z. B. per einstweiliger Verfügung eine Eintragung durchsetzt, die zumindest vorübergehend die **ranggerechte Eintragung der Eigentumsübertragungsvormerkung** – und der Finanzierungsgrundpfandrechte – hindert. 922

G. Share Deal

Der Share Deal kann hier nicht umfassend dargestellt werden. Es werden nur die Besonderheiten behandelt, die daraus resultieren, dass eine Immobilie nicht unmittelbar, sondern mittelbar über den Erwerb der Eigentümergesellschaft gekauft wird. Nur kurz eingegangen wird daher auf die allgemeinen gesellschaftsrechtlichen Garantien bzw. Mängelrechte, die z. B. sicherstellen sollen, dass die Beteiligung in unbelasteter Inhaberschaft des Verkäufers steht (siehe Rn. 924 ff.). Den Schwerpunkt bilden die für einen Share Deal zum Erwerb einer Immobilie charakteristischen Regelungen, durch die gewährleistet wird, dass der Käufer keine nicht aus der Immobilie resultierenden Risiken übernimmt (siehe Rn. 939 ff.). Dazu gehören vor allem analog zum Asset Deal die Regelungen zum Grundbesitz der Gesellschaft, speziell zu den Mängelrechten (siehe Rn. 949 ff.). Besondere Schwierigkeiten verursacht beim Share Deal die Absicherung des Käufers in der Zeit zwischen Vertragsschluss/Beurkundung und Vollzug/Closing (siehe Rn. 955 ff.). 923

I. Gesellschaftsrechtliche Garantien und Mängelrechte

1. Alle Gesellschaften

Auch der immobilienrechtliche Share Deal basiert auf dem üblichen Katalog gesellschaftsrechtlicher Garantien und Mängelrechte, durch den sichergestellt wird, dass die Anteile auch wirklich erworben und dass die Situation der Gesellschaft so ist, wie vom Verkäufer dargestellt und vom Käufer akzeptiert. Dazu gehören u. a. Garantien 924

- zu den Grundlagen der gesellschaftsrechtlichen Verhältnisse, z. B. handelsregisterlichen Eintragungen, Gesellschaftsverträgen,
- zur unbelasteten Inhaberschaft des Verkäufers an den verkauften Anteilen,
- zu gesellschaftsrechtlichen Zustimmungserfordernissen und Ähnlichem,
- zu den allgemeinen wirtschaftlichen Verhältnissen.

Wie ein solcher Katalog generell aussehen kann, unter ausdrücklichem Vorbehalt, dass die Verhältnisse der konkreten Gesellschaft entscheiden, ist in Kapitel H. dargestellt (siehe Rn. 1001). 925

Die Garantie der unbelasteten Inhaberschaft des Verkäufers berührt das grundlegende Problem des Share Deals. Anders als beim Asset Deal gibt es grundsätzlich **kein geschütztes Vertrauen in die Inhaberschaft des Verkäufers**. Deshalb sollte ergänzend versucht werden, im Sinne einer Title Research (Chain of Title-Prüfung) durch geeignete Maßnahmen zu klären, ob der Verkäufer wirklich Gesellschafter und die verkaufte Beteiligung unbelastet ist. Dazu können sich z. B. die Durchsicht von Handelsregisterakten, die Prüfung der Jahresabschlüsse mit den Kommentierungen dort oder die Rücksprache mit der Hausbank empfehlen. 926

Zur Chain of Title und der Title-Garanie *Paefgen/Wallisch*, NZG 2016, 801, 802.

927 Im Folgenden wird kurz auf den beschränkten Gutglaubensschutz bei der GmbH auf Basis der Gesellschafterliste eingegangen (siehe Rn. 928 ff.); für die Aktiengesellschaft wird auf die allgemeinen wertpapierrechtlichen Grundsätze verwiesen.

Vgl. für Inhaberaktien Hüffer/Koch, AktG, § 10 Rn. 4;
Gehrlein, in: BeckOK BGB, § 793 Rn. 3;
Staudinger/*Marburger*, BGB (2015), Vor §§ 793 Rn. 7;
für Namensaktien Staudinger/*Marburger*, BGB (2015), Vor §§ 793 Rn. 10.

2. Eingeschränkter Gutglaubensschutz bei der GmbH

928 Seit der Einführung von § 16 Abs. 3 GmbHG durch das MoMiG,

Gesetz zur Modernisierung des GmbH-Rechts und zur Bekämpfung von Missbräuchen (MoMiG) v. 23.10.2008, BGBl I S. 2026,

kann ein GmbH-Geschäftsanteil eingeschränkt gutgläubig erworben werden, mit der Eintragung in der **Gesellschafterliste** als Rechtsscheinträger.

Altmeppen, GmbHG, § 16 Rn. 61 ff.;
Habersack/Casper/Löbbe, GmbHG, § 16 Rn. 5.

929 Dadurch entfällt zumindest partiell die Notwendigkeit des Researchs einer Chain of Title.

Vgl. *Habersack/Casper/Löbbe*, GmbHG, § 16 Rn. 122 ff;
für eine weiterhin ausführliche Chain-of-Title-Prüfung sowie entsprechende Garantien *Paefgen/Wallisch*, NZG 2016, 801, 808.

930 Voraussetzungen und Inhalt des Gutglaubensschutzes geben allerdings immer noch deutlich weniger Sicherheit als ein Asset Deal auf Grundlage von § 892 BGB:

931 Der **Schutz des guten Glaubens** besteht nur für die Inhaberschaft des Verkäufers, nicht für Existenz und Lastenfreiheit des Geschäftsanteils.

Vgl. BGH, BGHZ 191, 84 Rn. 8 f.;
OLG München, NZG 2011, 473, 474;
Baumbach/Hueck/*Servatius*, GmbHG, § 16 Rn. 27;
Habersack/Casper/Löbbe, GmbHG, § 16 Rn. 127, 132.

932 Er unterliegt zudem **Ausschlussgründen**: Soweit die Eintragung weniger als drei Jahre unrichtig ist, setzt ein gutgläubiger Erwerb gemäß § 16 Abs. 3 Satz 2 GmbHG voraus, dass die Unrichtigkeit dem Berechtigten zurechenbar ist. Dies kann sowohl aus einer Mitwirkung an der falschen Eintragung als auch aus einer Verletzung der Obliegenheit zur Korrektur resultieren.

Vgl. zu den schwierigen Einzelheiten
Baumbach/Hueck/*Servatius*, GmbHG, § 16 Rn. 38 f.;
Habersack/Casper/Löbbe, GmbHG, § 16 Rn. 160–164.

Auf die Zurechenbarkeit kommt es nicht mehr an, sobald die Unrichtigkeit der Gesellschafterliste mindestens drei Jahre bestand. 933

Baumbach/Hueck/*Servatius*, GmbHG, § 16 Rn. 40;
Habersack/Casper/Löbbe, GmbHG, § 16 Rn. 155–159.

Dafür ist nicht die Dauer der Eintragung des konkreten Verkäufers maßgeblich, sondern der Unrichtigkeit zulasten des Berechtigten. 934

Baumbach/*Hueck/Servatius*, GmbHG, § 16 Rn. 40
mit Erläuterung der darin liegenden „*Zusammenrechnung*" mehrerer falscher Eintragungen;
Habersack/Casper/Löbbe, GmbHG, § 16 Rn. 156 m. w. N.

Die weiteren Ausschlussgründe ähneln den Grenzen der §§ 892 Abs. 1 Satz 2 Halbs. 2, 899 BGB: 935

Nach § 16 Abs. 3 Satz 3 GmbHG entfällt der Gutglaubensschutz bei Kenntnis oder grob fahrlässiger Unkenntnis des Erwerbers von der Unrichtigkeit der Eintragung in der Gesellschafterliste; im Gegensatz zum Grundbuch hindert bereits grobe Fahrlässigkeit die Gutgläubigkeit. 936

Vgl. zu § 16 Abs. 3 GmbHG Baumbach/Hueck/*Servatius*, GmbHG, § 16 Rn. 35;
Habersack/Casper/Löbbe, GmbHG, § 16 Rn. 165–177;
dazu, dass bei § 892 BGB nach dem Wortlaut grobe Fahrlässigkeit nicht schadet siehe PWW/*Huhn*, BGB, § 892 Rn. 12.

Nach § 16 Abs. 3 Satz 4 GmbHG scheidet der gutgläubige Erwerb bei Eintragung eines **Widerspruchs in der Gesellschafterliste** aus. 937

Für weitere Einzelheiten wird auf die Literatur zur GmbH verwiesen. 938

II. Ausschluss des Übergangs nicht immobilienbezogener Risiken

Der Käufer sollte im Regelfall sicherstellen, dass die Gesellschaft von allen Risiken, die sich nicht auf ihren Grundbesitz beziehen, vor Übergang auf ihn endgültig befreit ist. Dies ist notwendig, weil meistens Share und Asset Deal dieselbe wirtschaftliche Basis haben: In beiden Fällen spiegelt der Kaufpreis den Wert der Immobilie wider, auf den sich die Parteien geeinigt haben. Deshalb können nicht mit der Immobilie zusammenhängende Risiken ausschließlich auf den Käufer übergehen, wenn sie vorher bekannt und eingepreist sind. Dieses Einpreisen ist für die meisten gesellschaftsrechtlichen Risiken nicht mit der erforderlichen Sicherheit möglich: Wenn z. B. die Gesellschaft vorher eine andere Transaktion durchgeführt, andere Immobilien oder eine operative Geschäftstätigkeit veräußert hat, wird sich fast nie zuverlässig beziffern lassen, welche Risiken aus der Abwicklung dieser vorhergehenden Geschäfte maximal resultieren können. Dabei ist nicht nur an zivilrechtliche Risiken, etwa aus von der Gesellschaft gewährten Garantien oder Mängelrechten, sondern auch an Nachhaftung im Arbeits- und Steuerrecht zu denken. 939

940 Die mit einem Share Deal verbundenen Risiken lassen sich jedoch dadurch abmildern, dass im Anteilskaufvertrag entsprechende Kaufpreisregelungen und Garantien vereinbart werden. Dabei sollte aus Erwerbersicht stets darauf geachtet werden, dass der Veräußerer in wirtschaftlicher Hinsicht auch über die zur Erfüllung der zum Schutz des Erwerbers vereinbarten Ansprüche erforderlichen Mittel verfügt.

941 In der Praxis wird in der Regel ein variabler Kaufpreis vereinbart. Der Verkäufer stellt vor Abschluss des Anteilskaufvertrags eine sog. Planbilanz für den Stichtag auf, zu dem die Gesellschaftsanteile wirtschaftlich auf den Käufer übergehen sollen. Auf der Grundlage der Planbilanz errechnen die Vertragsparteien den vorläufigen vom Käufer zu zahlenden Kaufpreis.

942 Im Nachgang zur Zahlung des vorläufigen Kaufpreises und zum wirtschaftlichen Übergang der Gesellschaftsanteile wird eine endgültige sog. Stichtagsbilanz bzw. Closing-Bilanz erstellt. Im Anteilskaufvertrag sollte dabei geregelt werden, ob die Stichtagsbilanz vom Verkäufer oder Käufer aufzustellen ist. Des Weiteren sollte im Anteilskaufvertrag der Vertragspartei, die die Stichtagsbilanz nicht aufgestellt hat, die Möglichkeit eingeräumt werden, innerhalb einer bestimmten Frist Einwendungen gegen Bilanzpositionen in der von der anderen Partei aufgestellten Stichtagsbilanz geltend zu machen. Können die Vertragsparteien bzgl. der Einwendungen keine Lösung herbeiführen, sieht der Anteilskaufvertrag in der Regel einen Schiedsgutachtermechanismus vor, wonach ein Schiedsgutachter mit verbindlicher Wirkung für die Parteien gemäß §§ 317 ff. BGB über die Einwendungen entscheidet.

943 Werden innerhalb der vereinbarten Frist keine Einwendungen geltend gemacht bzw. hat der Schiedsgutachter über die Einwendungen entschieden, wird die Stichtagsbilanz für die Parteien verbindlich. Etwaige Differenzen zur im Vorhinein erstellten Planbilanz sind zwischen den Parteien auszugleichen.

944 Um den Besonderheiten eines Immobilien-Share Deals Rechnung zu tragen, sind die sonst anzuwendenden Bilanzaufstellungsregeln des HGB bzw. IFRS oder GAAP im Anteilskaufvertrag dabei zu modifizieren. Insbesondere folgende Punkte sollten hierbei berücksichtigt werden:

- Der Immobilienwert ist mit einem bestimmten, gleichbleibenden Wert in Ansatz zu bringen.
- Rückstellungen für Reparaturaufwendungen gemäß § 249 Abs. 1 HGB haben zu unterbleiben, wenn die Immobilie – wie regelmäßig der Fall – verkauft wird wie sie *„steht und liegt"*.
- Ausstehende Mietforderungen sollten nur dann kaufpreiserhöhend berücksichtigt werden, wenn sie nicht wegen Uneinbringlichkeit oder Zweifelhaftigkeit gemäß § 253 Abs. 4 HGB abgeschrieben werden müssen; häufig wird im Anteilskaufvertrag insoweit auch eine konkrete Frist für die Fälligkeit der betreffenden Mietforderung vereinbart (z. B. drei Monate), nach

deren Ablauf die Mietforderungen nicht mehr kaufpreiserhöhend berücksichtigt werden.

- Ansprüche gegen Dritte (insbesondere Sachversicherungen) sollten nur dann berücksichtigt werden, soweit auf der Passivseite eine entsprechende Verbindlichkeit oder Rückstellung gebildet wurde.
- Mietfreie Zeiten, Vermieterbaukostenzuschüsse sowie Mieterbaukostenzuschüsse werden in der Regel bereits bei der Bemessung des als Ausgangspunkt der Kaufpreisberechnung herangezogenen Immobilienwerts berücksichtigt; in diesem Fall dürfen sie bei der Kaufpreisberechnung nicht weiter herangezogen werden.

Vgl. *Krauß*, Immobilienkaufverträge in der Praxis, Rn. 5905; *Demleitner*, ZfIR 2015, 317 ff.

Um aus Erwerbersicht sicherzustellen, dass dem Käufer im Rahmen seiner Due-Diligence-Prüfung durch den Verkäufer sämtliche Verträge offengelegt worden sind, die für die Ermittlung des Kaufpreises maßgeblich sind, sollte der im Anteilskaufvertrag geregelte Kaufpreismechanismus durch eine Garantie des Verkäufers flankiert werden, dass dem Käufer alle „wesentlichen" Verträge offengelegt worden sind. Als „wesentlich" werden dabei typischerweise solche Verträge definiert, aus denen sich für die Zielgesellschaft Verbindlichkeiten über einem bestimmten Schwellenwert ergeben. **945**

Sind in der Zielgesellschaft Risiken in Form von Verbindlichkeiten enthalten, **946** zu deren Übernahme der Käufer nicht bereit ist, kann eine Transaktion nur zustande kommen, indem der Verkäufer die betreffenden Risiken aus der Gesellschaft herausnimmt. Dies wird nur selten im Rahmen einer **befreienden Schuldübernahme** gemäß §§ 414, 415 BGB geschehen können, die als einzige die verkaufte Gesellschaft rechtlich sicher davor schützt, in Zukunft nicht mehr in Anspruch genommen zu werden. Voraussetzung dafür ist die Zustimmung des Gläubigers, die Gesellschaft aus ihrer Verpflichtung zu entlassen. Eine solche Haftungsbefreiung ist oft schon rechtlich ausgeschlossen, besonders bei öffentlich- und steuerrechtlichen Verpflichtungen. Auch für zivilrechtliche Verbindlichkeiten scheidet sie häufig aus. Gründe können sein: Die Zeit für die Einholung der Zustimmung des Gläubigers steht nicht zur Verfügung, die hochvertrauliche Transaktion müsste dazu offenbart werden oder der Gläubiger hat kein Interesse daran, nur noch den Gesellschafter ohne das Grundvermögen der verkauften Gesellschaft als Schuldner zu haben; bei arbeitsrechtlichen Verpflichtungen wird eine befreiende Schuldübernahme oft auch an der Zahl der Berechtigten scheitern.

Die Übernahme der Verpflichtungen der Gesellschaft durch den Verkäufer **947** wird also regelmäßig so erfolgen, dass der Verkäufer die Schuld nur im Innenverhältnis zur Gesellschaft übernimmt. Im Außenverhältnis zum Gläubiger entsteht so eine kumulative Schuldübernahme, ein **Schuldbeitritt**, d. h. Verkäufer und Gesellschaft haften zukünftig gemeinsam. Die wirtschaftliche Verlässlichkeit dieses Schuldbeitritts des Verkäufers für den Käufer hängt allein von der Leistungsfähigkeit des Verkäufers ab. Für deren Bewertung ist die Zeitachse entscheidend, d. h. ob der Verkäufer für die maximale Dauer der Schuldnerstellung der Gesellschaft leistungsfähig bleibt. Dieser Zeitraum kann sehr lang sein, wird an die Haftung für Garantien und Mängelrechte, aufgrund von Arglist oder für arbeits- und steuerrechtliche Ansprüche gedacht.

948 Nach unserer Erfahrung sichert nur ein absolut erstklassiger Verkäufer den Käufer bei einer „Bilanzreinigung der Gesellschaft" über einen Schuldbeitritt bei größeren Verbindlichkeiten und Risiken ausreichend. Jedenfalls haben wir verschiedentlich erlebt, dass nach erheblichen Vorarbeiten aller Beteiligten der Käufer schlussendlich entschied, nach Belehrung über die verbleibenden Risiken, ungeachtet steuerlicher und sonstiger Nachteile, die Immobilie doch im Wege des Asset Deals zu kaufen.

III. Regelungen zur Immobilie

949 Die Einkleidung der Immobilientransaktion in einen Share Deal hat keinen Einfluss auf die Notwendigkeit, die zum Asset Deal dargestellten Regelungen zu Mängelrechten mit demselben Inhalt und denselben Rechtsfolgen zu treffen. Nur formal sind Anpassungen erforderlich: Statt der Regelung, dass „der verkaufte Grundbesitz mangelfrei ist", wird vereinbart, dass „der Grundbesitz der Gesellschaft mangelfrei ist". Die Rechtsfolgen sind dann stets auf den Anteilskaufpreis zu beziehen. Da der Anteilskaufpreis vollständig oder zumindest weitgehend den von den Parteien zugrunde gelegten Wert der Immobilie reflektiert, sind weitere Besonderheiten regelmäßig nicht notwendig.

950 Auf einen Punkt ist allerdings zu achten: Die Gestaltung der Mängelrechte in Bezug auf die Immobilie sollte vorsorglich deutlich so formuliert werden, dass Mängel der Immobilie uneingeschränkt als Mängel des verkauften Anteils gelten. Dies ist auch nach der Gleichstellung von Sach- und Rechtskauf durch die Schuldrechtsreform nicht sichergestellt. Zwar erkennt die Rechtsprechung unter der Voraussetzung, dass alle oder fast alle Anteile erworben werden, den Anteilskauf als gleichwertig mit dem Kauf des von der Gesellschaft geführten Unternehmens bzw. hier der Immobilie an.

> PWW/*Wagner*, BGB, § 453 Rn. 28 mit Beispielen aus der Rechtsprechung.

951 Erwirbt ein Käufer, der bereits 50 % an einer GmbH hält, 50 % dieser Gesellschaft hinzu, so ist darin allerdings kein Erwerb sämtlicher oder nahezu sämtlicher Anteile zu sehen.

> Vgl. dazu BGH, NJW 2019, 145)

952 Folge ist, dass der Verkäufer unmittelbar auch für Mängel am Unternehmen haftet, nicht nur für Mängel der Anteile. Ob dies auch für Mängel an einer von der Gesellschaft gehaltenen Immobilie zutrifft, beurteilt sich in einem zweiten Schritt danach, ob dieser Mangel, entsprechend dem **Grundsatz der**

Unternehmensbezogenheit, auf das „Unternehmen" als solches durchschlägt; dazu muss der Mangel der Immobilie das Unternehmen im Ganzen mehr als unerheblich im Wert mindern.

> PWW/*Wagner*, BGB, § 453 Rn. 31;
> Erman/*Grunewald*, BGB, § 434 Rn. 44 f.;
> *Faust*, in: BeckOK BGB, § 453 Rn. 29;
> Staudinger/*Beckmann*, BGB (2014), § 453 Rn. 150;
> Palandt/*Weidenkaff*, BGB, § 453 Rn. 23.

Dieser für den Unternehmenskauf angemessene Ansatz, mit dem erreicht werden soll, Mängelrechte so zu begrenzen, dass der Kerninhalt des Verkaufs eines Unternehmens als funktionale Einheit berücksichtigt wird, 953

> vgl. die treffenden Überlegungen bei *Faust*, in: BeckOK BGB, § 453 Rn. 29,

kollidiert unmittelbar mit dem stärker auf Einzelabrechnung von Mängeln bezogenen Ansatz eines Asset Deals über Immobilien. Deshalb müssen bei einem Share Deal die Mängelrechte so vereinbart werden, dass – anders als beim Unternehmenskauf – jeder Mangel der Immobilie beim Share Deal dieselben Ansprüche auslöst wie beim Asset Deal.

Besondere auf die Immobilie bezogene Klauseln sind auch noch für einen weiteren Regelungsbereich des Asset Deals notwendig, die Abgrenzung des Übergangs von Nutzen und Lasten. Vor allem bei vermieteten Immobilien dauert diese Abgrenzung wegen der Unmöglichkeit, Nebenkosten zeitnah abzurechnen, regelmäßig deutlich über ein Jahr, in Extremfällen auch zwei Jahre. Dafür muss geregelt werden, wie diese Abrechnung erfolgen soll und wie sie zu eventuellen Ansprüchen aus Bilanzgarantien usw. abgegrenzt wird. Auch hier gibt es kein Patentrezept. Bewährt hat sich in unserer Praxis, die Abgrenzung aus der Abrechnung bilanzieller Ansprüche vollständig herauszunehmen und allein nach den Grundsätzen eines Asset Deals vorzunehmen. Da die Verpflichtung zur Erstellung der Nebenkostenabrechnung gegenüber den Mietern bei der Zielgesellschaft liegt, sind im Anteilskaufvertrag ergänzende Regelungen aufzunehmen, sofern der Erwerber in der Anfangsphase nach dem wirtschaftlichen Übergang von der Veräußererseite noch Unterstützung bei der Erstellung der Nebenkostenabrechnung wünscht. 954

IV. Sicherstellung des Käufers in der Zeit zwischen Vertragsschluss und Closing

Beim Asset Deal bewirkt die Eintragung der Eigentumsübertragungsvormerkung, dass der Käufer in der Zeit zwischen Beurkundung und Umschreibung vor Zwischenverfügungen und einer Insolvenz des Verkäufers geschützt ist (siehe Rn. 914 ff. und zur gleichstehenden Sicherstellung der Eintragung Rn. 919 ff.). Vergleichbare Sicherheit gewährt der Share Deal generell nicht (siehe Rn. 956 ff.), lediglich eingeschränkt bei GmbH und AG (siehe Rn. 960 ff.). 955

1. Sicherungsdefizite des Käufers

956 Der Käufer trägt zwischen Vertragsschluss und Übergang der Anteile u. a. folgende Risiken:

- Der Verkäufer kann über die Anteile weiter verfügen, sodass der Käufer den Kaufgegenstand nicht oder belastet erhält, in Unkenntnis dessen aber den Kaufpreis eventuell dennoch zahlt.
- Der Verkäufer kann seine fortbestehenden Gesellschafterrechte dazu nutzen, Verfügungen über die Immobilie zu tätigen, sie zu verkaufen oder zu belasten.
- Der Verkäufer oder die verkaufte Gesellschaft wird insolvent.

957 Vor dem ersten Risiko kann sich der Käufer grundsätzlich dadurch schützen, dass er sich die Gesellschaftsanteile bereits mit Vertragsschluss aufschiebend bedingt auf die Zahlung des Kaufpreises übertragen lässt; er ist dann grundsätzlich gemäß § 161 Abs. 1 BGB geschützt. Dasselbe gilt für eine Insolvenz von Verkäufer und/oder Gesellschaft in dieser Zeit.

Vgl. *Grotheer*, RNotZ 2012, 355 ff.

958 Vor Zwischenverfügungen über die Immobilie selbst kann sich der Käufer dagegen nur eingeschränkt schützen. Da die Eintragung einer Eigentumsübertragungsvormerkung mangels Verkehrsgeschäfts ausscheidet, stehen dem Verkäufer bis zur Anteilsübertragung aufgrund seiner gesellschaftsrechtlichen Rechtsposition grundsätzlich weiterhin alle Möglichkeiten offen, über die Immobilie vertragswidrig zu verfügen. Unmittelbar vor der Kaufpreiszahlung sollte sich der Erwerber durch Einsichtnahme in das Grundbuch und die Markentabelle daher darüber vergewissern, dass der Verkäufer keine vertragswidrigen Verfügungen über die Immobilie vorgenommen hat. Daneben ist der Erwerber selbstverständlich über entsprechende Mängelrechte abgesichert, sofern der Veräußerer vertragswidrige Verfügungen vorgenommen haben sollte.

959 Darüber hinaus kommen auch folgende Sicherungsmöglichkeiten des Käufers in Betracht, von denen in der Praxis jedoch nur selten Gebrauch gemacht wird:

- Die Vertragsparteien vereinbaren, dass in der Zeit zwischen Vertragsschluss und Beurkundung ein weiterer vom Käufer benannter Vorstand/Geschäftsführer bestellt wird, der zusammen mit den schon bestellten Organmitgliedern gemeinsam vertretungsbefugt ist. Entscheidend ist, dass z. B. vier Altgeschäftsführer dann nur gemeinsam mit dem vom Käufer benannten Geschäftsführer die Gesellschaft vertreten können. Damit ist sichergestellt, dass Verfügungen über das Grundstück nicht mehr möglich sind. Damit das vom Käufer benannte Organmitglied das Tagesgeschäft nicht blockieren kann und auch nicht zu viel Verantwortung übernimmt, sollte außerdem geregelt werden, dass es im Innenverhältnis die übrigen Organmitglieder bevollmächtigt, Geschäfte im Rahmen des laufenden Geschäftsbetriebs weiter zu tätigen, soweit sie nicht Verfügungen über die Immobilie oder für die Immobilie wichtige schuldrechtliche Geschäfte wie Mietverträge zum Gegenstand haben. Damit bei einem eventuellen Scheitern des Vertrags, z. B. weil der Käufer den Kaufpreis nicht zahlt oder der Verkäufer ein Ausscheiden der vom Käufer bestellten Organmitglieder zügig durchsetzen kann, ist im Kaufvertrag für diesen Fall zugleich die Niederlegung von dessen Amt vorzusehen; sie verbleibt als „Schubladenerklärung" beim Notar, verbunden mit dem Treuhandauftrag, sie unter im Einzelnen geregelten Voraussetzungen beim Scheitern des Vertrags zum Handelsregister einzureichen.

- Wenn der Käufer die Transaktion – unter Einhaltung der gesellschaftsrechtlichen Voraussetzungen – ohnehin über die Immobilie der Gesellschaft finanzieren will, bietet sich an, dass analog zum Verfahren der Belastungsvollmacht eine Grundschuld an der Immobilie bestellt wird. Deren Löschung ist im Vertrag vorzusehen, sollte der Kaufpreis nicht gezahlt werden.

2. Besonderheiten für AG und GmbH

Bei der AG ist es – partiell – möglich, den Käufer vor Zwischenverfügungen des Verkäufers in Form der Weiterveräußerung der Anteile zu schützen (siehe Rn. 961). Bei der GmbH schützt § 161 BGB den Erwerber vor Zwischenverfügungen des Verkäufers (siehe Rn. 962 ff.). 960

a) Aktiengesellschaft

Soweit die Aktien verbrieft sind, bietet sich an, zum Ausschluss oder wenigstens zur Erschwerung von Zwischenverfügungen die Urkunden treuhänderisch zu hinterlegen. Um zusätzlich den Schutz des § 161 BGB zu erreichen, sollte die Übertragung im Anteilskaufvertrag aufschiebend bedingt auf den Eintritt des Closing erfolgen. 961

Vgl. § 10 Abs. 5 AktG, dass die Satzung den Verbriefungsanspruch des Aktionärs ausschließen kann.

b) GmbH

Erwerber eines aufschiebend abgetretenen Geschäftsanteils sind umfassend durch § 161 Abs. 1 BGB vor Zwischenverfügung des Verkäufers geschützt. Der BGH hat für diesen Fall angenommen, dass ein gutgläubiger Zweiterwerb von Geschäftsanteilen nach § 161 Abs. 3 BGB i. V. m. § 16 Abs. 3 GmbH ausscheidet, weil § 16 Abs. 3 GmbHG keinen Rechtsschein dafür begründet, dass keine aufschiebende Verfügung über den Geschäftsanteil erfolgt ist. 962

BGH, BGHZ 191, 84 Rn. 16,
dazu EWiR 2011, 811 *(Stamer)*;
OLG Hamburg, NZG 2010, 1157, 1158;
OLG München, NZG 2011, 473, 474;
Zustimmend Baumbach/Hueck/*Servatius*, GmbHG, § 16 Rn. 32;

a. A. Altmeppen, GmbHG, § 16 Rn. 74;
kritisch auch *Heidinger,* in: MünchKomm-GmbHG, § 16 Rn. 336 ff.
sowie Habersack/Casper/Löbbe, GmbHG, § 16 Rn. 136 ff.;
Vor BGH Entscheidung vgl. auch LG Köln, NZG 2009, 1195
= ZIP 2009, 1915.

963 Die zuvor diskutierte Möglichkeit, den Erwerber über einen **Widerspruch zur Gesellschafterliste** vor Zwischenverfügungen des Verkäufers zu schützen, hat damit an Bedeutung verloren.

Wilhelmi, in: BeckOK GmbHG, § 16 Rn. 88; *Habersack/Casper/Löbbe*, GmbHG, § 16 Rn. 189;
Baumbach/Hueck/*Servatius* GmbHG, § 16 Rn. 32;
a. A. Altmeppen, GmbHG, § 16 Rn. 74.

H. Beispiele für vertragliche Regelungen

Da es den Standardkaufvertrag nicht gibt, existieren – abgesehen von formalisierten Bestimmungen wie den sachenrechtlichen Erklärungen – auch keine wirklichen Standardklauseln. Die folgenden Bestimmungen dienen daher nicht dazu, wörtlich übernommen zu werden, sondern sollen nur eine Orientierung geben. Es ist jeweils im Einzelnen zu prüfen, ob sie auf den konkreten Sachverhalt und die gewünschten Rechtsfolgen wirklich passen. 964

Den Schwerpunkt bilden Beispiele für den **Asset Deal** (siehe Rn. 966 ff.). 965
Für den **Share Deal** (siehe Rn. 1001 ff.) folgen nur wenige Vorschläge.

I. Asset Deal

Die Beispiele gliedern sich nach den Tatbestandsvoraussetzungen in die Bereiche Beschaffenheit (siehe Rn. 967 ff.), besondere Regelungen zur – öffentlich-rechtlich zulässigen – Nutzung (Rn. 971 ff.), zur Größe von Grundstücken und Gebäudeflächen (siehe Rn. 976 ff.), zur „technischen" Bebaubarkeit (siehe Rn. 989 ff.), zu Altlasten (siehe Rn. 992 ff.) sowie zu Mietverträgen (siehe Rn. 998 f.). Zu den Rechtsfolgen folgt ein Beispiel, wie die gesetzlichen Ansprüche an die Besonderheiten von Immobilientransaktionen angepasst werden können (siehe Rn. 1000). 966

1. Beschaffenheit

Die Sperrwirkung kommt einer Vereinbarung der Beschaffenheit nur zu, wenn sie so präzise ist, dass sie die Eigenschaft wirklich abschließend beschreibt. 967

Beispiel 1:

Ein „Bürogebäude" sollte daher als solches, nicht als „Geschäftshaus" bezeichnet werden, da darunter auch Ladenflächen fallen.

Vielfach entspricht es dem Parteiwillen, die in der Urkunde getroffenen Vereinbarungen der Beschaffenheit als abschließend zu kennzeichnen. Geschieht dies nicht, ist für die nicht geregelten Anforderungen an die Kaufsache die übliche Beschaffenheit geschuldet. Ein Formulierungsbeispiel für eine abschließende Regelung ist: 968

Beispiel 2:

Die in dieser Urkunde enthaltenen Vereinbarungen der Beschaffenheit, insbesondere in den §§ […], sind abschließend. Die Vertragsparteien stimmen überein, dass darüber hinausgehend keine Beschaffenheit der Kaufsache mit welchem Inhalt auch immer vereinbart worden ist. Sie stimmen weiter darin überein, dass auch außerhalb einer Beschaffenheitsvereinbarung keine bestimmte Beschaffenheit der Kaufsache, insbesondere keine Beschaffenheit im Sinne einer Eignung zur vorausgesetzten Verwendung gemäß § 434 Abs. 1 Nr. 1 BGB und im Sinne einer üblichen Beschaffenheit gemäß § 434 Abs. 1 Nr. 2 BGB geschuldet ist. Eine vom Verkäufer geschuldete Beschaffenheit ergibt sich außerhalb der Regelung von Satz 1 auch nicht aus sonstigen dem Verkäufer vom Käufer übergebenen Unterlagen, insbesondere nicht gemäß § 434 Abs. 1 Satz 3 BGB, wie zum Beispiel [...]

969 Folgende Erläuterung kann sinnvoll sein:

Die Vertragsparteien treffen diese abschließende Vereinbarung der Beschaffenheit im Hinblick darauf, dass der Verkäufer dem Käufer ausreichend Gelegenheit zur Untersuchung der Kaufsache gab. Die vorstehenden Bestimmungen gelten für alle Anforderungen an die Kaufsache, die als Beschaffenheit vereinbart werden können, sie gelten insbesondere auch im Hinblick auf die Ertragsfähigkeit der Kaufsache.

970 Ist gerade umgekehrt gewollt, dass die Beschaffenheitsvereinbarung sich auf die konkret geregelten Anforderungen beschränken soll, im Übrigen also die übliche Beschaffenheit geschuldet ist, kann z. B. formuliert werden:

Beispiel 3:

Nach Belehrung durch den Notar erklärten die Erschienenen, dass in Ergänzung der oben [...] niedergelegten Vereinbarungen der Beschaffenheit die Kaufsache im Übrigen die übliche Beschaffenheit gemäß § 434 Abs. 1 Satz 2 Nr. 2 BGB [ggfs. ergänzt durch § 434 Abs. 1 Satz 3 BGB] aufweisen soll; über das rechtliche Verständnis der üblichen Beschaffenheit belehrte der Notar die Erschienenen.

2. Öffentlich-rechtlich zulässige Nutzung

971 Regelungen zur Nutzung bergen für beide Vertragsparteien erhebliche Risiken. Erklärt der Verkäufer seine Einstandspflicht mit einer vom Käufer gewünschten, aber tatsächlich nicht zulässigen Nutzung, kann ihn eine im Einzelfall unüberschaubare Haftung treffen: Bei einer für den Käufer nicht ohne weiteres substituierbaren Immobilie kann er verpflichtet sein, dem Käufer den entgangenen Gewinn über die Nutzungsdauer zu erstatten. Umgekehrt riskiert der Käufer bei einem Verzicht auf eine vertragliche Absicherung, dass er eine Immobilie erwerben und bezahlen muss, deren beabsichtigte Nutzung nicht möglich ist. In der Praxis überwiegen daher Vereinbarungen, die einen mittleren Weg gehen, und dabei auch den Zweck verfolgen, dass sich beide Seiten um die Aufklärung des Sachverhalts eigenverantwortlich kümmern.

972 Eine in diesem Sinne mittlere Regelung könnte sein:

Beispiel 4:

Die Vertragsparteien vereinbaren zur öffentlich-rechtlichen Zulässigkeit der Nutzung der Kaufsache, dass die Nutzung im derzeitigen Umfang den zuständigen Behörden keine Grundlage zu Eingriffen gewährt, die zu einer wesentlichen Beeinträchtigung der Nutzung in ihrem derzeitigen Umfang führen. Die vorstehende Beschaffenheitsvereinbarung gilt nicht für die öffentlich-rechtliche Zulässigkeit von Nutzungen, die einer besonderen öffentlich-rechtlichen vom Nutzer einzuholenden Genehmigung bedürfen, wie zum Beispiel Gaststättenerlaubnisse; sie gilt ferner nicht für alle Maßnahmen, die dritte Nutzer vorgenommen haben, wie zum Beispiel Mieterausbauten.

Es kann im Einzelfall überlegt werden, genauer zu definieren, wann eine Beeinträchtigung „*wesentlich*" ist. 973

Deutlich weiter ist die folgende Regelung, die sich für den Verkäufer nur empfiehlt, wenn er sich seiner Sache sicher ist: 974

Beispiel 5:

Die Vertragsparteien vereinbaren als Beschaffenheit die öffentlich-rechtliche Zulässigkeit der vorstehend niedergelegten Nutzung des Gebäudes, soweit dieser Nutzung nicht aus der Person des jeweiligen Mieters oder Nutzers resultierende Gründe entgegenstehen. Maßstab für die Zulässigkeit der Nutzung ist der Zeitpunkt der Beurkundung (alternativ, für den Verkäufer stärker belastend: Übergabe).

Gerade umgekehrt vereinbaren die Vertragsparteien mit dem folgenden Beispiel nur die derzeitige tatsächliche Nutzung als Beschaffenheit, nicht aber ihre Zulässigkeit in der Zukunft. Rechtlich wird damit eine Wissenserklärung als Beschaffenheitsvereinbarung qualifiziert. Für den Käufer wird so erreicht, dass ihm alle Mängelrechte und bei Verschulden Schadensersatzansprüche zustehen, wenn die Erklärung falsch ist. Der Verkäufer beschränkt seine Haftung auf eine falsch abgegebene Erklärung zur derzeitigen Nutzungssituation einschließlich des Fehlens von öffentlich-rechtlichen Beanstandungen; zugleich profitiert er von der Sperrwirkung der negativen Beschaffenheitsvereinbarung (siehe dazu Rn. 631 ff.). 975

Beispiel 6:

Die vorstehende Beschreibung der Nutzung der Kaufsache stellt eine Vereinbarung der Beschaffenheit insoweit dar, als die Vertragsparteien damit festlegen, wie der Kaufgegenstand derzeit tatsächlich genutzt wird. Sie vereinbart nicht die Beschaffenheit der Kaufsache im Hinblick darauf, dass diese Nutzung jetzt oder in Zukunft öffentlich-rechtlich zulässig oder tatsächlich möglich ist. Der Verkäufer erklärt insoweit nur, als weitere Vereinbarung der Beschaffenheit, dass ihm nicht bekannt ist, dass der derzeit ausgeübten Nutzung rechtliche Bedenken welcher Art auch immer entgegenstehen, dass insbesondere die zuständigen Behörden rechtliche Bedenken geltend gemacht oder gar Maßnahmen zur Untersagung bzw. Beschränkung der derzeitigen Nutzung in welcher Form auch immer eingeleitet haben.

3. Flächenangaben von Grundstücken und Gebäuden

In der Vertragspraxis werden hier rechtlich häufig gravierende Fehler gemacht. 976

a) Grundstücksflächen

977 Bei Grundstücksflächen ist darauf zu achten, dass die Flächenangaben im Grundbuch nur als Wiedergabe des Grundbuchinhalts aufgeführt, nicht aber als Beschaffenheit vereinbart werden. Anderenfalls wird bei einer falschen Flächenangabe gemäß § 434 Abs. 1 Satz 1 BGB gehaftet. Der Angabe der Grundstücksgröße im Grundbuch kommt kein öffentlicher Glaube zu (siehe dazu Rn. 97 ff.). Von daher empfiehlt sich folgende knappe Vereinbarung:

Beispiel 7:

Ein bestimmtes Flächenmaß wird nicht vereinbart.

Vgl. auch BGH, NZM 2011, 70.

978 Die Bedeutung einer solchen Regelung verschärft sich beim Verkauf einer Teilfläche. Zur Identifizierung und zur Anleitung für den Vermesser enthält der Vertrag häufig näherungsweise Angaben zur Größe der heraus zu vermessenden Teilfläche. Damit so nicht unbewusst eine Beschaffenheit vereinbart wird, sollte hinzugefügt werden:

Beispiel 8:

Die Angabe der Größe der Teilfläche von ca. […] m² dient nur zur Orientierung des Vermessers und stellt keine Vereinbarung eines Flächenmaßes dar.

979 Besteht der Käufer auf einer Einstandspflicht, z. B. weil er eine bestimmte Größe für sein Bauvorhaben benötigt, empfiehlt sich eine Regelung wie die folgende, mit der versucht wird, die Rechtsfolgen kleinerer für den Nutzungszweck unkritischer Größenunterschreitungen zu begrenzen und ein Rücktrittsrecht unter Ausschluss von Schadensersatz nur zu gewähren, wenn eine bestimmte vom Käufer benötigte Flächengröße unterschritten wird:

Beispiel 9:

Die abzutrennende Teilfläche hat wenigstens eine Größe von 10.500 m² zu haben (Vereinbarung der Beschaffenheit). Wird diese Größe nicht erreicht, vereinbaren die Vertragsparteien, dass sich der Kaufpreis für jeden fehlenden m² um […] € […] reduziert. Wird eine Größe von 9.500 m² unterschritten, ist der Käufer unter Ausschluss weiterer Ansprüche insbesondere auf Erfüllung und Schadensersatz einschließlich einer Reduzierung des Kaufpreises über vorstehenden Satz 2 hinaus zum Rücktritt von diesem Kaufvertrag berechtigt. In diesem Fall hat der Verkäufer die Kosten der Beurkundung und Rückabwicklung dieses Kaufvertrags zu tragen, soweit sie dem Käufer nicht anderweitig erstattet werden.

b) Gebäudeflächen

980 Für Regelungen zu Gebäudeflächen ist zu berücksichtigen, dass die verbreiteten Angaben der Nutz-, Büro oder Wohnfläche rechtlich nicht definiert sind.

BGH, BGHZ 146, 250, 254 f. m. w. N. = ZIP 2001, 245 = ZfIR 2001, 111, dazu EWiR 2001, 181 *(Olrik Vogel)*;
Gante, WuM 2008, 525;
Heix, WuM 2009, 706.

Sie sind daher – mit nicht sicherem Ergebnis – gemäß §§ 133, 157 BGB auszulegen. Um vom Ergebnis der Auslegung, die sich unter Umständen auch an dem „ortsüblichen Berechnungsmodus" orientieren kann, **981**

Heix, WuM 2009, 706, 708,

keine Überraschungen zu erleben, ist der Berechnungsmaßstab festzulegen.

Oft verwandt wird die Definition von „Bürofläche" der Gesellschaft für immobilienwirtschaftliche Forschung e. V., die wie folgt Vertragsbestandteil werden kann: **982**

Beispiel 10:

Die Büroflächen berechnen sich nach der Richtlinie zur Berechnung der Mietfläche für gewerblichen Raum „gif" (MF-G), Stand 2017, der Gesellschaft für immobilienwirtschaftliche Forschung e. V. Für die nachstehenden besonderen Flächen gilt […]

Aus Gründen der Vorsicht empfiehlt sich die notarielle Verlesung dieser sog. „gif-Richtlinie". **983**

Auch der Begriff „***Wohnfläche***" hat keine gesicherte rechtliche Bedeutung. **984**

BGH, ZfIR 2016, 226,
dazu ZfIR 2016, 231 (*D. Schmidt*).

Für Wohnflächen ist zu empfehlen, auf einen der eingebürgerten Maßstäbe zurückzugreifen, etwa auf die sozialrechtliche Wohnflächenverordnung vom 25.11.2003 (WoFlV, BGBl I S. 2346). Allerdings ist zu beachten, dass Räume, die nach bauordnungsrechtlicher Sicht nicht zu Wohnzwecken geeignet sind, eigentlich gemäß § 2 Abs. 3 Nr. 2 WoFlV nicht als Wohnraum mit anrechenbarer Wohnfläche zu verstehen wären. Der BGH hat jedoch entgegen diesem Grundsatz, dass die Räume auch tatsächlich als Wohnraum geeignet sein müssen, in seinem Urteil vom 16.9.2009 ausgeführt, dass bauordnungsrechtlich zu Wohnzwecken ungeeignete Räume kraft Parteivereinbarung Wohnraum mit anrechenbarer Wohnfläche sein können. **985**

BGH, MDR 2009, 1383.

Somit sollten aufgrund dieser unklaren Rechtslage auch bei der Zugrundelegung der WoFlV im Hinblick auf potenzielle Zweifelsfälle individuelle und eindeutige Regelungen zur Anrechnung getroffen werden. **986**

Gebraucht werden sonst auch noch die außer Kraft getretene DIN 283 und für Neubauten die DIN 277, die allerdings für Bestandsgebäude möglichst nicht genutzt werden sollte. Eine pauschale Verweisung auf eine DIN-Norm genügt dabei nicht, sondern es muss für einen wirksamen Berechnungsmaßstab **987** stets konkret der zu verwendende Standard festgelegt werden (Beispiel: DIN 277 mit Verweis auf den Standard NRF = Netto-Raumfläche).

Zu den Berechnungsmethoden siehe Schmidt/Futterer/*Langenberg*, Mietrecht, Anhang zu § 556a Rn. 2–12.

988 Zusätzlich ist für Büro- wie für Wohnflächen die Empfehlung auszusprechen, für atypische Flächen wie Höfe, Terrassen, Dachschrägen, besondere Regelungen zu vereinbaren.

4. „Technische" Bebaubarkeit

989 Die Eignung des Grunds und Bodens für die vom Käufer vorgesehene Bebauung bedarf der Regelung, wenn die Baulandqualität eines Kaufgrundstücks nicht zweifelsfrei ist. Typische Beispiele sind eine ungenügende Bodenbeschaffenheit, Auffüllungsgrundstücke, z. B. früher als Deponien, Bergbauflächen usw.; speziell für letztere ist zu berücksichtigen, dass Bergbau historisch weit über die klassischen Bergbaugebiete hinaus betrieben wurde. Auch Auffüllungsflächen können außerhalb von Deponien vorliegen, z. B. wenn Flächen infolge Altlastenentfernung weitgehend mit neuem Boden wiederhergestellt worden sind. Da Mängel insoweit für Verkäufer und Käufer erhebliche Risiken begründen, kommen ähnlich wie bei der öffentlich-rechtlichen Nutzbarkeit differenzierte Regelungen in Betracht.

990 Die folgende vermittelnde Bestimmung sieht eine eingeschränkte Einstandspflicht des Verkäufers vor, die verhindern soll, dass der Verkäufer unbegrenzt für die Undurchführbarkeit des Bauvorhabens oder für Mehrkosten wegen grundstücksbezogener Schwierigkeiten einsteht. Auf der anderen Seite sichert das Beispiel den Käufer davor, ein Grundstück behalten und bezahlen zu müssen, das er nicht vereinbarungsgemäß bebauen kann.

Beispiel 11:

Die Vertragsparteien vereinbaren als Beschaffenheit des Grunds und Bodens, dass das in Anlage [...] zu diesem Kaufvertrag beschriebene Bauvorhaben vom Käufer durchgeführt werden kann, ohne dass aufgrund der Bodenbeschaffenheit über die Üblichkeit hinausgehende Kosten für die Verdichtung des Baugrunds, die Fundamentierung, die Statik usw. entstehen. Insbesondere vereinbaren die Vertragsparteien, dass das Grundstück vor allem nicht als Deponie nachträglich aufgefüllt ist, dass es nicht in einem Gebiet liegt, bei dem das Grundwasser einen Grundwasserstand von [...] m unter der Erdoberfläche übersteigt und dass es nicht in einem – auch historischen – Bergbaugebiet liegt. Sie vereinbaren ferner, dass die Bebaubarkeit von Grund und Boden oberhalb einer Tiefe von [...] m nicht durch einzelne Linien extrem festen Gesteins wie Granit erschwert ist.

Sollte diese Beschaffenheitsvereinbarung nicht eingehalten werden, trifft ein daraus resultierender zusätzlicher Aufwand bis zu einer Höhe von [...] € den Käufer, ein darüber hinausgehender Aufwand bis zu einer Höhe von [...] € den Ver-

käufer. [Erläuterung: Es ist selbstverständlich auch möglich, im Sinne einer De-Minimis-Klausel den ersten Teilbetrag den Verkäufer tragen zu lassen]. Überschreitet der zusätzliche Aufwand den soeben genannten Betrag von […] €, ist der Käufer berechtigt, zur Vermeidung seiner Einstandspflicht vom Grundstückskaufvertrag zurückzutreten; in diesem Fall sind die Ansprüche des Käufers beschränkt auf Ersatz der Beurkundungs- und Abwicklungskosten dieses Vertrags sowie der von ihm aufgewandten Baukosten; Planungskosten und sonstige sog. weiche Kosten wie Finanzierungs- und Beraterkosten werden aber nur bis zu einem Betrag von […] € ersetzt; eigene Aufwendungen des Käufers sind nicht ersatzfähig. Der Verkäufer kann den Rücktritt des Käufers abwenden, wenn er erklärt, die überschreitenden Beseitigungskosten selbst zu tragen.

Alternativ kann vereinbart werden, dass der Verkäufer nicht haftet und zum 991 Ausgleich dafür dem Käufer umfassend Gelegenheit zur Untersuchung gab:

Beispiel 12:

Eine Beschaffenheit von Grund und Boden, die eine Bebaubarkeit des Grundstücks zu welchem Zweck auch immer gestattet, wird nicht vereinbart. Der Verkäufer gab insoweit dem Käufer ausreichend Gelegenheit, Bodenuntersuchungen zur Feststellung der Eignung des Grunds und Bodens für die Bebauung durchzuführen.

5. Altlasten

Die gesetzliche Rechtslage für Altlasten ist einfach: Alle Altlasten, die mit dem 992 Nutzungszweck nicht vereinbar sind, stellen einen Mangel von Grund und Boden dar; dazu kann schon die Aufnahme in das Altlastenkataster reichen.

Vgl. *Müggenborg*, NJW 2005, 2810.

Wird ausdrücklich eine Belastung des Grundstücks mit Altlasten als vertrags- 993 gemäß vereinbart, ist es insoweit mangelfrei, als die damit vertraglich zugelassene Kontaminierung nicht überschritten wird; eine solche Klausel ist vor allem in zwei Konstellationen sinnvoll: Wenn der Käufer

- selbst sanieren möchte, z. B. als Teil seines Geschäftsbetriebs, oder
- eine Altlasten verursachende oder wenigstens unempfindliche Nutzung beabsichtigt und nur erreichen will, dass die Belastungsgrenze dafür nicht überschritten wird.

Wegen der erheblichen Belastung für Verkäufer und Käufer sind auch hier stark 994 differenzierende Regelungen vorstellbar und oft notwendig. Das folgende Beispiel sieht eine weitgehende Beschränkung der Ansprüche des Käufers vor, indem nur darauf abgestellt wird, ob öffentlich-rechtlich eine Pflicht zur Sanierung besteht. Der Ausgleich für den Käufer besteht darin, dass er Altlastenuntersuchungen anstellen kann – und sollte:

Beispiel 13:

Die Vertragsparteien vereinbaren, dass schädliche Bodenveränderungen und Altlasten i. S. v. § 2 BBodSchG, die dazu führen, dass öffentlich-rechtlich eine Pflicht zur Sanierung besteht und eine auf Sanierung gerichtete bestandskräftige Verfügung der zuständigen Behörde ergangen ist oder ergeht, einen Mangel darstellen. Ansonsten wird eine Beschaffenheit im Hinblick auf die Freiheit des Grunds und Bodens von schädlichen Bodenveränderungen und Altlasten im Hinblick darauf nicht vereinbart, dass das Kaufgrundstück weitgehend bebaut ist und der Verkäufer dem Käufer ausreichend Gelegenheit gab, Altlastenuntersuchungen anzustellen.

995 In vielen Verträgen vereinbaren Verkäufer und Käufer eine differenzierte Kostenbeteiligungsregelung, dazu das nachfolgende Beispiel:

Beispiel 14:

*Die Vertragsparteien vereinbaren, dass der Kaufgegenstand keine schädlichen Bodenveränderungen und Altlasten i. S. v. § 2 BBodSchG (im Folgenden: **Altlasten**) aufweist, die der vom Käufer beabsichtigten Nutzung gemäß Anlage […] entgegenstehen. Altlasten, die einer davon abweichenden Nutzung entgegenstehen, die die in der Anlage beschriebene Nutzung aber nicht ausschließen oder mehr als unerheblich beschränken, führen nicht zu einer Verletzung dieser Beschaffenheitsvereinbarung, soweit sie nicht gemäß der folgenden Regelung zu erhöhten Deponiekosten führen.*

Ansprüche aus dieser Beschaffenheitsvereinbarung kann der Käufer ausschließlich wie folgt geltend machen: Er hat vor Beginn des Bodenaushubs – alternativ: begleitend zum Bodenaushub – Untersuchungen auf Altlastenfreiheit durch den von den Vertragsparteien gemeinsam festgelegten Sachverständigen (alternativ: Festlegung durch spätere Einigung, bei Nichteinigung durch die Industrie- und Handelskammer) vornehmen zu lassen. Soweit keine Altlasten festgestellt werden, treffen die Untersuchungskosten den Käufer. Führen die Untersuchungen zum Ergebnis, dass Altlasten vorliegen, die entweder beseitigt werden müssen, damit ein vertragsgemäßer Zustand erreicht wird, oder die im Rahmen des erforderlichen Bodenaushubs zu erhöhten Deponiekosten führen, gilt folgende Kostenregelung: Die Kosten des Sachverständigen tragen Verkäufer und Käufer im Verhältnis […] zu […]. Ein erster Beseitigungsaufwand bis zu einer Höhe von […] € trifft den Käufer. [Erläuterung: Es ist selbstverständlich auch möglich, im Sinne einer De-Minimis-Klausel den ersten Teilbetrag den Verkäufer tragen zu lassen]. Ein anschließender Beseitigungsaufwand bis zu einer Höhe von […] € ist dem Käufer vom Verkäufer zu erstatten. Bei der Feststellung des Beseitigungsaufwands werden Aufwendungen, die den Käufer in jedem Fall getroffen hätten („Sowieso-Kosten") nicht berücksichtigt. Überschreitet der Beseitigungsaufwand den soeben genannten Betrag von […] € ist der Käufer berechtigt, vom Kaufvertrag zurückzutreten. Der Verkäufer kann den Rücktritt abwenden, wenn er erklärt, den überschreitenden Beseitigungsaufwand selbst zu tragen. [Es kommt auch vor, dass das Verfahren der quotalen Kostenbeteiligung von Verkäufer und Käufer in zwei oder drei Stufen durchgeführt wird, d. h. dass an die oben geregelte Quote eine weitere Quotenverteilung anschließt.]

Alternativ lässt sich die Beschaffenheit des Grundstücks gemäß einer Klassifizierung von Altlasten – z. B. nach der sog. Holland-Liste – vereinbaren; sie kann auch so definiert werden, dass die Einhaltung von Maßnahmewerten nach Anhang 2 der Bundesbodenschutz- und Altlastenverordnung (BBodSchV) vom 12.7.1999, zuletzt geändert durch Art. 102 Zehnte Zuständigkeitsanpassungs-VO vom 31.8.2015 (BGBl I S. 1474), verlangt wird. In seinem Interesse ist dem Verkäufer eines eventuell kontaminierten Grundstücks ferner anzuraten, eine Beschreibung der Bodenbeschaffenheit so ausführlich wie möglich in den Vertrag mit aufzunehmen, 996

Müggenborg, NJW 2005, 2810,

um zu dokumentieren, über welche Belastungen er den Käufer in Kenntnis gesetzt hat.

Krüger/Hertel, Der Grundstückskauf, Rn. 1605.

Zu diesem Zweck sollte ein vorliegendes Altlastengutachten dem Vertrag beigefügt werden. Dem Käufer – dessen positive Kenntnis möglicher Mängel durch Altlasten durch den Vertrag damit festgehalten ist – ist so der Weg in das Gewährleistungsrecht versperrt. Der Käufer wiederum kann, indem er die Durchführung von Aufklärungsmaßnahmen in der Vertragsurkunde dokumentiert, sein schutzwürdiges Vertrauen in die Altlastenfreiheit festhalten, um dadurch der Haftung nach § 4 Abs. 6 BBodSchG zu entgehen, sollte sich das Grundstück nach einer Weiterveräußerung als kontaminiert herausstellen. 997

Vgl. *Krauß*, Immobilienkaufverträge in der Praxis, Rn. 3819.

Beispiel 15:

Zusätzlich kann es sinnvoll sein, dass Notar oder Verkäufer den Käufer über dessen gesetzliche Haftung für Altlasten informiert, letztlich zur Vermeidung einer eigenen Haftung:

Der Notar wies die Erschienenen, insbesondere den Käufer, auf die gesetzliche Haftung für schädliche Bodenveränderungen und Altlasten i. S. v. § 2 BBodSchG (Altlasten) des Eigentümers hin, vor allem darauf, dass diese Haftung als Haftung des Zustandsstörers unabhängig von einem Verschulden ist, sie mithin auch den Käufer nach Erwerb und/oder Besitzübergang treffen kann, dass sie gemäß § 4 Abs. 4 BBodSchG die planungsrechtlich zulässige Nutzung der Kaufsache berücksichtigt und sie – ungeachtet der Rechtsprechung des BVerfG (vgl. BVerfG, NJW 2000, 2573 ff.), dass die Haftung aus verfassungsrechtlichen Gründen Grenzen unterliegt – den Verkehrswert der Kaufsache ggf. erheblich übersteigen kann.

6. Mietverträge

998 Garantien oder mängelrechtliche Vereinbarungen zu Mietverträgen werden immer dann eine entscheidende Rolle spielen, wenn der Kaufpreis im Wesentlichen auf den durch die Mietverträge generierten Erträgen der Immobilie basiert. Die Regelungen dazu werden oft mehrere Seiten umfassen, da sie häufig umfängliche für alle Mietverträge geltende Regelungen enthalten sowie zusätzlich Spezialbestimmungen, z. B. im Hinblick auf einen von einem bestimmten Mieter gewünschten Ausbau, über eine Reduzierung des Kaufpreises, wenn ein bestimmter Ankermietvertrag nicht verlängert wird, oder über einen für bestimmte Flächen vom Verkäufer selbst geschlossenen Mietvertrag.

999 Es folgt ein Beispiel für einen Klauselkatalog mittleren Umfangs:

Beispiel 16:

Da die vertragliche Vereinbarung des Kaufpreises zwischen Verkäufer und Käufer wesentlich auf den Mieteinnahmen aus der Vermietung der Kaufsache gemäß den derzeit bestehenden, dem Käufer vom Verkäufer zur Verfügung gestellten Mietverträgen beruht, vereinbaren die Vertragsparteien im Hinblick auf die Vermietung der Kaufsache und die daraus resultierenden Einnahmen folgende Beschaffenheit:

1. *Sämtliche über die Kaufsache geschlossenen Mietverträge mit allen Anlagen sind in Anlage […] richtig und vollständig aufgelistet.*
2. *Die sich aus Anlage […] ergebenden Mietverträge und Nachträge erfüllen das Schriftformerfordernis des § 550 BGB. Alternativ: Dem Verkäufer ist nicht bekannt, dass gegen die Vereinbarkeit der in Anlage […] aufgelisteten Mietverträge und Nachträge mit der Schriftformklausel des § 550 BGB Bedenken bestehen, insbesondere, dass Mieter solche Bedenken erhoben haben.*
3. *Dem Verkäufer ist nicht bekannt, dass ein Mieter Mietverträge gekündigt hat, von ihnen zurückgetreten ist oder sonst die Wirksamkeit bestritten hat. Ebenso wenig hat der Verkäufer selbst entsprechende Maßnahmen ergriffen.*
4. *Vorausverfügungen über Ansprüche auf Miete sowie vom Mieter an den Vermieter gewährte Darlehen bestehen nicht.*
5. *Es bestehen nur die in Anlage […] ausdrücklich aufgeführten Miet- und Nebenkostenrückstände, Mietminderungen einschließlich Ankündigungen dazu, Zahlungen von Mieten unter Vorbehalt.*
6. *Prozesse mit Mietern unter Einschluss von angekündigten Prozessen sind abschließend in Anlage […] aufgeführt.*
7. *Sämtliche von den Mietern gestellte Mietsicherheiten sind in Anlage […] aufgeführt; diese Mietsicherheiten wurden nur im in Anlage […] dargestellten Umfang in Anspruch genommen.*
8. *Die Mieter haben die in Anlage […] aufgelisteten Zahlungen aus Mieten und Nebenkosten für die Kalenderjahre […] und […] erbracht; dabei meint*

Zahlungen „für die Kalenderjahre", dass es sich um für das jeweilige Kalenderjahr geschuldete Zahlungen handelt, unabhängig davon, wann diese Zahlungen geleistet wurden.

9. *Der Verkäufer hat keine Kenntnis, dass ein Mieter seine Zahlungen eingestellt hat oder über sein Vermögen ein Antrag auf Eröffnung des Insolvenzverfahrens gestellt oder ein solcher Antrag mangels Masse abgelehnt ist.*

10. *Im Hinblick auf von den Mietern erfüllte Nebenkostenabrechnungen hat der Verkäufer nur die in Anlage […] enthaltenen Widersprüche und Forderungen auf Rückzahlung erhalten.*

7. Rechtsfolgen

Die Zahl möglicher Regelungen der Rechtsfolgen wegen fehlender Beschaffenheit oder aus verletzten Garantien ist unübersehbar groß. Leitend ist meistens der Gedanke, einen Rücktritt entweder vollständig auszuschließen oder nur sehr beschränkt zuzulassen, um die schon erwähnten (siehe Rn. 752 ff.) Schwierigkeiten der Rückabwicklung zu vermeiden. Zugleich werden Caps und De-minimis vorgesehen. Das nachstehende Beispiel ist auf gesetzliche Mängelrechte zugeschnitten, es kann aber für Garantien nach den notwendigen Anpassungen gleichfalls eingesetzt werden. 1000

Beispiel 17:

1. *Mängel der Kaufsache begründen Ansprüche des Käufers auf Nacherfüllung. Schlägt die Nacherfüllung fehl, sind die Ansprüche des Käufers beschränkt auf Minderung, soweit nicht nachfolgend (alternativ: in diesem Vertrag) etwas anderes geregelt ist.*

2. *Insbesondere sind Ansprüche des Käufers auf Rückabwicklung ausgeschlossen. (Alternativ etwa: Ansprüche des Käufers auf Rückabwicklung kommen ausnahmsweise in Betracht, soweit durch die Mängel eine Nutzung der Kaufsache insgesamt für den Käufer unzumutbar erschwert wird. Eine unzumutbare Erschwerung liegt insbesondere vor, wenn die Mieterträge durch Mängel der Kaufsache um […] % der von den Vertragsparteien zugrunde gelegten Gesamtjahresmiete von […] sinken.)*

3. *Ansprüche auf Schadensersatz stehen dem Käufer nur bei Verschulden des Verkäufers zu; der Verkäufer muss sich entlasten. Sie beschränken sich auf den dem Käufer nachweisbar entstandenen materiellen Schaden insbesondere durch Mietausfälle, erhöhte Kosten oder Reparaturaufwand, unter Ausschluss aller immateriellen Schäden. Der Anspruch auf den großen Schadensersatz ist in jedem Fall ausgeschlossen, auch bei Bestehen eines Rücktrittsrechts gemäß Absatz 2 (Erläuterung: Letzter Halbsatz nur im Fall der Wahl der Alternative).*

4. *Der Käufer kann Ansprüche nur geltend machen, soweit der einzelne Anspruch […] € übersteigt und alle geltend gemachten Ansprüche insgesamt […] € übersteigen. Die vorstehend genannten Grenzen sind Freibeträge, d. h. auch*

bei höheren Ansprüchen sind die genannten Mindestbeträge von den Ansprüchen des Käufers abzusetzen.

5. *Die Haftung des Käufers ist beschränkt auf [...] (üblich: Prozentsatz des Kaufpreises, Höhe stark abhängig von den Marktverhältnissen, der Güte und Begehrtheit der Immobilie usw., in der Praxis finden sich Relationen zwischen 5 bis 20 %, eher selten deutlich mehr).*

II. Share Deal

1001 Folgende Beispiele für einen Share Deal:

Die allgemeinen gesellschaftsrechtlichen Garantien können ebenfalls beliebig ausführlich formuliert werden. Ein eher knapp gefasster Katalog für eine GmbH könnte lauten:

Beispiel 18:

- *Der Geschäftsanteil ist wirksam entstanden und besteht.*
- *Der Verkäufer ist dessen rechtlicher und wirtschaftlicher Eigentümer.*
- *Es bestehen keine Rechte Dritter am Geschäftsanteil.*
- *Die Gesellschaft wurde ordnungsgemäß errichtet und besteht.*
- *Es bestehen keine Unternehmensverträge etc.*
- *Die Gesellschaft hält keine Beteiligungen.*
- *Es gibt nur die in Anlage [...] gelisteten/keine Arbeitnehmer.*

1002 Für weitere Garantien bedarf es einer Prüfung im Einzelfall, welcher Inhalt ihnen im Hinblick auf die im Vordergrund stehende Immobilienveräußerung zukommen soll. Beispielsweise könnte von der Bilanzgarantie die Immobilie herausgenommen werden. Für die Zielimmobilie sollte ferner geregelt werden:

Beispiel 19:

Für alle Ansprüche in Bezug auf die Immobilie [...] gelten allein die in § [...] abschließend geregelten speziellen Bestimmungen. (Erläuterung: Der in Verweis gesetzte § enthält eine „normale" immobilienrechtliche Mängel- oder Garantieregelung/-katalog.)

Stichwortverzeichnis